行政法
Visual Materials
第3版

高橋 滋
野口貴公美
磯部 哲
大橋真由美
田中良弘

編著

織 朱實
岡森識晃
小舟 賢
服部麻理子
寺田麻佑
周家礼奈
宮森征司
吉岡郁美

著

有斐閣
yuhikaku

第3版はしがき

　2014年12月に刊行された初版に続き，本書の第2版は2020年12月に刊行された。幸いなことに，第2版も，幅広い読者に恵まれたことから，数次にわたって増刷を行うことができた。しかしながら，第2版刊行から約4年の歳月が経過し，この間に，公的部門における個人情報保護の規律を統合して個人情報保護委員会の監視下に置く改正個人情報保護法が全面施行された。これを受けて，第3版においては，個人情報保護に関する記述を全面的に書き改めている。併せて，取消訴訟に関して，第2版まで1項目において記述していたものを，項目の分量と分かりやすさの観点から「訴訟要件」「審理・判決の効力等」の2項目に分けて解説することとした。さらに，この間に出された最高裁判所の重要判例や主要な法改正を取り入れる改訂も行った。加えて，当然のこととは言え，第2版の刊行時と同じく，これまでの記述を改めて精査し，必要な補訂やマテリアルの入替え等を実施している。

　なお，第3版の刊行に際しては，第2版の編者（野口貴公美・一橋大学大学院法学研究科教授，磯部哲・慶應義塾大学法務研究科教授，大橋真由美・上智大学法学部教授および筆者）に加えて，田中良弘・一橋大学大学院法学研究科教授を新たに編者に迎え入れることにした。また，多くの執筆者について勤務校の異動があり，あるいは国籍を変更したことから，著者紹介の欄を一瞥して頂くならば幸いである（早稲田大学社会科学部講師の吉岡郁美氏は，2025年4月に法政大学法学部准教授に異動する予定である）。

　第3版への改訂の作業に当たっても，編集者の会合を重ね，記述の正確さとバランス，分かりやすさを多くの者の視点から追求する努力を払った。改訂については，株式会社有斐閣法律編集局学習書編集部・渡邉和哲氏にご尽力を頂戴した。ここに厚くお礼を申し上げる。

　最後に，本書第3版が，初版および第2版と同様，行政法の基礎の修得を求めるとともに，制度と理論の最新の動きを的確に把握することを希求する多くの読書に受け入れられるならば，本書の刊行に関与した者の幸せである。

　2025年2月

編者，執筆者を代表して

髙　橋　　滋

初版はしがき

　本書は，法学部における行政法の講義用の補助教材あるいは自習用の教材，または経済経営系・公共（総合）政策系・理工学系等の学部における行政法の教科書として利用されることを想定し，編集・執筆されたものである。加えて，国・地方公共団体等における各種の研修や公務員の自習に際してご利用頂けることも，期待している。

　本書の編者（髙橋滋）は，行政法の研究教育に長らく携わってきたことから，教育上の工夫等について，経験を交流し意見を交換する機会を積み重ねてきた。その中で確認できたのは，行政法の講義，特に，学部レベルの講義を担当する際に，多数の方々が，黒板等を利用して行政上の制度の概略や裁判の事案の概要を図示し，あるいは，最高裁の判決等を取り上げた新聞記事をコピーして学生に配布する等の工夫をされている，という事実である。

　行政法に限らず，法律学の講義においては，学説や判例理論の紹介や分析は抽象的なものになりがちである。そのため，実社会において現に用いられている文書（各種の書式や決定通知文等）や各種制度に関する最新のデータ・統計等を紹介することによって講義の内容を身近に感じてもらう等の工夫は，受講者の学習意欲を維持し向上させるうえで有効である。裁判例についても，これを取り上げた報道記事，特に，裁判の舞台となった現場の写真等を紹介することには，判決が社会に与えたインパクトを実感してもらうとともに，判決文等においては抽象的な表現でしか示されてない事実関係について，視覚を通じてより正確に理解してもらう，という利点がある。

　特に，行政法の制度・理論については，行政領域を横断して通用する汎用性の高さが求められる一方で，対象とする行政領域は幅広く多様性に富んでいることから，抽象度の高い理論と具体的な制度との間の落差は大きい。したがって，この落差を埋めるためには，現実の制度の詳細について図を用いながら理解を促し，併せて，制度の運用について正確な理解を得ることが重要となってくる。

　ちなみに，以上のような観点から，行政法分野における，伝統的なスタイルの基本書と並ぶ補助教材として，あるいは，単独の教科書・自習書として刊行されたものに，鈴木庸夫教授，石川敏行教授，山下淳教授による『目で見る行政法教材』（有斐閣，1993 年）がある。同書が刊行された際には，卓越した問題意識に基づく良書として，行政法の教員の間では大いに話題になった。ただし，残念ながら同書は絶版となって久しく，同シリーズの類書についても，現在，新たな企画構想の下で『Visual Materials』シリーズとして，いくつかのテキストが公刊されている。したがって，『目で見る行政法教材』の後継書として『行政法 Visual Materials』を刊行することには，行政法教育の幅を広げ，その多様性を確保するという点において，積極的な意義を認めることができよう。

　本書を執筆したのは，編者のほか，一橋大学大学院法学研究科の編者の研究室において，博士（法学）の学位を取得し，または，博士後期課程の所定の年限を修了した後に，大学において教鞭をとっている研究者 10 名である。刊行に際しては，多人数にわたる執筆陣の間で問題意識等を共有し，作業のペースを相互に点検しつつ，予定通りに本書の刊行に漕ぎ付けるために，数次にわたる企画会議を開催し，原稿を確認しながらの意見交換を積み重ねた。このような時間と手間のかかる作業を円滑に遂行することができたのも，研究室の同窓という強みがあったからではないかと，編者としては自負している。また，私事にわたり恐縮であるが，このような形で，上記の方々に一堂に集まって頂き，学術的な共同作業を行うのは，今回が初めてのことである。還暦に近づいた時点において，このような形で行政法の教材を刊行できたことは，編者にとっては誠に得難い経験と

なった。

　その意味においても，本書の刊行をご提案頂いた有斐閣の伊丹亜紀氏には，心よりお礼を申し上げたい。なお，伊丹氏には，途中まで，企画会議の開催，執筆者からの原稿等の提出の督促等にご尽力を頂き，さらに，営業部に異動された後にも，会議の開催等からデザイナーに対する作図の指示等にいたるまで，細やかで行き届いたご支援を頂戴した。また，中野亜樹氏と柳澤雅俊氏には，伊丹氏とともに，本書の刊行の最後まで，原稿の督促，校正等につき，多大なご尽力を頂いた。そのほか，辻南々子氏にも，雑誌編集部に異動されるまでの間，編集作業にご協力を頂いた。単独の基本書よりもはるかに手間のかかる作業にご協力頂いたことに対し，厚くお礼を申し上げる。さらに，最後となって誠に恐縮ながら，本書の刊行を激励して頂いた，本書の企画当時の書籍編集第一部長であった土肥賢氏及び後任の高橋均氏に対し，心よりの謝辞を記させて頂く。

　本書が，所期の目的を果たし，行政法教育の充実に些かなりとも寄与できるならば，編者を始め執筆者一同の喜びである。

　　2014 年 11 月

執筆者を代表して

高　橋　　滋

目　次

第1章　行政法序論

No.1　行政法をみてみよう① ── 行政法ってどんな法律？ ──────── 2
1　諸法のなかにおける行政法 ··· 2
(1) 行政法とは何か　2　　(2) 行政法の分類　2　　(3) 公法と私法　2　　(4) 公法関係と私法関係　2　　(5) 現代社会における行政法　3
2　行政法の成立 ·· 4
(1) 諸外国における行政法の成立　4　　(2) 大陸法モデル　4　　(3) 英米法モデル　4
(4) 日本における行政法　4
3　「行政法」の範囲 ·· 5
(1) 法　源　5　　(2) 慣習法　5　　(3) 地域社会の自律的な取決め（景観利益と慣習法）　6

No.2　行政法をみてみよう② ── 規範としての行政法 ───────────── 7
1　行政の活動と行政法 ··· 7
2　「行政法」に属するルール ··· 7
(1) 行政活動と行政法　7　　(2) 様々な事柄を定める法律　7　　(3) グラフィカルな規定：道路標識　7　　(4) グローバル化への対応　9　　(5) デジタル化社会への対応　10

No.3　行政法をみてみよう③ ── 紛争解決のルール ──────────────── 11
1　紛争解決の法と制度 ·· 11
(1) 伝統的な行政訴訟の例──課税処分の取消訴訟　11　　(2) 三面関係に関わる紛争の増加　11　　(3) 行政訴訟の特徴　12　　(4) 「行政訴訟」か「民事訴訟」か　12
2　民事訴訟との接点 ── 国立マンション訴訟 ····································· 13

No.4　行政法をみてみよう④ ── 行政法の学び方 ─────────────── 14
1　行政法の体系 ·· 14
2　各領域の法令と行政法 ·· 15

No.5　行政法の基本原理 ───────────────────────────── 17
1　法治主義と法の支配 ·· 17
(1) 行政と法との関係　17　　(2) 「法律による行政の原理」（形式的法治国の概念）　17
(3) 法の支配　17
2　行政法の基本原理 ·· 18
(1) 行政法の基本原理　18　　(2) 平等原則　18　　(3) 信義誠実の原則，権限濫用禁止の原則　19　　(4) 適正手続の原則　19　　(5) 比例原則　19　　(6) 説明責任の原則　20　　(7) 公正・透明性の原則　20　　(8) 効率性・経済性の原則　20

第2章　行政組織法

No.6　行政主体① —— 国 ——————————————————— 22

1　行政主体とは ……………………………………………………… 22
　⑴　行政主体　22　　⑵　多様な行政の担い手　22
2　国の行政組織 …………………………………………………… 22
　⑴　内　閣　22　　⑵　内閣府および省の組織　22
3　特別行政主体 …………………………………………………… 23
　⑴　独立行政法人　23　　⑵　国立大学法人　24　　⑶　特殊法人・認可法人　25
　⑷　公共組合　25

No.7　行政主体② —— 地方公共団体 ————————————— 27

1　地方自治制度 …………………………………………………… 27
　⑴　地方自治制度　27　　⑵　都道府県と市町村　27　　⑶　大都市制度　27
2　自主法 …………………………………………………………… 28
　⑴　条　例　28　　⑵　法律と条例　28　　⑶　規　則　30
3　地方分権 ………………………………………………………… 30
　⑴　国と地方の役割分担　30　　⑵　国の関与・義務付け等の廃止・縮減　31
4　縮小社会と地方自治 …………………………………………… 31
　⑴　縮小社会と持続可能な体制づくり　31　　⑵　地方議会　31　　⑶　広域連携　31
　⑷　デジタル化　31

No.8　行政主体③ —— 国と地方公共団体の関係 ——————— 32

1　地方公共団体の事務 …………………………………………… 32
　⑴　地域における事務　32　　⑵　自治事務と法定受託事務　32
2　国等の関与 ……………………………………………………… 32
　⑴　一般的なルール　32　　⑵　緊急時における特例　33
3　係争処理の仕組み ……………………………………………… 35
　⑴　国と地方の間の係争処理　35　　⑵　地方間相互の係争処理　35

No.9　行政主体④ —— 公私協働 ————————————————— 36

1　公私協働 ………………………………………………………… 36
2　市場化テスト …………………………………………………… 37
3　PFI ………………………………………………………………… 37
4　組織による公私協働 …………………………………………… 38

No.10　行政主体⑤ —— 行政主体と行政機関・行政庁 ————— 39

1　行政機関の概念 ………………………………………………… 39
　⑴　行政機関とは　39　　⑵　作用法的行政機関概念　39　　⑶　事務配分的行政機関概念　40
2　行政機関間関係 ………………………………………………… 40
　⑴　独任制と合議制　40　　⑵　階層制　40　　⑶　権限の委任，代理，専決・代決　40

v

3　内部関係と外部関係 ………………………………………………………………………………… 41

No.*11*　公務員法・公物法 ————————————————————————— 43
　　1　公務員 ……………………………………………………………………………………………………… 43
　　　（1）　公務員法制の理念　43　　（2）　公務員の類型　43　　（3）　公務員制度改革　44
　　2　公　物 …………………………………………………………………………………………………… 45
　　　（1）　公物の意義　45　　（2）　公物法の様々な形態　45　　（3）　公物の使用関係　45

第3章　行政作用法

No.*12*　行政行為①——総論 ————————————————————————— 48
　　1　行政行為とは ………………………………………………………………………………………… 48
　　　（1）　行政行為の定義　48　　（2）　行政行為の特徴　48　　（3）　行政行為と処分（行政処分）　48
　　2　申告納税方式の仕組み ……………………………………………………………………………… 49
　　　（1）　申告納税方式と賦課課税方式　49　　（2）　納税申告　49　　（3）　更正の請求　50
　　　（4）　更正・決定　50　　（5）　青色申告と白色申告　50

No.*13*　行政行為②——種類 ————————————————————————— 51
　　1　行政行為の分類 ……………………………………………………………………………………… 51
　　　（1）　申請に対する処分と不利益処分　51　　（2）　授益的行政行為と侵害的行政行為　51
　　　（3）　羈束行為と裁量行為　51
　　2　伝統的な分類 ………………………………………………………………………………………… 51
　　　（1）　法律行為的行政行為と準法律行為的行政行為　51　　（2）　許　可　52　　（3）　特　許
　　　52　　（4）　認　可　53　　（5）　確　認　54

No.*14*　行政行為③——効力と附款 ———————————————————— 55
　　1　行政行為の効力の種類 ……………………………………………………………………………… 55
　　　（1）　公定力——取消訴訟の排他的（優先的）管轄　55　　（2）　不可争力　55　　（3）　不可変更
　　　力　55　　（4）　執行力　56
　　2　違法な行政行為 ……………………………………………………………………………………… 56
　　　（1）　無効な行政行為　56　　（2）　違法性の承継　56　　（3）　瑕疵の治癒と違法行為の転換
　　　57
　　3　行政行為の附款 ……………………………………………………………………………………… 58
　　　（1）　行政行為の附款とは　58　　（2）　附款の種類　59　　（3）　附款の限界　59
　　　（4）　違法な附款と訴訟手段　59

No.*15*　行政行為④——職権取消しと撤回 ———————————————— 60
　　1　行政行為の職権取消し ……………………………………………………………………………… 60
　　　（1）　職権取消しとは　60　　（2）　職権取消しの法律の根拠　60　　（3）　職権取消しの制限　60
　　2　行政行為の撤回 ……………………………………………………………………………………… 61
　　　（1）　撤回とは　61　　（2）　撤回の法律の根拠　61　　（3）　撤回の制限　62　　（4）　撤回と

損失補償　62

No.*16*　行政裁量①　── 総論 ──────────────── 63
1　裁量とは ………………………………………………………… 63
2　行政裁量の司法審査 …………………………………………… 65

No.*17*　行政裁量②　── 専門技術的裁量 ──────────── 68
1　専門技術的裁量 ………………………………………………… 68
2　教科書検定の仕組みと司法審査 ……………………………… 68
3　原子力発電所設置許可の仕組みと司法審査 ………………… 69

No.*18*　行政裁量③　── 政治的裁量 ────────────── 72
1　政治的裁量 ……………………………………………………… 72
2　出入国管理行政 ………………………………………………… 72

No.*19*　行政手続①　── 総論 ──────────────── 77
1　行政手続法の意義と制定の経緯 ……………………………… 77
2　処分手続 ………………………………………………………… 77
　(1)　申請に対する処分　77　　(2)　不利益処分　78
3　意見公募手続 …………………………………………………… 79
4　地方公共団体との関係 ………………………………………… 79
5　行政手続のデジタル化 ………………………………………… 80

No.*20*　行政手続②　── 理由の提示 ────────────── 81
1　理由の提示の意義・程度・方法 ……………………………… 81
　(1)　理由の提示の意義　81　　(2)　理由の提示の程度　81　　(3)　理由の提示の方法　81
2　理由の追完と差替え …………………………………………… 82

No.*21*　行政手続③　── 聴聞と弁明の機会の付与 ────────── 84
1　聴聞の意義 ……………………………………………………… 84
2　聴聞手続の流れ ………………………………………………… 84
　(1)　通　知　84　　(2)　文書等の閲覧　84　　(3)　聴聞の主宰者　84　　(4)　聴聞調書・
　報告書　85
3　聴聞手続における第三者保護の仕組み ……………………… 85
4　弁明の機会の付与 ……………………………………………… 86

No.*22*　行政手続④　── 環境影響評価法 ───────────── 87
1　環境影響評価法の概要 ………………………………………… 87
2　環境影響評価の流れ …………………………………………… 87
3　環境影響評価法の 2011 年改正 ……………………………… 88
4　その後の制度改正 ……………………………………………… 89

目次

vii

No.23 行政指導 ——————————————————————————— 91

1 行政指導とは ·· 91
　⑴ 行政指導の長所・短所 91　　⑵ 行政手続法における行政指導の規定 91
2 行政指導要綱 ·· 92
3 行政手続法の改正 ·· 92
4 違法な行政指導に対する救済 ·· 94

No.24 行政立法① —— 総論・法規命令 ————————————— 95

1 行政立法／法規命令 ··· 95
　⑴ 意　義 95　　⑵ 法規命令と行政規則 95　　⑶ 委任命令と執行命令，委任の限
　界 95　　⑷ 告　示 96
2 行政規則 ·· 96
　⑴ 行政規則とその例 96　　⑵ 個別法における基準の運用 97　　⑶ 民間規格の活
　用 97

No.25 行政立法② —— 行政規則 ————————————————— 99

1 行政規則とその例 ·· 99
　⑴ 訓　令 99　　⑵ 通　達 99　　⑶ 審査基準，処分基準，行政指導指針 100
2 通達が違法とされた事例 ··· 100

No.26 行政計画 ——————————————————————————— 102

1 行政計画とは ·· 102
　⑴ はじめに 102　　⑵ 都市計画の体系 103
2 行政計画の個別の仕組み ··· 105
　⑴ 土地区画整理事業 105　　⑵ 道路事業の仕組み 106

No.27 行政契約 ——————————————————————————— 108

1 準備行政と契約 ·· 108
　⑴ 準備行政における契約 108　　⑵ 準備行政契約の規律（その1）——一般法原理，議
　会の関与 108　　⑶ 準備行政契約の規律（その2）——会計法令の規則 108　　⑷ 住民
　訴訟における違法な随意契約の効力 109
2 給付行政における契約 ·· 110
　⑴ 給付行政と契約 110　　⑵ 行政行為形式の部分的な採用 110　　⑶ 民営化と給
　付行政契約 110
3 規制行政における契約 ·· 111
　⑴ 規制行政と契約 111　　⑵ 公害防止協定 111　　⑶ 建築協定 111

No.28 行政上の強制執行 ——————————————————————— 113

1 代執行 ·· 113
　⑴ 行政的執行の仕組み 113　　⑵ 代執行の定義 113　　⑶ 代執行の実体的要件
　113　　⑷ 代執行の手続 113　　⑸ 代執行と救済制度 114
2 行政上の強制徴収 ·· 114

（1）　国税徴収法に基づく滞納処分　114　　（2）　その他，強制徴収をめぐる問題　115

3　直接強制 ……………………………………………………………………………… 115

4　執行罰 ………………………………………………………………………………… 116

5　行政上の強制執行の機能不全とその是正 ………………………………………… 116

No.*29*　行政上の即時強制 ───────────────── 118

1　即時強制 ……………………………………………………………………………… 118

（1）　意　義　118　　（2）　手続的統制　118　　（3）　即時強制への逃避　118

2　感染症法に基づく強制入院措置の仕組みの変容 ………………………………… 119

3　破壊消防 ……………………………………………………………………………… 120

No.*30*　行政上の制裁・その他 ──────────────── 122

1　行政罰 ………………………………………………………………………………… 122

（1）　行政罰の意義　122　　（2）　行政刑罰　122　　（3）　行政上の秩序罰　123　　（4）　行政刑罰と行政上の秩序罰の併科　123

2　課徴金 ………………………………………………………………………………… 124

3　その他の制裁的措置 ………………………………………………………………… 124

（1）　加算税・延滞税等　124　　（2）　公　表　124　　（3）　授益的処分の撤回等　125
（4）　行政サービス等の拒否　125　　（5）　契約からの排除（指名停止措置等）　126

No.*31*　行政調査 ────────────────────── 127

1　行政調査 ……………………………………………………………………………… 127

（1）　行政調査とその類型　127　　（2）　任意調査の範囲　127　　（3）　警察との連携　128

2　行政調査手続 ………………………………………………………………………… 128

（1）　行政調査手続　128　　（2）　税務調査と事前の通知　128

No.*32*　情報公開・その他 ───────────────── 130

1　情報公開制度概要 …………………………………………………………………… 130

（1）　情報公開制度　130　　（2）　情報公開の手続　130　　（3）　情報公開と訴訟　131

2　情報公開制度と公文書管理制度 …………………………………………………… 131

（1）　文書管理をめぐる問題　131　　（2）　公文書管理法　132

3　特定秘密保護法とセキュリティ・クリアランス制度 …………………………… 133

No.*33*　個人情報保護 ─────────────────── 135

1　個人情報保護制度 …………………………………………………………………… 135

（1）　個人情報保護制度の概要　135　　（2）　個人情報保護制度の沿革　135

2　個人情報の定義等 …………………………………………………………………… 137

（1）　個人情報　137　　（2）　要配慮個人情報　137　　（3）　個人情報取扱事業者の義務等　137　　（4）　個人情報の利活用（民間部門）　137

3　行政機関等の保有する個人情報の取扱い ………………………………………… 138

（1）　行政機関の取り扱う個人情報の特徴　138　　（2）　行政機関等の義務　138　　（3）　自己情報の開示・訂正・利用停止　139　　（4）　個人情報の利活用（公的部門）　139

4 マイナンバー法 ·· 140

第4章　行政救済法

No.34　行政救済の全体像 ——————————————————————— 142

1 行政救済法の全体像 ··· 142

2 法律上の争訟 ··· 142

　(1) 法律上の争訟　142　　(2) 主観訴訟・客観訴訟　143

3 行政争訟とは —— 行政不服申立てと行政事件訴訟 ······················· 143

4 行政事件訴訟制度の確立 ··· 143

5 司法制度改革と行政事件訴訟法の改正 ··· 144

No.35　苦情処理 ———————————————————————————— 146

1 行政上の苦情処理 ·· 146

2 関連する諸制度 ··· 147

　(1) 行政型 ADR　147　　(2) オンブズマン　148

No.36　行政不服申立て ————————————————————————— 149

1 行政不服申立てとは ··· 149

2 行審法に基づく行政不服申立制度のポイント ······································· 149

　(1) 不服申立ての種類　149　　(2) 不服申立ての対象・不服申立適格・不服申立期間
　150　　(3) 書面審理の原則・職権主義　150　　(4) 裁決・決定と取消訴訟との関係（原
　処分主義・裁決主義）　150　　(5) 行審法に基づく審理手続の特徴：2段階の審理体制　150
　(6) 2014 年改正行審法の施行後について　151

No.37　行政審判 ———————————————————————————— 152

1 行政審判とは ··· 152

2 行政審判の具体例 ·· 152

3 行政審判に関わる大きな動き —— 公正取引委員会における審判手続の廃止 ················ 152

No.38　取消訴訟① —— 訴訟要件 ———————————————————— 156

1 取消訴訟 ··· 156

2 処分性 ·· 156

　(1) 取消訴訟の対象　156　　(2) 取消訴訟の排他的（優先的）管轄　156　　(3) 処分性
　の判定①：一括指定処分　157　　(4) 処分性の判定②：条令制定行為の処分性　157
　(5) 処分性の判定③：行政指導の処分性　158　　(6) 処分性の判定④：行政計画の処分
　性　158

3 原告適格 ··· 158

　(1) 「法律上の利益」を有する者　158　　(2) 「法律上の利益」の解釈規定の新設　159
　(3) 小田急訴訟　159　　(4) サテライト大阪事件　160

4 狭義の訴えの利益 ·· 161

No.39 取消訴訟② ── 審理・判決の効力等 ─────────── 163

1 取消訴訟の審理 ───────────────────────── 163
　(1)　審理の原則　163　　(2)　違法判断の基準時　163　　(3)　違法の主張の制限　163
2 判決の効力 ────────────────────────── 163
3 訴状と判決書 ───────────────────────── 164

No.40 取消訴訟以外の抗告訴訟 ───────────────── 166

1 無効等確認訴訟 ──────────────────────── 166
　(1)　意　義　166　　(2)　行政事件訴訟法36条の訴訟要件　166　　(3)　行政事件訴訟法
　36条の裁判例 ── もんじゅ訴訟　166
2 不作為違法確認訴訟 ───────────────────── 167
3 義務付け訴訟 ──────────────────────── 167
4 差止訴訟 ────────────────────────── 168

No.41 当事者訴訟 ───────────────────────── 170

1 当事者訴訟 ───────────────────────── 170
　(1)　意　義　170　　(2)　当事者訴訟活用のメッセージ　170
2 個別事例 ────────────────────────── 171
　(1)　在外国民選挙権訴訟　171　　(2)　国籍法違憲訴訟　171　　(3)　東京都教職員国旗国
　歌訴訟（予防訴訟）　172　　(4)　医薬品ネット販売訴訟　173

No.42 客観訴訟 ────────────────────────── 174

1 民衆訴訟 ────────────────────────── 174
　(1)　住民訴訟　174　　(2)　選挙訴訟　176　　(3)　投票等に関する訴訟　176
2 機関訴訟 ────────────────────────── 177

No.43 仮の救済 ────────────────────────── 178

1 執行停止 ────────────────────────── 178
　(1)　意　義　178　　(2)　執行停止制度　178　　(3)　内閣総理大臣の異議　178
2 仮の義務付け・仮の差止め ─────────────────── 179
　(1)　意　義　179　　(2)　東大和市保育園入園承諾義務付け事件　179　　(3)　住民票消除
　処分差止事件　180　　(4)　岡山シンフォニーホール事件　180

No.44 国家補償の全体像 ───────────────────── 181

1 国家補償の意義 ──────────────────────── 181
　(1)　行政法・行政救済法・国家補償法　181　　(2)　国家補償＝国家賠償＋損失補償　181
　(3)　国家賠償制度の沿革　181　　(4)　日本国憲法17条と国家賠償法　182
2 国家賠償法の構成・機能 ─────────────────── 182
　(1)　国家賠償法の構成　182　　(2)　国家賠償制度の機能　182
3 国家賠償法3条以下 ───────────────────── 183
　(1)　賠償責任者　183　　(2)　民法・特別法との関係　183　　(3)　相互保証主義　184

No.45　国賠法1条（公権力の行使）責任 ―――――――――――― 185

1　国賠法1条の意義 ･･･ 185
　(1)　本条の意義　185　　(2)　1条責任の本質　185　　(3)　公務員の個人責任　185
2　1条責任の要件 ･･ 186
　(1)　国または公共団体，公務員　186　　(2)　指定管理者等の責任を認める解釈　186
　(3)　公権力の行使　186　　(4)　職務行為　187　　(5)　故意・過失と違法性　187
3　違法性の意義 ･･･ 188
　(1)　職務行為基準説の意義　188　　(2)　判例上の展開　188　　(3)　処分要件欠如説と職
　務行為基準説の異同　189
4　不作為の違法 ･･･ 189
　(1)　規制権限不行使と国家賠償責任　189　　(2)　申請に対する不応答と国家賠償責任　190

No.46　国賠法2条（営造物）責任 ―――――――――――――――― 192

1　国賠法2条の意義・責任の要件 ･･･ 192
　(1)　公の営造物　192　　(2)　設置管理の瑕疵　192　　(3)　「設置管理の瑕疵」の判断基
　準　192　　(4)　タイムラグ論　193
2　水害訴訟 ―― 河川管理の瑕疵 ･･･ 193
3　機能的瑕疵 ･･･ 195

No.47　損失補償 ―――――――――――――――――――――――――― 196

1　損失補償とは ･･･ 196
　(1)　意　義　196　　(2)　根　拠　196
2　補償の要否 ･･･ 197
　(1)　規制対象の特定性　197　　(2)　規制の程度　197　　(3)　規制の目的　197
　(4)　規制の態様　197　　(5)　被規制財産の性格　198
3　補償の内容 ･･･ 198
　(1)　「正当な補償」　198　　(2)　付随的な損失　199　　(3)　財産権の制限に対する補償　199

No.48　国家賠償と損失補償の谷間 ――――――――――――――― 200

1　「国家補償の谷間」 ･･ 200
　(1)　問題の所在　200　　(2)　判例の展開　200　　(3)　損失補償構成の意義　201
2　予防接種法の仕組みと健康被害の救済 ･･･････････････････････････････････ 201
3　犯罪被害給付制度 ･･ 202

事項索引　204／判例索引　209

凡　例

1　法令名

原則として，以下の例および有斐閣刊『六法全書』の略語によった。

河　川	河川法	国　財	国有財産法
行　審	行政不服審査法	国　賠	国家賠償法
行政情報公開	行政機関の保有する情報の公開に関する法律	国　公	国家公務員法
		自　治	地方自治法
行政手続オンライン化法	行政手続等における情報通信の技術の利用に関する法律	所　税	所得税法
		水　道	水道法
		税　通	国税通則法
行　訴	行政事件訴訟法	代　執	行政代執行法
行　組	国家行政組織法	地　公	地方公務員法
行　手	行政手続法	地　税	地方税法
警　職	警察官職務執行法	デジタル手続法	情報通信技術を活用した行政の推進等に関する法律
憲	日本国憲法		
建　基	建築基準法	都　開	都市再開発法
公的個人認証法	電子署名に係る地方公共団体の認証業務に関する法律	都　計	都市計画法
		法　税	法人税法

2　判例・裁判例

最大判（決）	最高裁判所大法廷判決（決定）
最判（決）	最高裁判所判決（決定）
高判（決）	高等裁判所判決（決定）
地判（決）	地方裁判所判決（決定）
支	支部

3　判例集・雑誌

民　集	最高裁判所民事判例集	訟　月	訟務月報
刑　集	最高裁判所刑事判例集	判　時	判例時報
民　録	大審院民事判決録	判　自	判例地方自治
集　民	最高裁判所裁判集民事	判　タ	判例タイムズ
行　集	行政事件裁判例集	賃　社	賃金と社会保障
裁　時	裁判所時報		

■条文・判決文の引用に際し，原文の表記にかかわらず，拗音・促音は小書きとし，漢数字は算数字に改めた箇所がある。

著 者 紹 介

編 著 者

高橋　滋（たかはし　しげる）
　法政大学法学部教授
　担当：No.4, 5

磯部　哲（いそべ　てつ）
　慶應義塾大学大学院法務研究科教授
　担当：各章扉, No.28, 29, 47, 48

田中良弘（たなか　よしひろ）
　一橋大学大学院法学研究科教授
　担当：No.30, 31, 33

野口貴公美（のぐち　きくみ）
　一橋大学大学院法学研究科教授
　担当：No.1, 2, 31 *Column*, 32

大橋真由美（おおはし　まゆみ）
　上智大学法学部教授
　担当：No.3, 34, 35, 36, 37

著　者

織　朱實（おり　あけみ）
　上智大学大学院地球環境学研究科教授
　担当：No.19, 20, 21, 22

小舟　賢（こぶね　まさる）
　上智大学法科大学院准教授
　担当：No.38, 39, 40, 41, 43

寺田麻佑（てらだ　まゆ）
　一橋大学ソーシャル・データサイエンス
　学部教授
　担当：No.44, 45, 46

宮森征司（みやもり　せいじ）
　新潟大学法学部准教授
　担当：No.6, 7, 8, 9

岡森識晃（おかもり　しあき）
　甲南大学法学部教授
　担当：No.12, 13, 14, 15

服部麻理子（はっとり　まりこ）
　獨協大学法学部教授
　担当：No.16, 17, 18, 42

周家礼奈（しゅうけ　あやな）
　〔周　蒨（しゅう　せい）〕
　久留米大学法学部教授
　担当：No.24, 25, 26, 27

吉岡郁美（よしおか　いくみ）
　早稲田大学社会科学部講師
　担当：No.10, 11, 23

カラー① コンセイユ・デタ（⇨No.1, 4ページ）

カラー② 道路標識，区画線及び道路標示に関する命令
（⇨No.2, 8ページ）

> 第3条 道路標識の様式は，別表第2のとおりとする。

別表第2（一部抜粋）規制標識

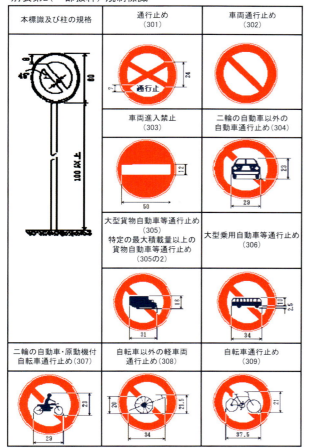

カラー③ 農地改革広報資料
（⇨No.3, 11ページ）

▶国立公文書館デジタルアーカイブ所収

カラー④ 厚木基地 （⇨ No.3・No.40, 12ページ・169ページ）

▶朝日新聞フォトアーカイブ

カラー⑤ 辺野古最高裁判決を報じる新聞記事 （⇨ No.8, 34ページ）

▶2016年12月12日付琉球新報号外

▶2016年12月21日付日本経済新聞朝刊

カラー⑥ 放置車両確認標章 （⇨No.9・30, 37ページ・123ページ）

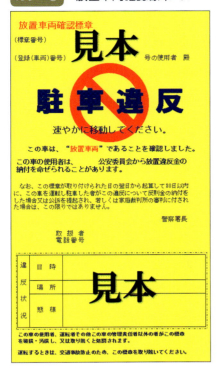

▶ 福井県警ウェブサイト（https://www.pref.fukui.lg.jp/kenkei/doc/kenkei/ihochusha_2.html）をもとに作成

カラー⑦ 運転免許証 （⇨No.13, 52ページ）

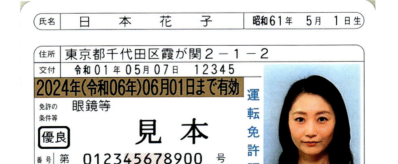

▶ 警察庁ウェブサイト（https://www.npa.go.jp/policies/application/license_renewal/index.html）

土地利用の現況及び土地利用計画

区分		施行前		施行後	
		面積（平方米）	構成比（％）	面積（平方米）	構成比（％）
公共用地	道路	13,490	23.8	26,977（駅前広場を含む）	47.6
	公園緑地	0	0.0	2,131	3.8
	河川水路	2,832	5.0	879	1.6
	計	16,322	28.8	29,987	52.9
宅地		39,474	69.6	26,714（軌道用地を含む）	47.1
保留地		0	0.0	0	0.0
測量増減		905	1.6	0	0.0
合計		56,701	100.0	56,701	100.0

カラー⑧　上島駅周辺土地区画整理事業
計画決定（⇨No.26，106ページ）

凡　例
- 施行地区界
- 都市計画道路
- 区画街路
- 公園・緑地
- 水　路
- 鉄道用地

S＝1：1,000

▶浜松市ウェブサイト（https://www.city.hamamatsu.shizuoka.jp/shigaichi/city/kukakuseiri/kamijima/index.html）

カラー⑨ 用途地域内の建築物の用途制限の概要 (⇨No.26, 105ページ)

用途地域内の建築物の用途制限 ■ 建てられる用途 □ 建てられない用途 ▲は面積等の制限あり		第一種低層住居専用地域	第二種低層住居専用地域	第一種中高層住居専用地域	第二種中高層住居専用地域	第一種住居地域	第二種住居地域	準住居地域	近隣商業地域	商業地域	準工業地域	工業地域	工業専用地域	備　考
住宅，共同住宅，寄宿舎，下宿		○	○	○	○	○	○	○	○	○	○	○		
兼用住宅で，非住宅部分が 50 m² 以下かつ建築物の延べ面積の 1/2 以下のもの		○	○	○	○	○	○	○	○	○	○	○		非住宅部分の用途制限あり
遊戯施設・風俗施設	ボーリング場，スケート場，水泳場，ゴルフ練習場，バッティング練習場等					▲	○	○	○	○	○	○	○	▲3,000 m² 以下
	カラオケボックス等						▲	▲	○	○	○	▲	▲	▲10,000 m² 以下
	マージャン屋，ぱちんこ屋，射的場，馬券・車券発売所等						▲	▲	○	○	○	▲		▲10,000 m² 以下
	劇場，映画館，演芸場，観覧場							▲	○	○	○			▲客席 200 m² 未満
	キャバレー，ダンスホール等，個室付浴場等									○	▲			▲個室付浴場以外
公共施設・病院・学校等	幼稚園，小学校，中学校，高等学校	○	○	○	○	○	○	○	○	○	○			
	大学，高等専門学校，専修学校等			○	○	○	○	○	○	○	○			
	図書館等	○	○	○	○	○	○	○	○	○	○	○		
	巡査派出所等の公益上必要な建築物	○	○	○	○	○	○	○	○	○	○	○	○	
	神社，寺院，教会等	○	○	○	○	○	○	○	○	○	○	○	○	
	病院			○	○	○	○	○	○	○	○			
	公衆浴場，診療所，保育所等	○	○	○	○	○	○	○	○	○	○	○	○	
	老人ホーム，身体障害者福祉ホーム等	○	○	○	○	○	○	○	○	○	○	○		
	老人福祉センター，児童厚生施設等	▲	▲	○	○	○	○	○	○	○	○	○	○	▲600 m² 以下
	自動車教習所					▲	○	○	○	○	○	○	○	▲3,000 m² 以下

カラー⑩ 自動車一斉検問 (⇨No.31, 127ページ)

▶奈良県警 Facebook（2016 年 12 月 6 日）

カラー⑪　小田急連続立体交差事業（⇨No.38, 159ページ）

　鉄道の輸送力を増強することで，ラッシュピーク時間帯の混雑緩和や所要時間の短縮を図ることを目的に実施する複々線化事業に対して，連続立体交差事業は，道路整備の一環として，鉄道を立体化して踏切における慢性的な交通渋滞をなくし，より安全で快適な生活環境を創出することを目的に実施されています。そのため，複々線化事業を行うのが小田急電鉄であるのに対して，連続立体交差事業は東京都の事業として行われています。

喜多見6号踏切
立体化前のラッシュピーク時1時間あたりの遮断時間45分

▶小田急電鉄ウェブサイト（http://www.odakyu.jp/company/business/railways/four-track-line/2/）（2014年3月閲覧），写真提供：東京都

カラー⑫　サテライト大阪（⇨No.38, 160ページ）

　写真中央にあるグレーの建物が，サテライト大阪。当時の施設設置者が作成した資料によれば，同施設は，鉄骨造，7階建て，地下1階の建物（高さ29.2 m，延べ床面積8121.30 m^2）であり，施設設置者から競輪施行者（岸和田市）に対して賃貸され，競輪施行者においてその運営等を行うこととされていた。また，同施設における営業の日数として年間340日が予定され，1日当たり約1700人の来場が見込まれていた。

（2013年1月撮影）

カラー⑬ 鞆の浦埋立架橋事件第1審判決を報じる新聞記事
(⇨No.40, 169ページ)

鞆の浦埋め立て認めず

広島地裁

景観「国民の財産」
県市への免許差し止め

埋め立て計画で揺れる鞆の浦＝広島県福山市、本社ヘリから、荒元忠彦撮影

江戸期の港と町並みが一体で残り、宮崎駿監督のアニメ映画「崖の上のポニョ」の舞台として全国的な注目を集めた景勝地「鞆の浦」（広島県福山市）で県と市が進める埋め立て・架橋計画をめぐり、地元住民らが県を相手取り、知事が埋め立て免許を県に交付しないよう求めた訴訟の判決で1日、広島地裁で言い渡された。能勢顕男裁判長は住民側の請求を全面的に認め、知事に埋め立て免許の交付をしないよう命じた。 =10・11面に関係記事

歴史的景観を保護するため大型公共工事の許認可を差し止めることができるかどうかが争われた初めての訴訟で、住民側が勝訴した。

鞆の浦の景観をめぐる紛争は①各地の良好な景観の恵沢を享受する利益が損なわれるか②事業によって交通が便利になったり、観光発展用の駐車場確保などを期待したりすることで得られる利益が景観を損ねる不利益を大きく上回るといえるか③埋め立て免許が出されると回復不可能な景観の悪化が生じる恐れがあるか――などが主な争点になった。

判決はまず、鞆の歴史的景観は住民らの利益にとどまらず、瀬戸内海の美観を構成する「国民の財産ともいうべき公益」と指摘、法律の対象として保護されているとした。その上で、鞆の浦の景観を侵害する政策判断に慎重になるべきだとした。

そのうえで、法律の保護対象としている道路や駐車場の整備などの事業に必要性や公共性があることは認めながらも、景観を犠牲にしてまでの必要性があるかどうかについては、「大きな疑問があるといわざるを得ない」とした。

さらに、事業が完成した後に残る景観を復元することは不可能との調査を検討が十分になく、県知事の政策判断が合理性を欠くとの結論を導いた。

訴訟で原告側は、鞆の浦が「江戸期の港と町並みが一体で残る景観は歴史文化的価値が高い」と訴えた。被告側は、計画は常夜灯を中心とした鞆港の陸りを埋めるが通相認可を申請しており、景観への対象としておらず、景観への大きく損なわれることはない、などと反論していた。

県知事は昨年6月、埋め立て免許の交付に必要な国土交渉に諮問すると認められるのは当然といえるだろう。金子一義・前国交相は「住民同意が必要」として手続きは事実上停止している。

判決理由の骨子

・居住者は鞆の景観による恵沢を日常的に享受していると推認され、法律上の利益を有する者に当たる。
・鞆の景観の価値は私法上保護されるべき利益であるだけでなく、瀬戸内海における美的景観を構成するものとして、また文化的、歴史的価値を有する景観として、いわば国民の財産ともいうべき公益である。しかも、事業が完成した後に復元することはまず不可能となる性質のものである。
・埋め立てなどの事業が景観に及ぼす影響は軽減できない重大なものであり、瀬戸内法等が公益として保護しようとしている景観を侵害する。
・事業者らが事業の必要性、公共性の根拠としている道路、駐車場整備の効果などの点は、調査、検討が不十分であるか、または合理性を欠くと言わざるをえない。従って知事が免許を出すことは裁量権の範囲を超える。

歴史認め画期的判断

〈解説〉鞆の浦埋め立て・架橋計画をめぐり、広島地裁は1日、埋め立て免許の差し止めを命じた。鞆の浦の景観を「国民の財産」と初めて認めた画期的な判決で、都市開発での景観利益を認めた最高裁判決を踏まえれば、江戸期の港と町並みが一体で残り、国内外の専門家が「世界遺産級」と称される鞆の良好な景観の恵沢を日常的に享受できる景観利益が法的保

鞆の浦の景観・鞆港マンションの上層部の撤去を求めた訴訟で06年3月、最高裁が「法的保護に値する」と初めて認めた。

鞆の浦・架橋計画が持ち上がってから四半世紀にわたり、計画をめぐって揺れ続けた鞆の浦で、大型公共事業の見直しを掲げる鳩山政権が、この計画にどのような対応をするのかも注目される。

（松尾佳二）

▶朝日新聞（大阪本社版）2009年10月1日付朝刊

カラー⑭ 水俣病認定に関する最高裁判決を報じる新聞記事（⇨No.45, 189ページ・190ページ）

水俣病 認定を緩和

最高裁「一症状でも」
患者審査 見直し迫る

熊本の遺族、勝訴確定

▶朝日新聞 2013年4月17日付朝刊

カラー⑮ 点字ブロック事件の起きた JR 福島駅（大阪府）の現在の様子（⇨No.46, 193ページ）

第1章 行政法序論

　行政法には統一法典がないので学習のイメージがわきにくい，という感想をよく聞く。しかしながら，「行政法の学び方」（No.4）に述べるように，行政の成り立ちとその活動のメカニズムに着目して，独自の行政法の体系といえるものがわが国には構築されており，これを学ぶことにより，行政分野の法現象を理解し，解決の筋道を見出す力を養うことができる。

　本章は，行政法の体系的な学習をスタートするに際して，まず，学んでおくべき基礎的事項を取り扱う。具体的には，行政法と他の法分野（憲法，民商法等）との関係や行政法の範囲（No.1），行政法の分類（No.2），紛争解決のルールとしての行政法の役割（No.3），それに，上述した行政法の学び方（No.4）のほか，法治主義等の行政法の基本原理（No.5）を，順次，説明する。

No.1 行政法をみてみよう①──行政法ってどんな法律？

1 諸法のなかにおける行政法

(1) 行政法とは何か

わが国には,「行政法」という名の法典は存在していない。行政法とは何かについては様々な議論があるが,「行政に関する法を総称するもの」,「行政の組織や作用を規律の対象とする法」という理解が一般的である。「行政」とは,国家権力のうち,立法（権）と司法（権）を除いたもの（形式的意味における行政）であると解されている。行政のこうした定義を,消極説・控除説という。

行政法は,憲法の精神を具体化し,その理想を国民生活に定着させる使命を担うもの（憲法の具体化法）である 1-1 。憲法理念を指針として制定されるのが,行政法である。現代行政法がその基本原理として,法律による行政の原理,行政手続の尊重,住民参加,司法権による人権確保,地方自治などの諸原理を打ち立てているのも,憲法の具体化の表れといえよう。

行政法学とは,行政に関わる諸法律（行政法）に共通に存在する法制度や法理論を対象とする学問である。

(2) 行政法の分類

行政に関わる法律は,多数制定されている。行政法学は,これら多様な行政法を,行政を営む組織や機構について定める行政組織法,行政組織が実施すべき行政の内容やその手続を定める行政作用法,行政活動により侵害や不利益を被った私人の救済について定める行政救済法,の三類型に大別している 1-2 。行政法の分類,各領域の法令と行政法については⇨No.4 参照。

(3) 公法と私法

法の体系を,公法と私法に分類することは,法律学において長く行われてきた。もっとも,この分類の意義や内容は,それが論じられた時代や国,文脈によって異なっており,必ずしも一致するものではないが,行政法学においては,その扱う対象としての「行政法」の範囲を画するためにも,行政上の法律関係が公法関係か私法関係かを論じることが必要であると考えられてきた。

(4) 公法関係と私法関係

学説においては,行政上の法律関係を,公法

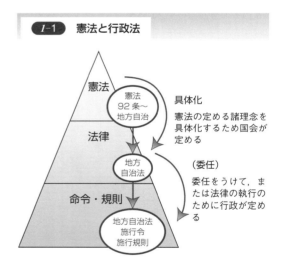

1-1 憲法と行政法

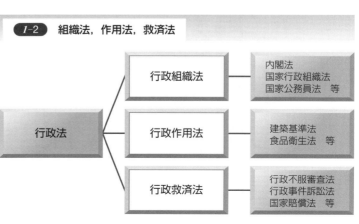

1-2 組織法,作用法,救済法

関係と私法関係に区分する考え方が示されてきた **1-3**。私法関係が私人相互の関係におけるものと同一の法原理に基づくものであるのに対し，公法関係とはそれとは別個の法原理に基づくものと考えられたのである。

公法関係と私法関係とを区分する考え方において，公法関係は，権力関係（本来的公法関係）と管理関係（伝来的公法関係）とに区分される。前者は，行政が法律上優越的な意思の主体として私人に対する関係であり，警察行政や租税行政の分野で用いられるような，行政から私人への権力的な諸活動により形成される公法関係である。後者は，公物の管理や給付行政といった分野において，行政と私人との間に形成される管理関係であり，この関係は私法関係に類似するが，公法関係として私法関係とは異なる法原理に服するものとされる。

もっとも，現在，学説においては，公法私法二元論を基礎とした解釈方法にとらわれることなく，行政に関連するすべての法規と法現象を行政法学の考察の対象に据えるべきであり，個別の法関係ごとにそこに適用されるべき法とは何かについて論じることが重要であることが指摘されている。

学説上の議論は様々であるが，実務の制度においては，公法関係と私法関係の区別を前提としていると考えられるものもある。例えば，行政事件訴訟法は，「公法上の法律関係」に関する訴訟を実質的当事者訴訟（4条）と規定しているが（⇨No.41参照），これは，公法私法二元論を前提として，公法上の法律関係に関する訴訟と民事訴訟との区別を前提としたものであるとされる。また，国・地方公共団体の公法上の金銭債権については，消滅時効の特則が定められている（会計30条，自治236条）**1-4**。

(5) 現代社会における行政法

「ゆりかごから墓場まで」と表現されるように，行政法は，私たちの生活と，いたるところ，あらゆる場面で関連を有している。教育，福祉，衛生，環境，まちづくり，そして警察，外交，防衛にいたるまで，様々な分野・領域に，それぞれの問題に対応するための行政法（行政法制度）が存在しているのである。

環境問題，少子・高齢化対策や人口減少社会への対応，社会保障の分野における2040問題，AI・ロボット化の進展への対応など，現代社会においては，社会全体の問題として解決しな

1-3 法律関係——公法関係と私法関係

行政上の法律関係	公法関係	権力関係（本来的公法関係）	警察・租税・収用等
		管理関係（伝来的公法関係）	公物管理・給付行政等
	私法関係	私経済関係	公営住宅，水道事業等

1-4 消滅時効の規定の比較

根拠条文	
地方自治法236条	金銭の給付を目的とする普通地方公共団体の権利で，時効に関し他の法律に規定がないもの。普通地方公共団体に対する権利で，金銭の給付を目的とするもの——5年。
会計法30条	金銭の給付を目的とする国の権利で，時効に関し他の法律に規定がないもの。国に対する権利で，金銭の給付を目的とするもの——5年。
民法166条	債権——権利を行使することができることを知った時から5年（166条1項1号），権利を行使することができる時から10年（166条1項2号）のいずれか早い方。債権または所有権以外の財産権——権利を行使することができる時から20年（166条2項）。

ければならない多くの課題がある。これらの諸問題を，事前に，そして事後的に調整し，解決に導くための制度を構築していくことが，現代社会において行政法に期待される役割といえるだろう。

2 行政法の成立

(1) 諸外国における行政法の成立

行政法が成立するには，2つの条件が必要であるとされる。一つは，行政という活動が法に服すること，もう一つは，行政も服するところの法が，民事法とは異なった原理に属するものであること，である。「行政法が存在する」ということは，「私人と行政の間に，民法とは異なった自律的な法の体系があること」と解されている。

このような意味における行政法の成立様式は，大陸法モデルと英米法モデルの大きく2つに区分されている。

(2) 大陸法モデル

(a) **フランス**　行政法の母国は，フランスであるといわれる。フランスでは，革命前・革命期を通じて，行政権と司法権との厳格な分離の思想があった。このため，違法行政の是正は，司法府においてではなく，組織的には行政部内の機関に委ねられることとなった。行政裁判制度は，1799年にナポレオンが設置したコンセイユ・デタ カラー① により確立された。この，コンセイユ・デタの管轄に属する法が，公法として，私法から独立した自律的な法（行政法）を形成することとなった。

(b) **ドイツ**　プロイセンにおいて通常裁判所とは異なる行政裁判所が設立されたのは1885年のことであったが，それまでの間も，君主と私人との間の紛争については，普通訴訟を制限する多くの個別法が制定されていたことが指摘されている。プロイセンにおいて行政裁判制度の設立にあたって力を尽くしたのがグナイスト（1816-1895）である。一方，中南ドイツにおいては19世紀初頭に行政司法（行政部内で行政に関する争いの解決を図る仕組み）が確立した

とされ，1863年のバーデンをはじめとして，諸ラントにおいて行政裁判所が設置されていくこととなった。

学問の世界においては，1843年に，テュービンゲン大学に初の行政法講座が設置された。ドイツ行政法学の父といわれるオットー・マイヤーが『ドイツ行政法』（⇨No.5 5-1 ）を著したのは，1895年～1896年のことであった。

(3) 英米法モデル

(a) **イギリス**　イギリスにおいては，大陸法的な厳格な三権分立形態はとられず，行政と司法との区別は明確ではなかった。コモン・ローが行政をめぐる関係にも適用されたことから，行政に特有の法（行政法）という観念は長い間存在しなかった。憲法学者ダイシー（1835-1922）は，その著書『憲法序説』において，イギリスには administrative law は存在しないと述べている。当時のイギリスの行政活動は，コモン・ローおよびエクイティの手続の一種として理解すればよいと考えられていたようである。20世紀に入り，イギリスにおいても，行政活動分野が拡大し，行政法廷が設けられるなど，行政機関においても立法機能や裁判的機能が行使されるようになっていった。

(b) **アメリカ**　アメリカにおいても行政の活動は存在していたが，このような行政の活動を行政法という特別のくくりで分節したり考察したりするという動きは長らく存在していなかった。アメリカで行政法が意識されるようになったのは，19世紀に入り，鉄道運賃規制を行う州際通商委員会（1887年）が成立するなど，行政権・準立法権・準司法権を担う各種行政委員会が設立されて以降のことであったとされている。

(4) 日本における行政法

大日本帝国憲法（1889年）の下で，日本も，近代立憲国家としての体裁が整えられ，権力分立の観念が導入された。憲法制定の過程で，伊藤博文らは，プロイセン的行政裁判制度の導入に踏み切り（伊藤博文『憲法義解』〔1889年〕），行

政裁判法と裁判所構成法が制定された。このような大陸法的な行政法の成立を契機として、ドイツ行政法学を摂取しながら、日本行政法学が形成されていくこととなった 1-5 。

日本行政法の先駆者は、織田萬（1868-1945）といわれる。フランス行政法の影響を受け、行政組織法、行政活動（作用）法および行政統制（救済）法という行政法の編別を確立した（『日本行政法原理』〔1934 年〕）。

日本行政法学の父といわれるのは、美濃部達吉（1873-1948）である。東京帝国大学の同期に筧克彦がおり、弟子として、清宮四郎、宮澤俊義、田中二郎、鵜飼信成、柳瀬良幹、田上穰治らがいる。美濃部はオットー・マイヤーの著書を翻訳（『独逸行政法』〔1903 年〕）するとともに、『行政法撮要』（1924 年）など多数の著書を執筆した。

京都学派を象徴する代表的な学者が、佐々木惣一（1878-1965）である。佐々木は、美濃部とともに、大正デモクラシーの理論的指導者として活躍した。主な著書に、『日本行政法原論』（1910 年）、『日本行政法論』（1921 年）、がある。

美濃部の弟子であり、昭和に入り、行政法学をリードした東京学派の代表的な学者が、田中二郎（1906-1982）である。田中は、自由主義的行政法理論を発展させ、主な著書に、『行政法の基本原理』（1949 年）、『公法と私法』（1955 年）、『行政法総論』（1957 年）、がある。

3　「行政法」の範囲

(1) 法　源

法源とは、法の存在形式をいう。行政に関する法はどのように成立しどのような形式で存在するのかを問うのが、法源論である。

行政法の法源には、成文法源（立法権者が法条の形式で定立するもの。憲法、条約、法律、命令、条例・規則）と不文法源（法文のかたちをとらないで存在するもの。慣習法、法の一般原則）があると整理されている。

法の一般原則は、条理とも呼ばれる。法の一般原則とは、成文法源の欠缺を補う、法的な基準となる考え方を指すものとされ、比例原則、

1-5　日本を代表する行政法学者

織田 萬　　　　　　美濃部 達吉

佐々木 惣一　　　　田中 二郎

信義誠実の原則、権利濫用禁止の原則、平等原則、などが挙げられている。適正手続の原則、説明責任の原則、公正性・透明性の原則なども加え、行政法の一般原則として説明する考え方もある（⇨No.5）。

(2) 慣　習　法

行政上の法律関係は、主として成文法規によって規律されるが、成文法規の空白を埋めたり、その疑義を補足解釈するために、不文法源が意味をもつことがある。不文法源のうち、一定の範囲の人々の間で多年にわたり反復して行われている慣習が法的確信を得て、法としての位置付けを与えられるにいたったものを、慣習法という。

慣習法には、行政先例法と地方的民衆的慣習法とがあると分類されることもある。行政先例法とは、役所における取扱いが長年にわたって慣行化し、そのやり方が一般の国民の間で法と信じられるにいたっているものである。例えば、

国の法令の公布の方式について法律の定めはないが，長年，公式令（明治40年勅令6号）1-6により官報で公布されてきたため，公式令廃止後も，官報による公布を慣行として認めたと解されるとした判決がある（最大判昭和32・12・28刑集11巻14号3461頁）。

地方的民衆的慣習法とは，地域の住民が公物や公水の使用を長年にわたり続けており，その使用が権利として広く意識されるにいたった場合などである（河川の水利権，流木権，国公有原野での放牧権など）。溜池の貯留水を水田の灌漑のために利用してきた者が溜池について慣習法上の水利権を有することを認めたと解される判決もある（浦和地判平成8・3・25判タ925号181頁）。地方自治法238条の6第1項は，「旧来の慣行により市町村の住民中特に公有財産を使用する権利を有する者があるときは，その旧慣による。その旧慣を変更し，又は廃止しようとするときは，市町村の議会の議決を経なければならない」と定めている（「旧慣使用権」という）。

(3) 地域社会の自律的な取決め
（景観利益と慣習法）

自律的な活動を継続してきた地域社会において形成されたルールや取決め等が，行政法上一定の機能を果たしうるか，地域社会の自律的な取決め等を行政法学上どのように扱うべきかについては，議論が存在している。

景観利益をめぐる景観訴訟として有名な国立マンション事件（⇨No.3②参照）があるが，この一連の事件のうち，20mの高さを超える部分の撤去等を求めた訴訟の最高裁判決である最判平成18年3月30日（民集60巻3号948頁）は，良好な景観に近接する地域内に居住する者が有するその景観の恵沢を享受する利益は，法律上保護に値するものと解するのが相当，としている。この判決は，特定の地域において，景観保護を内容とする地域的ルールである慣習上の法的利益が認められ，それを景観利益とみたもの，と解説されている。

1-6 公式令

公式令（明治40年2月1日勅令6号）は，大日本帝国憲法下における，皇室令・法律・勅令の公布等の形式などについて定めるもの。「内閣官制の廃止等に関する政令」（昭和22年政令4号）により，昭和22（1947）年5月3日をもって廃止。

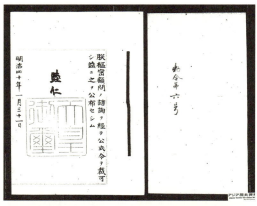

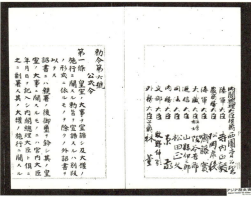

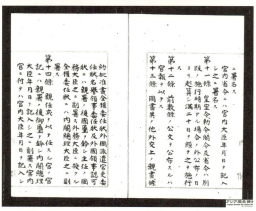

▶国立公文書館デジタルアーカイブ（https://www.digital.archives.go.jp/das/meta/F000000000000021049.html）

No. 2 行政法をみてみよう②──規範としての行政法

1 行政の活動と行政法

行政活動は，様々な観点から分類されている **2-1**。

行政活動の性質に応じた分類として，規制行政（私人の権利・自由を制限することを通してその目的を達成する行政活動），給付行政（個人や公衆に便益を給付する行政活動），私経済行政（直接公の目的の達成を図るのではなく行政活動を行うための準備活動），という分類がある。また，権力性の観点から，権力的行政活動と非権力的行政活動に分類する方法，私人の権利義務への影響により，侵害的行政（私人の権利義務の制限）と，授益的行政（権利利益の付与）に区分する方法などもある。

他方，行政活動を，その目的・対象別に分類する方法や（国防行政，警察行政，文教行政，建設行政等），民間活動との関係から分類する方法（民間活動を規制する活動，民間活動を助成する活動，民間活動を補完する活動，民間活動では対処しにくい活動）などもある。

2-1　行政活動とその分類

行　政
公証行政
治安維持行政
資金交付行政
サービス行政
建設管理行政
施設運営行政
公企業行政

▶西尾勝『行政の活動』（2000 年）の章立てを参考に作成

2 「行政法」に属するルール

(1) 行政活動と行政法

行政上の組織や作用に関する基本的事項は法律で定められなければならない（法律による行政）。行政に関する法律は多数存在しており，その定めも広汎かつ多種多様である **2-2**。

近時，行政法学においては，個別法の趣旨・目的の解釈や行政活動をめぐる「仕組み解釈」の重要性が増しているといわれており，このような視点から行政法の関連法令を考察する枠組みも提示されている。

(2) 様々な事柄を定める法律

「行政法」に属するルールには，様々なものがあり，その規定のされ方も多様である。法律やその施行令・施行規則などの基準のなかに，図が記載されていたり，細かい数字が羅列されているものもあり，興味深い。「国旗及び国歌に関する法律」のように，国旗の制式や国歌の歌詞や楽譜が記載されたものもある **2-3**。

「国民の祝日に関する法律」には，一つひとつの祝日の内容（意味）について規定されている **2-4**。行政法を眺めていると，実に様々な事柄が，その内容として定められていることに気づくだろう。

(3) グラフィカルな規定：道路標識

道路上に設置され，利用者に必要な情報を提供するのが道路標識である。道路標識には，道路交通法に基づき都道府県公安委員会が設置するものと，道路法に基づき道路管理者が設置するものがある。

道路標識の基準は，従来はすべての道路について「道路標識，区画線及び道路標示に関する命令」（「標識令」）に規定されていた。地方分権（⇨No.7）の流れのなか，2012 年 4 月 1 日からは，都道府県道と市町村道の標識の寸法については，

7

2-2 個別行政法の分類例

分類	法律	分類	法律
行政組織法・手続法	内閣法	国土整備法	河川法・道路法
	国家行政組織法		土地収用法
	独立行政法人通則法		都市計画法
	行政手続法		建築基準法
地方自治法	地方自治法		土地区画整理法・都市再開発法
	地方公務員法	環境法	環境影響評価法
	地方財政法		水質汚濁防止法
行政情報法	行政機関情報公開法		土壌汚染対策法
	個人情報保護法		廃棄物処理法
	住民基本台帳法		自然公園法
財政・租税法	会計法	教育・文化法	学校教育法
	国有財産法		地方教育行政法
	国税通則法・国税徴収法		文化財保護法
	所得税法	社会保障・医事法	生活保護法
警察法	警察法・警職法		児童福祉法
	道路交通法		健康保険法
	風俗営業法		国民年金法
	食品衛生法		医療法・医師法
	出入国管理法		薬機法（旧薬事法）
営業・事業規制法	公衆浴場法	条例	青少年保護条例
	旅館業法		まちづくり条例
	宅建業法		公の施設条例
	道路運送法		
	原子炉等規制法		

▶亘理格＝北村喜宣編著『重要判例とともに読み解く個別行政法』（2013年）の分類をもとに作成

2-3 国旗及び国歌に関する法律

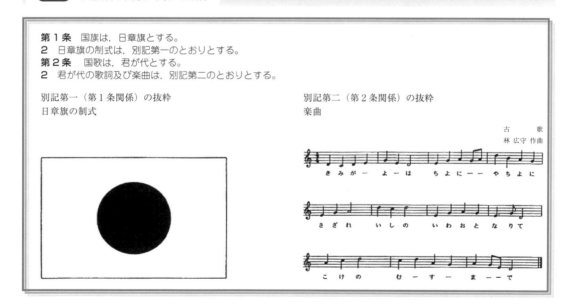

道路管理者である自治体の条例で定めることとされている（道路法45条3項。参照，カラー②）。
　標識令には，標識への「ローマ字」の併用表記が指示されていたが，この併記については，日本語の発音をそのままアルファベットで表記したものも広く含む概念とされていた。「日比谷公園」を「Hibiya Park」，「青山通り」を「Aoyama-dori」などと英語とローマ字を混在させる具体例が提示されたため，外国人からみると分かりづらいローマ字表記による道路標識（例えば，「Kokkai（国会）」，「Tocho（都庁）」など）が広がってしまったのではないかともいわれて

2-4 国民の祝日に関する法律

第1条 自由と平和を求めてやまない日本国民は、美しい風習を育てつつ、よりよき社会、より豊かな生活を築きあげるために、ここに国民こぞって祝い、感謝し、又は記念する日を定め、これを「国民の祝日」と名づける。

第2条 「国民の祝日」を次のように定める。
　元日　1月1日　年のはじめを祝う。
　成人の日　1月の第2月曜日　おとなになったことを自覚し、みずから生き抜こうとする青年を祝いはげます。
　建国記念の日　政令で定める日　建国をしのび、国を愛する心を養う。
　天皇誕生日　2月23日　天皇の誕生日を祝う。
　春分の日　春分日　自然をたたえ、生物をいつくしむ。
　昭和の日　4月29日　激動の日々を経て、復興を遂げた昭和の時代を顧み、国の将来に思いをいたす。
　憲法記念日　5月3日　日本国憲法の施行を記念し、国の成長を期する。
　みどりの日　5月4日　自然に親しむとともにその恩恵に感謝し、豊かな心をはぐくむ。
　こどもの日　5月5日　こどもの人格を重んじ、こどもの幸福をはかるとともに、母に感謝する。
　海の日　7月の第3月曜日　海の恩恵に感謝するとともに、海洋国日本の繁栄を願う。
　山の日　8月11日　山に親しむ機会を得て、山の恩恵に感謝する。
　敬老の日　9月の第3月曜日　多年にわたり社会につくしてきた老人を敬愛し、長寿を祝う。
　秋分の日　秋分日　祖先をうやまい、なくなった人々をしのぶ。
　スポーツの日　10月の第2月曜日　スポーツを楽しみ、他者を尊重する精神を培うとともに、健康で活力ある社会の実現を願う。
　文化の日　11月3日　自由と平和を愛し、文化をすすめる。
　勤労感謝の日　11月23日　勤労をたっとび、生産を祝い、国民たがいに感謝しあう。

いる。標識令の改正（2014年3月25日公布、4月1日施行）により、案内標識の表記は日本語と「英語」によって行われることが明確にされている。

（4） グローバル化への対応

行政法学においても、経済や社会のグローバル化への対応の重要性が認識されている。ビジネスのグローバル化や、訪日外国人観光客増加への対応策の一つとして期待されている民泊も、行政法と無関係ではない。

これまで、日本では、空き部屋などを反復継続して有償で提供する場合には、原則として旅館業法の許可（簡易宿泊所の許可）を得る必要があった。政府は、旅館業の「簡易宿所営業」の許認可基準の緩和（規制緩和、平成28年）や、民泊新法（住宅宿泊事業法、平成29年成立）の制定などを通じて、民泊サービスの普及を進めるための制度改革を行っている（同法では、民泊標識の掲示が義務付けられている **2-5**）。

民泊は、「空き家問題」の解消による新たなまちづくりの活性化や、地方創生実現の切り札としても注目されている。

2-5 国が規定する標識（住宅宿泊事業法施行規則11条1号〔第4号様式〕）

住宅宿泊事業法13条は、住宅宿泊事業者は届出住宅ごとに、公衆の見やすい場所に標識を掲示する義務を定めている。

第四号様式（第十一条関係）

(5) デジタル化社会への対応

1990年代後半からの情報通信技術の急速な普及に対応するため，2000年，政府に情報通信技術戦略本部が設置され，高度情報通信ネットワーク社会形成基本法（IT基本法）が制定された。以降，様々な法律・方針等の制定と制度整備により，政府によるデジタル化の推進が図られている **2-6** （行政のデジタル化については，⇨No.7 **4**(4)，⇨No.19 **5**，⇨No.33 *Column*〔デジタル手続法〕も参照）。

情報通信技術，とりわけインターネットの発達は，行政機関の事務執行のあり方にも大きな影響を与えている。2002年に制定された行政手続オンライン化関係3法（行政手続等における情報通信の技術の利用に関する法律〔行政手続オンライン化法〕，行政手続等における情報通信の技術の利用に関する法律の施行に伴う関係法律の整備等に関する法律〔整備法〕，および電子署名に係る地方公共団体の認証業務に関する法律〔公的個人認証法〕）は，インターネット等の情報通信技術を利用して行政事務や行政手続をオンライン化することにより，国民の利便性を高めることを目的として制定された。行政手続オンライン化法は，2019年に改称され（情報通信技術を活用した行政の推進等に関する法律，略称は，デジタル手続法），デジタル手続法には，行政手続のデジタル化の基本原則として，デジタルファーストの原則，ワンスオンリーの原則，コネクテッド・ワンストップの原則の3つの原則が定められている（2条，基本原則）。

2021年には，デジタル改革関連法（デジタル社会形成基本法，地方公共団体情報システムの標準化に関する法律，デジタル庁設置法等）が制定された。デジタル庁設置法に基づき，2021年9月1日に，デジタル庁が発足している。

2-6 わが国における電子政府・電子自治体推進の経緯

	2000頃～	2003頃～	2009頃～	2017頃～	2020～
	5年以内に世界最先端のIT国家となることを目標に，インフラや制度整備を推進	ITインフラ基盤を利活用し国民の利便性やサービス向上に取組む	ガバナンス強化とオープン化推進による透明性やアクセシビリティ向上を目指す	行政の在り方そのものをデジタル前提で見直すデジタル・ガバメントを目指す	「誰一人取り残さない，人に優しいデジタル化」の実現を目指す
社会環境	・IT革命（1990年代後半～）	・デジタル技術の進展 ・金融危機（2008） ・東日本大震災（2011）	・データ大流通時代の到来	・新型コロナウイルス感染症の拡大（2020）
IT戦略（全体）	・IT基本法（2000） ・e-Japan戦略（2001）	・e-Japan戦略Ⅱ（2003） ・IT新改革戦略（2006）	・i-Japan戦略2015（2009） ・新たな情報通信技術戦略（2010） ・世界最先端IT国家創造宣言（2013～）	・官民データ活用推進基本法（2016） ・世界最先端IT国家創造宣言・官民データ活用推進基本計画（2017～）	・IT基本法の全面的な見直し ・デジタル社会の実現に向けた改革の基本方針（2020）
電子政府・電子自治体	・行政情報化推進基本計画（1994）	・電子政府構築計画（2003） ・電子政府推進計画（2006） ・電子自治体推進指針（2003） ・新電子自治体推進指針（2007）	・電子行政推進に関する基本方針（2011） ・電子自治体の取り組みを加速するための10の指針	・デジタル・ガバメント推進方針（2017） ・デジタル・ガバメント実行計画（2018）	・デジタル・ガバメント実行計画（2020改定） ・自治体DX推進計画（2020）
行政サービス	・オンライン化関係三法（2002） ・e-Gov運用開始（2001）	・「オンライン利用率50%以上」に向けた取組の推進 ・ワンストップサービス実現に向けた取組の開始 ・e-文書法（2004）	・行政キオスク端末拡大，住民票コンビニ交付等	・デジタル手続法（2019） ・デジタル化3原則に基づく行政サービス改革の推進	・書面・押印・対面規制の抜本的な見直し ・マイナポータル「ぴったりサービス」を活用した手続オンライン推進
個人認証の仕組み		・住基カード交付開始（2003） ・JPKI運用開始（2004）	・マイナンバー法成立（2013） ・マイナンバー利用開始（2016）	・マイナポータル運用開始（2017） ・マイキープラットフォーム運用開始（2017） ・JPKIの民間利用開始（2017）	・マイナンバー関連システム整備 ・マイナンバー利活用推進 ・マイナンバーカードの機能強化 ・マイナンバーカード発行促進
インフラ・情報システム	・霞が関WAN運用開始（1997） ・LGWAN運用開始（2001） ・住基ネット稼働開始（2002）	・府省共通業務・システムの最適化推進 ・地方自治体における共同アウトソーシングの推進	・政府情報システム改革 ・政府共通プラットフォーム運用開始（2013） ・自治体クラウド推進に向けた取組開始	・クラウド・バイ・デフォルト原則の導入 ・自治体クラウド推進に向けた取組推進	・ガバメントネットワーク整備 ・「自治体の三層の対策」見直し ・クラウドサービス利用徹底 ・自治体情報システムの標準化・共通化
組織・人材・ガバナンス	・CIO連絡会議設置（2002）	・専門調査会，電子政府評価委員会の設置 ・各府省にPMO整備	・政府CIO制度（2012） ・CIO補佐官プール制導入（2013） ・ITダッシュボード整備（2013）	・デジタル・ガバメント技術検討会議の設置（2018） ・政府CIOレビューの開始（2019） ・各府省のITガバナンス強化	・デジタル庁発足（2021） ・国の情報システム関係予算・調達等の一元化加速
データ利活用		・電子行政オープンデータ戦略策定（2012） ・データカタログサイト運用開始（2014） ・オープンデータ2.0（2016）	・オープンデータ基本指針（2017） ・オープンデータ官民ラウンドテーブルの開催	・データ戦略の推進（ベース・レジストリ等の基盤整備，プラットフォーム整備，トラストの枠組みの整備　等）

▶令和3年版情報通信白書第1部第3節図表1-3-1-1
https://www.soumu.go.jp/johotsusintokei/whitepaper/ja/r03/html/nd113110.html

No.3 行政法をみてみよう③——紛争解決のルール

1 紛争解決の法と制度

(1) 伝統的な行政訴訟の例——課税処分の取消訴訟

1950年代ごろまでは，行政上の紛争といえば，行政庁と処分の名宛人という，二当事者間における法律関係（いわゆる「二面関係」）をめぐるものが中心であった。

上記のような紛争の代表例としては，課税処分の違法性を争う取消訴訟を挙げることができる。なお，課税処分は，大量・反復的に行われる類の行政処分である。そのため，裁判所の負担軽減等を目的に，行政不服申立前置（行政不服申立てを経なければ取消訴訟を提起できない），再調査の請求（行政不服申立ての種類の一つで，例外的に処分庁自身に対して不服申立てができる仕組み）の仕組みが採用されている（行政不服申立てについては⇨No.36参照）。

(2) 三面関係に関わる紛争の増加

三面関係に関わる紛争とは，行政活動の直接の名宛人以外の第三者が関与する紛争のことである。

伝統的な処分をめぐる紛争のなかにも，農地改革（*Column*）において行われた農地買収処分 3-1 をめぐる紛争のように，三面関係に関わるものは存在していた（農地買収処分を行った行政庁，買収処分の名宛人である地主，買収された農地の売渡しを受けた小作人）。

一方で，時代の変遷とともに，社会や経済が高度化・複雑化し，科学技術が進歩したことなどによって，行政をめぐる法律関係はさらに複雑化するようになり，そうしたなかで，三面関係に関わる紛争，特に， 3-2 で示すような，処分の名宛人以外の第三者が当該処分の違法を主張して出訴するケースが多く見受けられるようになっている。

> **Column　農地改革とは**
>
> 農地はその耕作者自らが所有することが最も適当であるとの考えの下に，小作地を地主から小作農に解放して自作農を広範に創設すること。わが国においては，第二次大戦後，GHQの指令もあって2次にわたる農地改革が実施された（参考，『有斐閣法律用語辞典〔第5版〕』〔2020年〕936頁）。具体的には，自作農創設特別措置法が制定され，地主の小作地が原則として政府の買収対象になり，また，戦前から存在した農地調整法の改正によって小作料は物納ではなく，金納されることとなった。さらに，市町村農地委員会における小作人の立場も強化され，わが国における農村の民主化の実現が図られることになった カラー③。

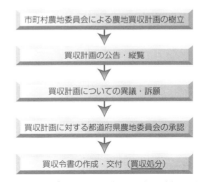

3-1　旧自作農創設特別措置法に基づく農地買収処分の基本的な流れ

▶鈴木庸夫ほか編著『目で見る行政法教材』（1993年）51頁の図をもとに筆者作成

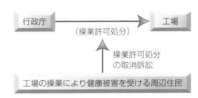

3-2　現代型訴訟のイメージ図（環境訴訟の例）

＊訴訟関係者の構造が，行政庁と処分の直接の名宛人の二面関係ではなく，周辺住民も加わった三面構造になっている

(3) 行政訴訟の特徴

民事訴訟では，当事者が対等な立場で私法上の権利の侵害の有無を争うことになっている。民事訴訟は，訴訟当事者間の権利関係について個別的に判断することを目的とするものなので，当事者以外の第三者の利害にも影響を及ぼすような行政活動を争う手段としては不適切な場合がある。

例えば，マンションの建築確認につき近隣住民が原告となってその取消しを求める訴訟において，当該訴訟の判決の効力がマンションの建築主に及ばないと，住民がせっかく勝訴の判決を得ても，紛争が合理的に解決しないことになってしまう。そこで，行政訴訟の代表的な類型である取消訴訟では，取消判決に第三者効が与えられ，取消判決の効力が原告以外の第三者に及ぶこととされている（行訴32条1項。さらに行訴22条〔第三者の訴訟参加〕および同34条〔第三者の再審の訴え〕を参照）。このようにすることで，行政上の法律関係を画一的に取り扱い，取消判決に実効性を与えることが可能とされているのである。

(4) 「行政訴訟」か「民事訴訟」か

行政を相手とする紛争のすべてが行政訴訟の対象となるわけではない。例えば，国道の沿線住民が健康被害を訴えて，国道の管理者である国に騒音発生の差止めを求めるようなケースは，行政訴訟ではなく，民事の差止訴訟で争われることになる。これは，このような訴えと，住民が民間企業を相手に工場の操業差止めを求めるケースとの間には本質的な相違が存在しないためである。行政が一方の当事者となる紛争でも，その内容が一般私人間の紛争と異ならないものは，民事訴訟で争うことになる。

もっとも，従来の最高裁判例では，国営空港の騒音の問題については，騒音を差し止めることを求める民事訴訟を提起することは許されないとされている **3-3** **3-4**。また，自衛隊機の運航差止めも行政訴訟（抗告訴訟）で争うこととされた（最判平成28・12・8民集70巻8号1833頁〔厚木基地第4次訴訟〕。なお⇒No.40も参照）**カラー④**。

3-3 大阪空港訴訟

🅹最大判昭和56・12・16（民集35巻10号1369頁）

大阪国際空港（通称「大阪空港」「伊丹空港」）では，1964年にはじめてジェット機が就航し，その後騒音が増え続けたため，空港周辺に居住する住民らが空港の夜間利用差止め等を求める民事訴訟を提起した。最高裁は，国営空港での航空機の発着制限は，空港管理権に基づく非権力作用にとどまるものではなく，同時に国の公権力作用（「航空行政権」の行使）に該当するとして，航空機の発着制限を行政訴訟によって求めるのはともかく，民事訴訟によって求めることは許されないとした。

3-4 大阪空港訴訟最高裁判決を報じる新聞記事

▶朝日新聞1981年12月16日付夕刊

▶朝日新聞1981年12月4日付朝刊

2 民事訴訟との接点
―― 国立マンション訴訟

行政関係の事案では、一つの紛争において多数の当事者・複数の論点が関係し合い、行政訴訟と民事訴訟が並行して提起される場合がある。

東京都国立市には、JR 国立駅から南に延びる幅約 44 m、長さ約 1.2 km の道があり、中央付近の両側に一橋大学の敷地があることから、この道は通称「大学通り」と呼ばれている。大学通りの両側には銀杏並木があり、「新東京百景」に選ばれるような美しい景観であった 3-5 。

1999 年夏、この通り沿いに高さ約 44 m のマンションの建設計画が明らかになると、大学通り沿いの並木の高さ（20 m）とマンションの高さが調和せず、景観が損なわれると考えた付近住民・学校法人などが反対運動を展開した。このようななかで、当該マンションの建設の是非およびその建設をめぐる各種問題について、住民・行政・マンション業者の三者の間で様々な訴訟が提起されることになった 3-6 3-7 。

3-5 国立市「大学通り」の並木の写真

3-6 国立マンション訴訟で問題となったマンションの写真

3-7 国立マンション訴訟における各裁判の概要

訴訟当事者	行政訴訟・民事訴訟の別	主たる訴え内容
マンション事業者→国立市	行政訴訟	建築物の高さ制限を定める条例の無効確認または取消しを求める訴え
住民→東京都	行政訴訟	東京都に建築物の是正命令を出すことを求める訴え
住民→マンション事業者	民事訴訟	マンションのうち高さ 20 m を超える部分の撤去
マンション事業者→国立市	民事訴訟（国家賠償請求訴訟）	マンションの販売価格が下がったこと等を理由に、市に対して損害賠償請求*

*この訴訟で敗訴した国立市が建設業者に支払った賠償金の支払を当時の市長に求める住民訴訟も別途提起され、当該住民訴訟の住民側勝訴を受けて、国立市が当時の市長に対して損害賠償請求訴訟を提起した（国立市側の勝訴確定）。

No.4 行政法をみてみよう④——行政法の学び方

1 行政法の体系

（1） 行政法とはどのような領域の法分野を指すのかについては，すでに説明した（⇨No.1）。その際，行政法が，大きく，行政組織法，行政作用（活動）法，行政救済法に区別されることも学んだ。美濃部達吉以来の古典的な行政法学説は，先行して成立した私法とは別個のものとしての公法秩序があることを主張するため，公法私法の二元論を前提として，行政法の体系化を試みた。例えば，自然人・法人，法律行為，物，契約，不法行為，不当利得，強制執行等の体系になぞらえて，行政主体，行政行為，公物，公法契約，国家賠償，公法上の不当利得，行政強制等の項目を立てて，体系的な説明を試みた。そこでの行政法＝国内公法の秩序のイメージは，4-1 のようなものである。

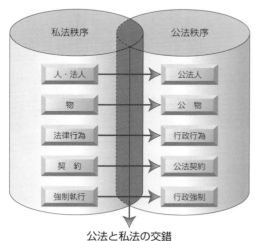

4-1 古典的な公法秩序と私法秩序のイメージ

公法と私法の交錯

（2） しかしながら，今日では，行政＝「公共的な目的のために市場および国民生活に対して介入を行うために設けられた組織およびその活動」については，介入と活動のための独自のメカニズムがあり，行政法の体系もそのメカニズムに即して体系化すべきであるとの考え方が一般的となった。

そこで，今日の多くの概説書は，叙述の順序や記述内容等に多少の違いはあっても，憲法および法律により民主的に組織された行政組織と，その意思決定・調整の仕組み等を学ぶ行政組織法，そして，行政の活動を法的に分析する行政作用（活動）法，行政の活動がもたらした不利益を救済し，紛争を解決する仕組みを学ぶ行政救済法に分け，行政法を論ずるのが通常である。さらに，行政法の基本原理や法源等を学ぶ行政法通則を，上記の三分類に加える教科書も多い。以下に，本書が準拠する行政法の項目別の編成を掲げる。

○ 行政法通則：現代行政法の特色，行政法の法源，行政法の基本原理
○ 行政組織法：国の行政組織，地方の行政組織，政府周辺法人，組織のネットワーク
○ 行政作用（活動）法：行政の行為形式論（行政行為，行政立法，行政計画，行政契約，行政指導），行政の実効性確保の仕組み（行政強制，即時強制，行政罰，その他の仕組み・手段），行政情報の収集・管理・公開の仕組み
○ 行政救済法：国家補償その他（利害調整の仕組み，損失補償，国家賠償），行政争訟（行政不服申立て等，行政訴訟）

このような視点から体系化された行政法と民商法との関係をイメージ化すると，4-2 のようなものとなる。

（3） 一般に，行政法，特に行政活動法には，憲法・民法・刑法等のように通則的な法典がなく，行政法は学習しにくい法領域であるといわれる。しかしながら，上記のように，今日，行政法については，民主的に組織された行政が公共的な目的をもって市場・国民生活に介入するという行政に独自のメカニズムに沿って固有の体系が構築されているのであり，他の法律学と同様，体系的な学習が可能である。

4-2 行政法と民商法の関係

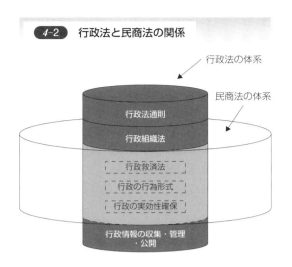

さらに，行政組織法については，内閣府設置法・国家行政組織法のように，国の行政組織に広く適用される一般法があり，行政救済法分野には，国家賠償法，行政不服審査法，行政事件訴訟法等の一般法がある。また，行政手続法のように，行政活動の手続的側面に限定したものであるが，領域横断的に適用される法律があり，これらの法律はそれぞれの分野の学習の基本となる。

2 各領域の法令と行政法

（1）ちなみに，様々な行政活動は，個別領域ごとに分類されることがある。財政・租税法，警察法，営業・事業規制法，国土整備法，環境法，教育・文化法，社会保障・医事法等の区別はその例である。また，個別の紛争や裁判例を学習する場合，租税分野であれば，国税通則法・法人税法・所得税法，国土整備分野であれば，都市計画法，建築基準法等の個別の法律の解釈・適用が問題となり，これらの法律を参照することが必ず求められる。その際，例えば，法人税や所得税の固有の解釈やそれをめぐる議論を正しく学習するためには，それぞれの個別領域を深く学ぶ必要があることはいうまでもない（その需要に応えるべく，わが国では租税法学が発達している）。しかしながら，租税分野の法令の解釈・適用を学んでも，他の分野，例えば，環境分野の法の分析・学習には直接の参考とならない場合は多い。このようなことから，行政法の学習に際しては，個別法の解釈を超えて，他の法分野の分析・学習に役立つ，他への汎用性に富む知識・視点を習得することが重要とされている。例えば，行政法通則にあっては，「侵害」と「給付」の違い，組織規範，規制規範，根拠規範の区別等を学ぶことが大切となる。また，行政作用の分析に際しては，税の賦課，社会保障の給付等の行政作用に関する内容的な差異を超えて，法的に共通する形式（行政行為，行政立法，行政計画，行政契約，行政指導）の特徴を把握するため，行政の行為形式論を学ぶことになる。

ただし，このことは，各個別領域を独自に学ぶことの重要性を否定するものではない。上記の説明は，行政法領域全般を学ぶことを目的とする「行政法」と個別領域を深める租税法・環境法等の法律学の役割分担についてのものである。また，個別領域分野での法令の新たな展開，学問上の進展が，行政法全体の新たな展開へと結び付くこともある（例えば，環境法上の公害防止協定に関する議論の展開が行政法総論における行政契約の議論の発展に与えた影響等）。行政法領域全体を学ぶことを目的とする行政法と各個別領域を研究する法律学とは，相互補完的な関係にあることに注意する必要がある。

（2）さらに，個別領域の法制度を学習することは，実際の法制度が，法令上規律された個々の行為から複合的に成り立っている「仕組み」として機能していることを学ぶことにつながる。例えば，行政手続法は，「許認可」について，「行政庁の許可，認可，免許その他の自己に対し何らかの利益を付与する処分」（2条3号）と定義している。しかしながら，現実の許認可は，許認可を受けた者の活動の監視，無許可で活動する者の取締り等の活動，法令違反の活動に対する制裁や違反状態の解消のための行政代執行等の複数の行為が法令上組み合わされ，それらが一個の「仕組み」として機能している。

この点は，生活保護法に基づく生活保護の支給についても同様であり，大臣による生活保護基準の設定，基準に基づく生活保護の開始の決定 4-3，受給者に対する指導・指示，保護の

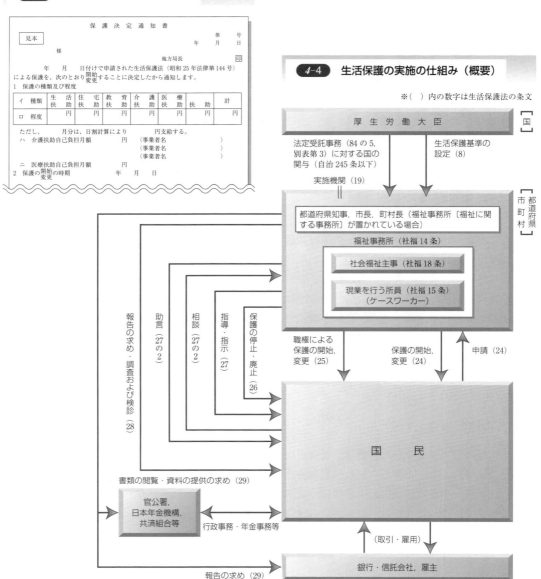

停止・廃止等，生活保護は一連の行為からなる一個の「仕組み」として，成り立っている 4-4。

また，許認可制度によって規制を受ける私人の活動は，通常，憲法の保障する営業の自由（憲22条1項）を前提としたものであるため，その仕組みは，営業活動に対する「侵害」の仕組みとして機能していると理解されている。これに対し，廃棄物処理法上の一般廃棄物の収集・運搬等のように，地方公共団体の事務として位置付けられているものを，効率性・経済性等の見地から当該地方公共団体が私人に対して「許可」する仕組みについては，それは，私人が行うことを本来予定していない行為を政策的に私人に認める仕組みであることに照らして，授益的な性格の強い恩恵的仕組みである，と整理されている。このような制度の機能にかかる知識・分析能力を身につける上では，個別法令を通じた学習が有効である。

5 行政法の基本原理

1 法治主義と法の支配

(1) 行政と法との関係

今日，憲法および国会の定める法律に従って行政が運営されることは，当然の原則として承認されている。もっとも，「行政が憲法および法律に従う」ことが，法律学上，どのような内容をもつかについては，これまで，大陸法流，特に，ドイツ流の「法律による行政の原理」を中核とする「法治主義」の思想と英米法流の「法の支配」という理念の2つが説かれてきた。

5-1 ドイツ行政法の代表的理論家であるオットー・マイヤーの教科書の表紙

(2)「法律による行政の原理」
　　　（形式的法治国の概念）

(a) 形式的法治国の概念　ドイツ流の「法治主義」思想は，「法律による行政の原理」を中核とする。「法律による行政の原理」とは，国会の定める法律と行政との関係を，法律の内容とは切り離し，形式的に把握するものであり，その点から，形式的法治主義とも呼ばれている。そして，これは，具体的には，①国会の法規創造力の独占，②法律の優位，③一定の事項に関する「法律の留保」の承認，の3つの内容をもつものである。まず，国会の法規創造力の独占の原則にいう「法規」とは，国民の権利義務に関する規範的効力のある一般的な定めを指し，それについては国民を代表する国会のみが定めることができるという命題である（法律の委任や執行上の必要による法規命令は許される）。次に，法律の優位とは，法律の定めに反する行政による措置は，違法なものとしてその効力を否認されなければならない，ということを意味する。

(b) 法律の留保に関する学説　上記の点については，学説上，異論はないものの，③の「法律の留保」の原則が妥当する範囲に関しては争いがある。まず，法律の留保とは，行政を最も強く法律に服属させる捉え方であり，法律による授権のない場合には当該事項について行政が権限を行使することはできない，とするものである。そして，古典的な立場は，「侵害」行為については法律の授権＝根拠規範の存在が必要であるが，それ以外の行為については法律の留保は妥当しないと考えてきた。ここにいう「侵害」とは，1)国民に直接的な形で不利益をもたらす性質をもち，かつ，2)その不利益が法的強制力をもって課される行為を指す（納税義務の賦課としての租税法上の決定，営業の自由を制限する仕組みとしての許可制等）。したがって，行政指導や行政契約は「侵害」行為ではない。

もっとも，「侵害留保」説に対しては，明治憲法下の国会と行政との関係について妥当しても，国民主権・基本的人権の尊重を原理とする日本国憲法の下では適当ではないとする批判がある。そこで，近時では，1)「侵害」の2要素のうち，不利益な行為という実体的要素は不要であるとして，権利義務に係る行政の決定が一方的＝権力的に行われる場合には，法律の授権が必要であるとする「権力留保」説，2)権力的決定であるか否かを問わず，国民の基本的人権との関わりと統治構造上の観点から重要とされる事項について法律の授権が必要であるとする「重要事項」留保説が有力となっている。

(3) 法の支配

「法律による行政の原理」に対し，「法の支

> **Column　根拠規範，規制規範，組織規範**
>
> 　「侵害留保」説の立場からは，当該事項について法律の授権があるか否かが問題となる。そのような観点からは，法規範は，根拠規範のほか，当該行為の実体的基準・手続等を規律する規制規範，当該行為の事務配分を定める組織規範に区別される。

> **Column　予算と法律**
>
> 　「侵害留保」説によれば，予算は根拠規範とならない。これに対し，人権と統治構造の観点から重要事項について国会が規範を定めるべきであるとする「重要事項」留保説の考え方に立つならば，行政の活動に対する民主的正当性の付与という観点から，予算も国会による留保の手段として評価しうる余地が出てくる。「重要事項」留保説をとる論者の中には，補助金の支出について予算の裏付けがあることから，現行の制度は法律の留保に違反していない，とする者がある。

> **Column　補助金適正化法**
>
> 　国の補助金の場合，予算に基づいて支出される補助金については，いわゆる補助金適正化法が適用され，補助金支出の適正を確保するための様々な規制が及ぶ。「侵害留保」説の考え方によれば，補助金適正化法の規範は規制規範であり，どの事項に対し行政が補助金を支出してよいかの権限を授権する根拠規範ではないため，補助金支出についての根拠規範は現行法上存在しない。ただし，金銭給付を内容とする補助金は「侵害」行為に該当しないので，「侵害留保」原則への違反はない。
>
> 　他方，補助金適正化法 6 条 1 項は，補助金の支出に際しては，申請に対し「交付の決定」がされるものと規定しており，これは，各省庁の長による一方的な交付決定＝行政処分により交付がされることを同法が規定したものと解されている。先に述べたように，「侵害留保」説ではこの規定を根拠規範とは捉えていないのに対し，「権力留保」説では，権力的行為形式の授権規範であると考えることとなる。

配」の理念は，権力による専断を排し，個人の自由と法の下の平等を保障する「法」（コモン・ローや衡平法）に国家権力全体が拘束されることを強調する。かつ，国家権力に対する拘束を保障する司法権の行政権に対する優越が，「法の支配」の理念の中核の一つを構成すると考えられている。そこで，日本国憲法下のわが国の学説にあっては，法律と行政の関係を形式的に把握する「法律による行政の原理」よりも，「法の支配」の理念のほうが日本国憲法下の行政と法との関係を説明する基本的な原理としては優れている，とする見解も有力である。

　もっとも，「法律による行政の原理」の考え方が支配的であったドイツにあっても，第二次大戦後の憲法原理の転換の下で，立法権・行政権に対する憲法的な価値序列の拘束を重視する立場から，法治主義とは，行政権が従うべき法律の実質的公正・妥当性を含むとする実質的法治主義を意味する，との立場が支配的である。よって，法の支配と法治主義の差異は相対的なものにすぎなくなっている（ただし，「法」に対する大陸法的な理解と英米法的な理解との間には差異がある点には，留意が必要である）。

2　行政法の基本原理

(1)　行政法の基本原理

　法治主義，法の支配の理念は，法と行政権との関係についての基本的なあり方を示すものである。そして，これら以外にも，民法における信義誠実の原則，権利濫用の禁止の原則等のように，行政権と国民との関係において妥当する規準となるべき原則が行政法領域に存在すると考えられており，かつ，その内容は豊富なものとなってきている。以下，主要なものを挙げる。

(2)　平等原則

　憲法 14 条の拘束は行政権に直接に及ぶ。行政権と国民との関係において，平等原則が適用されることは早くから承認されてきた。憲法 14 条の趣旨を行政法規に具体化した例としては，地方自治法 244 条 3 項がある。同項は，普通地方公共団体は住民が公の施設を利用することについて不当な差別的取扱いをしてはならない，と規定している。そして，この規定については，夏季等の特定の時期にのみ水道を利用する別荘の給水契約者とそれ以外の給水契約者について，前者の 1 件当たりの年間水道料金の負担額と後者の 1 件当たりの年間水道料金の平均

額とをほぼ同水準にするとの考え方から水道の基本料金を定めた町の簡易水道事業給水条例は，基本料金の大きな格差を正当化するに足りる合理性を欠いている，として，憲法14条1項違反等について判断するまでもなく上記規定に違反し無効である，とした最高裁判決がある（最判平成18・7・14民集60巻6号2369頁）。

(3) 信義誠実の原則，権限濫用禁止の原則

行政権と国民との間で法的な交渉がもたれた場合，相互の信頼を損なわないよう行動することが当事者双方に求められることは，行政上の法律関係においても変わりはない **5-2** **5-3**。また，権限濫用の禁止の法理も，行政上の法律関係に適用されるが，特に，法令に基づき私人には通常認められない強力な権限を行使することを認められている行政権については，権限の濫用の禁止の法理は強く妥当する。

(4) 適正手続の原則

憲法31条，13条の下で，行政権限の行使に際しては，権限の性質・内容に応じて，個人を尊重しかつ適正な手続をもって行われることが求められる。行政権の行使と適正手続の原則との関係が問題となった事件としては，成田新法事件最高裁判決がある。この事件においては，成田新法に基づく工作物の使用禁止命令がなされるに際し，事前の告知，弁明の機会の付与等を保障する定めはなかったことが問題となった（最大判平成4・7・1民集46巻5号437頁⇨No.*19*■）。

(5) 比例原則

行政が規制権限を発動するに際しては，規制の目的・必要性に照らして，過度な手段を用いて行使してはならない，とする原則である。国民の権利・自由の保護の観点から，行政法上の基本原理として古くから承認されてきた考え方

5-2 税務行政と信義則

最判昭和62・10・30（判時1262号91頁）

課税関係は厳格に法に覊束される分野であるが，最高裁は，厳しい条件を付した上で信義則が適用される可能性を肯定した。

所得税法上，青色申告には税務署長の承認が必要とされるところ，酒類販売店を営むＸは承認を得ずに自己名義で青色申告をし，税務署もこれを受け取っていた。それにもかかわらず，税務署長は，ある時点において上記申告を白色申告であるとして，所得税の更正処分，過少申告加算税の賦課決定を行った。このような事案において，最高裁は，信義則の適用を認めた原審（福岡高判昭和60・3・29訟月31巻11号2906頁）について，破棄・差戻しの判断をしたものの，次のような条件があれば，信義則の適用がありうる，と判示した。すなわち，①税務官庁が納税者に対し信頼の対象となる公的見解を表示したこと，②納税者が表示を信頼し，その信頼に基づいて行動したこと，③後に表示に反する課税処分が行われ，納税者が経済的な不利益を受けたこと，④納税者が当該行動をするに際して納税者の責に帰すべき事由がないこと，である。

5-3 消滅時効の主張と信義則

最判平成19・2・6（民集61巻1号122頁）

原子爆弾被爆者に対する援護に関する法律（当初は原子爆弾被爆者に対する特別措置に関する法律）につき，Ａ県知事は，被爆者が日本国から居住地を移したときには同法に基づく健康管理手当の受給権は失権する，とする国の通達（402号通達）に従い，Ｘらについて失権の措置をとった（手当の支給は法定受託事務〔当初は機関委任事務〕であった）。かなりの期間が経過した後にＸらは手当の支払を求めて提訴。同訴訟の係属中に別訴において同通達の違法が確定した（⇨No.*25*❷）ことから，Ａ県知事は，取扱いを改めたものの，同訴訟の提起の時点で支給月の末日から5年を経過していた分の健康管理手当は地方自治法236条所定の時効により受給権が消滅したとして，支給をしなかった。この措置につき，最高裁判所は，消滅時効の主張は，402号通達の発出にもかかわらず，失権について訴訟を提起するなどして権利を行使することが合理的に期待できる事情がＸらにあったなどの特段の事情のない限り，信義則に反し許されず，本件において特段の事情を認めることはできないから，Ａ県は支給義務を免れることはできない，と判断した。

である。同原則の適用については，式典での国歌斉唱の際に国旗に向かって起立し斉唱することを教職員に求める教育委員会の通達に基づき校長が発した職務命令に違反したことを理由としてされた停職処分の適法性が争われた事案がある。この事案につき，最高裁は，法廷意見において，「比例原則」の表現を用いなかったものの，「学校の規律や秩序の保持等の必要性と処分による不利益の内容との権衡の観点から，なお停職処分を選択することの相当性を基礎付ける具体的な事情があったとは認め難い」として，原告の一人につき処分を取り消した（最判平成 24・1・16 判時 2147 号 139 頁⇒No.16 ❷）。

(6) 説明責任の原則

行政権の行使が主権者である国民・住民の信託に基づくものである以上，行政権は国民・住民に対し，その行使が適正に行われていることを不断に説明する責務を有する。現在，国・地方公共団体の説明責任を確保するための制度として，いわゆる行政機関情報公開法，独立行政法人等情報公開法，情報公開条例が制定されているほか，政策評価や各種の情報提供の仕組みが発達している 5-4 。

(7) 公正・透明性の原則

行政手続法は，行政手続の整備が「行政運営における公正の確保と透明性（行政上の意思決定について，その内容及び過程が国民にとって明らかであることをいう。……）の向上を図」るものであることを明らかにしている（1条）。この規定を根拠として，説明責任の原則と並んで，公正・透明性の原則も行政法上の基本原則であると考える立場が有力である。

(8) 効率性・経済性の原則

行政が用いる物的・人的資源は限られたものであり，かつ，国民の負担によって支えられている。他方，民間の企業とは異なり，行政権は市場の中での競争にさらされていないため，効率性・経済性の見地は，行政においては様々な仕組みによって確保される必要がある。例えば，国にあっては会計検査院，地方公共団体にあっては監査委員が，この原理の遵守を監視する機関として置かれているほか，様々な監視の仕組みが設けられている（入札監視委員会等の監視の仕組み，外部監査，住民訴訟等）。

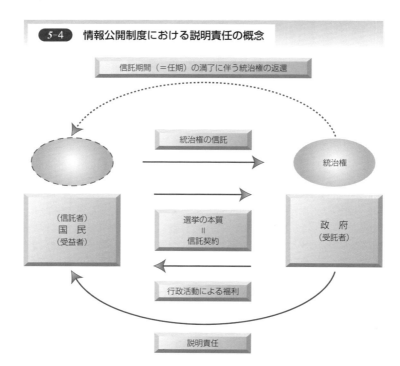

5-4 情報公開制度における説明責任の概念

第2章 行政組織法

　行政組織法は，行政主体の組織に関する法である。行政主体には，国，地方公共団体および特別行政主体がある（No.6, 7）。行政組織法は，行政主体を構成する行政機関の設立に関する定め，当該機関の所掌事務，権限の定め，行政機関の関係の規律を行う（No.8, 10）。ある自然人の行為の効果は，行政組織法がなければ行政主体に帰属しない。この意味において，行政組織法は，すべての行政活動に不可欠の法である。行政活動は国，地方公共団体等の行政主体により行われるのが通例である。ただし，権限の委任を受けた私人により行政活動が営まれることがある（No.9）。広い意味での行政組織には，行政活動を行うのに必要な人的手段（公務員），物的手段（公物）が含まれる（No.11）。

No.6 行政主体①——国

1 行政主体とは

(1) 行政主体

行政主体とは，行政法学上，行政権の担い手として，行政法上の権利義務関係の帰属主体となる組織のことを指す。行政主体は，本来的な行政主体と特別行政主体とに分けられる。

前者の具体例は，国，地方公共団体である。後者の具体例としては，独立行政法人，公共組合，特殊法人および認可法人の一部を挙げることができる。

(2) 多様な行政の担い手

行政事務や公共的な事務は，行政主体のみならず，様々な組織によって担われている。

まず，私的組織が，法律に基づく権限の委任を受けて行政活動を行う場合がある。また，私法上の組織に国家・地方公共団体が出資等を通じて関与する場合がある。これらの組織は，公私協働の要素を含む（⇒No.9）。さらには，地縁団体や特定非営利活動法人（NPO）等の組織も，公共的な事務を行っている。

現代においては，行政主体と上記の諸組織がネットワークを形成し，そのネットワーク全体として，公共的な事務が担われている。

2 国の行政組織

(1) 内　閣

内閣の組織については，内閣法に定められている。内閣には，その事務を補佐するため，各種内閣補助部局が置かれる。

2001年の中央省庁等改革（*Column*）では，内閣の総合調整機能強化のため，内閣官房の機能強化が行われるとともに，内閣府が新設された。内閣府は，内閣補助部局としての性質（内閣府3条1項）と，一定の行政事務を担う行政機関としての性質（同条2項）を，同時に持つ。

近年は，領域横断的な行政課題に対応するた

Column　中央省庁等改革

2001年，中央省庁等改革が実施された。同改革に基づいて，その後のわが国の行政組織のあり方を方向付ける重要な各種施策が実施された。
第1に，縦割り行政の弊害を除去する観点から，中央省庁の大括りの再編成が実施され，国の行政組織が，1府22省庁から1府12省庁体制とされた。第2に，政治主導の行政運営を指向する観点から，内閣総理大臣の権限が強化されるとともに，内閣官房の機能充実や内閣府の新設がなされた。第3に，行政のスリム化が問題とされ，国の事務・事業の廃止・民営化，民間委託が推進されるべきものとされた。第4に，独立行政法人制度の導入が提言された。また，これに関連して，特殊法人等改革も実施された。

め，期限付きの行政機関である復興庁と，恒常的な行政機関であるデジタル庁が，内閣に設置されている（(2)に述べる府省の外局としての庁とは位置づけが異なる）。

(2) 内閣府および省の組織

国の行政組織（府省）の基本的枠組みは，国家行政組織法と内閣府設置法に定められている（内閣府には，国家行政組織法が適用されない）。

国家行政組織法および内閣府設置法によれば，内閣府と各省には，内部部局（官房，局，部，課，室⇒No.10 **1**(3)）が置かれ（行組7条，内閣府17条），さらに，内部部局から一定の独立性を持つ外局として，委員会，庁を設置することができる（行組3条3項，内閣府49条1項）。2024年10月現在，内閣府と11省，内閣府の外局として4委員会と4庁，各省の外局として5委員会と15庁が設置されている。

委員会とは，所掌事務の性質上，専門技術性や政治的中立性の観点から，職権行使の独立性が保障された合議制の行政機関である。近年は，原子力規制委員会（環境省の外局），個人情報保護委員会，カジノ管理委員会（ともに内閣府の外

6-1 国の行政機構

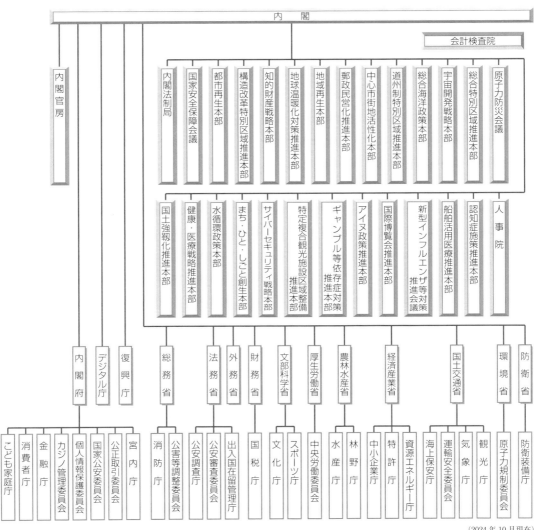

(2024年10月現在)
▶行政管理研究センター『令和6年度版行政機構図』1〜2頁などをもとに作成

局）など，第三者的立場に基づく監督・調査権限の行使主体として設置される例が多い。

庁とは，所掌事務の量が膨大であり，内部部局で処理させると他の部局との均衡を失する等の困難が生ずる場合や，その所掌事務が主として政策の実施に係る場合に設けられる。2023年には，こども家庭庁が新設された。

省，委員会および庁のなかには，内部部局のほか，審議会等，施設等機関，特別の機関（行組8条〜8条の3），地方支分部局（行組9条）を置くことができる。

6-1 は国の行政組織全体，6-2 は環境省を例として，基本的な省の組織のあり方を示したものである。

3 特別行政主体

(1) 独立行政法人

独立行政法人とは，独立行政法人通則法および各個別法人設置法の定めるところにより設立される法人である（独立法2条1項）。独立行政法人は，国民生活および社会経済の安定等の公共上の見地から確実に実施されることが必要な

6-2 省の組織の例（環境省）

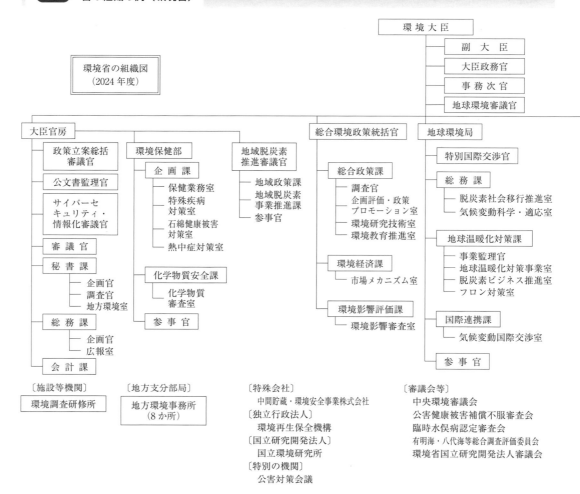

事務および事業であって，国が自ら主体となって直接に実施する必要のないもののうち，民間の主体に委ねた場合には必ずしも実施されないおそれがあるものまたは1つの主体に独占して行わせることが必要であるものを効率的かつ効果的に行わせることを目的として，設立される。

独立行政法人の基本的枠組みは，独立行政法人通則法に定められている。独立行政法人は，国家から独立した法人格を付与され，その会計は企業会計原則による。独立行政法人に対する国の関与は，新設等の審査，出資，人事権，業務方法書の認可，目標の設定と認可の仕組み等，法人の自律性を尊重し，法人の責任に基づく業務運営を確保する仕組みを基本としている。

2001年，独立行政法人制度が導入された当初は，性格の異なる法人を画一的に規律する方式が採用されていたものの，2014年に独立行政法人通則法が改正され，独立行政法人は，中期目標管理法人，国立研究開発法人，行政執行法人に区分され，それぞれの性格に応じた業務運営・監督の仕組みが導入された。これらの区分と法人の一覧については，6-3 を参照。

(2) 国立大学法人

国立大学法人とは，国立大学の設置を目的として，国立大学法人法の定めるところにより設立される法人である（国大法人2条1項）。従来，国立大学は文部科学省の「施設等機関」（行組8条の2）として位置付けられてきたところ，国立大学法人法に基づき，2004年に独立した法

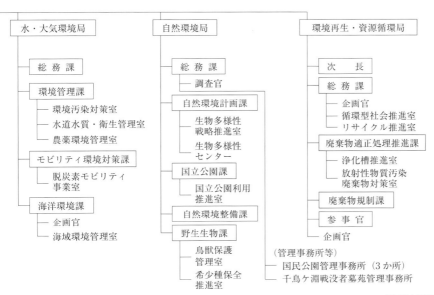

※原子力規制委員会・原子力規制庁を除く。
▶環境省ウェブサイト（https://www.env.go.jp/content/000050394.pdf）

人格をもつ組織として制度化された。学問の自由（憲23条），大学の自由，教育研究の特性（国大法人3条）に配慮し，独立行政法人とは異なる組織として設立されている。

(3) 特殊法人・認可法人

特殊法人とは「特別の法律により特別の設立行為をもって設立された法人」（行手4条2項1号）で，実務上，総務省設置法に基づく審査の対象とされているものを指す（特殊法人の一覧については，6-4）。認可法人とは「特別の法律により設立され，かつ，その設立に関し行政庁の認可を要する法人」（同項2号）である。

特殊法人や認可法人には，独立行政法人通則法や国立大学法人法のような通則法が存在しないため，そのガバナンスは個別法の規定によって多様である。したがって，一部の特殊法人には行政主体性を認める見解が多数であるものの，特に認可法人については，そのすべてに行政主体性が肯定されるわけではなく，個別法に定められた政府の出資や国の関与のあり方によって，行政主体として扱うべきか否かが判断されるものと考えられている。

もっとも，「独立行政法人等の保有する情報の公開に関する法律」（独立行政法人等情報公開法）の別表第一には，政府の説明責任の観点から，同法が適用されるべき法人として，特殊法人や認可法人の一部が挙げられている。また，行政手続法や行政不服審査法においては，これらの法人の一部に対して行われる処分について規律の適用を除外する規定が置かれている。

(4) 公共組合

公共組合とは，特別の法律に基づいて，公共的な事業を行うために一定の組合員により設立される法人である。土地区画整理組合，市街地

6-3 独立行政法人一覧

内閣府所管（3）
国立公文書館(執)／北方領土問題対策協会(独)／日本医療研究開発機構(研)

消費者庁所管（1）
国民生活センター(独)

総務省所管（3）
情報通信研究機構(研)／統計センター(執)／郵便貯金簡易生命保険管理・郵便局ネットワーク支援機構(独)

外務省所管（2）
国際協力機構(独)／国際交流基金(独)

財務省所管（3）
酒類総合研究所(独)／造幣局(執)／国立印刷局(執)

文部科学省所管（22）
国立特別支援教育総合研究所(独)／大学入試センター(独)／国立青少年教育振興機構(独)／国立女性教育会館(独)／国立科学博物館(独)／物質・材料研究機構(研)／防災科学技術研究所(研)／量子科学技術研究開発機構(研)／国立文化財機構(独)／教職員支援機構(独)／科学技術振興機構(研)／日本学術振興会(独)／理化学研究所(研)／宇宙航空研究開発機構(研)／日本スポーツ振興センター(独)／日本芸術文化振興会(独)／日本学生支援機構(独)／海洋研究開発機構(研)／国立高等専門学校機構(独)／大学改革支援・学位授与機構(独)／日本原子力研究開発機構(研)

厚生労働省所管（17）
勤労者退職金共済機構(独)／高齢・障害・求職者雇用支援機構(独)／福祉医療機構(独)／国立重度知的障害者総合施設のぞみの園(独)／労働政策研究・研修機構(独)／労働者健康安全機構(独)／国立病院機構(独)／医薬品医療機器総合機構(独)／医薬基盤・健康・栄養研究所(研)／地域医療機能推進機構(独)／年金積立金管理運用独立行政法人(独)／国立がん研究センター(研)／国立循環器病研究センター(研)／国立精神・神経医療研究センター(研)／国立国際医療研究センター(研)／国立成育医療研究センター(研)／国立長寿医療研究センター(研)

農林水産省所管（9）
農林水産消費安全技術センター(執)／家畜改良センター(独)／農業・食品産業技術総合研究機構(研)／国際農林水産業研究センター(研)／森林研究・整備機構(研)／水産研究・教育機構(研)／農畜産業振興機構(独)／農業者年金基金(独)／農林漁業信用基金(独)

経済産業省所管（9）
経済産業研究所(独)／工業所有権情報・研修館(独)／産業技術総合研究所(研)／製品評価技術基盤機構(執)／新エネルギー・産業技術総合開発機構(研)／日本貿易振興機構(独)／情報処理推進機構(独)／エネルギー・金属鉱物資源機構(独)／中小企業基盤整備機構(独)

国土交通省所管（15）
土木研究所(研)／建築研究所(研)／海上・港湾・航空技術研究所(研)／海技教育機構(独)／航空大学校(独)／自動車技術総合機構(独)／鉄道建設・運輸施設整備支援機構(独)／国際観光振興機構(独)／水資源機構(独)／自動車事故対策機構(独)／空港周辺整備機構(独)／都市再生機構(独)／奄美群島振興開発基金(独)／日本高速道路保有・債務返済機構(独)／住宅金融支援機構(独)

環境省所管（2）
国立環境研究所(研)／環境再生保全機構(独)

防衛省所管（1）
駐留軍等労働者労務管理機構(執)

合計87法人
（2024年10月現在）

※(独)，(研)，(執)の記載は，それぞれ，中期目標管理法人，国立研究開発法人，行政執行法人であることを示す。
※中期目標管理法人：一定の自主性および自律性を発揮しつつ，中期的な視点（3～5年）に立って執行することが求められる公共上の事務等を，中期計画に基づき行う独立行政法人。
※国立研究開発法人：中長期的な視点（5～7年）に立って執行することが求められる科学技術に関する試験，研究または開発に係る公共上の事務等を，主要な業務として中長期計画に基づき行う独立行政法人。
※行政執行法人：国の行政事務と密接に関連して行われる国の指示その他の相当な関与のもとに執行することが求められる公共上の事務等を，正確かつ確実に執行する独立行政法人。

6-4 特殊法人一覧

内閣府所管（2）
沖縄振興開発金融公庫／沖縄科学技術大学院大学学園

復興庁所管（1）
福島国際研究教育機構

総務省所管（6）
日本電信電話株式会社／東日本電信電話株式会社／西日本電信電話株式会社／日本放送協会／日本郵政株式会社／日本郵便株式会社

財務省所管（5）
日本たばこ産業株式会社／株式会社日本政策金融公庫／株式会社日本政策投資銀行／輸出入・港湾関連情報処理センター株式会社／株式会社国際協力銀行

文部科学省所管（2）
日本私立学校振興・共済事業団／放送大学学園

厚生労働省所管（1）
日本年金機構

農林水産省所管（1）
日本中央競馬会

経済産業省所管（3）
日本アルコール産業株式会社／株式会社商工組合中央金庫／株式会社日本貿易保険

国土交通省所管（12）
新関西国際空港株式会社／北海道旅客鉄道株式会社／四国旅客鉄道株式会社／日本貨物鉄道株式会社／東京地下鉄株式会社／成田国際空港株式会社／東日本高速道路株式会社／中日本高速道路株式会社／西日本高速道路株式会社／首都高速道路株式会社／阪神高速道路株式会社／本州四国連絡高速道路株式会社

環境省所管（1）
中間貯蔵・環境安全事業株式会社

合計34法人
（2024年10月現在）

再開発組合，土地改良区，健康保険組合，水害予防組合などが例として挙げられる。公共組合は，私人によって構成される組織であるものの，①強制加入制が採られていること（区画整理25条1項，国健保13条1項），②国・地方公共団体による監督があること（区画整理125条，健保29条），③一部の業務執行に公権力が付与されていること（区画整理103条，健保39条）等から，行政主体性を肯定する見解が有力である。

No. 7　行政主体②──地方公共団体

1　地方自治制度

(1) 地方自治制度

憲法92条は，地方公共団体の組織・運営について，「地方自治の本旨に基いて，法律でこれを定める」と規定している。これを踏まえて，地方自治の基本的なあり方を定めた法律が地方自治法である。地方自治法を中心として，数多くの法律がわが国の地方自治を特徴づけている。7-1 は，地方自治に関する法体系を図式化したものである。

(2) 都道府県と市町村

市町村は，基礎的な地方公共団体である（自治2条3項）。市となる要件は5万人以上の人口を有することである（自治8条1項1号）。市については大都市制度の特例が設けられているのに対し，町村については町村総会制度が設けられている等の違いがある。7-2 は，市町村数の変遷を図にしたものである。

都道府県は，市町村を包括する広域的な地方公共団体である（自治2条5項）。道府県の間には，組織上・権限上の差異は存せず，名称の相違は沿革上の理由にとどまる。もっとも，都に関しては大都市の一体性に着目した特例が設けられており，独立した法人格をもつ特別区を設置することができる（自治281条）。特別区は市に準じた取扱いを受ける（都制度については，*Column*〔次頁〕も参照）。

(3) 大都市制度

大都市の特別の行政需要に対応するため，一般の市とは異なる，指定都市，中核市の制度が設けられている（都道府県との権限の比較については，7-3 を参照）。

指定都市は，「政令で指定する人口50万以上の市」（自治252条の19第1項）と規定されている。指定都市制度は，特別市制度を改正したも

7-1　地方自治の法構造

日本国憲法第8章

- **地方自治の組織に関する法律**
  - ①地方公共団体に関する基礎的一般的事項を規律する法律
    地方自治法，地方公務員法，地方財政法，地方税法，地方交付税法，住民基本台帳法など。
  - ②各行政部門に関する法律
    地方公営企業法，地方教育行政の組織及び運営に関する法律，教育公務員特例法，警察法，消防法，消防組織法，農業委員会等に関する法律など。
- **地方自治の作用，救済に関する法律**
  - ①行政上の一般的制度に関する法律
    行政手続法，行政不服審査法，行政事件訴訟法，行政代執行法，国家賠償法，個人情報の保護に関する法律など。
  - ②各行政作用に関する法律
    都市計画法，道路法，河川法，建築基準法，大気汚染防止法，水質汚濁防止法，廃棄物の処理及び清掃に関する法律，文化財保護法，生活保護法，児童福祉法，介護保険法，医療法など。
- **一の地方公共団体のみに適用される特別法**
  広島平和記念都市建設法，長崎国際文化都市建設法，旧軍港市転換法，別府，熱海，伊東などの温泉都市に関する建設法など。
- **私人と同一の法的地位に立つ地方公共団体を規律する法律**
  民法，水道法，道路運送法4条（地方公共団体がバス事業の許可を受ける場合）など。

のであり，当初は人口100万人程度が指定要件とされてきたが，市町村合併が進むにつれて，この要件は緩和されてきた。指定都市は，都道府県が処理することとされている事務の一部を処理するほか，知事の許可を要する事務について知事の監督を受けない。また，行政事務の便宜な処理のために法人格を有しない行政区を置くことができるほか，税財政上の特例を受ける。

中核市とは，「政令で指定する人口20万以上の市」（自治252条の22第1項）である。中核市は，指定都市が処理することができる事務の一部を処理することができる（なお，2014年地方自治法改正により，それまで存在していた特例市制度は中核市制度に統合された）。

7-4 は，指定都市と中核市の指定状況を表にしたものである。

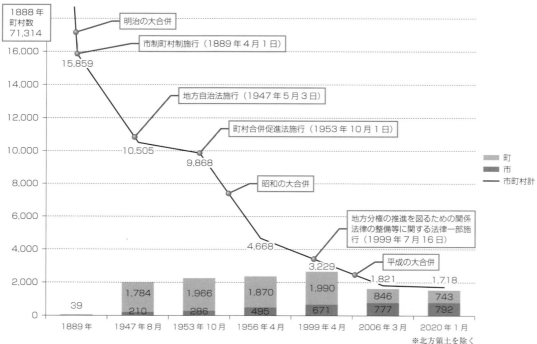

7-2 市町村数の変遷

▶総務省ウェブサイト（https://www.soumu.go.jp/kouiki/kouiki.html）などをもとに作成

Column　都制度について

現在のところ，わが国において，都としては東京都がただ一つ存在するのみである。もっとも，このことは，主に歴史的沿革によるものである。また，都は一般的な制度として整備されており（自治1条の3），東京都以外の広域的な地方公共団体が都とされることも，法制度上，否定されてはいない。さらに，2012年に制定された「大都市地域における特別区の設置に関する法律」（特別区設置法）によって，指定都市と隣接市町村の人口が合計200万人以上の道府県の区域内において，特別区設置協定書の作成，同協定書の議会による承認，そして，住民投票の実施を経て，関係市町村を廃止し，特別区を設置することが可能となった。これにより，東京都以外にも都を創設する途が実質的に開かれた。いわゆる「大阪都構想」を実現するため，特別区設置法が規定する手続により，2015年5月17日，大阪市を廃止し，同市内の行政区を特別区に再編する案の賛否を問う住民投票が実施されたが，反対が賛成を僅差で上回った（賛成69万4844票，反対70万5585票）。さらに，2020年11月1日には，大阪市を廃止し，現在の24行政区を4特別区に再編する案の賛否を問う2度目の住民投票が実施されたものの，同様に，反対が賛成を僅差で上回った（賛成67万5829票，反対69万2996票）。

2　自主法

(1)　条　例

地方公共団体の自主法のうち，条例とは，地方公共団体の事務（自治2条2項）に関して，地方議会が制定する法形式であり，法令に反しない限りにおいて定めることができる（憲94条，自治14条1項）。

(2)　法律と条例

条例には，法令の委任を受けた委任条例と，法令に基づかず地方公共団体が独自に制定する自主条例がある。

自主条例には，それが扱う政策分野について，法律の規定が存在する場合とそうではない場合がある。後者の場合，国の法令で規律されていない事項については，法令が規制を禁ずる趣旨であると解されるようなごく例外的な場合は別として，条例の制定は許される。これに対して，前者の場合には，同一目的で法令よりも厳格な規制を定める上乗せ条例や横出し条例が，法令

7-3　大都市制度

事務・権限	都道府県	指定都市	中核市
保健衛生	・麻薬取扱者（一部）の免許 ・精神科病院の設置 ・臨時の予防接種の実施	・精神障害者の入院措置 ・動物取扱業の登録 ・病院の開設許可	・保健所の設置 ・薬局の開設許可 ・飲食店営業等の許可 ・温泉の利用許可 ・旅館業・公衆浴場の経営許可
福　祉	・保育士，介護支援専門員の登録 ・身体障害者更生相談所，知的障害者 　更生相談所の設置	・児童相談所の設置	・保育所，養護老人ホームの設置の認可・監督 ・介護保険および障害者福祉サービス事業者の指定 ・身体障害者手帳の交付 ・認定こども園の認定等
教　育	・私立学校の設置認可 ・高等学校の設置管理	・都道府県費負担教職員の任免，給 　与の決定 ・小中学校学級編制基準，都道府県 　費負担教職員定数の決定	・都道府県費負担教職員の研修
環　境	・第一種フロン類回収業者の登録 ・公害健康被害の補償給付	・建築物用地下水の採取の許可	・一般廃棄物処理施設，産業廃棄物処理施設の 　設置の許可 ・ばい煙発生施設の設置の届出受理
まちづくり	・都市計画区域の指定 ・市街地再開発事業の認可 ・指定区間の1級河川，2級河川の管理	・都市計画区域の整備，開発および 　保全の方針に関する都市計画 ・市街地再開発事業の認可（一部） ・区域区分に関する都市計画決定 ・指定区間外の国道，県道の管理 ・指定区間の1級河川（一部），2 　級河川（一部）の管理	・屋外広告物の条例による設置制限 ・サービス付き高齢者向け住宅事業の登録

▶中核市市長会パンフレット「令和5年度　中核市市長会　活力のある地域・暮らしやすい社会を目指して」をもとに作成

7-4　指定都市・中核市一覧

北海道	札幌（197）	旭川（32）／函館（25）
東　北	仙台（109）	いわき（33）／郡山（32）／秋田（30）／盛岡（28）／福島（28）／ 青森（27）／山形（24）／八戸（22）
首都圏	横浜（377），川崎（153），さいたま （132），千葉（97），相模原（72）	船橋（64）／川口（59）／八王子（57）／宇都宮（51）／柏（42）／ 横須賀（38）／高崎（37）／川越（35）／前橋（33）／越谷（34）／ 水戸（27）／甲府（18）
北　陸	新潟（78）	金沢（46）／富山（41）／福井（26）
中部圏	名古屋（233），浜松（79），静岡（69）	豊田（42）／岐阜（40）／一宮（38）／岡崎（38）／長野（37）／豊橋 （37）／松本（24）
近畿圏	大阪（275），神戸（152），京都（146）， 堺（82）	姫路（53）／東大阪（49）／西宮（48）／尼崎（45）／枚方（39）／ 豊中（40）／吹田（38）／和歌山（35）／奈良（35）／高槻（35）／ 大津（34）／明石（30）／八尾（26）／寝屋川（22）
中　国	広島（120），岡山（72）	倉敷（47）／福山（46）／下関（25）／呉（21）／松江（20）／鳥取（18）
四　国		松山（51）／高松（41）／高知（32）
九　州	福岡（161），北九州（93），熊本（73）	鹿児島（59）／大分（47）／長崎（40）／宮崎（40）／久留米（30）／ 佐世保（24）
沖　縄		那覇（31）
合　計	全20市	全62市

※（　）内の数字は，令和2年度国勢調査人口（1万人未満切捨て）

▶総務省ウェブサイト（https://www.soumu.go.jp/main_sosiki/jichi_gyousei/bunken/chihou-koukyoudantai_kubun.html）をもとに作成

に違反しないかが問題となる。判例は，「条例が国の法令に違反するかどうかは，両者の対象事項と規定文言を対比するのみでなく，それぞれの趣旨，目的，内容及び効果を比較し，両者の間に矛盾牴触があるかどうかによってこれを決しなければならない」として，法令と条例の間で規律対象が重なっていても，法令と異なる目的の規制を条例で設けることが可能であることを明らかにしている（最大判昭和50・9・10刑集29巻8号489頁）。

委任条例には，①制定された条例が法律に組み込まれて，全体として効果を発揮するもの

7-5	自治事務・法定受託事務の制度上の取扱いと機関委任事務との比較			
	機関委任事務		自治事務	法定受託事務
条例制定権	原則不可	⇨	法令に反しない限り可（自治14条1項・2条2項）	法令に反しない限り可（自治14条1項・2条2項）
議会の権限	・検閲，検査権等は，地方自治法施行令で定める一定の事務（国の安全，個人の秘密にかかわるもの並びに地方労働委員会及び収用委員会の権限に属するもの）は対象外 ・100条調査権の対象外	⇨	原則及ぶ（労働委員会及び収用委員会の権限に属する事務で政令で定めるものに限り対象外）（自治98条1項・2項，100条1項）	原則及ぶ（国の安全を害するおそれがあることその他の事由により議会の検査・調査または地方自治法98条2項の監査の対象とすることが適当でないものとして政令で定めるものに限り対象外）（自治98条1項・2項，100条1項）
監査委員の権限	地方自治法施行令で定める一定の事務は対象外	⇨		
行政不服審査	一般的に，国等への審査請求は可	⇨	原則国等への審査請求は不可	原則国等への審査請求が可（自治255条の2）
国等の関与	包括的指揮監督権，個別法に基づく関与	⇨	新たな関与のルール（自治245条～250条の6）	

▶成田頼明監修『地方自治法改正のポイント』（1999年）24頁を参考に作成

Column　条例制定に関する国の基準

基準を条例に委任する場合における条例制定に関する国の基準は，「従うべき基準」，「標準」，「参酌すべき基準」の3つに類型化される。

従うべき基準とは，条例の内容を直接的に拘束する，必ず適合しなければならない基準であり，当該基準に従う範囲内で地域の実情に応じた内容を定める条例は許容されるものの，異なる内容を定めることは許されないもの

標準とは，法令の「標準」を通常よるべき基準としつつ，合理的な理由がある範囲内で，地域の実情に応じた「標準」と異なる内容を定めることが許容されるもの

参酌すべき基準とは，地方公共団体が十分参酌した結果であれば，地域の実情に応じて，異なる内容を定めることが許容されるもの

▶地方分権推進計画（平成21年12月15日閣議決定）

（風俗4条2項2号），②条例を定めることをもって，全国一律の基準よりも厳しい基準を設定し，それを国の基準に代えて適用することができるとされるもの（水質汚濁3条3項），③法律による制約を一定の枠内において解除する法律の定め（地税4条3項・6項，5条3項・7項）に基づくものなどがある。委任条例の制定に関する国

の基準については，*Column* を参照。

（3）規　　則

地方公共団体の自主法のうち，地方公共団体の長が定めるものを規則という。地方公共団体の長は，法令に反しない限り，その権限に属する事務に関し，規則を制定することができる（自治15条）。条例で定めるべきとされている事項を除けば（自治14条2項・3項），地方公共団体の長は，条例の委任がなくとも，規則を制定することができ，その意味では条例と規則は並存独立の関係にあるが，両者が牴触した場合には，条例が規則に優位すると考えられている。

3 地方分権

（1）国と地方の役割分担

地方自治法1条の2は，国と地方の適切な役割分担の原則について，地方公共団体は地域における行政を自主的かつ総合的に実施する役割を広く担うこと，国は，国が本来果たすべき役割，すなわち，①国家としての存立に関わる事務，②民間活動・地方自治に関する基本的な準則に関する事務，③全国的規模・視点に立ってなされるべき施策・事業などを重点的に行い，住民に身近な行政はできる限り地方公共団体に委ねることを基本とすると定めている。さらに，

地方公共団体に関する法令の規定や解釈・運用は，適切な役割分担を踏まえたものでなければならない（自治2条11項・12項）。

また，地方公共団体の国政参加および国・地方の政策調整に関しては，国と地方の協議の場に関する法律に基づいて，国と地方が協議する場が設けられている。

(2) 国の関与・義務付け等の廃止・縮減

国と地方の適切な役割分担の考え方に基づき，国の関与をできる限り縮小しようとする観点から，国等による行政的関与や，地方公共団体が関係する法令等に関する改革が行われてきた。

前者については，「地方分権の推進を図るための関係法律の整備等に関する法律」（地方分権一括法）に基づく地方自治法改正により，地方公共団体の事務が自治事務と法定受託事務に再編成され，この新たな事務区分に対応する形で，国等の行政的関与に関する一般的なルールが設けられた（**7-5**，⇨No.**8**）。

後者については，国が法令で地方公共団体の事務の実施や方法を縛っている「義務付け・枠付け」の横断的な見直しがなされ，2011年以降の数次にわたる「地域の自主性及び自立性を高めるための改革の推進を図るための関係法律の整備に関する法律」（いわゆる「一括法」）に基づいて，法改正が行われている。

第5次一括法以降は，地方公共団体の側から義務付け・枠付けの緩和等に関する提案を行う「提案募集方式」が用いられ，法改正に加え，政省令や要綱の改正，制度運用の見直し等の措置がとられている。

４ 縮小社会と地方自治

(1) 縮小社会と持続可能な体制づくり

国立社会保障・人口問題研究所の推計によれば，わが国の人口は，50年後には現在の約7割（約8700万人）に減少すると予測されている。このような流れのなか，地方公共団体には，限られた資源の中での持続可能な体制づくりが求められている（⇨No.**1** **1** (5)）。

(2) 地方議会

小規模自治体を中心に，地方議会それ自体の持続可能性が危ぶまれる事態も想定されるなか（実現には至らなかったが，2017年，高知県大川村では町村総会〔自治94条〕の設置が議論された），議員のなり手不足，投票率の低迷，議会に対する住民の信頼性低下への対応が課題となっている。2022年・2023年の地方自治法改正では，地方議員の請負禁止の範囲が明確化され（自治92条の2），地方議会の位置づけや地方議員の職務内容が明記された（自治89条）。

(3) 広域連携

もはや個々の地方公共団体が事務を単独では処理できなくなるとの認識から，複数の地方公共団体が協力して事務処理を行う，様々な形態による広域連携に期待がかけられている。地方自治法には，一部事務組合や広域連合といった，各地方公共団体から独立した法人を共同で設立する仕組み（自治284条）や，地方公共団体同士が基本的な方針・役割分担を定める連携協約の制度（自治252条の2）が用意されている。

(4) デジタル化

深刻化する人手不足等の問題を解決するため，ICT（情報通信技術）やAI（人工知能）を駆使することで，行政サービスを効率的・効果的に提供する「スマート自治体」の取組みが注目を集めている。

デジタル手続法では，行政手続やサービスをデジタルで完結する「デジタルファースト原則」，一度行政機関等に提出した情報を再度提出させないようにする「ワンスオンリー原則」が規定され（⇨No.**2** **2** (5)），地方公共団体にも，行政手続のオンライン化に関する努力義務が課されている。

また，地方議会の手続はデジタル手続法の適用対象外とされていたが，2023年地方自治法改正により，住民による地方議会への請願書の提出等の手続について，オンライン化の道が開かれた（自治138条の2）。

No. 8　行政主体③──国と地方公共団体の関係

1　地方公共団体の事務

(1) 地域における事務

　地方公共団体は、「地域における事務」および「その他の事務で法律又はこれに基づく政令により処理することとされるもの」を処理する（自治2条2項）。ここでの地域とは、区域のみならず、住民を含む広い概念であり、「地域における事務」とは、地方公共団体が、その統治する区域内における事務を総合的に処理することを示す。「その他の事務で法律又はこれに基づく政令により処理することとされるもの」の例としては、北方領土に戸籍を有する者に係る事務を根室市が処理している場合（北方領土問題等解決促進特措法11条）などの例がある。

(2) 自治事務と法定受託事務

　地方分権一括法（平11法87）による改正前の地方自治法には、団体事務（自治事務）と機関委任事務の区分が存在した。地方公共団体の執行機関を国の行政機関として位置付ける機関委任事務に対しては、地方公共団体の自治権を侵害している等の批判が向けられたため、地方分権改革によりこれが廃止され、事務自体の廃止、国の直接執行事務、自治事務、法定受託事務に区分された（区分の詳細は、 8-1 を参照）。

　現在の制度において、地方公共団体の事務は、自治事務と法定受託事務に区分されている。自治事務は「地方公共団体が処理する事務のうち、法定受託事務以外のもの」（自治2条8項）と定義されている。また、法定受託事務は「国［都道府県］が本来果たすべき役割に係るものであって、国［都道府県］においてその適正な処理を特に確保する必要があるものとして法律又はこれに基づく政令に特に定めるもの」（自治2条9項。第1号法定受託事務。［　］内は第2号法定受託事務）とされている。

　自治事務と法定受託事務はいずれも地方公共団体の事務であり、両者の区別の意味は国等の関与のあり方の違いが生ずる点にある（⇨ 2 (1)）。

　法定受託事務については、地方分権一括法附則において、できる限り新設しないようにすること、地方分権を推進する観点から検討を加え、適宜、適切な見直しを行うものとされた（附則250条）。また、地方分権推進計画においては、法定受託事務を判断するための8つのメルクマールが定められ、新設される地方公共団体の事務を区分する際の判断基準が示されている（詳細については、 8-2 を参照）。したがって、国が法定受託事務を新設しようとする場合には、その新設の必要性を含めて、当該メルクマールに照らした説明が求められるといえる。

2　国等の関与

(1) 一般的なルール

　地方公共団体の事務の遂行については、当該団体の自主性・自立性が尊重されるべきである。他方、地方公共団体の事務も国家の行政活動の一部として行われる以上、統一性・適法性等が

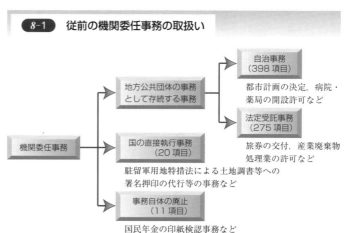

8-1　従前の機関委任事務の取扱い

8-2 法定受託事務のメルクマール

法定受託事務とするメルクマールは次のとおりとする。
(1) 国家の統治の基本に密接な関連を有する事務
(2) 根幹的部分を国が直接執行している事務で以下に掲げるもの
① 国が設置した公物の管理及び国立公園の管理並びに国定公園内における指定等に関する事務
国立公園内における軽微な行為許可等に関する事務
国定公園内における特別地域・特別保護地区等の指定等に関する事務
② 広域にわたり重要な役割を果たす治山・治水及び天然資源の適正管理に関する事務
③ 環境保全のために国が設定した環境の基準及び規制の基準を補完する事務
環境基準の類型当てはめ（水質・交通騒音）に関する事務
総量規制基準の設定に関する事務
大気汚染，水質汚濁，土壌汚染，交通騒音の状況の監視に関する事務
④ 信用秩序に重大な影響を及ぼす金融機関等の監督等に関する事務
⑤ 医薬品等の製造の規制に関する事務
⑥ 麻薬等の取締りに関する事務
(3) 全国単一の制度又は全国一律の基準により行う給付金の支給等に関する事務で以下に掲げるもの

① 生存にかかわるナショナル・ミニマムを確保するため，全国一律に公平・平等に行う給付金の支給等に関する事務
② 全国単一の制度として，国が拠出を求め運営する保険及び給付金の支給等に関する事務
③ 国が行う国家補償給付等に関する事務
(4) 広域にわたり国民に健康被害が生じること等を防止するために行う伝染病のまん延防止や医薬品等の流通の取締りに関する事務
① 法定の伝染病のまん延防止に関する事務
② 公衆衛生上，重大な影響を及ぼすおそれのある医薬品等の全国的な流通の取締りに関する事務
医薬品等の取締りに関する事務
食品等の取締りに関する事務
農薬等の取締りに関する事務
(5) 精神障害者等に対する本人の同意によらない入院措置に関する事務
(6) 国が行う災害救助に関する事務
(7) 国が直接執行する事務の前提となる手続の一部のみを地方公共団体が処理することとされている事務で，当該事務のみでは行政目的を達成し得ないもの
(8) 国際協定等との関連に加え，制度全体にわたる見直しが近く予定されている事務

▶地方分権推進計画（平成10年5月29日閣議決定）

確保される必要がある。ここに，国等の関与の仕組みが設けられる意義がある。

地方分権改革前においては，国等の関与が過剰かつ不透明に行われているとの批判があった。この批判に応える形で，地方分権一括法に基づく地方自治法改正により，国等の関与のあり方に関する一般的なルールが整備された。この一般的なルールにおいては，法定受託事務と自治事務の事務区分に対応し，国等が行使することができる関与の基本類型には差異が設けられており（ルールの詳細については，**8-3**を参照），国が地方公共団体に代わって事務を執行する代執行は，法定受託事務の場合に限り，厳格な要件・手続の下に認められている（自治245条の8）。

(2) 緊急時における特例

2024年地方自治法改正により，上記の一般的なルールの特例として，大規模災害や感染症の流行等の非常事態が生じた場合において，法定受託事務と自治事務の事務区分とは関係なく，かつ，個別法の定めによらず，国が地方公共団体に対して国民の生命等の保護に係る措置をとるよう指示できる「補充的指示権」の仕組みが設けられた（自治252条の26の5）。

8-3 関与に関する三原則と関与の基本類型

関与に関する三原則

①法定主義の原則（自治245条の2）
・関与は，法律またはこれに基づく政令の根拠を必要とする。

②一般法主義の原則（自治245条の3～245条の8）
・関与は基本原則にのっとり規定される。
〈基本原則〉
・関与は，その目的を達成するために必要最小限度のものとし，かつ，地方公共団体の自主性および自立性に配慮する（245条の3第1項）。
・地方自治法に特定の類型の関与に係る一般的なルール（立法方針）を定める（245条の3第2項～6項）。
・地方自治法を根拠として行うことのできる関与の規定を置く（245条の4～245条の8）。

③公正・透明の原則（自治247条～250条の5）
・関与に関する手続について，書面主義，協議における誠実協議義務，許認可等の審査基準および標準処理期間の設定・公表等のルールを定める。

関与の基本類型（太字は地方自治法を法的根拠とできるもの）

自治事務	法定受託事務 ※3
助言または勧告 ※1	助言または勧告 ※1
資料の提出の要求	資料の提出の要求
協議	協議
是正の要求	同意
	許可，認可または承認
	指示 ※2
	代執行

※1　地方自治法を根拠にできるのは「技術的助言又は勧告」に限られる。ただし，市町村の自治事務については都道府県知事の執行機関は「是正の勧告」を行うこともできる。
※2　地方自治法を根拠にできるのは「是正の指示」に限られる。
※3　第2号法定受託事務については是正の要求も行うことができる。

Column　辺野古問題　カラー⑤

沖縄県内の普天間基地の移設用地について，国は，同県内の辺野古海岸を埋め立てることにより確保する方針を示している。2013 年 12 月，当時の沖縄県知事は，公有水面埋立法（公水法）42 条 1 項に基づき，防衛省沖縄防衛局に対して，公有水面の埋立承認を行った（埋立承認）。しかしながら，その後，県内移設に反対する県知事が当選し，埋立承認を取り消して以来，国と沖縄県の双方から，様々な形態で多くの訴訟が提起されてきた。関係する法的問題は多岐にわたるが，以下では，地方自治法上の法的紛争を中心に，一連の経緯について紹介する。

第 1 段階：埋立承認取消しをめぐる訴訟

2015 年 10 月，県知事は，前知事による埋立承認に公水法が定める要件に該当しない瑕疵があったとして，同承認を取り消した（埋立承認取消処分）。

これに対して，国側は代執行訴訟を提起し（訴訟①），沖縄防衛局が国交大臣に対して審査請求を行った。後者については執行停止がされ，沖縄県は，執行停止の取消訴訟と国の関与の取消訴訟の 2 つの訴訟を提起した（訴訟②および③）。訴訟①〜③は，双方の側が訴えを取り下げたことで終結した。

その後，国交大臣は，埋立承認取消処分を取り消すことを求める是正の指示を発したが，沖縄県は従わなかったため，国交大臣は，違法確認訴訟を提起した。2016 年 12 月，最高裁は，国交大臣の請求を認容する旨の判決を下した（訴訟④）。同判決を踏まえ，県知事は埋立承認取消処分を取り消した。

第 2 段階：埋立承認撤回をめぐる訴訟

2018 年 8 月，県知事の死亡を受けて事務委任を受けた副知事は，沖縄防衛局に対し，埋立承認の後に判明した事情（軟弱地盤等）に基づき，埋立承認を撤回した（埋立承認撤回処分）。

これを不服として，沖縄防衛局は，国交大臣に対して，行審法に基づく審査請求を行い，国交大臣は，埋立承認撤回処分を取り消す旨の裁決を行った。同裁決を受け，県（知事）は 2 つの裁決取消訴訟を提起したが，最高裁はいずれの訴えも却下し，埋立承認の効力が復活することとなった（訴訟⑤および⑥）。

第 3 段階：変更不承認処分をめぐる訴訟

沖縄防衛局は，公水法に基づく埋立地の用途・設計概要に係る変更承認申請を行ったが，2021 年 11 月，県知事は不承認とした（変更不承認処分）。

これを不服として，沖縄防衛局は，国交大臣に対し，行審法に基づく審査請求を行ったが，国交大臣は，変更不承認処分を取り消す旨の裁決を行った。同裁決を受け，県（知事）は，第 2 段階の際と同様，2 つの裁決取消訴訟を提起した（訴訟⑦は訴え却下，訴訟⑨は最高裁で係属中）。

並行して，国交大臣が埋立承認をすることを求める是正の指示を発したことに対し，県知事は取消訴訟を提起したが（訴訟⑧），最高裁は，県の請求を棄却した。他方，国側が提起した代執行訴訟は福岡高裁で請求が認容され（訴訟⑩），わが国初の地方自治法に基づく代執行が実施された（自治 245 条の 8）。

	訴　訟	原告 →被告	訴訟形式（根拠条文）	各審級における判断
①	代執行訴訟	大臣 →知事	機関訴訟 （自治 245 条の 8 第 3 項）	・高裁：和解による取下げ（平成 28 年 3 月 4 日）
②	抗告訴訟 （執行停止）	知事 →大臣	機関訴訟 （自治 251 条の 5 第 1 項）	・地裁：和解による取下げ（平成 28 年 3 月 4 日）
③	関与取消訴訟 （裁決）	県→国	抗告訴訟 （行訴 3 条）	・高裁：和解による取下げ（平成 28 年 3 月 4 日）
④	不作為違法確認訴訟	大臣 →知事	機関訴訟 （自治 251 条の 7 第 1 項）	・高裁：請求認容（福岡高那覇支判平成 28 年 9 月 16 日） ・最高裁：上告棄却（最判平成 28 年 12 月 20 日）
⑤	関与取消訴訟 （裁決）	知事 →大臣	機関訴訟 （自治 251 条の 5 第 1 項）	・高裁：訴え却下（福岡高那覇支判令和元年 10 月 23 日） ・最高裁：上告棄却（最判令和 2 年 3 月 26 日）
⑥	抗告訴訟 （裁決）	県→国	抗告訴訟 （行訴 3 条）	・地裁：訴え却下（那覇地判令和 2 年 11 月 27 日） ・高裁：控訴棄却（福岡高那覇支判令和 3 年 12 月 15 日） ・最高裁：上告棄却（最判令和 4 年 12 月 8 日）
⑦	関与取消訴訟 （裁決）	知事 →大臣	機関訴訟 （自治 251 条の 5 第 1 項）	・高裁：訴え却下（福岡高那覇支判令和 5 年 3 月 16 日） ・最高裁：上告不受理決定（最決令和 5 年 8 月 24 日）
⑧	関与取消訴訟 （是正の指示）	知事 →大臣	機関訴訟 （自治 251 条の 5 第 1 項）	・高裁：請求棄却（福岡高那覇支判令和 5 年 3 月 16 日） ・最高裁：上告棄却（最判令和 5 年 9 月 4 日）
⑨	抗告訴訟 （裁決）	県→国	抗告訴訟 （行訴 3 条）	・地裁：訴え却下（那覇地判令和 5 年 11 月 15 日） ・高裁：控訴棄却（福岡高那覇支判令和 6 年 9 月 2 日） ・最高裁：係属中
⑩	代執行訴訟	大臣 →知事	機関訴訟 （自治 245 条の 8 第 3 項）	・高裁：承認命令（福岡高那覇支判令和 5 年 12 月 20 日） ・最高裁：上告不受理決定（最決令和 6 年 2 月 29 日）

▶「これまでの訴訟一覧（令和 6 年 9 月 17 日現在）」沖縄県ウェブサイト（https://www.pref.okinawa.lg.jp/_res/projects/default_project/_page_/001/027/449/20240917soshouitiran.pdf），中嶋直木・ジュリスト 1593 号（2024 年）68 頁をもとに作成

> **Column 処理基準**
>
> 　自治事務の処理に係る基準を定めるには，地方公共団体の自主性に配慮する観点から，個々の法律またはこれに基づく政令の根拠が必要であり（地方分権推進計画），かつ，地方自治法2条13項の趣旨を踏まえなければならない。
>
> 　これに対して，法定受託事務の処理基準については，全国・全県規模での統一を図る必要があるとの観点から，大臣または都道府県知事は，法定受託事務を処理するに当たりよるべき基準を定めることができる（自治245条の9第1項・2項）。処理基準それ自体は法令ではなく，法的拘束力をもつものとは解されないものの，処理基準と異なる事務処理が行われた場合には，違法であるとの評価がされ，是正の指示が発せられる可能性がある。また，処理基準は一般的抽象的な定めにとどまるため，国の関与に当たらず，それ自体では係争処理手続の申出対象に当たらないものの，その適否を是正の指示に係る係争処理手続のなかで争うことが可能である。

> **Column ふるさと納税事件**
>
> 　ふるさと納税制度とは，納税者が居住地以外の地方公共団体を選んで寄附をした場合，自己負担額の2000円を除いた全額（一定の限度がある）について，所得税・住民税から控除される制度である（地税37条の2）。同制度に関しては，過度な返礼品の贈呈が問題視され，制度の適用対象となる地方公共団体を総務大臣が指定する仕組み（指定制度）が導入されたが，この仕組みに基づく不指定をめぐり，国と泉佐野市との間で法的紛争が発生した。
>
> 2019年3月　平成31年法律第21号に基づく地方税法改正により，指定制度が導入。
>
> 2019年4月　総務省，「募集適正基準等を定める告示」（本件告示）を発出。
>
> 2019年5月　総務大臣，泉佐野市を含む4市町を指定対象から除外する決定（本件不指定）。
>
> 2019年6月　泉佐野市長，係争委に審査申出。
>
> 2019年9月　係争委，総務大臣に対して，本件不指定につき，再度の検討を行うよう勧告。
>
> 2019年10月　総務大臣，本件不指定を維持。
>
> 2019年11月　泉佐野市長，大阪高裁に提訴。
>
> 2020年1月　大阪高裁，泉佐野市の請求を棄却。
>
> 2020年6月　最高裁（最判令和2・6・30民集74巻4号800頁），本件告示のうち指定制度施行前の寄附金の募集・受領に関する規定は，地方税法の委任の趣旨を逸脱し違法である等とし，原判決を破棄し，本件不指定を取消し。

3　係争処理の仕組み

（1）国と地方の間の係争処理

　国の関与の適正を確保するため，国と地方公共団体の間に国の関与をめぐる係争が生じた場合，地方公共団体は，総務省に設置された第三者機関である国地方係争処理委員会（係争委）に審査の申出ができる。同制度の対象は，国の関与のうち，是正の要求，許可の拒否その他の処分その他公権力の行使に当たるものである（自治250条の13第1項）。係争委は，国の関与の違法・不当を審査し，違法・不当があるときには，国の行政庁に対して勧告を行う。制度の利用例として，法定受託事務について辺野古事件（*Column*〔前頁〕を参照），自治事務についてふるさと納税事件（*Column*を参照）がある。

　勧告に対する国の措置に不服がある等の場合，審査の申出をした地方公共団体は，国の行政庁を被告として，高等裁判所に対して，違法な国の関与の取消訴訟または不作為の違法確認訴訟を提起できる（自治251条の5第1項）。他方，地方公共団体が是正の要求や是正の指示に応じず，係争委に審査の申出も行わない場合には，国の側から，求められた措置等を行わないことが違法であることの確認を求める不作為の違法確認訴訟を提起できる（自治251条の7第1項）。

（2）地方間相互の係争処理

　都道府県の関与に関する紛争処理の仕組みとして，自治紛争処理委員による審査・勧告の仕組みがある。審査の申出の対象や紛争処理の手続は，係争委と同様である。もっとも，係争委が常置の機関であるのに対して，自治紛争処理委員は事件ごとに任命される臨時の機関である。このことに対応し，市町村長等が都道府県の関与に不服がある場合には総務大臣に審査の申出を行い，審査の申出を受けた総務大臣は，自治紛争処理委員を任命し，事件を同委員による審査に付さなければならない（自治251条）。制度の利用例として，我孫子市農振地域整備計画不同意事件（自治紛争処理委員平成22年5月18日勧告〔地方自治752号70頁〕）がある。

No.9 行政主体④──公私協働

1 公私協働

近時，民営化が進行する流れのなかで，行政主体と私的主体が様々な形態を通じて協力しあいながら事務事業を遂行する公私協働の現象が，様々な形で生じている。公私協働は，行政主体と私的主体の様々な関与度や形式を通じて行われるため，具体のあり方は多様であるが，公私協働の代表的な形式としては，以下のものを挙げることができる。

第1に，公権力の行使（行政処分）を含む行政事務の一部を行う権限を私人に委任するものがある。上記の権限は，本来，国・地方公共団体によって行われるべきものと考えられることから，その委任は，法律に基づいて行われるのが通常である。権限委任の例としては，指定管理者や指定機関がある（指定管理者，指定機関については，Column, 9-1 を参照）。第2に，契約に基づいて事務事業を委託するものがある。かような公私協働の例としては，民間委託や官民競争入札，PFIがある。そして第3に，行政主体と民間主体が私法上の組織に共同で出資す

> **Column　指定管理者制度**
>
> 指定管理者制度とは，地方公共団体が設置する「公の施設」（自治244条1項）の管理を，条例の定めるところによって，法人その他の団体であって地方公共団体が指定するもの（指定管理者）に行わせることができる制度である（自治244条の2第3項）。指定管理者制度の前身である管理委託制度においては，受託主体の公共性に着目し，公共団体，公共的団体，および政令で定める出資法人に委託先を限定していた。また，同制度の下では，使用料の賦課徴収等，公権力の行使に当たる行為を直接私人に行わせることもできなかった。そこで，住民のニーズの多様化に対応し，株式会社等の民間事業者の有するノウハウを活用しようとする観点から，2003年の地方自治法改正により，委託先が拡大され，使用料の賦課徴収も指定管理者が行うことができるようになっている。かつ，現在の制度の下では，指定管理者は，年度ごとに公の施設の管理業務に関する事業報告書を作成・提出しなければならず，地方公共団体は，指定管理者に対して，指示などの監督権を行使し，その指示に従わない場合その他当該指定管理者による管理を継続することが適当でないと認める場合には，その指定を取り消し，または業務の全部・一部の停止を命ずることができる。
>
> 指定管理者制度の導入状況については，9-2 を参照。

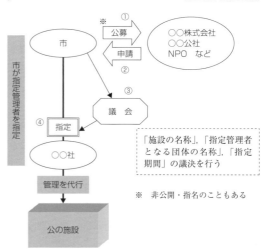

9-1　指定管理者制度の概要

▶宇都宮市ウェブサイト（https://www.city.utsunomiya.lg.jp/shisei/machi/1034532/shiteikanrisha/1007757.html）をもとに作成

> **Column　指定機関**
>
> 試験，検査，検定など，技術的に民間に委ねても裁量性が少なく業務に支障が生じないような場合に，行政庁が私人を指定し，当該私人に権限を委任して，行政事務を代行させることがある。このような機関は，一般に指定機関と呼ばれる。指定機関は権限を指定された範囲内において行政事務を処理し，法に定められた行政庁の監督に服する。このような法人の例として，建築基準法上の指定確認検査機関がある。2005年，耐震強度を偽装した構造計算書の偽造が指定確認検査機関による建築確認で見逃されたことが発覚し，社会問題に発展した。この事件は，私人が行政権限を行使した場合における，賠償責任の帰属に関する問題も投げかけた（⇨No.45 2（2））。

第2章　行政組織法

9-2 指定管理者制度導入の状況

市区町村 (単位：施設，%)

区分 ＼ 種別	1 株式会社	2 一般社団・財団法人，公益社団・財団法人等	3 地方公共団体	4 公共的団体	5 地縁による団体	6 特定非営利活動法人	7 1～6以外の団体	合計
1 レクリエーション・スポーツ施設	4,565 (32.6%)	4,197 (30.0%)	10 (0.1%)	796 (5.7%)	764 (5.5%)	1,514 (10.8%)	2,151 (15.4%)	13,997 (22.1%)
2 産業振興施設	1,880 (30.8%)	905 (14.8%)	1 (0.0%)	1,243 (20.4%)	982 (16.1%)	244 (4.0%)	851 (13.9%)	6,106 (9.6%)
3 基盤施設	5,578 (29.8%)	5,547 (29.6%)	2 (0.0%)	964 (5.2%)	2,113 (11.3%)	437 (2.3%)	4,072 (21.8%)	18,713 (29.5%)
4 文教施設	1,500 (10.9%)	1,652 (12.1%)	0 (0.0%)	894 (6.5%)	7,905 (57.7%)	535 (3.9%)	1,222 (8.9%)	13,708 (21.6%)
5 社会福祉施設	969 (9.0%)	879 (8.1%)	4 (0.0%)	5,943 (55.0%)	1,444 (13.4%)	823 (7.6%)	752 (7.0%)	10,814 (17.1%)
合計	14,492 (22.9%)	13,180 (20.8%)	17 (0.0%)	9,840 (15.5%)	13,208 (20.9%)	3,553 (5.6%)	9,048 (14.3%)	63,338 (100.0%)

※種別については複数回答可

＊指定管理者となった団体の種別の例は，以下のとおり。
① 株式会社（特例有限会社を含む）
② 一般社団・財団法人，公益社団・財団法人，地方三公社（住宅供給公社，道路公社，土地開発公社）
③ 地方公共団体（一部事務組合等を含む）
④ 公共的団体（例：農業協同組合，社会福祉法人，森林組合，赤十字社等）
⑤ 地縁による団体（例：自治会，町内会等）（※地方自治法第260条の2第7項に規定する「認可地縁団体」であるか否かは問わない）
⑥ 特定非営利活動法人（NPO法人）
⑦ ①～⑥以外の団体（例：学校法人，医療法人，共同企業体等）

＊公の施設の内容の例は，以下のとおり。
① レクリエーション・スポーツ施設
体育館，武道場等，競技場（野球場，テニスコート等），プール，海水浴場，宿泊休養施設（ホテル，国民宿舎等），休養施設（公衆浴場，海・山の家等），キャンプ場，学校施設（照明管理，一部開放等）等
② 産業振興施設
産業情報提供施設，展示場施設，見本市施設，開放型研究施設等
③ 基盤施設
公園，公営住宅，駐車場・駐輪場，水道施設，下水道終末処理場，港湾施設（漁港，コンテナ，旅客船ターミナル等），霊園，斎場等
④ 文教施設
図書館，博物館（美術館，科学館，歴史館，動物園等），公民館・市民会館，文化会館，合宿所，研修所（青少年の家を含む）等
⑤ 社会福祉施設
病院，診療所，特別養護老人ホーム，介護支援センター，福祉・保健センター，児童クラブ，学童館等，保育園等

▶総務省自治行政局行政経営支援室「公の施設の指定管理者制度の導入状況等に関する調査結果」（2022年3月），https://www.soumu.go.jp/main_content/000804851.pdf をもとに作成

ること等を通じて行われる組織による公私協働がある。

2 市場化テスト

事務の民間委託や指定管理者制度などによる民営化は一定の成果を挙げてきたものの，これらの手法では範囲や対象分野が限定的であったことから，分野横断的な公共サービスの改革が求められていた。そこで，2006年，「競争の導入による公共サービスの改革に関する法律」（市場化テスト法）が制定され，市場化テストが法律上の制度として整備された。同制度は，行政主体が実施する事務事業を，官民競争入札（市場化テスト）や民間競争入札の実施を経て，民間事業者に委託しようとする仕組みである（手続については，9-3 を参照）。これらの手続により民間事業者が落札した場合には，国・地方公共団体等と当該事業者との間で契約が締結され，公共サービスの実施が委託される（市場化テスト法20条）。

Column 事務の民間委託の例

2004年の道路交通法改正により，放置車両の確認，確認標章 カラー⑥ の取付けについて，事務の民間委託が認められた。同改正においては，放置違反金（過料）の制度が新設され（道交51条の4⇨No.30），公安委員会が行う放置違反金納付命令の準備行為として，違反車両を確認し，標章の取付けを行う行為を，公安委員会の登録を受けた法人に委託することが可能となった。公権力の行使については，委任の必要性が明確でなければならず，当該委任は法律に基づいて行われるのが通常であると考えられているが，放置違反金制度における違法駐車の確認・標章取付け業務は，公権力の行使の準備行為にとどまることを理由に，契約によりこれを委託しても問題ないと解された。

3 PFI

PFI（Private Finance Initiative）とは，従来，行政主体が行ってきた公共施設の設計・建設・管理・運営を民間事業者に委ねることにより，国の財政負担を軽減し，提供される公共サービ

スを効率化する施策のことである（PFI事業の典型的なスキームについて，9-4）。これは，英米圏に由来する制度であったが，わが国では，1999年に「民間資金等の活用による公共施設等の整備等の促進に関する法律」（PFI法）が制定され，PFI事業に関する法制度の整備が行われた。PFI事業は，従来型の民間委託の場合と異なり，施設の建設から管理運営までを包括的に委ねるものであるため，民間事業者が施設完成後を見越して施設の建設を行うことができるというメリットがある。

PFIには，事業費を回収する方法によって，①サービス購入型，②独立採算型，③混合型と呼ばれる3つの形態がある。

2011年のPFI法改正では，公共施設等運営権（コンセッション）制度が導入された。同制度は，公共主体が公共施設等を運営する権利を「みなし物権」として設定するものであり，当該権利には抵当権も設定可能なことから，資金調達の円滑化を期待することができる。

従来，コンセッションは，空港や道路等の整備に用いられてきたが，2018年の水道法改正においては，地方公共団体が運営している水道事業を民間企業に委託するコンセッションの導入促進が図られている（水道24条の4）。

4 組織による公私協働

上記の行政作用に着目した公私協働とは異なるものとして，組織による公私協働がある。組織による公私協働の例として，地方公共団体と民間主体が共同出資して設立する会社法上の法人である，第三セクターがある。第三セクターは，地方公共団体から独立した法人格を有する組織である一方で，出資に公金が用いられていることから，業務運営の適正化と透明化をどのように図るべきかが問題となっている。

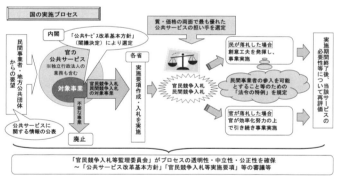

▶松下和生・ジュリスト1318号（2006年）35頁

▶民間資金等活用事業推進機構ウェブサイト（https://pfipcj.co.jp/pfi）

10 行政主体⑤——行政主体と行政機関・行政庁

1 行政機関の概念

(1) 行政機関とは

行政主体は，法人——すなわち，権利義務の主体となることができる地位を持つ存在である。しかし，この法人自体は自らの意思で自由に事務を遂行することができるわけではない。実際には，その法人を構成する様々な人々が，私人に対して意思を表明し，権限を行使する。また，事務内容についても，国，地方公共団体という1つの行政主体の単位ですべての事務を総合して担うわけではなく，実際には，一定の行政事務ごとに担当の機関を置き，これを分担させる。

このような，行政主体内に設置される権限主体（下記(2)），あるいは一定の行政事務を担当する主体（下記(3)）のことを，「行政機関」という **10-1**。行政機関の捉え方には，大別して2つの考え方が存在する。

(2) 作用法的行政機関概念

1つの考え方は，権限——とりわけ，公権力を私人に行使する権限——を持つ行政機関（行政庁）を中心とした「作用法的行政機関概念」である。これによれば，行政主体の意思を決定し，その意思を外部（私人）に表示する権限を持つ行政庁と，行政庁の意思決定に参加し（補

10-1 行政機関の概念

▶藤田宙靖『行政組織法〔第2版〕』（2022年）36頁をもとに作成

10-2 行政機関に係る規律例

（作用法的行政機関）

建設業法

第3条 建設業を営もうとする者は，次に掲げる区分により，この章で定めるところにより，二以上の都道府県の区域内に営業所（本店又は支店若しくは政令で定めるこれに準ずるものをいう。以下同じ。）を設けて営業をしようとする場合にあっては国土交通大臣の，一の都道府県の区域内にのみ営業所を設けて営業をしようとする場合にあっては当該営業所の所在地を管轄する都道府県知事の許可を受けなければならない。……
　一　建設業を営もうとする者であって，次号に掲げる者以外のもの
第3条の2 国土交通大臣又は都道府県知事は，前条第1項の許可に条件を付し，及びこれを変更することができる。……

（事務配分的行政機関）

内閣府設置法

第4条 内閣府は，前条第1項の任務を達成するため，行政各部の施策の統一を図るために必要となる次に掲げる事項の企画及び立案並びに総合調整に関する事務（……）をつかさどる。
　一　短期及び中長期の経済の運営に関する事項
　二　財政運営の基本及び予算編成の基本方針の企画及び立案のために必要となる事項……
2 前項に定めるもののほか，内閣府は，前条第1項の任務を達成するため，内閣総理大臣を長とし，前項に規定する事務を主たる事務とする内閣府が内閣官房を助けることがふさわしい内閣の重要政策について，当該重要政策に関して閣議において決定された基本的な方針に基づいて，行政各部の施策の統一を図るために必要となる企画及び立案並びに総合調整に関する事務をつかさどる。

助機関，諮問機関，参与機関），あるいは行政庁によって決定された意思を執行する機関（執行機関）とが存在する。

(3) 事務配分的行政機関概念

もう1つの考え方は，一定の行政事務を担う単位に注目した「事務配分的行政機関概念」である（組織法的行政機関概念ともいう）。例えば，国家行政組織法によれば，国の行政組織は内閣府，省，庁，委員会という「任務及びこれを達成するため必要となる明確な範囲の所掌事務を有する行政機関」の全体によって体系的に構成される（行組2条・3条）。そして，行政機関の内部部局として，官房，局，部，課ないし室，事務局，事務総局（行組7条）が設置されるほか，地方支分部局（行組9条）が設置されるなどして，事務がさらに分担される。各行政機関が分担する任務および担当事務の種類は，法律で定められる。これら法律を改正することにより，時代に応じた任務および担当事務の設定と，それを担う行政機関の設置が行われる 10-2 。

2 行政機関間関係

(1) 独任制と合議制

行政庁には，1人の者からなる独任制の行政庁（大臣，都道府県知事等）と，複数の者から構成される合議制の行政庁（原子力規制委員会，公正取引委員会等）とが存在する。行政責任の所在を明確にすることを可能にし，また，行政需要にも迅速に対応できることから，通常は独任制の行政庁が設置される。他方，政治的中立性および専門技術性の必要な行政事務について公正かつ慎重な判断に基づく処理をすべき場合に，合議制の行政庁が設置される。

(2) 階層制

行政機関が，ある特定の行政事務を担う「組織」の一員である以上，当該組織を構成する上級の行政機関から下級の行政機関まで統一された意思の下に当該事務を執行する必要がある。この「組織」は，数多くの下級機関と，少数の上級機関とで構成され，階層構造となっている。上級機関と下級機関との間をつなぎ，「組織」内の意思の統一を図る鍵となるのは，上級機関の持つ指揮監督権である 10-3 。

(3) 権限の委任，代理，専決・代決

法令によって各行政機関に与えられた権限は，本来はその行政機関が責任をもって行使すべきであるが，例外的に，他の行政機関が代わりに権限行使を担うことがある。この方法には，権限の委任，代理，専決・代決がある 10-4 。

権限の委任とは，ある行政機関が，自己の権限の一部を，別の行政機関に移すことをいう。権限を移された受任機関が，自己の名と責任において権限を行使する。

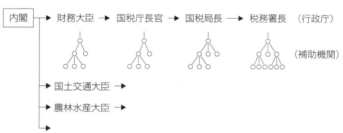

10-3 階層制

▶藤田宙靖『行政組織法〔第2版〕』（2022年）19頁をもとに作成

10-4 権限の委任，代理，専決・代決

	権限の委任	権限の代理	専決・代決
実際の意思決定者	受任機関	代理機関	補助機関
対外的表示	受任機関	「△△臨時代理□□」	権限ある行政庁
法律効果の帰属	受任機関	被代理機関	権限ある行政庁
指揮監督権	× ただし，受任機関が下級機関または補助機関の場合は○	○ ただし，法定代理であって，病気等により被代理機関にある者が欠ける場合は事実上×	○

▶大橋洋一『行政法Ⅰ〔第5版〕』（2023年）434頁をもとに作成

権限の代理とは，ある行政機関の権限を，別の行政機関が代理機関となって行使することをいう。代理元の行政機関の名と責任において権限が行使されるという点で，代理は権限の委任とは異なる。代理には法定代理と授権代理とが存在する。法定代理とは，法律に規定された要件に該当した場合に代理関係が生ずることをいい，法律によって代理機関が決定されている場合（狭義の法定代理）と，代理元の行政機関が代理機関を指定する場合（指定代理）に区別される。他方，授権代理は，代理元の行政機関の授権行為によって代理関係が生ずることをいう。

権限の専決・代決とは，ある行政機関の権限行使を，当該機関の補助機関が担うことをいう。この場合，権限を有する行政機関の名と責任において権限行使が行われる。

3 内部関係と外部関係

ところで，作用法的行政機関概念はわが国において伝統的に採用されてきた行政機関概念であるとされるが，これは行政主体と私人とを二元的にとらえ，相互の関係（外部関係）を念頭に置いたものである。他方，行政主体相互間の関係は内部関係と称され，外部関係とは性格が異なるものと考えられてきた。両関係の区別を理解する手がかりとして，制定法上の「固有の資格」（行手4条1項，行審7条2項）概念が挙げられる。「固有の資格」とは，「一般私人が立ちえないような立場にある状態」とされ，この資格を有する者は内部関係に属する。「固有の資格」は，原則，法律が規制を行うにあたって，私人と行政主体とを区別せず，同じ規制を行っているか否かで判断される（藤田宙靖『行政組織法〔第2版〕』〔2022年〕54頁）10-5。沖縄県副

10-5 内部関係と外部関係の例

（外部関係）

道路運送法

第3条 旅客自動車運送事業の種類は，次に掲げるものとする。
一 一般旅客自動車運送事業（特定旅客自動車運送事業以外の旅客自動車運送事業）
イ 一般乗合旅客自動車運送事業（乗合旅客を運送する一般旅客自動車運送事業）
ロ 一般貸切旅客自動車運送事業（一個の契約により国土交通省令で定める乗車定員以上の自動車を貸し切って旅客を運送する一般旅客自動車運送事業）
ハ 一般乗用旅客自動車運送事業（一個の契約によりロハの国土交通省令で定める乗車定員未満の自動車を貸し切って旅客を運送する一般旅客自動車運送事業）
二 特定旅客自動車運送事業（特定の者の需要に応じ，一定の範囲の旅客を運送する旅客自動車運送事業）
第4条 一般旅客自動車運送事業を経営しようとする者は，国土交通大臣の許可を受けなければならない。
（2項略）

（内部関係）

競馬法

第1条の2 日本中央競馬会又は都道府県は，この法律により，競馬を行うことができる。
（中略）
6 日本中央競馬会，都道府県又は指定市町村以外の者は，勝馬投票券その他これに類似するものを発売して，競馬を行ってはならない。
第20条 地方競馬は，次に掲げる事項につき農林水産省令で定める範囲を超え，又は農林水産省令で定める日取りに反して，開催してはならない。
（中略）
2 農林水産大臣は，都道府県又は指定市町村に対して，競馬の開催回数，一回の開催日数及び開催の日取りその他競馬の開催に関し，調整上必要な指示をすることができる。
第24条の2 農林水産大臣は，日本中央競馬会，都道府県又は指定市町村が，この法律若しくはこの法律に基づいて発する命令に違反して競馬を行ったとき，……日本中央競馬会，当該都道府県又は当該指定市町村に対し，競馬の停止若しくは委託に係る競馬の実施に関する事務の執行の停止を命じ，又は必要によりこれらの事項を併せて命ずることができる。
（2項以下略）

知事による公有水面埋立法に基づく埋立承認の職権取消しに対する国土交通大臣の取消裁決が，違法な国の関与であるとして，沖縄県知事が提起した裁決取消訴訟においては，埋立承認が行政不服審査法7条2項にいう「固有の資格」に基づく処分であるか否かが問題とされ，最高裁はこれを否定した（最判令和2・3・26民集74巻3号471頁，辺野古問題につき⇨No.8 *Column*〔辺野古問題〕参照。また行政不服申立てについて⇨No.36参照）。しかし学説においては批判もある。

> **Column** 消防同意
>
> 制度上内部関係にありながら，実際には私人の権利利益に大きな影響をもたらしていると見られる制度の例として，消防同意の制度がある。すなわち，建築物の新築，改築などを行うにあたって，建築主事などが許可，認可もしくは確認を行うこととなっているが，このとき，消防長または消防署長の同意が必要となる（建基93条，消防7条）。この同意は，制度上，建築主事などに向けた行為であるため，私人の権利利益に直接影響するものではない。そのため当該同意は，抗告訴訟の対象となる「行政庁の処分」（行訴3条2項）に該当せず，これを取り消す訴えは不適法となる（最判昭和34・1・29民集13巻1号32頁）。10-6 も参照。

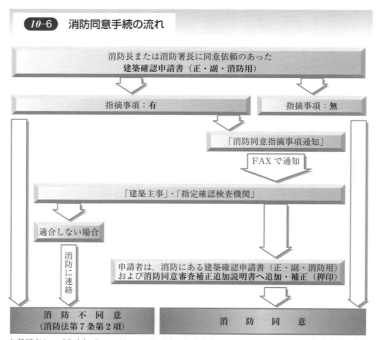

10-6 消防同意手続の流れ

▶静岡市ウェブサイト（https://www.city.shizuoka.lg.jp/documents/48651/30989.pdf）をもとに作成

No.11 公務員法・公物法

1 公務員

(1) 公務員法制の理念

現代において，国家は，強大な権力を用い，また，幅広く行政事務を遂行していることから，どの国においても多数の公務員を任用してこれらの事務遂行にあたらせている。日本国憲法は，「公務員を選定し，及びこれを罷免することは，国民固有の権利である」（15条1項），「すべて公務員は，全体の奉仕者であって，一部の奉仕者ではない」（同条2項）と定めている。この規定からは，民主的な公務員法制の原理，政治的中立性の原則，能率性・公正性の原則，公務員の基本的人権の尊重といった理念が導かれる。

(2) 公務員の類型

公務員には，国家公務員と地方公務員とが存在するが，この区分の仕方のほかにも，様々な観点から公務員を区分し，整理することが可能である。例えば，国家公務員法または地方公務員法が適用される一般職と，当該法律が適用されない特別職という区分が存在する。特別職の

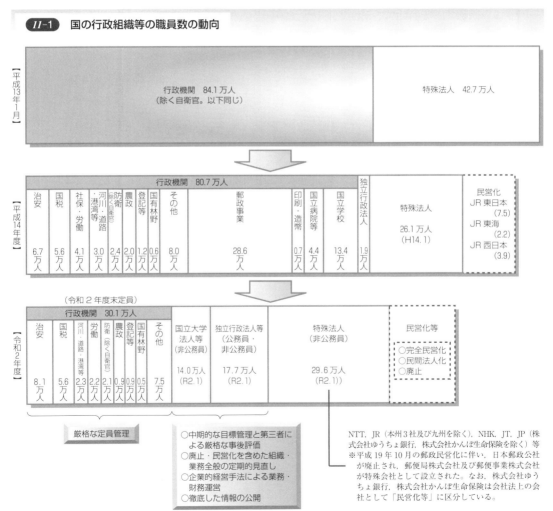

11-1 国の行政組織等の職員数の動向

▶内閣官房ウェブサイト（https://www.cas.go.jp/jp/gaiyou/jimu/jinjikyoku/files/r020616_syokuin_doukou.pdf）をもとに作成

11-2 内閣人事局

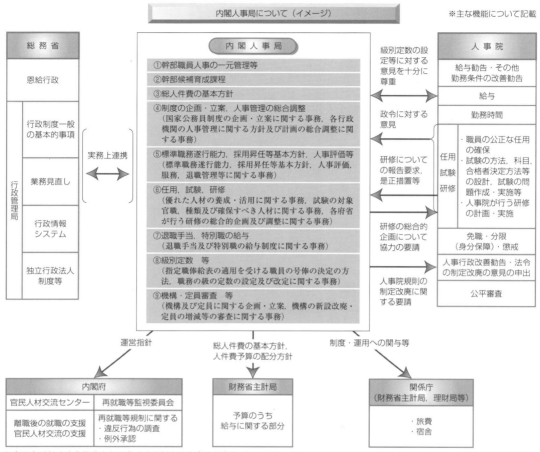

▶内閣官房行政改革推進本部国家公務員制度改革事務局資料（国立国会図書館インターネット資料収集保存事業（https://warp.da.ndl.go.jp/info:ndljp/pid/13733616/www.cas.go.jp/jp/gaiyou/jimu/jinjikyoku/files/h26-22-1.pdf））をもとに作成

範囲は，国家公務員法および地方公務員法に列記されている。なかでも，外務公務員と教育公務員は，公務員中，特殊な職務と責任を有する者として，特例法（外務公務員法，教育公務員特例法）の適用を受ける。公務員を区分する基準のもう1つの例は，労働基本権（憲28条）がどの程度保障されるのか，という観点である。公務員も労働者である以上，労働基本権の保障が及ぶはずである。しかし，公務員は「国民生活全体の利益の保障」（最大判昭和41・10・26刑集20巻8号901頁）という特殊な業務を担っているため，当該業務の必要性と労働基本権の保障とが比較衡量され権利が制限される。結果，公務員は①団結権，団体交渉権，争議権のすべてが認められないもの（警察職員，消防職員など），

②団結権および協約締結権を含まない団体交渉権が認められるもの（国および地方公共団体の非現業職員），③団結権および団体交渉権が認められるもの（行政執行法人の職員など）に区分される。

(3) 公務員制度改革

日本の公務員制度は，戦後改革期以降，比較的安定的に推移してきた。これに対し，1990年代半ば以降，行政改革の一環として，運用における改善，抜本的な制度の改革が志向されてきた 11-1 。

こうしたなか，2014年5月，各省の幹部人事について，内閣総理大臣を中心とする内閣が一括して行うため，内閣人事局が設置された

11-2。これにより，人事院の従前の権限の一部が内閣人事局に移行し，政策に合わせた人事登用が行いやすくなった一方，政治の影響力が強い内閣に人事権を奪われた各省庁の官僚たちが萎縮し，内閣や政治家の意向を気にして主体的に動けなくなったとの評価がなされている。人事院が担ってきた，公務員人事における政治的中立性，公正性を確保するために，選考過程の透明化など内閣の今後の説明責任の果たし方が問題となる**11-3**。なお，調査・勧告機能（行政的機能），規則制定機能（準立法的機能），審査請求に係る審査機能は人事院に残された（準司法的機能）（また，公務員が行政サービスを提供する行政組織の近年の動きについて⇨**No.6 2**参照）。

2 公 物

（1） 公物の意義

公物とは，国・公共団体によって，直接公の目的に供用される個々の有体物（道路，河川，港湾など）をいう。公物は，行政任務を遂行するための物的手段であり，人的手段である公務員と共に，わが国においても法的な規律をもってその仕組みが整備されてきている。とりわけ公物には，公物としての使用と私人の所有権との関係，公物管理における公私協働の法的規制など，個々の公物ごと，あるいはその公物が関わる行政分野の法律ごとに検討するよりも，公物全体で検討する方が合理的な場合が存在するため，公物法の枠組みはその点において有用性を持つ。

（2） 公物法の様々な形態

しかし，国家公務員法および地方公務員法がある公務員法と異なり，公物には一般的な通則法は存在しない。①個々の公物に係る法律（道路法，河川法，港湾法など）のほか，②行政の財産管理に係る法律（国有財産法，地方自治法の財産管理規定），③条例，命令，行政規則などの細則が個別に定めを置いており，さらに，これらの規律の空白を公物法一般理論が補っている。

11-3 内閣人事局発足に関する新聞記事

内閣人事局が発足
省庁幹部 今夏から政治主導

中央省庁の幹部人事を一元管理する「内閣人事局」が30日，発足した。

元管理する「内閣人事局」幹部人事で「安倍カラー」政治主導を打ち出すため，安倍首相は，初代局長に衆議院議員の加藤勝信官房副長官を起用。今夏の省庁幹部人事で「安倍カラー」を打ち出したい考えだ。

国家を常に念頭に置いて仕事してほしい」と訓示し，「縦割りを完全に払拭し，日本国民のため，実務の中枢を担う内閣審議官に，中央労働委員会の定塚由美子事務局次長を女性の活用を促進するため，実務の中枢を担う内閣審議官に，中央労働委員会の定塚由美子事務局次長を起用した。

首相は同日午前，内閣府で職員に対し，「縦割りを完全に払拭し，日本国民のため，国家を常に念頭に置いて仕事してほしい」と訓示した。

内閣人事局は，各府省の次官，局長，審議官など幹部職員計約600人の人事評価を基に作成した幹部候補者名簿から，首相と官房長官が各閣僚と協議して人事を決定する。

▶読売新聞 2014 年 5 月 30 日付夕刊

（3） 公物の使用関係

公共用物（道路，河川，海岸等，公衆の用に供される物）の使用関係は，自由使用，許可使用，特許使用に分類される。自由使用とは，公共用物を使用することが一般公衆に認められている形式を指す。許可使用とは，あらかじめ使用を禁止しておき，許可によって禁止を解除する形式を指す。特許使用とは，公物の管理者から，その本来の公の目的を妨げない限度において，特別の使用権を設定され，その物を使用する形式をいう。

公用物（庁舎等，官公署の用に供される物）は，本来，行政主体が自己の使用に供することを目的とする公物である。このため，公用物においては，本来の目的を妨げない限度において，特許使用がなされうるにすぎない。行政財産の目的外使用許可（国財 18 条 6 項，自治 238 条の 4 第7 項）は，特許使用としての性質を有する。このほか，庁舎等の床面積に余裕がある場合などに，財産の有効活用の観点から，民法上の貸付制度などにより，一定の私権を設定することは許容される**11-5**。

なお、伝統的に公用物とされてきた物について、公共用物としても利用されることが増加しており、両者の区別が相対化している。例として、都庁舎上階の展望室の一般開放が挙げられる。

11-4 公共用物・公用物

公共用物の例：東京ヘリポート

▶東京都港湾局ウェブサイト（https://www.kouwan.metro.tokyo.lg.jp/rito/tmg-airport/tokyo_heliport/picture_tokyoheliport）

公用物の例：海老名市公用車

▶朝日新聞 2014 年 7 月 11 日付朝刊

Column　公物管理者の裁量

　公用物の目的外使用が認められるか否かは、当該公用物の管理者（指定管理者〔⇒No.9 1 参照〕など）が持つ裁量によって判断される。ただし、管理者の裁量は無制約に認められるわけではなく、管理者の判断が、重要な事実の基礎を欠くか、または社会通念に照らし著しく妥当性を欠くものと認められる場合に限って、裁量権の逸脱または濫用として違法となる（行政裁量について⇒No.16 参照）。学校施設を研究集会に使用するために行われた教職員団体の使用許可申請を、過去に同様の事例があった際に右翼団体によるトラブルが発生したことがあったためという理由などで拒否した教育委員会の措置は違法であるとした最高裁判例が存在する（最判平成 18・2・7 民集 60 巻 2 号 401 頁）。

11-5　行政財産の目的外使用の許可の例：合同庁舎 2 号館 1 階（カフェテリアおよび売店として利用）

第3章 行政作用法

　行政は，行政目的を達成するために私人との間で多様な活動（作用）を行っている。これら行政の諸活動の内容を定め，規律しているのが，行政作用法である。
　行政の諸活動といっても，そのあり方には様々な形式がある。行政法学は，行政の諸活動をその特質ごとに，行政行為（No.*12～15*），行政指導（No.*23*），行政立法（No.*24, 25*），行政計画（No.*26*），行政契約（No.*27*），強制執行（No.*28*），即時強制（No.*29*），制裁（No.*30*），等に区分をし，その各々について考察をしている。本章ではこれら行政の諸活動をその行為形式ごとにみていくとともに，作用法による規律に関わる行政裁量の議論（No.*16～18*），行政の諸活動をつなぐ役割を果たす行政手続の議論（No.*19～22*），情報の取扱いに関わる行政調査（No.*31*）・情報公開（No.*32*）・個人情報保護（No.*33*）の分野における議論，について紹介していく。

No.12 行政行為①——総論

1 行政行為とは

(1) 行政行為の定義

行政行為の定義は，学説上必ずしも一致していないが，ここでは，行政庁によって，具体的事実を規律するため，公権力の行使として，外部に対して行われる直接の法的効果を生ずる行為であるとの定義を用いておく（南博方『行政法〔第6版補訂版〕』〔2012年〕57頁参照）。

行政行為の例としては，申告納税方式の租税について申告がない場合または正しくないと認められる場合に，行政庁が行う更正または決定が挙げられる。なお，申告納税方式の仕組みについては，**2**で解説する。

(2) 行政行為の特徴

(1)で用いた行政行為の定義からは，次のような特徴が見出されるとされている。

第1に，行政行為は，行政庁の行う行為である。行政庁は，行政主体のために行った意思決定を外部に表示する権限を有する行政機関であり，例えば，各省の大臣や都道府県知事がこれに当たる。行政庁以外の行政機関（補助機関等）の行う行為のほか，国会の立法行為や裁判所の司法行為は，行政行為には当たらない。なお，建築基準法に基づき指定を受けた指定確認検査機関のように，私人であっても行政庁となることがある。

第2に，行政行為は，具体的事実を規律する行為である。要するに，具体的な行為である。行政立法や条例のような一般的・抽象的な規律を定める行為は，行政行為には当たらない。

第3に，行政行為は，公権力の行使として行われる行為である。要するに，一方的な行為である。行政契約のような一方的ではない行為は，行政行為には当たらない。

第4に，行政行為は，外部に対して行われる行為である。要するに，国民に対して行われる行為である。職務命令のような行政機関の内部行為は，行政行為には当たらない。

第5に，行政行為は，直接の法的効果を生ずる行為である。要するに，権利義務に変動を及ぼす行為である。行政指導のような法的効果を生じない行為（事実行為）は，行政行為には当たらない（以上につき主に南・前掲58頁以下参照）。

12-1は，行政行為の特徴を簡単に整理したものである。

(3) 行政行為と処分（行政処分）

「行政行為」は，学問上の概念として構成されたものであり，実定法上は用いられた例はない。行政手続法，行政不服審査法，行政事件訴訟法においては，「処分」という用語が用いられている。

もっとも，処分の概念は，行政行為の概念とほぼ一致するものの，完全に一致するわけではない。例えば，条例の制定行為や行政指導などは，行政行為ではないが，行政事件訴訟法における処分に含まれ，取消訴訟の対象となること

12-1 行政行為の特徴

行政行為の特徴	行政行為には当たらない行為
行政庁の行う行為	行政庁以外の行政機関の行う行為 例）補助機関の行う行為 国会（裁判所）の立法（司法）行為
具体的事実を規律する行為	一般的・抽象的な規律を定める行為 例）行政立法，条例
公権力の行使として行われる行為 （＝一方的な行為）	一方的ではない行為 例）行政契約
外部（＝国民）に対して行われる行為	行政機関の内部行為 例）職務命令
直接の法的効果を生ずる行為	事実行為 例）行政指導

▶宮田三郎『行政法の基礎知識(2)』（2004年）9頁をもとに作成

がある。最高裁判所の判決の中にも，こうした行為について，処分性を認めた例がある（公立保育所を廃止する条例の制定行為について，最判平成21・11・26民集63巻9号2124頁⇨No.38**2**(4)，医療法に基づく病院開設中止の勧告について，最判平成17・7・15民集59巻6号1661頁⇨No.38**2**(5))。

12-2は，行政行為と行政事件訴訟法における処分（行政処分）の関係について簡単に整理したものである。

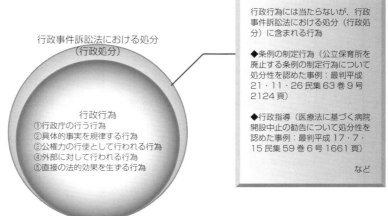

12-2 行政行為と行政事件訴訟法における処分（行政処分）の関係

2 申告納税方式の仕組み

(1) 申告納税方式と賦課課税方式

租税の確定方式には，申告納税方式（納付すべき税額が納税者の申告により確定することを原則とする方式）と賦課課税方式（納付すべき税額が行政庁の処分により確定する方式）がある。わが国では，かつて，賦課課税方式が一般的に採用されていたものの，現在では，国税について申告納税方式が一般的に採用されている。

12-3は，申告納税方式と賦課課税方式の違いを簡単に解説したものである。

行政行為の例として，行政庁による租税の賦課決定が挙げられることがあるが，これは賦課課税方式を主に念頭に置いたものであり，実際には，申告納税方式の下で申告により税額が確定することも多い（申告納税方式における行政行為の例としては前述**1**(1)を参照）。また，申告納税方式は，その仕組みの中で用いられる用語（「更正」「決定」等）とともに，行政法の分野においてしばしば登場する。そこで，以下では申告納税方式の仕組みを概観する。

12-4は，申告納税方式の仕組みを簡単に解説したものである。

(2) 納税申告

納税申告とは，申告納税方式の租税について，納税者が行う納税申告書の提出をいう。納税申告には，期限内申告，期限後申告，修正申告がある。

修正申告とは，納税者が，申告のほか更正または決定による課税標準等または税額等を自己

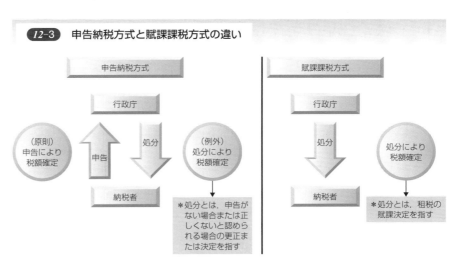

12-3 申告納税方式と賦課課税方式の違い

12-4　申告納税方式の仕組み

▶中里実ほか編『租税法概説〔第4版〕』(2021年) 52頁をもとに作成

に不利なように修正する申告をいう（税通19条1項・2項）。

(3)　更正の請求

　更正の請求とは，申告等によって確定した課税標準等または税額等を自己に有利なように変更するよう税務署長に請求することをいう。更正の請求には，通常のものと後発的理由によるものがある。

　通常の更正の請求は，課税標準等または税額等の計算が法律に従っていなかったことまたは計算に誤りがあったことにより税額を過大に申告した場合などに，一定の期間内に限り，することができる（税通23条1項）。

　税務署長は，更正の請求があったときは，調査をした上で，請求に理由があると認めるときは更正をし，請求に理由がないと認めるときはその旨を納税者に通知する（同条4項）。

(4)　更正・決定

　更正とは，税務署長が，申告された課税標準等または税額等の計算が法律に従っていなかったときに，その調査により，これを変更することをいう（税通24条）。更正により，税額が増額する場合には，これを増額更正といい，税額が減額する場合には，これを減額更正という。

　決定とは，税務署長が，納税者が申告をしない場合に，その調査により，課税標準等または税額等を確定することをいう（同25条）。

(5)　青色申告と白色申告

　青色申告とは，青色の申告書により行う申告をいい，白色申告とは，通常の申告書により行う申告をいう。青色申告は，申告納税方式の定着・充実を図るために導入されたものであり，所得税や法人税において採用されている。青色申告には，白色申告と比べて特典がある。

　青色申告を行うためには，納税地の所轄税務署長の承認を受ける必要がある（所税143条，法税121条1項）。税務署長は，青色申告の承認を受けようとする者から承認の申請書の提出があったときは，所定の要件に該当する事実があるか否かを調査し，この事実があるときは，申請を却下することができ（所税145条，法税123条），この事実がないときは，申請を承認する。青色申告の承認を受けるためには，帳簿書類の備付け，記録または保存が財務省令で定めるところに従って行われていることが必要である。この義務は，白色申告においても課されているが（所税232条1項，法税150条の2第1項），白色申告については罰則はない。なお，この義務への違反に対しては，青色申告についてはその承認が取り消されることがあるほか，推計課税（所得を推計して認定する課税方式）が行われることとなる（⇨No.31 **2**）。

　税務署長は，青色申告に対する更正をする場合には，帳簿書類を調査し，その調査により誤りがあると認められる場合に限り，これをすることができ，更正通知書に更正の理由を付記しなければならない（所税155条，法税130条）。もっとも，2011年の国税通則法の改正により，申請に対する拒否処分および不利益処分に原則として理由を付記することが義務付けられたことから（税通74条の14第1項），白色申告についても理由の付記は要求されている（以上につき金子宏『租税法〔第24版〕』〔2021年〕940頁以下参照）。

13 行政行為②——種類

1 行政行為の分類

(1) 申請に対する処分と不利益処分

行政手続法は，申請に対する処分と不利益処分という分類を採用している。

申請に対する処分とは，法令に基づき，行政庁の許可，認可，免許その他の自己に対し何らかの利益を付与する処分を求める行為（申請）に対して，行政庁が諾否の応答として行う処分をいう（行手2条3号）。不利益処分とは，行政庁が，法令に基づき，特定の者を名宛人として，直接に，これに義務を課し，またはその権利を制限する処分をいう（同条4号）。

(2) 授益的行政行為と侵害的行政行為

相手方に対する効果により，行政行為は，授益的行政行為と侵害的行政行為に分けられる。

授益的行政行為とは，相手方に権利または利益を与える行為をいい，侵害的行政行為とは，相手方の権利または利益を侵害する行為をいう。なお，相手方には授益的（侵害的）な効果を有するが，第三者には侵害的（授益的）な効果を有する行政行為を二重効果的行政行為という。

(3) 覊束行為と裁量行為

行政行為に対する法の拘束の程度により，行政行為は，覊束行為と裁量行為に分けられる。

覊束行為とは，法が行政行為の要件および内容を厳格に拘束し，行政庁に裁量の余地がない行為をいう。裁量行為とは，法が行政行為の要件および内容を厳格に拘束せず，行政庁に裁量の余地がある行為をいう。

2 伝統的な分類

(1) 法律行為的行政行為と準法律行為的行政行為

行政法学における伝統的な分類は，民法における意思表示論を借用し，行政行為を，行政庁の意思表示を要素とする法律行為的行政行為と意思表示以外の精神作用の発現を要素とする準法律行為的行政行為に分けるというものである。前者は命令的行為（下命・禁止，許可，免除）と形成的行為（特許・剝権，認可，代理）に，後者は確認，公証，通知，受理にそれぞれ分けられる（なお，この分類の用語は，学問上のものであり，実定法上の用語とは必ずしも一致しない）。*13-1*は，伝統的な分類を簡単に整理したものである。

伝統的な分類は，行政法規の整備が十分ではなかった時代において，行政行為の内容を把握するためのモデルとして機能していたものであり，行政法規の整備が進んだ現在において，その意義は低下してきている。また，この分類には様々な観点から批判がなされていることから，以下ではこの分類に用いられている行政行為の各類型のいくつかを解説するにとどめる。

13-1 伝統的な分類

行政行為
- 法律行為的行政行為
  - 命令的行為
    - 下命・禁止
    - 許可
    - 免除
  - 形成的行為
    - 特許・剝権
    - 認可
    - 代理
- 準法律行為的行政行為
  - 確認
  - 公証
  - 通知
  - 受理

13-2 飲食店営業の許可証

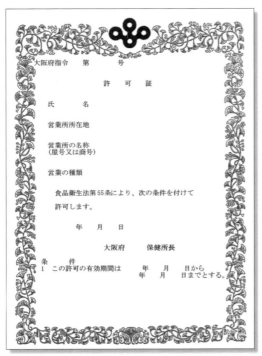

▶大阪府ウェブサイト（http://www.pref.osaka.lg.jp/houbun/reiki/reiki_honbun/k201RG00000576.html）

（2）許　　可

許可とは，私人が本来有している自由を一般的に禁止しておき，特定の場合にこれを解除する行為をいう。例えば，自動車運転免許や飲食店営業の許可がこれに当たる。カラー⑦は，運転免許証であり，13-2は，飲食店営業の許可証である。飲食店営業の許可の例でいえば，飲食店の営業は本来自由に行えるはずであるが，衛生上問題があってはならないことから，食品衛生法ではこれを一般的に禁止しておき，衛生上問題がないと判断された場合にこの禁止を解除する，すなわち，営業の許可を与えるということにしているのである。許可については，行政庁の裁量の幅は狭い傾向にある。また，許可を受けずに行った行為は，当然に無効となるわけではない。

（3）特　　許

特許とは，私人が本来有していない特別の権利または能力を設定する行為をいう。例えば，

13-3 道路占用許可申請書と道路占用許可書

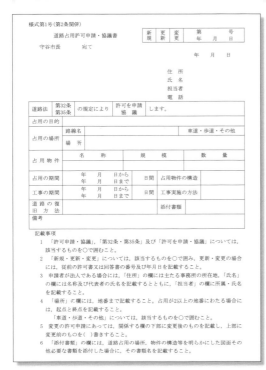

▶守谷市ウェブサイト（https://www1.g-reiki.net/city.moriya/reiki_honbun/e084RG00000525.html）

公有水面埋立の免許や道路の占用許可がこれに当たる。13-3は、道路占用許可申請書と道路占用許可書である。道路の占用は、道路に一定の工作物、物件または施設を設け、継続して道路を使用しようとするものであり、私人はそのような権利を本来的には有していない。したがって、私人（占用者）に特別の使用権を設定する点において、道路の占用許可は特許に当たることになる。特許については、行政庁に広い裁量が認められる傾向にある。

特許の代表的な例として、これまで紹介されてきたものに、公益事業（電気・ガス事業など）の許可がある。いわゆる公企業の特許と呼ばれるものである。かつて、公益事業については各種サービスを安定的に供給する必要があるという考え方の下で、公企業は、特許を受けることにより独占的に公益事業を行う特別の権利を付与される一方で、国家による特別の監督に服してきた（例えば、電気・ガス事業について料金の値上げには認可が必要であった）。この点において、公企業の特許は、本来的に自由に行えることを前提とする許可（例えば、飲食店営業の許可がこれに当たる）とは区別されるものとして理解されてきた。

もっとも、規制緩和が進み、様々な企業が公益事業の分野に自由に参入することができるようになってきている現在では、特許と許可の区別は相対化しているといわれている。電力・ガスの自由化も特許と許可の区別の相対化を表す例である。

電力の自由化については、2016年の電力小売全面自由化により、すべての消費者が、電力会社につき既存の大手電力会社（旧一般電気事業者）に加えて新規参入した電力会社（新電力）を選択することが可能になるとともに、電気料金につき自由料金を選択することが可能になった。自由料金とは、電力会社の裁量により設定される電気料金をいう。自由料金には、旧一般電気事業者により設定されるものと新電力により設定されるものがあり、その値上げには認可を要しない。

電気料金については、自由料金のほかに、規制料金（経過措置料金）もある。規制料金とは、電気の安定供給のために必要な費用と電気料金収入が釣り合うように設定される電気料金をいう（総括原価方式）。規制料金は、旧一般電気事業者により設定され、その値上げには認可を要する。規制料金は、従来から利用されていた電気料金であり、電力小売全面自由化以降も消費者を保護するなどの見地から、いわゆる経過措置として残された。もっとも、電力会社間における競争の進展状況によっては、規制料金は廃止されることが予定されていたものの、現在においても廃止されておらず、料金規制の経過措置は依然として存続している（以上につき主に資源エネルギー庁のウェブサイト〔https://www.enecho.meti.go.jp/category/electricity_and_gas/electric/fee/kaitei_2023/〕参照）。

（4）認　可

認可とは、私人の法律行為を補充して、その効果を完成させる行為をいう。例えば、農地の権利移転の許可がこれに当たる。農地については、私人間で売買契約が締結されただけではその効果（権利移転）は発生せず、農業委員会の許可により発生することになっている。私人間で締結された農地の売買契約の効果を完成させる点において、農業委員会の許可は認可に当たることになる。これは、農業産業の基盤である農地が限られた貴重な資源であることから、耕作以外の目的で農地が取得されないよう、農地

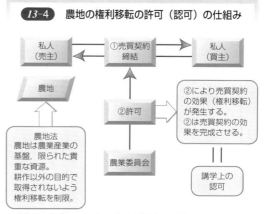

13-4　農地の権利移転の許可（認可）の仕組み

▶宇佐見方宏『行政法の解説〔6訂版〕』（2007年）30頁をもとに作成

法がその権利移転を制限しているためである。13-4は，農地の権利移転の許可（認可）の仕組みを簡単に整理したものである。農地の権利移転の許可の例からもわかるように，認可を受けずに行った行為は無効である。

(5) 確 認

確認とは，特定の事実または法律関係の存否を確認することによって法律上定められた法的効果を発生させる行為をいう。例えば，土地収用手続における事業認定や建築確認がこれに当たる。13-5は，建築確認申請書と確認済証である。建築確認は，建築計画が建築基準法をはじめとする建築基準関係規定に適合することを確認する行為であり，これによって建築基準法上建築工事に着手することができるようになる。

もっとも，建築確認が許可に当たる余地があるなど，確認に当たるとされる行為の中には，その効果の内容により，確認以外の類型に分類することができるものもある。

13-5 建築確認申請書と確認済証

▶国土交通省住宅局ほか編『建築基準法令集様式編〔令和6年度版〕』7頁

▶国土交通省住宅局ほか編『建築基準法令集様式編〔令和6年度版〕』29頁

14 行政行為③──効力と附款

1 行政行為の効力の種類

(1) 公定力──取消訴訟の排他的（優先的）管轄

公定力とは、行政行為が違法であっても、無効の場合を除き、権限ある行政庁または裁判所によって取り消されるまでは、相手方はもちろん、国家機関や第三者もその行為を有効なものとして承認しなければならない効力をいう。

公定力の根拠は、かつては国家権力の権威性に求められ、行政行為には公定力が当然に認められるものであると考えられてきたが、現在では、発給された行政行為の効果を争う特別の訴訟形式である取消訴訟が行政事件訴訟法に設けられていることに求められている。

行政事件訴訟法が、行政行為の取消しを求める訴訟として取消訴訟を設けている以上、行政行為の効力は、取消訴訟によってのみ否定される。例えば、公務員に対する免職処分（行政行為）について見ると、任命権者により免職処分を受けた公務員は、直ちに地位確認訴訟を提起することはできず、まずは免職処分の取消訴訟を提起する必要がある。いいかえれば、取消訴訟によって行政行為の効力が否定されるまでは、当該行政行為は有効なものとして承認されることになり、当該行政行為には公定力があると説明されている。**14-1** は、公定力と取消訴訟の排他的管轄の関係を簡単に整理したものである。

もっとも、公定力の概念に対しては批判も根強く、最近では、公定力ではなく、取消訴訟の排他的管轄によって専ら説明する見解もある。例えば、行政行為に規律力（国民の権利義務関係を規律する効力）の側面と取消訴訟の排他的管轄の側面があることを前提として、規律力の認められる行為について、立法政策的な考慮（法律関係の早期安定や国民の信頼保護等）の下で設けられた取消訴訟の排他的管轄により、出訴期間等の制約のある取消訴訟の利用が強制されてい

るにすぎないとする見解がある（以上につき塩野宏『行政法Ⅰ〔第6版補訂版〕』〔2024年〕155頁以下および高橋滋『行政法〔第3版〕』〔2023年〕49頁以下参照）。

(2) 不可争力

不可争力とは、争訟提起期間が経過すると、無効の場合を除き、相手方その他の関係者が行政行為の効力を争うことができなくなる効力をいう。不可争力は形式的確定力と呼ばれることもある。

不可争力の根拠は、審査請求期間について規定した行政不服審査法18条や出訴期間について規定した行政事件訴訟法14条に求められている。

(3) 不可変更力

不可変更力とは、一定の行政行為を処分庁が自ら取り消したり、変更したりすることができない効力をいう。

不可変更力は、実定法上の根拠に基づくものではなく、学説および判例によって認められて

14-1 公定力と取消訴訟の排他的管轄の関係

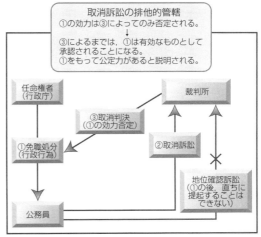

▶デイリー法学選書編修委員会編『ピンポイント行政法』（2018年）55頁をもとに作成

きたものである。

不可変更力は，すべての行政行為に認められるものではなく，審査請求に対する裁決のような争訟裁断行為に認められる。その意味で，不可変更力は判決の自己拘束力（自縛力）に相当する。

学説および判例の中には，このような行政行為に，処分庁のみならず上級行政庁や裁判所も，これと実質的に矛盾する判断を行うことができない効力があるとする見解がある。このような効力は，判決の既判力に相当するものであり，実質的確定力と呼ばれている。もっとも，これに対しては批判的な学説が多く，このような行政行為に実質的確定力があるとまでは一般的に認められていない。

14-2 は，不可変更力と実質的確定力の違いを簡単に整理したものである。

(4) 執 行 力

執行力とは，裁判判決を得ることなく，法律の定めるところにより，行政行為の内容を自力で実現しうる効力をいう。執行力は自力執行力と呼ばれることもある。

執行力は，すべての行政行為に当然に認められるものではなく，行政代執行法など法律上の根拠がある場合に認められる。

2 違法な行政行為

(1) 無効な行政行為

行政行為は，法令や公益に適合していなければならないが，法令に違反する行政行為を違法な行政行為といい，公益に反する行政行為を不当な行政行為という。これらをあわせて瑕疵ある行政行為という。

違法な行政行為には，無効な行政行為と取り消しうべき行政行為がある。無効な行政行為とは，法定の手続をとることなく，何人も独自の判断と責任でこれを無視することができる行為をいう。取り消しうべき行政行為とは，違法ではあるが有効なものとされ，権限ある行政庁または裁判所によって取り消されることでその効力を失う行為をいう。前者は無効確認訴訟で争

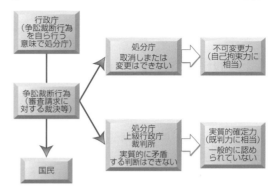

▶デイリー法学選書編修委員会編『ピンポイント行政法』（2018年）57頁をもとに作成

われるが，後者は取消訴訟で争われる。

無効と取消しの区別の基準については，行政行為の瑕疵が重大かつ明白である場合にのみ無効となるとする重大明白説が通説であり，判例も基本的にこの説を採用する（最大判昭和31・7・18民集10巻7号890頁）。

明白性については，瑕疵が外観上一見して明白であることを要するとする外観上一見明白説（最判昭和36・3・7民集15巻3号381頁）と，行政庁が調査義務を果たしていれば瑕疵が見出される場合も明白な瑕疵に含まれるとする客観的明白説＝調査義務違反説（東京地判昭和36・2・21行集12巻2号204頁）がある。

近年では，重大性の要件を共通の要件とした上で，具体的事案に応じて明白性の要件を補充的に加重するとする明白性補充要件説が有力に主張されている。

(2) 違法性の承継

複数の行政行為が連続して行われた場合に，後行行為の取消訴訟において先行行為の違法性を主張することができるかという問題がある。これが違法性の承継の問題である。先行行為の違法性が後行行為に承継されるとすれば，これを主張することができる。

農地買収計画と買収処分などのように，先行行為と後行行為が互いに結合して一つの効果の実現を目指し，これを完成するものである場合には，先行行為の違法性が後行行為に承継され

ると一般的に解されている。

2009年，最高裁は，東京都建築安全条例に基づく安全認定が行われた上で建築確認がされている場合に，建築確認の取消訴訟において安全認定の違法を主張することができるか否かについて，①建築確認と安全認定は，もともとは一体的に行われていたものであり，同一の目的を達成するために行われるものであること，②安全認定は，建築確認と結合して初めてその効果を発揮すること，③周辺住民等安全認定を争おうとする者がその存在を速やかに知ることができるとは限らず，安全認定の適否を争うための手続的保障がこれを争おうとする者に十分に与えられているというのは困難であること，④仮に周辺住民等が安全認定の存在を知ったとしても，その者において，安全認定によって直ちに不利益を受けることはなく，建築確認があった段階で初めて不利益が現実化すると考えて，その段階までは争訟の提起という手段はとらないという判断をすることがあながち不合理であるともいえないことを考慮し，これを認めてい

る（最判平成21・12・17民集63巻10号2631頁）。

建築基準法によると，建築主は，建築工事の着手前に建築確認を，特定工程に係る工事の完了後に中間検査を，建築工事の完了後に完了検査を受ける必要がある。建築確認，中間検査，完了検査は，建築主事または指定確認検査機関により行われる。**14-3**は，建築確認，中間検査，完了検査の流れである。また，違反建築物については，違反を是正するための手段が設けられている。**14-4**は，違反建築物に対する違反是正の流れである。

(3) 瑕疵の治癒と違法行為の転換

瑕疵の治癒とは，瑕疵ある行政行為が，その後の瑕疵の追完により，適法な行政行為として扱われることをいう。例えば，経るべきであった農地買収計画に対する訴願（現在の行政不服申立て）の裁決を経ることなく，後続の手続が行われたが，訴願棄却の裁決がその後行われた場合に，瑕疵の治癒が認められる（最判昭和36・7・14民集15巻7号1814頁）。

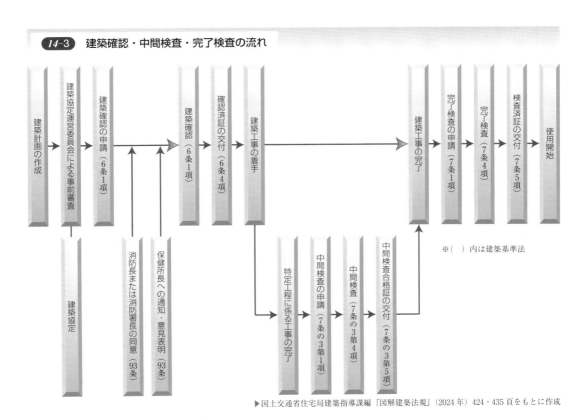

14-3 建築確認・中間検査・完了検査の流れ

※（ ）内は建築基準法

▶国土交通省住宅局建築指導課編『図解建築法規』（2024年）424・435頁をもとに作成

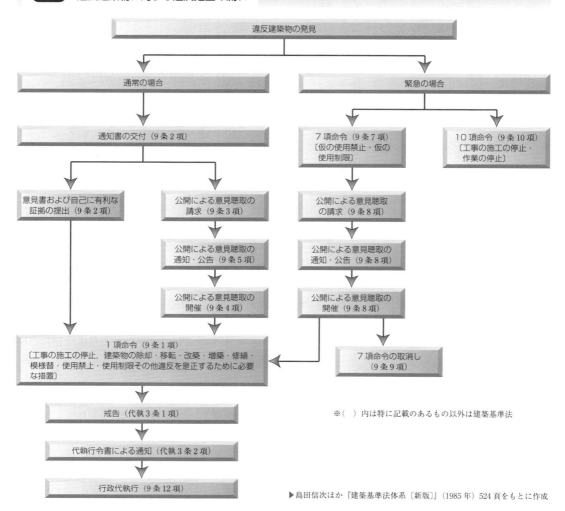

14-4 違反建築物に対する違反是正の流れ

▶島田信次ほか『建築基準法体系〔新版〕』（1985 年）524 頁をもとに作成

違法行為の転換とは，瑕疵ある行政行為が，別の行政行為としてみると適法である場合に，別の行政行為として扱われることをいう。例えば，旧自作農創設特別措置法施行令43条（小作農の請求に基づく農地買収計画の策定に関する規定）を適用して定められた農地買収計画を不服として提起された訴願において，小作農の請求がなかったとして，同令45条（小作農の請求に基づかない農地買収計画の策定に関する規定）を適用して農地買収計画が維持された場合に，違法行為の転換が認められる（最大判昭和29・7・19民集8巻7号1387頁）。

瑕疵の治癒と違法行為の転換は，法的安定性を維持するための理論として認められてきたが，法律による行政の原理を害する可能性があることから，みだりに認められるべきではないとの見解も示されている。ただし，近時においても，違法行為の転換を認めた最高裁判決がある（最判令和3・3・2民集75巻3号317頁）。

3 行政行為の附款

(1) 行政行為の附款とは

行政行為の附款とは，本体である行政行為（主たる意思表示）に付加される付帯的な定め（従たる意思表示）をいう。附款は，民法における法律行為論を借用して形成されたものである。もとより，附款をめぐる議論の中には，法律行為論に準ずるだけでは対応しえないものも存在

しており，同理論の借用には限界がある。

(2) 附款の種類

行政行為の附款には，主要なものとして，条件，期限，負担，撤回権の留保がある。

条件とは，行政行為の効果を発生の不確実な将来の事実にかからせる附款をいう。条件には，条件の成就によって行政行為の効果が発生する停止条件と，条件の成就によって行政行為の効果が消滅する解除条件がある。例えば，道路工事が開始したら通行を禁止するというのが停止条件であり，道路工事が完了するまで通行を禁止するというのが解除条件である。

期限とは，行政行為の効果を将来到来することが確実な事実にかからせる附款をいう。期限には，期限の到来によって行政行為の効果が発生する始期と，期限の到来によって行政行為の効果が消滅する終期がある。例えば，何月何日から許可するというのが始期であり，何月何日まで許可するというのが終期である。

負担とは，本体である行政行為に付随して，相手方に特別の義務を命ずる附款をいう。例えば，自動車運転免許にあたって運転者に眼鏡の着用を義務付けること，道路の占用許可にあたって一定額の占用料の納付を命ずることがこれに当たる。

撤回権の留保とは，本体である行政行為に付加して，将来その行政行為を撤回することができる権利を留保する附款をいう。撤回権の留保は，取消権の留保と呼ばれることもある。公物の占用許可などに撤回権の留保が付される例が見られる。

14-5 は，河川占用許可書の例である。これまでの解説を踏まえると，同許可書にある「占用期間」は期限に当たり，「占用料」および「＊条件」の「5」は負担に当たり，「＊条件」の「3」は撤回権の留保に当たる。

(3) 附款の限界

附款は，それを付すことができることを法令が明示している場合や，法令が行政庁に裁量を認めている場合に付すことができる。また，附款は，その行政行為の目的に照らして必要な限度のものでなければならない。

(4) 違法な附款と訴訟手段

附款をめぐっては，附款が違法である場合に，これを本体である行政行為から切り離して，独自に争うことができるか否かという問題がある。これまで，本体である行政行為と密接な関係になく，当該行政行為から切り離すことのできるような附款（負担）については，これを独自に取消訴訟で争うことができるのに対して，そうでない附款（条件や期限）については，これを独自に取消訴訟で争うことはできないという整理がなされてきた。

現在では，附款を独自に争う場合には，申請型（申請満足型）義務付け訴訟と取消訴訟との併合提起により争うことができるときがある。このときには，申請に対して行われた行政行為に申請者の求めていない附款が付されているのであるから，申請に対する一部拒否処分が行われたと解することができ，附款が付されていない行政行為を行うよう求めて申請型義務付け訴訟を提起することが可能になる。

14-5 河川占用許可書

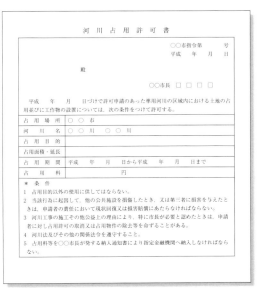

▶鈴木庸夫ほか編著『目で見る行政法教材』(1993年) 39頁

No.15 行政行為④──職権取消しと撤回

1 行政行為の職権取消し

(1) 職権取消しとは

職権取消しとは，行政庁が職権により成立時の瑕疵（原始的瑕疵）のある行政行為の効力を失わせることをいう（なお，この瑕疵には，違法の瑕疵と不当の瑕疵が含まれる⇒No.14 **2**(1)）。例えば，違法な申請に基づいて行われた飲食店営業の許可の取消しがこれに当たる。

職権取消しは，争訟取消しと対比される。前者は，行政庁が職権により自主的に行政行為の効力を失わせることであるのに対して，後者は，国民の行政争訟の提起により裁判所や行政庁が行政行為の効力を失わせることである。

職権取消しを行いうるのは，行政行為を行った行政庁（処分庁）である。処分庁の上級行政庁も職権取消しを行いうるかについて，以前は，上級行政庁も職権取消しを行いうると解されていたものの，近時は，法律の特別の根拠がない限り，上級行政庁が取消権を行使することはできないとする立場が有力となっている。

職権取消しの効果は，原則として，行政行為の成立時に遡る（遡及効）。職権取消しが行われると，はじめから行政行為がなかったものとして取り扱われることになる。

(2) 職権取消しの法律の根拠

職権取消しには法律の根拠は必要でない。もっとも，その理由については，見解が異なる。

(3) 職権取消しの制限

侵害的行政行為の職権取消しは，法治主義の見地からはもちろん，相手方の利益を損なうものではないことから，原則として制限を受けず自由に行われうる。

これに対して，授益的行政行為の職権取消しは，相手方の利益や信頼を保護する見地から，一定の制限を受けることがある。すなわち，相手方の不正行為によって授益的行政行為が行われたような場合や，相手方の利益や信頼を犠牲にしてもなお授益的行政行為を取り消すだけの公益上の必要性がある場合に，職権取消しは認められる。

授益的行政行為の職権取消しを認めた判例として，被災者生活再建支援金支給決定の職権取消しに関するものがある。これは，被災者生活再建支援法に基づいて行われた被災者生活再建支援金支給決定が，支給要件の認定に誤りがあったとして，取り消された事案である。最高裁は，被災者生活再建支援金支給決定の効果を維持することで生ずる不利益と同決定を取り消すことで生ずる不利益とを比較し，かつ，同決定を取り消すまでの期間が不当に長期に及んでいるともいい難いことも併せて考慮すると，前者の不利益が後者の不利益と比較して重大であり，同決定の取消しを正当化するに足りる公益上の必要性があると認められるとして，職権取消しを認めている（最判令和3・6・4民集75巻7号2963頁）（なお，職権取消しと辺野古問題については⇒No.**8** *Column*〔辺野古問題〕を参照）。

相手方に対しては侵害的な内容であるが，第三者に対しては授益的な内容である行政行為（二重効果的行政行為）の職権取消しの制限については，第三者の利益や信頼の保護を考慮する必要がある。この点について，最高裁は，「農地買収令書発付後約3年4箇月を経過した後に，買収目的地の10分の1に満たない部分が宅地であったという理由で買収令書の全部を取り消すことは，買収農地の売渡を受くべき者の利益を犠牲に供してもなお買収令書の全部を取り消さねばならない特段の公益上の必要がある場合でないかぎり，違法と解すべきである」としている（最判昭和33・9・9民集12巻13号1949頁）。**15-1** は，上記判決要旨を図解したものである。

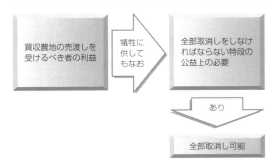

15-1 最判昭和33・9・9民集12巻13号1949頁の判決要旨

2 行政行為の撤回

(1) 撤回とは

撤回とは、瑕疵なく成立した行政行為の効力を、行政庁が成立後の事情（後発的事情）を理由として失わせることをいう。例えば、飲酒運転を理由とする運転免許の取消しがこれに当たる。実定法上は、「取消し」という用語が用いられることが多い。

撤回を行いうるのは、処分庁である。

撤回の効果は、原則として、将来に向かってのみ生じる（将来効）。もっとも、青色申告の承認の取消しのように、撤回であっても法令の定めにより遡及効が認められることもある（所税150条1項、法税127条1項）。

15-2 は、職権取消しと撤回の違いを簡単に整理したものである。

15-2 職権取消しと撤回の違い

	職権取消し	撤回
原因	原始的瑕疵	後発的事情
主体	処分庁 （上級行政庁）	処分庁
効果	遡及効	将来効 （例外あり）

▶宇佐見方宏『行政法の解説〔6訂版〕』（2007年）44頁および北村和生ほか『行政法の基本〔第8版〕』（2023年）110頁をもとに作成

(2) 撤回の法律の根拠

撤回に法律の根拠が必要であるか否かについては、争いがある。通説は、法律の根拠を不要とする。これに対して、授益的行政行為の撤回が侵害的行政行為であることを理由として法律の根拠を必要とする説もある。

最高裁は、赤ちゃんあっせん行為（人工妊娠中絶を求める女性に出産させ、嬰児を他の女性が出産したとする虚偽の出生証明書を発行することによって、戸籍上もその女性の実子として登載させ、嬰児をあっせんする行為）に関連して罰金刑に処せられた指定医師（優生保護法〔現行の母体保護法〕14条1項により人工妊娠中絶を行いうる医師）に対して、県医師会が指定医師の指定を撤回することについて、「指定医師の指定の撤回によって上告人の被る不利益を考慮しても、なおそれを撤回すべき公益上の必要性が高いと認められるから、法令上その撤回について直接明文の規定がなくとも、指定医師の指定の権限を付与されている被上告人医師会は、その権限において上告人に対する右指定を撤回することができるというべきである」とし、法律の根拠がなくても撤回が可能であることを認めている（最判昭和63・6・17判時1289号39頁）。15-3 は、上記判決要旨を図解したものである。

15-3 最判昭和63・6・17判時1289号39頁の判決要旨

なお、この事件は、「赤ちゃんあっせん事件」や「菊田医師事件」として社会的論争を巻き起こし、特別養子縁組制度（養親との間に実親子と

同様の親子関係を成立させ，実親との間の親子関係を終了させる縁組制度）の創設を促す契機になった事件である。

（3） 撤回の制限

侵害的行政行為の撤回は，相手方の利益を損なうものではないことから，原則として自由に行われうる。

これに対して，授益的行政行為の撤回は，相手方の利益や信頼を保護する見地から，一定の制限を受けることがある。すなわち，授益的行政行為の撤回は，相手方の責めに帰すべき事由がある場合，相手方の同意がある場合，撤回すべき公益上の必要性が高い場合に，認められる。

（4） 撤回と損失補償

行政財産の使用許可のような授益的行政行為を公益上の理由で撤回すると，相手方は多大な損失を受けることがあるため，このような場合には何らかの補償が必要であるとされる。

最高裁は，都有行政財産である土地の使用許可が撤回された場合における土地使用権喪失についての補償の要否について，「都有行政財産たる土地につき使用許可によって与えられた使用権は，それが期間の定めのない場合であれば，当該行政財産本来の用途または目的上の必要を生じたときはその時点において原則として消滅すべきものであり，また，権利自体に右のような制約が内在しているものとして付与されているものとみるのが相当である」とし，特別の事情のない限り，土地使用権喪失についての補償は不要であると判断している（最判昭和49・2・5民集28巻1号1頁）。

なお，この事件において使用許可が撤回された都有行政財産である土地は，東京都中央区築地の中央卸売市場（築地市場）内にある土地であった。 15-4 は，上から，開場当時，この事件が裁判で争われていた当時（1964年）の築地市場の写真である。

15-4 築地市場の写真

（開場当時の築地市場）

▶東京都中央卸売市場ウェブサイト
（https://www.shijou.metro.tokyo.lg.jp/info/01/）

（1964年の築地市場）

▶写真提供：東京都

No.16 行政裁量①——総論

1 裁量とは

（1） 法が国家機関の活動を規律するにあたり，すべての事項を厳格にルール化しておくのではなく，一定程度まで権限者の選択や判断に委ねる場合がある。このような余地を「裁量」といい，広義には立法裁量や司法裁量を含む。行政法学において，狭義には，法が行政庁に対して認めた行政裁量のことを指す（裁量行為について，No.13 **1**(3)参照）。

「法律による行政の原理」を厳密に貫徹しようとするならば，行政による裁量判断の余地はないことが要求される。とは言え，すべての行政活動の内容をあらかじめ事細かに規定しておくことは現実的でなく，社会的需要の変化への柔軟な対応や個別具体的状況にふさわしい対処などを可能とするためには，行政による時宜に応じた専門的判断が必要とされる場合もある。そのため，法による規律をなるべく徹底するとともに，必要に応じて裁量的判断の余地を残しておくことが望ましい。他方，裁量を授権された行政は，何らの制限もなく全く自由に決定しうるというわけではない。そこで，裁量による行政判断に対して裁判所の審査はどの程度まで及びうるかが問題となる（後述**2**を参照）。

（2） 行政裁量の存在は，行政立法（⇒No.24）や行政計画（⇒No.26），行政指導（⇒No.23）についても認めることができる。伝統的には特に，行政行為における裁量が論じられてきた。古典的理論においては，羈束行為に対置される自由裁量行為に加えて，両者の中間的な性質の羈束裁量行為の存在を想定することも行われた。

（3） 現在，裁量論の意義は，行政行為をする際の行政の判断過程 **16-1** においてどの部分に裁量があるかを探究することに見いだされている。例えば，行政手続法13条1項1号ニ所定の裁量聴聞は(c)の一例である。また，個別法の例としては，出入国管理及び難民認定法（以下「入管法」という）21条3項 **16-2** や，国家公務員法82条1項 **16-3** のような規定は行政に裁量を授権していると解されている。

入管法21条3項は，許可要件を「在留期間の更新を適当と認めるに足りる相当の理由があるとき」と定めているため，要件該当性は一義的には定まらない。この要件該当性の判断（**16-1** (b)の段階）が許可権者の裁量に委ねられ

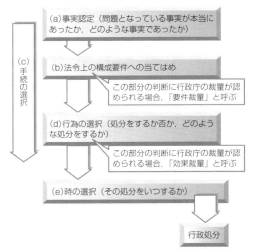

16-1 行政による判断の過程と裁量

▶塩野宏『行政法Ⅰ〔第6版補訂版〕』（2024年）138～139頁および宇賀克也『行政法概説Ⅰ〔第8版〕』（2023年）371～374頁をもとに作成

16-2 出入国管理及び難民認定法

> 第21条 本邦に在留する外国人は，現に有する在留資格を変更することなく，在留期間の更新を受けることができる。
> 2 前項の規定により在留期間の更新を受けようとする外国人は……法務大臣に対し在留期間の更新を申請しなければならない。
> 3 前項の規定による申請があった場合には，法務大臣は，当該外国人が提出した文書により在留期間の更新を適当と認めるに足りる相当の理由があるときに限り，これを許可することができる。
> （以下略）

16-3 国家公務員法

第82条第1項

　職員が次の各号のいずれかに該当する場合には，当該職員に対し，懲戒処分として，免職，停職，減給又は戒告の処分をすることができる。

　一　この法律若しくは国家公務員倫理法又はこれらの法律に基づく命令……に違反した場合

　二　職務上の義務に違反し，又は職務を怠った場合

　三　国民全体の奉仕者たるにふさわしくない非行のあった場合

※なお，このような「懲戒処分」は，職員の服務義務違反に対する制裁として行われるものである。これに対して，職員の勤務実績が良くない場合や職制等の改廃により過員等を生じた場合に行われる「分限処分」は，職員の制裁を目的としない。分限処分には，降任・免職・休職・降給の4種類がある（国公75条～81条）。

16-4 裁量基準の例

規律違反行為の態様と懲戒処分の種類

	規律違反行為の態様	懲戒処分の種類
職務遂行上の行為	セクシュアル・ハラスメントまたはパワー・ハラスメントをすること（重大なもの）	免職または停職
	選挙運動その他の制限されている政治的行為をすること	停職，減給または戒告
私生活上の行為	酒酔い運転をすること	免職または停職
	無免許運転をすること	免職，停職または減給
	賭博をすること	減給または戒告
	覚せい剤その他薬物を所持または使用すること	免職

▶警察庁「懲戒処分の指針」をもとに作成

16-5 個人タクシー事件

　最判昭和46・10・28（民集25巻7号1037頁）

　「内部的にせよ，さらに，その趣旨を具体化した審査基準を設定し，これを公正かつ合理的に適用すべく，とくに，右基準の内容が微妙，高度の認定を要するようなものである等の場合には，右基準を適用するうえで必要とされる事項について，申請人に対し，その主張と証拠の提出の機会を与えなければならないというべきである。」「免許の申請人はこのような公正な手続によって免許の許否につき判定を受くべき法的利益を有するものと解すべく，これに反する審査手続によって免許の申請の却下処分がされたときは，右利益を侵害するものとして，右処分の違法事由となるものというべきである。」

ていると解する場合，「要件裁量」という。この点について，マクリーン事件判決（最大判昭和53・10・4民集32巻7号1223頁）**18-1**は，法務大臣の要件裁量を認めている。

　国家公務員法82条1項柱書は「～の処分をすることができる」と定めているため，要件該当性が肯定されただけでは効果が特定されず，①懲戒処分をするか否か，②どの処分をするか，という判断（**16-1**(d)の段階）が必要となる。この判断が懲戒権者の裁量に委ねられていると解する場合，「効果裁量」という。この点について，神戸税関事件判決（最判昭和52・12・20）**16-7**は，神戸税関長の効果裁量を認めている。

　(4)　行政による恣意的判断や取扱いの不平等を防ぎ，国民の側からの予測可能性を担保するためには，裁量権行使の基準が統一されている必要がある。そこで，行政が内部的に作成するのが，**16-4**のような「裁量基準」である。

　最判昭和46年10月28日（民集25巻7号1037頁〔個人タクシー事件〕）は，道路運送法の個人タクシー事業免許基準（当時）が抽象的であることを受けて，法の趣旨を具体化した審査基準の設定を求めていた**16-5**。今日，行政手続法5条は，申請に対する処分についての裁量基準として，「許認可等の性質に照らしてできる

限り具体的な」審査基準を定め，それを原則として公にすることを要求している。不利益処分についての裁量基準としては，同法12条が，「不利益処分の性質に照らしてできる限り具体的な」処分基準を定め，それを公にすることを努力義務としている。ただし，設定された裁量基準からの逸脱がいっさい許されないとすることは必ずしも妥当でなく，合理的な理由がある場合には裁量基準を適用しないことも許される。この点，最判平成10年7月16日（判時1652号52頁〔酒税法事件〕）において，最高裁は，行政は事案に応じた例外的取扱いの余地はないかを積極的に検討する必要がある，と判断した**16-6**。

16-6 酒税法事件

🈺 最判平成 10・7・16（判時 1652 号 52 頁）

　酒類販売業免許等取扱要領（平成元年取扱要領）は，「実態に合わせて算出された基準人口比率によって酒類の需給の均衡を図ることとしたほか……，逆に，所定の基準人口に適合しない場合であっても，免許を付与し得る道を開いたものと解され，恣意を排するとともに，柔軟な運用の余地も持たせたものとみることができる。」「もっとも，酒税法 10 条 11 号の規定は，前記のとおり，立法目的を達成するための手段として合理性を認め得るとはいえ，申請者の人的，物的，資金的要素に欠陥があって経営の基礎が薄弱と認められる場合にその参入を排除しようとする同条 10 号の規定と比べれば，手段として間接的なものであることは否定し難いところであるから，酒類販売業の免許制が職業選択の自由に対する重大な制約であることにかんがみると，同条 11 号の規定を拡大的に運用することは許されるべきではない。したがって，平成元年取扱要領についても，その原則的規定を機械的に適用さえすれば足りるものではなく，事案に応じて，各種例外的取扱いの採用をも積極的に考慮し，弾力的にこれを運用するよう努めるべきである。」

2 行政裁量の司法審査

（1）　行政裁量に対する統制のあり方としては，議会立法の規律密度の向上，行政立法や行政計画の策定過程における市民参加，行政活動に対するオンブズマン等による監視，行政評価の徹底など多様な手法がありうる。なかでも行政法学の見地から特に重視されてきたのは，裁量権行使（または不行使）の適法性に対する司法権による審査である（⇨No.*17, 18* も参照）。

（2）　行政事件訴訟法 30 条は，「行政庁の裁量処分については，裁量権の範囲をこえ又はその濫用があった場合に限り，裁判所は，その処分を取り消すことができる」と明示する。公務員の争議行為を理由とする懲戒免職処分の違法性が争われた最判昭和 52 年 12 月 20 日（民集 31 巻 7 号 1101 頁〔神戸税関事件〕）では，懲戒処分が「社会観念上著しく妥当を欠き，裁量権を濫

16-7 神戸税関事件

🈺 最判昭和 52・12・20（民集 31 巻 7 号 1101 頁）

　「懲戒権者が右の裁量権の行使としてした懲戒処分は，それが社会観念上著しく妥当を欠いて裁量権を付与した目的を逸脱し，これを濫用したと認められる場合でない限り，その裁量権の範囲内にあるものとして，違法とならないものというべきである。したがって，裁判所が右の処分の適否を審査するにあたっては，懲戒権者と同一の立場に立って懲戒処分をすべきであったかどうか又はいかなる処分を選択すべきであったかについて判断し，その結果と懲戒処分とを比較してその軽重を論ずべきものではなく，懲戒権者の裁量権の行使に基づく処分が社会観念上著しく妥当を欠き，裁量権を濫用したと認められる場合に限り違法であると判断すべきものである。」

用したと認められる」かどうかを審理し，それが認められる場合に限って違法とする「踰越濫用型審査」が採用された 16-7 。

　踰越濫用型審査においては，(a)重大な事実誤認がないか，(b)目的違反・動機違反がないか，(c)平等原則に違反しないか，(d)比例原則に違反しないか，といった点から審査されている。例えば，東京都教育委員会の通達 16-8 とそれに基づく校長の職務命令の違法性が争われた事件において，最判平成 24 年 1 月 16 日（判時 2147 号 139 頁〔都教委国旗・国歌事件〕） 16-9 は，教職員に対する停職処分について，処分の理由と処分の重大性とが比例していないとの観点から違法とした（⇨No.5 2 (5)参照）。

（3）　行政裁量に対する司法審査の密度を向上させる試みの一つとして，「手続的コントロール」がある。これは，処分権者による実体判断そのものを審理する代わりに，処分の手続において違法がなかったかどうかを審理することにより，行政決定の公正さを確保しようとする手法である。この法理に依拠した裁判例として前掲個人タクシー事件 16-5 がある。

　さらに，東京高判昭和 48 年 7 月 13 日（判時 710 号 23 頁〔日光太郎杉事件〕） 16-11 の採用し

た手法があり，「判断過程審査」と呼ばれてきた。本件は，東京オリンピック（1964年）開催に向けた道路拡幅のため東照宮の有名な杉を伐採して用地を確保することが計画されたのに対し，東照宮が事業認定の違法性を争ったものである **16-10**。土地収用法20条3号が事業認定要件の一つとして「事業計画が土地の適正且つ合理的な利用に寄与するものであること」を挙

げるところ，東京高裁は建設大臣（当時）に要件裁量を認めつつ考慮要素に踏み込んだ審査基準（**16-11** 下線部）を示した。同判決の系譜は最高裁判決にも引き継がれている **16-12**。

（4）裁判所は，司法制度改革の中でより積極的な司法統制の必要性についての認識が強まったことを受け，広い裁量の認められる行政判断に対する統制姿勢も変化させてきた。その先駆的事例とされる最判平成8年3月8日（民集50巻3号469頁〔剣道実技拒否事件〕）において，最高裁は，学生が剣道実技への参加を拒否した理由が「信仰の核心部分と密接に関連する真しなものであった」ことなどに照らして，実技拒否に対する原級留置処分および退学処分がもたらす不利益の重大性に鑑みれば，学校は代替措置を採ることの是非や方法等について「十分に考慮するべきであった」と判断した。

こういった判例における裁量審査方式は，国賠請求訴訟における違法判断の基準としても採用されている。学校教育法が「学校教育上支障のない限り……学校の施設を社会教育その他公共のために，利用させることができる」と規定するところ（現137条），不許可処分を受けた教職員団体が損害賠償を求めた事案において，最判平成18年2月7日（民集60巻2号401頁〔呉市公立学校施設使用不許可事件〕）は施設管理者の判断が裁量権の行使であることを前提に，考慮した事項に対する評価が合理性を欠く一方で考慮すべき事項を十分考慮していないとして裁量権の逸脱を認めた **16-12**（⇨No.*11 Column*〔公物管理者の裁量〕）。

〈参考文献〉高橋滋『行政法〔第3版〕』（2023年）93〜94頁

16-8 東京都教育委員会の通達

○入学式，卒業式等における国旗掲揚及び国歌斉唱の実施について

平成15年10月23日
15教指企第569号
都立高等学校長
都立盲・ろう・養護学校長

東京都教育委員会は，児童・生徒に国旗及び国歌に対して一層正しい認識をもたせ，それらを尊重する態度を育てるために，学習指導要領に基づき入学式及び卒業式を適正に実施するよう各学校を指導してきた。（中略）
ついては，下記により，各学校が入学式，卒業式等における国旗掲揚及び国歌斉唱を適正に実施するよう通達する。（中略）

記

1　学習指導要領に基づき，入学式，卒業式等を適正に実施すること。
2　入学式，卒業式等の実施に当たっては，別紙「入学式，卒業式等における国旗掲揚及び国歌斉唱に関する実施指針」のとおり行うものとすること。
3　国旗掲揚及び国歌斉唱の実施に当たり，教職員が本通達に基づく校長の職務命令に従わない場合は，服務上の責任を問われることを，教職員に周知すること。

別紙
入学式，卒業式等における国旗掲揚及び国歌斉唱に関する実施指針
1　国旗の掲揚について
　　入学式，卒業式等における国旗の取扱いは，次のとおりとする。
　　(1)　国旗は，式典会場の舞台壇上正面に掲揚する。
　　(2)　(3)　(4)　（略）
2　国歌の斉唱について
　　入学式，卒業式等における国歌の取扱いは，次のとおりとする。
　　(1)　式次第には，「国歌斉唱」と記載する。
　　(2)　国歌斉唱に当たっては，式典の司会者が，「国歌斉唱」と発声し，起立を促す。
　　(3)　式典会場において，教職員は，会場の指定された席で国旗に向かって起立し，国歌を斉唱する。
　　(4)　国歌斉唱は，ピアノ伴奏等により行う。
3　（略）

▶ 東京都教育委員会ウェブサイト（https://www.kyoiku.metro.tokyo.lg.jp/static/reiki_int/reiki_honbun/g170RG00003587.html）をもとに作成

16-9 都教委国旗・国歌事件

最判平成24・1・16（判時2147号139頁）
「過去2年度の3回の卒業式等における不起立行為による懲戒処分を受けていることのみを理由に同上告人に対する懲戒処分として停職処分を選択した都教委の判断は，停職期間の長短にかかわらず，処分の選択が重きに失するものとして社会観念上著しく妥当を欠き，上記停職処分は懲戒権者としての裁量権の範囲を超えるものとして違法の評価を免れないと解するのが相当である。」

16-10 日光太郎杉事件に関する新聞記事

太郎杉は残った

日光東照宮

助かることになった太郎杉＝日光市・神橋で

建設相、伐採を断念

13日の判決を前に表明

▶朝日新聞 1973 年 7 月 11 日付朝刊

16-11 日光太郎杉事件

東京高判昭和 48・7・13（判時 710 号 23 頁）

「この点の判断が前認定のような諸要素、諸価値の比較考量に基づき行なわるべきものである以上、同控訴人がこの点の判断をするにあたり、本来最も重視すべき諸要素、諸価値を不当、安易に軽視し、その結果当然尽すべき考慮を尽さず、または本来考慮に容れるべきでない事項を考慮に容れもしくは本来過大に評価すべきでない事項を過重に評価し、これらのことにより同控訴人のこの点に関する判断が左右されたものと認められる場合には、同控訴人の右判断は、とりもなおさず裁量判断の方法ないしその過程に誤りがあるものとして、違法となるものと解するのが相当である。」（下線は筆者による。）

16-12 呉市公立学校施設使用不許可事件

最判平成 18 年 2 月 7 日（民集 60 巻 2 号 401 頁）

管理者は学校教育上の「支障がないからといって当然に許可しなくてはならないものではなく、行政財産である学校施設の目的及び用途と目的外使用の目的、態様等との関係に配慮した合理的な裁量判断により使用許可をしないこともできる」。この裁量判断は「諸般の事情を総合考慮してされるものであり、その裁量権の行使が逸脱濫用に当たるか否かの司法審査においては、その判断が裁量権の行使としてされたことを前提とした上で、その判断要素の選択や判断過程に合理性を欠くところがないかを検討し、その判断が、重要な事実の基礎を欠くか、又は社会通念に照らし著しく妥当性を欠くものと認められる場合に限って、裁量権の逸脱又は濫用として違法となるとすべきものと解するのが相当である。」「本件中学校及びその周辺の学校や地域に混乱を招き、児童生徒に教育上悪影響を与え、学校教育に支障を来すことが予想されるとの理由で行われた本件不許可処分は、重視すべきでない考慮要素を重視するなど、考慮した事項に対する評価が明らかに合理性を欠いており、他方、当然考慮すべき事項を十分考慮しておらず、その結果、社会通念に照らし著しく妥当性を欠いたものということができる。」

No. 17　行政裁量②――専門技術的裁量

1　専門技術的裁量

　教育やエネルギー政策のように専門性が高い分野においては，議会が法律によって行政活動の詳細を決めておくのではなく，具体的判断を行政に委ねる例が見られる。そのような事柄の性質上，専門技術的，科学的，学術的判断が必要であることを根拠として，行政裁量を認める判例がある。例えば，都道府県知事が行う温泉掘削許可について，最判昭和33年7月1日（民集12巻11号1612頁）は，「公益を害するおそれがあると認めるとき」（温泉法4条1項3号）の該当性の判断に要件裁量を認めている。

　このほか，判例上，教科書検定における文部大臣（当時）の「学術的，教育的な専門技術的判断」に要件裁量を認める例 17-1 や，原子炉設置許可にかかる許可要件の充足性について内閣総理大臣の「合理的な判断」に裁量性（ただし「裁量」との明言はない）を認める例 17-8 がある（司法審査の手法について⇨No.16 2 も参照）。このような分野において，議会が，高い専門性を持つ第三者機関を設置してその専門技術的判断を尊重する仕組みを採用することがあり，この領域に特有な裁判的統制の手法が用いられている（⇨ 2 および 3 を参照）。

2　教科書検定の仕組みと司法審査

　（1）　学校教育法34条1項は，（小学校で使用する）教科書について，「文部科学大臣の検定を経た教科用図書又は文部科学省が著作の名義を有する教科用図書を使用しなければならない」と規定する。現在の教科書検定の仕組みは，17-2 のようになっている。

　検定の具体的細目は「教科用図書検定規則」（平成元年文部省令第20号）に定められており，専門的第三者機関である「教科用図書検定調査審議会」による審査に付される。この審議会の判断に対する裁判所の審理のあり方が，裁量統制の問題となる。なお，この審議会での審議は原則として非公開であるが，平成3年度から検定申請された図書と検定決定後の図書，検定意見書，修正表などの資料が公開されている。検定意見書の一例を 17-3 に示す。

　（2）　この分野において著名なのは，高等学校で使用する教科書に対する検定不合格や条件付合格処分の違法性が争われた家永事件判決である。最判平成5年3月16日（民集47巻5号3483頁〔家永教科書検定第1次訴訟上告審判決〕）は，教科書検定が学術的・教育的な専門技術的判断であり，文部大臣（当時）の合理的な裁量に委ねられるとした上で，審議会の判断に「看過し

17-1　家永教科書検定第1次訴訟上告審

▌最判平成5・3・16（民集47巻5号3483頁）
　「本件検定の審査，判断は，申請図書について，内容が学問的に正確であるか，中立・公正であるか，教科の目標等を達成する上で適切であるか，児童，生徒の心身の発達段階に適応しているか，などの様々な観点から多角的に行われるもので，学術的，教育的な専門技術的判断であるから，事柄の性質上，文部大臣の合理的な裁量に委ねられるものというべきである。したがって，合否の判定，条件付合格の条件の付与等についての教科用図書検定調査審議会の判断の過程（検定意見の付与を含む）に，原稿の記述内容又は欠陥の指摘の根拠となるべき検定当時の学説状況，教育状況についての認識や，旧検定基準に違反するとの評価等に看過し難い過誤があって，文部大臣の判断がこれに依拠してされたと認められる場合には，右判断は，裁量権の範囲を逸脱したものとして，国家賠償法上違法となると解するのが相当である。」

難い過誤」があったか否かという審査基準を示した 17-1 。最判平成9年8月29日（民集51巻7号2921頁〔家永教科書検定第3次訴訟上告審判決〕）は，この基準の枠組みに依拠しつつ，文部大臣（当時）の判断に「看過し難い過誤」があったとして，国家賠償請求を部分的に認容している 17-4 。

3 原子力発電所設置許可の仕組みと司法審査

（1）原子炉設置許可の仕組みは，「核原料物質，核燃料物質及び原子炉の規制に関する法律」（以下「原子炉等規制法」という）によって定められている。原子炉等規制法は，1957年の公布以来30回以上の改正を経ており，2011年の福島第一原発事故を契機としてさらに大幅に見直された。

2012年改正前は， 17-5 に示すように，原子力安全委員会の諮問を経て経済産業大臣が許可する仕組みであった。これに対し，2012年改正によって原子力安全委員会および原子力安全・保安院は廃止され，原子力規制を独立して一元的に担う新たな組織として「原子力規制委員会」が発足した 17-6 。改正後は，この原子力規制委員会が許可権者（43条の3の5）であり，許可の流れは 17-7 のようになっている。

（2）最判平成4年10月29日（民集46巻7号1174頁〔伊方原発事件〕） 17-8 は，「裁量」の語を用いてはいないものの，(a)原子炉の安全性審査においては多方面にわたる極めて高度かつ最新の科学的，専門技術的な判断が必要であり，(b)その判断は第三者委員会の意見を尊重して行う仕組みになっていることを根拠として，許可権者の「合理的な判断」に委ねられているとする。その上で，第三

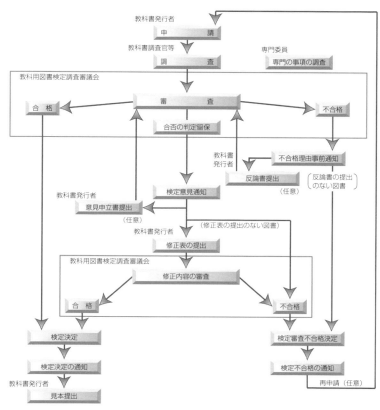

17-2 教科書検定の手続

▶文部科学省ウェブサイト（https://www.mext.go.jp/a_menu/shotou/kyoukasho/gaiyou/04060901/1235090.htm）をもとに作成

17-3 令和元年度教科用図書検定による検定意見書の一部

検 定 意 見 書

1枚中 1枚目

| 受理番号 | 31-1 | 学校 | 中学校 | 教科 | 音楽 | 種目 | 音楽（一般） | 学年 | 1 |

番号	指摘箇所 ページ／行	指摘事項	指摘事由	検定基準
1	全巻	図書の内容全体	学習指導要領の内容の取扱いに照らして，扱いが不適切である。（2の(1)のカ「音楽に関する知的財産権について触れるようにすること。」）	2-(1)
2	22	「例2」及び「例2'」のリズムの楽譜と図	生徒にとって理解し難い表現である。（同ページ上の課題及び①，②に沿っていないため，理解し難い。）	3-(3)
3	52 下	「雅楽の演奏の特徴」の左4行「雅楽の演奏は，必ず竜笛の音頭の独奏から始まり」	生徒が誤解するおそれのある表現である。（すべての雅楽の曲や演目が，竜笛の独奏で始まるかのように読み取れる。）	3-(3)

▶文部科学省ウェブサイト（https://www.mext.go.jp/content/20200410-mxt_kyokasyo02-000006416_10.pdf）

17-4 家永教科書検定第 3 次訴訟上告審

最判平成 9・8・29（民集 51 巻 7 号 2921 頁）

「本件検定当時において，……七三一部隊の全容が必ずしも解明されていたとはいえない面があるにしても，関東軍の中に細菌戦を行うことを目的とした『七三一部隊』と称する軍隊が存在し，生体実験をして多数の中国人等を殺害したとの大筋は，既に本件検定当時の学界において否定するものはないほどに定説化していたものというべきであり，これに本件検定時までには終戦から既に 38 年も経過していることをも併せ考えれば，文部大臣が，七三一部隊に関する事柄を教科書に記述することは時期尚早として，原稿記述を全部削除する必要がある旨の修正意見を付したことには，その判断の過程に，検定当時の学説状況の認識及び旧検定基準に違反するとの評価に看過し難い過誤があり，裁量権の範囲を逸脱した違法があるというべきである。」

17-5 2012 年改正前原子炉等規制法の仕組み

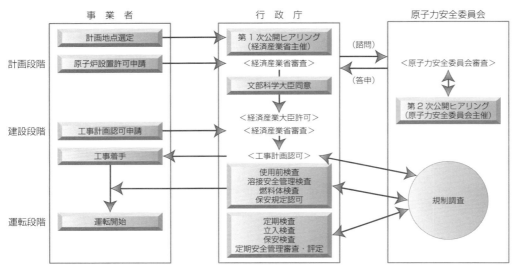

▶原子力安全委員会編『平成 18 年版 原子力安全白書』205 頁をもとに作成

17-6 福島第一原発事故を契機とした原子力規制体制の変化

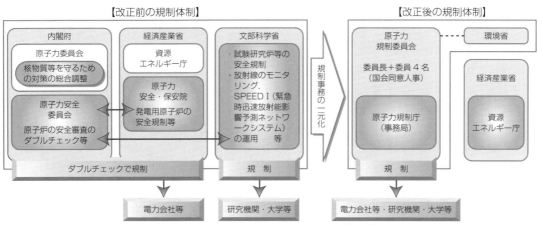

▶経済産業省『エネルギー白書 2012』35 頁をもとに作成

17-7 原子炉設置許可の流れ

事業者から原子炉設置許可申請が出されると……

原子力規制委員会が、許可申請が原子炉等規制法に定められた許可基準に適合しているかを審査し（安全審査）、原子炉の設置許可を行う

設置許可を受けた事業者は、原発の設計の詳細について工事計画認可の申請をし、原子力規制委員会の認可を受けた後、工事を開始する

原子力規制委員会は、工事の工程ごとに使用前検査や燃料体の検査を行う。運転開始にあたっては、原子炉の保安に関する基本的な事項を定め、保安検査の基となる保安規定の審査・認可を行う

▶原子力規制委員会ウェブサイトをもとに作成

者委員会による判断過程の合理性は、(a)安全性に関する具体的審査基準の合理性と、(b)それを適用して行われる調査・審議・判断の過程における合理性の面から「現在の科学技術水準」に照らして審査される、との統制手法を採用した。

(3) 最判平成 4 年 10 月 29 日は、さらに、被告行政庁による判断の不合理性についての主張責任・立証責任は「本来、原告が負うべきもの」との前提に立った上で、安全性審査に関する資料は全て行政庁側にあるといった事情を考慮して、「行政庁の側において、まず、……行政庁の判断に不合理な点のないことを相当の根拠、資料に基づき主張、立証する必要があ〔る〕」と判示した 17-8 。

17-8 伊方原発事件

最判平成 4・10・29（民集 46 巻 7 号 1174 頁）

「右の技術的能力を含めた原子炉施設の安全性に関する審査は、当該原子炉施設そのものの工学的安全性、平常運転時における従業員、周辺住民及び周辺環境への放射線の影響、事故時における周辺地域への影響等を、……多角的、総合的見地から検討するものであり、しかも、右審査の対象には、将来の予測に係る事項も含まれているのであって、右審査においては、原子力工学はもとより、多方面にわたる極めて高度な最新の科学的、専門技術的知見に基づく総合的判断が必要とされるものであることが明らかである。そして、規制法24条2項が、内閣総理大臣は、原子炉設置の許可をする場合においては、同条1項3号（技術的能力に係る部分に限る。）及び4号所定の基準の適用について、あらかじめ原子力委員会の意見を聴き、これを尊重してしなければならないと定めているのは、右のような原子炉施設の安全性に関する審査の特質を考慮し、右各号所定の基準の適合性については、各専門分野の学識経験者等を擁する原子力委員会の科学的、専門技術的知見に基づく意見を尊重して行う内閣総理大臣の合理的な判断にゆだねる趣旨と解するのが相当である。

以上の点を考慮すると、右の原子炉施設の安全性に関する判断の適否が争われる原子炉設置許可処分の取消訴訟における裁判所の審理、判断は、原子力委員会若しくは原子炉安全専門審査会の専門技術的な調査審議及び判断を基にしてされた被告行政庁の判断に不合理な点があるか否かという観点から行われるべきであって、現在の科学技術水準に照らし、右調査審議において用いられた具体的審査基準に不合理な点があり、あるいは当該原子炉施設が右の具体的審査基準に適合するとした原子力委員会若しくは原子炉安全専門審査会の調査審議及び判断の過程に看過し難い過誤、欠落があり、被告行政庁の判断がこれに依拠してされたと認められる場合には、被告行政庁の右判断に不合理な点があるものとして、右判断に基づく原子炉設置許可処分は違法と解すべきである。

……右処分が前記のような性質を有することにかんがみると、被告行政庁がした右判断に不合理な点があることの主張、立証責任は、本来、原告が負うべきものと解されるが、当該原子炉施設の安全審査に関する資料をすべて被告行政庁の側が保持していることなどの点を考慮すると、被告行政庁の側において、まず、その依拠した前記の具体的審査基準並びに調査審議及び判断の過程等、被告行政庁の判断に不合理な点のないことを相当の根拠、資料に基づき主張、立証する必要があり、被告行政庁が右主張、立証を尽くさない場合には、被告行政庁がした右判断に不合理な点があることが事実上推認されるものというべきである。」

No. 18 行政裁量③——政治的裁量

1 政治的裁量

行政裁量が認められる根拠の一つに，政治的判断を尊重することの必要性が挙げられる。そのような行政分野として典型的なのが，外国人（入管2条1号）の入国・上陸や在留，出国に対する管理である。例えば，外国人の在留の要件は，法令上，「在留期間の更新を適当と認めるに足りる相当の理由」（21条3項）といった「不確定概念」として規定されている。この「相当の理由」があるか否かの判断について，最大判昭和53年10月4日（民集32巻7号1223頁〔マクリーン事件〕）は，法務大臣に広範な裁量を認めている 18-1 （⇨No.16 も参照）。

2 出入国管理行政

（1） わが国への外国人入国者数は，第二次大戦後，大幅に増加してきた。一方で，どのような外国人を入国・在留させるかは，政治的判断に委ねられる側面が大きい。わが国における出入国管理行政の根拠法令は「出入国管理及び難民認定法」（以下「入管法」という）であり，「本邦に入国し，又は本邦から出国する全ての人の出入国及び本邦に在留する全ての外国人の在留の公正な管理を図るとともに，難民の認定手続を整備すること」を目的とする（1条）。

各主権国家には，自国にとって好ましからざる外国人を入国させない権利があると考えられている。わが国の入管法も，外国人による上陸を拒否する事由として，感染症患者等（5条1項1号）や銃砲刀剣類等不法所持者（同項8号）を掲げるほか，「法務大臣において日本国の利益又は公安を害する行為を行うおそれがあると認めるに足りる相当の理由がある者」（同項14号）を規定する（国益条項）。ただし，退去強制は外国人の自由を大幅に制約する効果があるため，入管法は，退去強制事由を詳細に定め（24条），口頭審理および異議の申出の機会を外国人に保障している（48条・49条）。上陸審査の流れを 18-2 に示す。

18-1 マクリーン事件

最大判昭和53・10・4（民集32巻7号1223頁）
「出入国管理令が原則として一定の期間を限って外国人のわが国への上陸及び在留を許しその期間の更新は法務大臣がこれを適当と認めるに足りる相当の理由があると判断した場合に限り許可することとしているのは，法務大臣に一定の期間ごとに当該外国人の在留中の状況，在留の必要性・相当性等を審査して在留の許否を決定させようとする趣旨に出たものであり，そして，在留期間の更新事由が概括的に規定されその判断基準が特に定められていないのは，更新事由の有無の判断を法務大臣の裁量に任せ，その裁量権の範囲を広汎なものとする趣旨からであると解される。すなわち，法務大臣は，在留期間の更新の許否を決するにあたっては，外国人に対する出入国の管理及び在留の規制の目的である国内の治安と善良の風俗の維持，保健・衛生の確保，労働市場の安定などの国益の保持の見地に立って，申請者の申請事由の当否のみならず，当該外国人の在留中の一切の行状，国内の政治・経済・社会等の諸事情，国際情勢，外交関係，国際礼譲など諸般の事情をしんしゃくし，時宜に応じた的確な判断をしなければならないのであるが，このような判断は，事柄の性質上，出入国管理行政の責任を負う法務大臣の裁量に任せるのでなければとうてい適切な結果を期待することができないものと考えられる。」「裁判所は，法務大臣の右判断についてそれが違法となるかどうかを審理，判断するにあたっては，右判断が法務大臣の裁量権の行使としてされたものであることを前提として，その判断の基礎とされた重要な事実に誤認があること等により右判断が全く事実の基礎を欠くかどうか，又は事実に対する評価が明白に合理性を欠くこと等により右判断が社会通念に照らし著しく妥当性を欠くことが明らかであるかどうかについて審理し，それが認められる場合に限り，右判断が裁量権の範囲をこえ又はその濫用があったものとして違法であるとすることができるものと解するのが，相当である。」

18-2 上陸審査の流れ（※条数は入管法のもの）

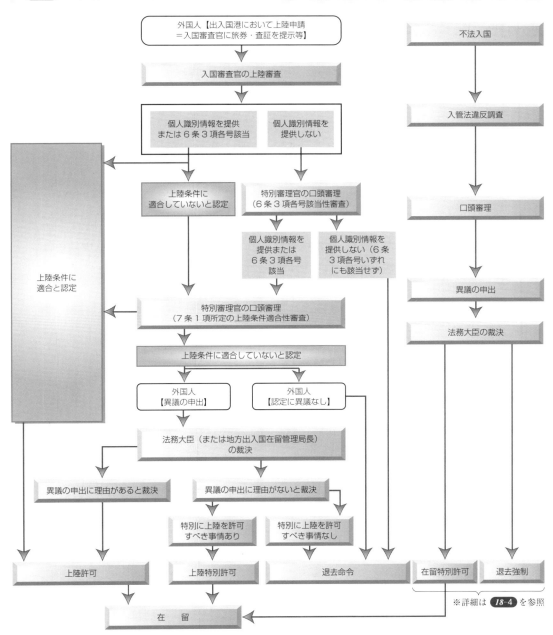

▶出入国在留管理庁ウェブサイト（https://www.moj.go.jp/isa/immigration/procedures/nyukoku_flow_00001.html）をもとに作成

（2）わが国の出入国管理行政の基本は「在留資格」制度であり，多岐にわたる外国人の活動等をあらかじめ類型化し，どのような活動等であれば入国・在留が可能であるかを明らかにする仕組みとなっている。入国・在留する外国人は，原則として，入管法の別表が定める在留資格（2条の2）のいずれかを有する必要がある。

入管法別表第一は，外国人が「何をするか」に着目する「活動資格」を列記し，別表第二は，外国人が「どのような身分または地位であるか」に着目する「居住資格」を列記している **18-3**。なお，各在留資格についての在留期間は，法務省令（出入国管理及び難民認定法施行規則）で定められている。

18-3 在留資格の例

在留資格(活動資格)	本邦において行うことができる活動	該当例	在留期間
外交	<略>	外国政府の大使，公使，総領事，代表団構成員等およびその家族	外交活動を行う期間
高度専門職 1 号	高度学術研究活動，高度専門・技術活動，高度経営・管理活動	弁護士事務所の経営者，民間企業の研究員等（ポイント制による）	5 年
高度専門職 2 号	<同上>	高度専門職 1 号で 3 年以上活動を行った者	無期限
法律・会計業務	外国法事務弁護士，外国公認会計士その他法律上資格を有する者が行うこととされている法律または会計に係る業務に従事する活動	弁護士，公認会計士等	5 年，3 年，1 年または 3 月
特定技能 1 号	特定産業 14 分野	<略>	1 年，6 月または 4 月（通算 5 年まで）
特定技能 2 号	建設，造船・舶用工業	<略>	3 年，1 年または 6 月

▶入管法別表第一および同施行規則別表第二をもとに作成

在留資格(居住資格)	本邦において有する身分または地位	在留期間
永住者	法務大臣が永住を認める者	無期限
日本人の配偶者等	日本人の配偶者もしくは特別養子または日本人の子として出生した者	5 年，3 年，1 年または 6 月
定住者	法務大臣が特別な理由を考慮し一定の在留期間を指定して居住を認める者	5 年，3 年，1 年，6 月または法務大臣が個別に指定する期間

▶入管法別表第二および同施行規則別表第二をもとに作成

（3）不法滞在の状態にある外国人は，自発的に出国するほかは，出国命令や退去強制処分の対象となる。不法残留以外の退去強制事由に該当しない外国人であって速やかな出国が確実と見込まれること等の所定の要件を満たしている者については，収容せずに出国を命ずる仕組みが出国命令制度である（24 条の 3）。これに対して，退去強制手続においては収容または監理措置が行われる（39 条〜44 条の 2）。

入国審査官によって退去強制対象者に該当すると認定された外国人は，認定の正誤について口頭審理を請求することができる。その結果「認定に誤りなし」と判定された外国人が異議を申し出た場合は，法務大臣が最終的な判断（裁決）を下すことになる。退去強制手続の流れを **18-4** に示す。

この裁決においては，なお認定に誤りのないケースであっても，難民の認定または補完的保護対象者の認定を受けているときや法務大臣が「特別に在留を許可すべき事情がある」と認め

Column　難民認定制度

難民認定制度は，わが国が 1981 年に「難民の地位に関する条約」（難民条約）に加入したことに伴って，出入国管理行政に含まれることとなったものである。法務大臣は，外国人から申請があったときは，その者が難民条約上の難民である旨の認定を行うことができる。認定をしたときは法務省令で定める手続により「難民認定証明書」を交付し，認定をしないときは理由を付した書面をもって通知する（入管 61 条の 2）。

法務大臣は，難民の認定をしない処分をする場合において，当該外国人が難民に準じて保護すべき者に該当すると認めるときは「補完的保護対象者」の認定を行うことができる（2023 年改正にて新設）。

る場合等には，特例として「在留特別許可」が与えられる（50 条 1 項）。法務大臣がその許否判断をするにあたっては，当該外国人が在留を希望する理由や家族関係，素行等，内外の諸情勢その他諸般の事情に加え，当該外国人に対する人道的な配慮の必要性と他の不法滞在者に及

18-4 退去強制手続の流れ

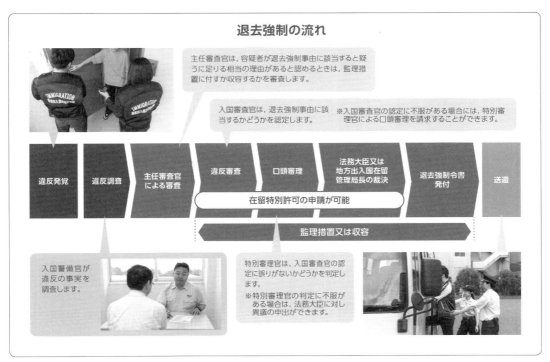

▶出入国在留管理庁パンフレット（https://www.moj.go.jp/isa/content/001425123.pdf）

ぼす影響等を考慮する（50条5項）。

在留特別許可は，処分のこのような性質上，法務大臣の広範な裁量に委ねられざるをえないが，全くのフリーハンドではなく，従来より「在留特別許可に係るガイドライン」が公表されてきた。入管法の2023年改正により在留特別許可の申請手続が創設され，前述の考慮事項（50条5項）が明示されたことを受けて，ガイドラインも改定された 18-5 。改定後のガイドラインには，各考慮事項の「評価に関する考え方」を示すという形式で，どのような事情が積極要素・消極要素とされるかが挙げられている。

（4）入管法の2009年改正により，従来の「外国人登録制度」が廃止されるとともに， 18-6 に示す在留管理制度が導入された。中長期在留者に対しては，在留資格に係る許可の結果として，「在留カード」が交付される 18-7 。

（5）入管法の2018年改正により，在留資格として「特定技能1号」および「特定技能2号」が創設され，対象となる特定産業分野とし て介護や建設，農業，漁業などが指定されている。また，同改正により「出入国在留管理庁」が新設され，従来の入国管理局に取って代わった。在留申請に関するオンライン化・電子化の進展も見られる。

（6）入管法の2023年改正により，送還忌避問題の解決策として罰則付き退去命令制度の創設や，収容をめぐる諸問題の解決策として監理措置制度の創設等が行われている。さらに，保護すべき者を確実に保護するため，在留特別許可の申請手続や，条約上の難民には該当しない者への「補完的保護対象者」認定制度が新設されている。

18-5 在留特別許可に係るガイドライン（抜粋）

在留特別許可に係るガイドライン

出入国在留管理庁
平成 18 年 10 月策定
平成 21 年 7 月改定
令和 6 年 3 月改定

第1 ガイドラインの位置付け等
1 改正法における在留特別許可に係る規定について
　令和5年入管法等改正法（以下「改正法」といいます。）により，在留特別許可の申請手続が創設され，その考慮事情が法律上明示されました。
　改正法により，法務大臣は，外国人が退去強制対象者に該当する場合であっても，①永住許可を受けているとき，②かつて日本国民として本邦に本籍を有したことがあるとき，③人身取引等により他人の支配下に置かれて本邦に在留するものであるとき，④難民の認定又は補完的保護対象者の認定を受けているとき，⑤その他法務大臣が特別に在留を許可すべき事情があると認めるときは，当該外国人からの申請により又は職権で，当該外国人の在留を特別に許可することができることとされました……。
（中略）
　3 ガイドラインの位置付けについて
　出入国在留管理庁は，在留特別許可の判断の透明性を高めるため，在留特別許可に係るガイドラインを策定・改定し，考慮する事項を例示的に示してきたところです。
　今般，改正法の施行により，前記1のとおり，申請手続の創設に併せて考慮事情を法律で明確に示し，当該各考慮事情について当事者に十分に主張し得る機会を保障することとしたことに併せ，在留特別許可に係るガイドラインも改定し，当該各考慮事情の評価に関する考え方を示すこととしました。
　本改定は，在留特別許可に関する従来の判断の在り方を変えるものではありませんが，特に，我が国に不法に在留している期間が長いことについては，出入国在留管理秩序を侵害しているという観点から消極的に評価されることを明確にしました。他方で，本邦で家族とともに生活をするという子の利益の保護の必要性を積極的に評価すること，また，その間の生活の中で構築された日本人の地域社会（学校，自治会等。以下「地域社会」といいます。）との関係も積極的に評価することなどを明確にしました。
第2 入管法第50条第5項に掲げる考慮事情の評価に関する考え方
1 在留を希望する理由
　当該外国人が我が国での在留を希望する理由は，在留特別許可をするかどうかの判断において，単に在留を希望する理由があるだけではなく，後記2から9までに掲げる事情とどのように関連するのかという観点から考慮されます。
2 家族関係
　家族関係は，在留特別許可をするかどうかの判断において，重要な要素となり得るものであり，中でも，家族とともに生活をするという子の利益の保護の必要性は，積極要素として考慮されます。
（中略）
第3 積極要素及び消極要素の考慮の在り方等
　在留特別許可の許否の判断においては，個々の事案ごとに当該外国人の申立て内容だけでなく，具体的な根拠の有無や客観的な状況も考慮した結果，各考慮事情に認められる積極要素及び消極要素を総合的に勘案し，積極要素として考慮すべき事情が消極要素として考慮すべき事情を明らかに上回る場合には，在留特別許可をする方向で検討することとなります。
　したがって，特に考慮する積極要素が存在するからといって，必ず在留特別許可がされるというものではなく，逆に，特に考慮する消極要素が存在するからといって，一切在留特別許可がされないというものでもありません（注4）。

（注4）在留が認められず退去強制令書を発付された外国人は，速やかに本邦から退去することが原則となるため，退去強制令書が発付された後の事情変更等は原則として考慮されません。

18-6 在留管理制度における手続の流れ

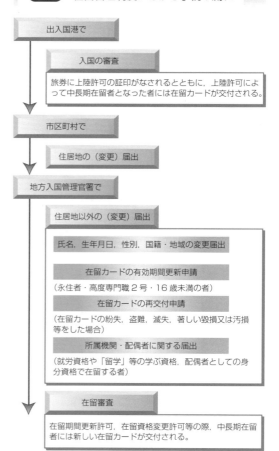

▶出入国在留管理庁ウェブサイト（https://www.moj.go.jp/isa/applications/procedures/flow_00001.html）をもとに作成

18-7 在留カード

（表面）　　　　　（裏面）

▶出入国在留管理庁ウェブサイト（https://www.moj.go.jp/isa/applications/procedures/whatzairyu_00001.html）

No.19 行政手続①──総論

1 行政手続法の意義と制定の経緯

　行政手続法は，1993年11月に制定され，1994年10月から施行された，行政の手続について規定した法律である。申請に対する処分，不利益処分，行政指導（詳細は⇨No.23），届出，意見公募手続（2005年追加）について規定している。同法制定以前は，違法な行政作用に対しては事後的な救済手段を与えれば足りるという考え方が一般的で，事前に行政手続を整備するという考えはなかった。しかし，事後的な救済制度のみで，国民の権利利益を保護することには限界がある。国民の権利利益を保護するためには，侵害につながるおそれのある行政活動について公正で透明性のある手続を保障し，事前に行政に対するコントロールを及ぼす必要がある。行政手続法制定以前も，個別の法規の中に聴聞，弁明の機会付与について規定しているものもあったが，その用語の定義や内容は不統一で，体系的ではなかった。行政手続の事前統制に関する不統一・不備を解消し，統一的な手続を定めた行政手続法を制定することは長年の課題であった。そこで，1990年に発足した第三次臨時行政改革推進審議会（行革審）の中に「公正・透明な行政手続部会」が設けられ，行政手続法案（要綱）および第三次行革審答申が作成された。これらを受けて，1993年に行政手続法が成立し，翌年10月1日から施行された。なお，事前手続の憲法上の要請における行政手続に関していくつかの最高裁判例が出されている。行政手続法制定直前に出された平成4年の成田新法事件最高裁判決では，憲法31条の手続保障は，刑事手続のみならず行政手続にも及ぶ余地があると述べられている **19-1** **19-2**。

2 処分手続

(1) 申請に対する処分

　行政手続法は，不利益処分について手続を整備するだけでなく，申請に対して処分を行う場合の手続を規定し，従来行政庁によりばらばらであった審査の取扱い，審査基準や理由の提示についても一般的に義務付けし，申請につい

19-1 成田新法事件最高裁判決

最大判平成4・7・1（民集46巻5号437頁）

　新東京国際空港の安全確保に関する緊急措置法（成田新法。現在は「成田国際空港の安全確保に関する緊急措置法」）3条1項に基づく工作物の使用禁止命令がなされたため，当該工作物を所有する原告が処分の取消しおよび損害賠償等を求めて出訴した。処分を行うに際して，事前の告知，弁解，防御の機会を与える事前手続の規定が法律上ないことが，憲法31条に違反しないかが争点となった。

　最高裁は，「憲法31条の定める法定手続の保障は，直接には刑事手続に関するものであるが，行政手続については，それが刑事手続ではないとの理由のみで，そのすべてが当然に同条による保障の枠外にあると判断することは相当ではない。しかしながら，同条による保障が及ぶと解すべき場合であっても，一般に，行政手続は，刑事手続とその性質においておのずから差異があり，また，行政目的に応じて多種多様であるから，行政処分の相手方に事前の告知，弁解，防御の機会を与えるかどうかは，行政処分により制限を受ける権利利益の内容，性質，制限の程度，行政処分により達成しようとする公益の内容，程度，緊急性等を総合較量して決定されるべきものであって，常に必ずそのような機会を与えることを必要とするものではないと解するのが相当である。」と判示した。

19-2 成田闘争

▶時事

19-3 大阪府公安委員会が警備業の認定を行う際の審査基準

警備業法第3条各号のいずれにも該当しないことを認定する。
警備業法第3条第4号に該当する者とは、具体的には、犯歴及びその内容、暴力団等との関係等から判断して集団的又は常習的に暴力的不法行為等を行うおそれがあると認められる者をいう。
（注1）暴力団とは、暴力団員による不当な行為の防止等に関する法律第2条第2号に掲げるものをいう。
（注2）暴力的不法行為等とは、警備業の要件に関する規則第2条に掲げるものをいう。
警備業法第3条第9号に該当する場合とは、警備員指導教育責任者として選任しようとする者を、当該営業所において取り扱う警備業務の区分ごとに具体的に決めていない場合や選任しようとする者が当該営業所に勤務することが到底期待できない場合等をいう。

▶大阪府警察ウェブサイト（https://www.police.pref.osaka.lg.jp/material/files/group/2/keib_aa058.pdf）

ても公正で透明な手続を規定した。行政手続法2条3号は、申請とは「法令に基づき、行政庁の許可、認可、免許その他の自己に対し何らかの利益を付与する処分……を求める行為であって、当該行為に対して行政庁が諾否の応答をすべきこととされているものをいう」と規定している。申請前の事前手続として、審査基準をできる限り具体的に定め、それを公にすること（行手5条）**19-3**、標準処理期間の設定に努め、定めた場合は公にすること（行手6条）が規定されている。行政実務では、法律や政省令等で抽象的に定められている許認可要件では十分でないことから、行政庁がより具体的な審査基準を策定していることが多かったが、行政手続法はこの審査基準の策定を義務付け、国民の権利利益の保護のためできる限り具体的なものとすることを求めている。そして、申請がなされたなら遅滞なく審査を開始し、すみやかに応答すること（行手7条）、申請を拒否する場合の理由の提示などが定められた（行手8条。理由の提示については⇨No.**20**参照）。また、申請者および申請をしようとする者に対して必要な情報の提供を行うように努めなければならず（行手9条）、必要に応じて利害関係者の意見を聴くために公聴会等意見聴取の機会を設けるように努めなければならない（行手10条）、と規定し、申請に

Column　申請と届出

届出は、行政庁に対して一定の事項を通知する行為で、申請と異なり行政庁に諾否の応答を求めるものではない。行政手続法2条7号は、届出について「行政庁に対し一定の事項の通知をする行為（申請に該当するものを除く。）であって、法令により直接に当該通知が義務付けられているもの（自己の期待する一定の法律上の効果を発生させるためには当該通知をすべきこととされているものを含む。）をいう」と規定している。しかし、実際には行政庁が届出の受理を拒否する運用が行われることがあり（いわゆる返戻）、実質的に許可制度と同じ運用がなされているとの批判があった。そこで、行政手続法37条は、「届出の形式上の要件に適合している場合は、当該届出が法令により当該届出の提出先とされている機関の事務所に到達したときに、当該届出をすべき手続上の義務が履行されたものとする」と規定し、到達主義を採用した。形式上の要件を具備している届出が提出された場合には、書類を返戻できないとすることにより届出に関する行政庁の不適正な取扱いを防止している。

おける透明性の向上を図っている。さらに、複数の行政庁が関与する処分の手続について、迅速化と申請人の負担軽減を図る規定も盛り込まれている（行手11条）。

（2）不利益処分

同法にいう不利益処分とは、行政庁が、法令に基づき、特定の者を名あて人として直接に、これに義務を課し、またはその権利を制限する処分であり（行手2条4号）、例えば免許の取消しや営業停止などがある。行政庁は、不利益処分をするかどうか、またはどのような不利益処分とするかについてはその法令の定めに従って判断するために必要とされる基準を定め、かつこれを公にしなければならない。処分基準を定めるにあたっては、当該不利益処分の性質に照らしてできる限り具体的なものとしなければならない（行手12条）。申請に対する審査基準と異なり、不利益処分基準の設定・公開は努力義務とされている。これは、不利益処分に関しては事前に処分基準を設定することが困難なものも少なくないこと、公開することにより脱法行

19-4 申請および不利益処分に対する手続

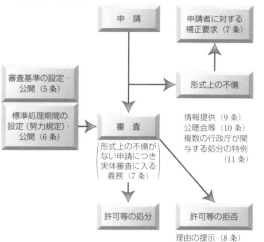
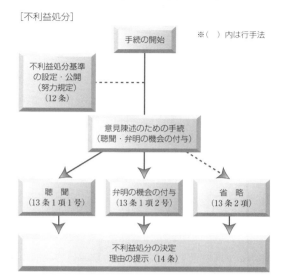

為が助長される可能性もあるからだとされている。また、不利益処分を受けるものについては反論、弁論の機会を与える必要があることから、聴聞、弁明の機会の付与制度が置かれた（聴聞の詳細は⇒No.21）。不利益処分を行う場合には、原則として、同時にその理由を示さなければならない（行手14条1項。詳細は⇒No.20）。ただし、緊急に処分しなければならない場合は、処分に際しての理由の提示が省略され、処分後に示されることもある（行手14条1項ただし書・2項）。これらの流れについては、19-4 を参照。

2014年改正により、より公正な行政手続を確保するために、国民が法令に違反する事実を発見した際には、行政機関に対して、是正するための処分や行政指導を求めることができる仕組みが設けられた（処分等の求め。行手36条の3）。

3 意見公募手続

行政手続法は、国民の権利利益への侵害に対して手続を整備し、未然にコントロールを行おうとするものであるが、民主主義的観点からの手続保障の規定は十分でないとされていた。行政活動は法律に基づき行われるのが原則であるが、実際の行政活動は行政立法に基づき行われるものも多い。行政立法は、国会や地方議会によって制定されるものでないことから、法律や条例のように国民の監視にさらされることがない。行政立法策定プロセスにも、国民の意見を反映させ、監視することによって公正で適正な行政作用を確保していかなければならないが、その仕組みは整っていなかった。そこで、まず閣議決定に基づき1999年から全省庁において国民意見提出制度（いわゆるパブリックコメント制度）が実施された。そして、このパブリックコメント制度が2005年行政手続法改正により、意見公募手続として法定されることとなった（行手39条以下）。意見公募手続は、命令等の制定に際し、広く一般の意見を求める制度で、意見提出者の範囲は限定されない。命令等の中には、政省令だけでなく、申請に対する審査基準、不利益処分に関する処分基準、行政指導指針も含まれる。意見公募手続は、大臣その他の命令等制定機関が命令等の案とともに意見の提出先および原則として30日間以上の意見提出期間をあらかじめ公示することにより開始される。命令等制定機関は、提出された意見を「十分に考慮」しなければならず（行手42条）、考慮した結果とその理由を命令等の公布の際に公示しなければならない（行手43条1項4号）19-5。

4 地方公共団体との関係

行政手続法は、国の行政機関による法令に基

づく処分，行政指導，届出に適用されるもので，地方公共団体の機関が行う処分のうち，法定受託事務や法律に基づく自治事務の処理には適用されるが，その根拠となる規定が条例または規則に置かれている処分と届出，地方公共団体が行う行政指導，命令等を定める行為に関する手続については適用が除外されている（行手3条3項）。しかし，国民の権利利益の保護という観点からは，地方公共団体の行政活動に対しても，行政手続法の趣旨を同様に及ぼしていく必要がある。そこで，行政手続法46条は，地方公共団体が，この法律の趣旨にのっとり必要な措置を講ずるよう努めることを規定している。この規定を受け，2017年の総務省の行政手続条例等の改正の対応状況の調査によれば，都道府県（47），政令指定都市（20），中核市（48），施行時特例市（36）と，その他の市区町村（1637）の合計1788団体において，条例の改正がなされ（調査時点で改正済みが92.5%，予定が4.5%），内容も改正行政手続法とほぼ同様のものとなっている（意見公募手続については，別個に条例を制定している自治体も多い）。

5 行政手続のデジタル化

2019年5月31日に「情報通信技術の活用による行政手続等に係る関係者の利便性の向上並びに行政運営の簡素化及び効率化を図るための行政手続等における情報通信の技術の利用に関する法律等の一部を改正する法律」が公布された。同法によって行政手続オンライン化法は改正され「情報通信技術を活用した行政の推進等に関する法律」（デジタル手続法）となった（⇨No.2 2 (5)参照）。同法は，情報通信技術を活用し，行政手続等の利便性の向上や行政運営の簡素化・効率化，社会経済活動のさらなる円滑化を図ることを目的とし，①行政のデジタル化に関する基本原則および行政手続の原則オンライン化のために必要な事項，②行政のデジタル化を推進するための個別分野における各種施策を規定している。同法制定の背景には，政府全体の電子政府（デジタル・ガバメント）化の動きがある。あらゆる行政サービスがオンライン化

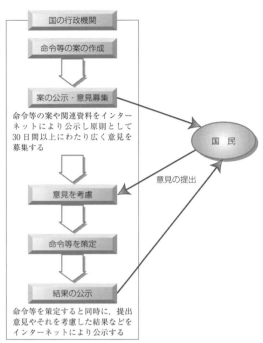

▶内閣官房ウェブサイト（https://www.cas.go.jp/jp/seisaku/jouhouwg/hyoka/dai1/sankou5.pdf）をもとに作成

されることにより，利用者は様々な行政手続・サービスをワンストップで実施できる，複数回の書類提出が回避できるなど利便性が向上する，同時に行政の業務効率の向上も行われることになる。とはいえ，オールジャパンでのオンライン化には時間がかかることから，原則オンライン化とされてはいるが，自治体においては努力義務とされており，適用除外規定も設けられている。

No.20 行政手続②——理由の提示

1 理由の提示の意義・程度・方法

(1) 理由の提示の意義

申請を行ったが拒否された、あるいは免許が取り消されたといった不利益な効果をもたらす処分が行われる際には、その理由が示されることが、公正・透明な行政を確保し、国民の権利を保護するために不可欠である。事前に処分理由が相手方に提示されることにより、処分庁の判断の慎重、合理性を担保することが可能になりその恣意を抑制するとともに、相手方に不服申立ての便宜を与えることができるからである。行政手続法が制定される前には、個別の法律ごとに理由の提示に関する規定が置かれているものもあったが、統一的な取扱いがなされてこなかったことから、行政手続法により、申請拒否処分および不利益処分一般に理由の提示が義務付けられた（行手8条1項・14条1項）20-1。なお、同法制定前は「理由付記」が一般的に使用されているが、本書では「理由の提示」で統一している。

(2) 理由の提示の程度

上記のような趣旨から、行政手続法上の理由の提示は、なんらかの理由を提示すれば足りるものではない。そこで、どの程度までの理由の提示を行えば、法の趣旨を満たすことになるかが問題となる。行政手続法制定以前の判例は、処分の性質と理由付記を命じた各法律規定の趣旨・目的に照らしてこれを決定すべきものとしていた（最判昭和38・5・31民集17巻4号617頁。また、最判昭和60・1・22民集39巻1号1頁では「一般旅券発給拒否通知書に付記すべき理由としては、いかなる事実関係に基づきいかなる法規を適用して一般旅券の発給が拒否されたかを、申請者においてその記載自体から了知しうるものでなければならず、単に発給拒否の根拠規定を示すだけでは、それによって当該規定の適用の基礎となった事実関係をも当然知りうるような場合を別として、旅券法の要求する理由付記として十分でない」と述べられている）。

この立場は、行政手続法制定以降の判例でも継承されており、行政手続法14条の不利益処分の処分基準に関する判例として、札幌一級建築士免許取消処分事件の最高裁判決（最判平成23・6・7民集65巻4号2081頁）がある 20-2。なお、判例上、理由の提示の懈怠があった場合には、当該処分は取り消されるべきとされている（上記各判例参照）。

20-1 理由の提示

※（ ）内は行手法

(3) 理由の提示の方法

理由の提示の方式は口頭でも可とされているが、処分を書面で行うときは理由の提示も書面で行う必要がある（行手8条2項・14条3項）。

20-2 札幌一級建築士免許取消処分事件最高裁判決

最判平成23・6・7（民集65巻4号2081頁）

　耐震強度偽装問題に関わり，建築士法に基づき一級建築士免許を取り消された札幌の建築士が，本件免許取消処分は，行政手続法14条1項の規定する理由の提示の要件を欠いた違法な処分であり，これを前提とする建築士事務所登録取消処分も違法であるとして，各処分の取消しを求めて訴えを提起した。

　最高裁は，「行政手続法14条1項本文が，不利益処分をする場合に同時にその理由を名宛人に示さなければならないとしているのは，名宛人に直接に義務を課し又はその権利を制限するという不利益処分の性質に鑑み，行政庁の判断の慎重と合理性を担保してその恣意を抑制するとともに，処分の理由を名宛人に知らせて不服の申立てに便宜を与える趣旨に出たものと解される。そして，同項本文に基づいてどの程度の理由を提示すべきかは，上記のような同項本文の趣旨に照らし，当該処分の根拠法令の規定内容，当該処分に係る処分基準の存否及び内容並びに公表の有無，当該処分の性質及び内容，当該処分の原因となる事実関係の内容等を総合考慮してこれを決定すべきである。

　この見地に立って建築士法10条1項2号又は3号による建築士に対する懲戒処分〔**20-3**〕について見ると，同項2号及び3号の定める処分要件はいずれも抽象的である上，これらに該当する場合に……いずれの処分を選択するかも処分行政庁の裁量に委ねられている。そして，……本件処分基準は，意見公募の手続を経るなど適正を担保すべき手厚い手続を経た上で定められて公にされており，しかも，その内容は……かなり複雑なものとなっている。そうすると，建築士に対する上記懲戒処分に際して同時に示されるべき理由としては，処分の原因となる事実及び処分の根拠法条に加えて，本件処分基準の適用関係が示されなければ，処分の名宛人において，上記事実及び根拠法条の提示によって処分要件の該当性に係る理由は知り得るとしても，いかなる理由に基づいてどのような処分基準の適用によって当該処分が選択されたのかを知ることは困難であるのが通例であると考えられる。」と判示した。

　なお，処分通知等について，法令の規定により当該処分通知等を書面等で行うこととされている場合であっても，主務省令で定めることにより，電子情報処理組織を使用する方法により行うことができ（デジタル手続法7条），当該電子情報処理組織を使用した処分通知等において理由を提示することも許容されると考えられる。

2　理由の追完と差替え

　理由が提示されていたとしても，その理由に不備があるときは事前に理由の提示を求めた法の趣旨を達成できないことから，当該処分は取り消されるべきである。しかし，その後行政庁が理由の追完を行う場合，あるいは差替えを行う場合に理由不備の瑕疵が治癒されるかという問題がある。

　理由の追完は，そもそも理由の提示を欠いているか，あるいは提示された理由が不十分である場合に，後に理由を追完することにより理由の提示の瑕疵が治癒されるかという問題である。

20-3 建築士法10条1項
（平18法92による改正前のもの）

国土交通大臣・都道府県知事

この法律もしくは建築物の建築に関する他の法律またはこれらに基づく命令もしくは条例の規定に違反したとき（2号）

業務に関して不誠実な行為をしたとき（3号）

戒　告

（1年以内の期間を定め）業務の停止または免許取消し

　最高裁は，「理由の追完」に対しては厳格な態度をとっており，法人税についての増額更正処分通知書に記載された理由が不十分であったが，その後の審査請求に対する裁決書において理由が補足された事例において，理由の追完を認めなかった（最判昭和47・12・5民集26巻10号1795頁）。事後に当該手続を行うことによって瑕疵が治癒されることになれば，事前に適正手続を保障することによって国民の権利利益を保

20-4 逗子市住民監査請求記録公開請求事件最高裁判決

判 最判平成 11・11・19（民集 53 巻 8 号 1862 頁）

原告は、池子弾薬庫跡地内に所在する逗子市所有地の管理または国への移転登記に関し必要な措置を講ずべきこと等を求める住民監査請求について、関係職員から事情聴取をした内容を記録した文書の公開を逗子市情報公開条例に基づき請求したところ、公文書の非公開事由を定めた 5 条 2 号（事務事業情報）に該当するとして拒否された。これに対して、拒否処分の取消訴訟を提起したものである。訴えに対して、被告が当該行政文書非公開の決定が適法であることの根拠として、当該公文書が公開条例 5 条 2 号ア（意思形成過程情報）にも該当すると主張したことから、理由の差替えが認められるかが争点となった。

最高裁は、「本件条例 9 条 4 項前段が、前記のように非公開決定の通知に併せてその理由を通知すべきものとしているのは、本件条例 2 条が、逗子市の保有する情報は公開することを原則とし、非公開とすることができる情報は必要最小限にとどめられること、市民にとって分かりやすく利用しやすい情報公開制度となるよう努めること、情報の公開が拒否されたときは公正かつ迅速な救済が保障されることなどを解釈、運用の基本原則とする旨規定していること等にかんがみ、非公開の理由の有無について実施機関の判断の慎重と公正妥当とを担保してそのし意を抑制するとともに、非公開の理由を公開請求者に知らせることによって、その不服申立てに便宜を与えることを目的としていると解すべきである。そして、そのような目的は非公開の理由を具体的に記載して通知させること（実際には、非公開決定の通知書にその理由を付記する形で行われる。）自体をもってひとまず実現されるところ、本件条例の規定をみても、右の理由通知の定めが、右の趣旨を超えて、一たび通知書に理由を付記した以上、実施機関が当該理由以外の理由を非公開決定処分の取消訴訟において主張することを許さないものとする趣旨をも含むと解すべき根拠はないとみるのが相当である。」と判示した。

護しようとした趣旨が失われてしまうためである。

一方、理由の差替えは、当初不備がない形で理由が提示された場合について、あとから差替えが可能かという問題である。差替えについては、情報公開請求に対する拒否処分の際の理由の提示に関して、取消訴訟の場での処分理由の追加的主張を認めた最高裁判決が出ている（最判平成 11・11・19 民集 53 巻 8 号 1862 頁〔逗子市住民監査請求記録公開請求事件〕）。本判決は、適法な理由が提示されたことにより、本件情報公開条例が非公開決定の理由の通知を求めている趣旨は達成されていることから、さらに別の理由を取消訴訟において主張することを許さないとするものではないとしている。本件は、差替えの判決とされているが、実質は理由の追加的主張の可否が争われた事案である 20-4 20-5 。理由の差替えについて、通説は、広範囲に差替えを認めることは理由の提示の趣旨を失わせてしまうため、理由の差替えが取消対象の処分の同一性を失わせるような場合には許されないと

20-5 逗子池子航空写真

▶写真提供：神奈川県

している。また、行政手続法制定以降は、例えば、聴聞を経た処分については、理由の差替えは認められないとする説もある。

なお、デジタル手続法により、処分通知等がオンラインで可能になったことに伴い、処分通知等に理由を記載する場合には理由の提示もオンラインで可能になった。

No. 21 行政手続③——聴聞と弁明の機会の付与

1 聴聞の意義

国民の権利侵害を事前に防止し公正な行政を実現するためには，行政庁が不利益処分をするに際して，処分の相手方に意見を陳述する機会が保障されていなければならない。自己に不利な結果が課される場合に，自己の権利を主張したり，防御を行う機会を与えられなければ，行政庁の不当・恣意的な判断を防止することができないからである。そこで，行政手続法第3章では，行政庁が相手方に不利益となる処分（決定）を行う場合に，意見陳述の機会の付与として「聴聞」「弁明」を規定している。正式な手続が「聴聞」，略式な手続が「弁明」である。すべての不利益処分について，意見陳述の手続が行われるのではなく，行政手続法13条1項に実施が義務付けられる処分が規定されている。また，緊急に不利益処分を行う必要がある場合や，処分内容が軽微であり聴聞の必要がないと認められる場合などには行われない（行手13条2項）。身近な聴聞の例では，道路交通法104条1項は，公安委員会が免許を取り消し，停止しようとするときは，公開による聴聞を行わなければならないと定めている。被処分者には，公安委員会から道路交通法による意見聴取通知書往復はがきが送付されてくる 21-1 。

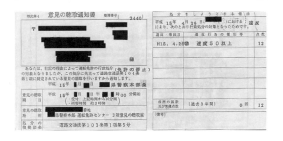

21-1 道路交通法による意見聴取通知書の例

2 聴聞手続の流れ 21-2

(1) 通知

聴聞手続が行われる場合には，行政庁は聴聞開催期日までに，相手方に書面で聴聞の通知を行う（行手15条）。聴聞期日までに反論・防御の準備を行う必要があるため，期日の相当前までに通知が行われなければならない。この通知により，相手方は自己の反論・防御を行う範囲について知ることができ，聴聞手続に必要な準備を行うことが可能となる。なお，聴聞の通知を受けた者は代理人を選任することができる。代理人は，不利益処分を受ける者に代わって聴聞に関する活動の一切を行うことができる（行手16条2項）。行政庁は，不利益処分の名あて人となるべき者が判明しない場合には通知を公示の方法で行うことができる（行手15条3項）が，デジタル手続法の導入により，デジタル技術を活用した公示が行えることとなった。当該行政庁事務所の掲示板に掲示することのほか，当該行政庁事務所に設置した電子計算機の映像面に表示したものの閲覧を可能とする措置がとれるようになったのである。

(2) 文書等の閲覧

行政手続法18条は，聴聞手続において，当事者等に十分な防御を行わせるために，あらかじめ当該事案の調書やその他資料を閲覧する権利を規定している。

また，審理の進行過程において，新たな事実が発見されたり証拠が追加されることがありうるが，このような場合にも当事者等の権利を確保するために，新たな文書閲覧請求ができることも規定されている。

(3) 聴聞の主宰者

聴聞の主宰者は，行政庁および政令により指定される。この主宰者については，除斥事由が

21-2 聴聞手続の流れ

聴聞の通知（15条）

行政庁

通知記載内容（15条）

不利益処分の内容・根拠法令
不利益処分の原因となる事実
聴聞の期日・場所
聴聞の事務を所管する組織等
聴聞において行使できる権利の教示：
　意見申述・証拠書類等提出，聴聞終了時までの
　資料の閲覧請求

文書等の閲覧（18条）

当事者等

聴聞の開催（20条）

聴聞主宰者　行政庁が指名する職員等（除斥事由：聴聞の当事者・当事者の配偶者等）（19条）

当事者等　　　　　行政庁の職員

意見陳述・証拠提出・質問（20条2項）　　説明（20条1項）

聴聞の終結

聴聞の再開（25条）

聴聞主宰者　聴聞調書作成　報告書を行政庁に提出（24条）

行政庁による処分

報告書を参酌（26条）

行政庁

※括弧内は行政手続法

規定されており，聴聞に関係する当事者または参加人，その配偶者・親族などの一定の関係がある者については，主宰者となることができない（行手19条）。聴聞の主宰者は民事・刑事裁判における裁判官類似の役割を果たすことから，主宰者は聴聞手続の公正・中立性を担保するものでなければならず，行政手続法19条2項が，除斥事由を定めている理由もそこにある。

（4）　聴聞調書・報告書

聴聞が終了すると，主宰者は聴聞に関する調書・報告書を作成する。この調書・報告書は聴聞に参加した者は閲覧することが可能である（行手24条）。行政庁は，この聴聞の主宰者の作成した調書・報告書を，十分に参酌して不利益処分の決定を行う（行手26条）。

注意が必要なのは，聴聞手続においては，不利益処分を行う行政庁が相手方からの意見陳述を求める構造になっているのではなく，第三者である主宰者のもと，行政庁と相手方が対等の立場で意見陳述を行う，裁判に似た構造になっている点である。

3　聴聞手続における第三者保護の仕組み

行政手続法は，主宰者の判断により，当該不利益処分につき利害関係を有すると認められる者が聴聞手続に参加できる参加人の規定を置いている（行手17条）。行政庁の事実認定をより適正にするために当事者以外の参加を認めるとともに，利害関係人の権利を保護することが実質的な制度目的であるとされている。当該不利益処分について利害関係を有すると認められる者に十分な意見陳述の機会を与え，その者の権利保護を図ろうとする趣旨である。しかし，不利益処分を受ける当事者と同様に不利益処分により自己の利益を害される参加人と，当事者と相反する利害を有する参加人（相反利害関係人）は，区別されており，相反利害関係人は文書閲覧請求権が認められず（行手18条1項参照），意見陳述は行えるが，主宰者が作成する報告書においてもその主張の理由の有無については意見を記載しなくてもよいとされている（行手24条3項）。聴聞手続が不利益処分の当事者のための制度であることから，このような相違が設けら

れているのであるが，ここに第三者保護の仕組みとしての限界があるとされている。

なお，この参加人の規定のほか，行政手続法上の規定として，公聴会の開催等（行手10条）があり，利害関係人が意見を述べる機会が保障されている（⇨No.19 **2**参照）。

4 弁明の機会の付与

「聴聞手続」の場合と異なり，営業許可の停止処分のように，より軽い不利益処分が行われる場合には，簡易な手続として「弁明の機会の付与」の手続が規定されている（行手13条1項2号）。不利益処分を受ける予定の者は，弁明書や証拠書類を提出することにより，反論の機会が与えられる。

名あて人への影響が大きい不利益処分に対する聴聞手続は，口頭審理主義がとられているが，「聴聞手続」よりも軽微な不利益処分を対象としている「弁明の機会の付与」においては，原則口頭での意見陳述，不利益処分の理由となる事実の証明資料の閲覧は認められない（ただし，口頭で意見を述べることを行政庁が認めた場合には例外的に認められる。行手29条1項）。

Column **相反利害関係人と自己の利益を害されることとなる参加人等**

行政手続法においては，同じカテゴリーに属する参加人について，「不利益処分がされたことにより自己の利益が害されることとなる」参加人とそれ以外の参加人，典型的には，不利益処分の名あて人とは反対の利害関係をもつ者（許認可を受けている事業者の活動により自己の利益が害されるとのおそれをもっている参加人）とを区別している（*Column*〔不利益処分の名あて人と当事者，参加人〕（右上））。

例えば，独立行政法人等については，当該法人を監督する大臣が法人の役員を直接に解任することができる旨を定めている場合が多い。この場合，当該解任処分が法人の運営に不利益をもたらすとの見地から当該解任処分に反対の意向をもって聴聞処分に参加することはありうる。

Column **不利益処分の名あて人と当事者，参加人**

行政手続法は，不利益処分の名あて人となるべき者は行政庁から聴聞の通知（公示到達の場合も含む）を受け取った以降に聴聞手続当事者となることから，これと名あて人となるべき者と区別するため「当事者」という語を用いている（行手16条1項）。また，行手法は，当事者以外の「当該不利益処分につき利害関係を有するものと認められる者」にも，聴聞に参加する機会を与えており，これらの者については「参加人」という名称が用いられている（行手17条1項・2項）。参加人には，当事者と「利害」が一致する参加人と当事者と相対立する参加人とが想定される（後者は「相反利害関係人」という）が，両者は行手法において異なった扱いがなされており，当事者および当事者と利害が一致する参加人は「当事者等」として，当事者と同等の地位が与える規定があり，具体的には，18条の閲覧請求権，24条3項の報告書記載に関するものである（⇨**3**参照）。

Column **行手法28条（当事者のみなし規定）**

行政手続法13条1項1号ハは，名あて人が法人である場合におけるその役員・業務従事者の解任命令，会員の除名命令について，聴聞が行われるべき処分と位置付けている。これは，法人に対して，例えば役員等の解任が命じられる場合には，当該役員が一方的にその地位を剥奪されることになり同号ロの役員等の解任処分に準じて扱うのが妥当である，との判断に基づくものである。この場合，処分の名あて人は法人であるが，解任させられる役員等が当該処分によりもっとも重大な不利益を受けることとなるから，行手法28条は，聴聞について特例を設け，これらの役員等について行手法15条1項の「通知を受けた者とみなす」と規定し，聴聞手続においては当事者として扱うこととしている。

22 行政手続④──環境影響評価法

1 環境影響評価法の概要

　行政手続法は，行政運営における公正の確保と透明性の向上を図るために，事前手続を定め，もって国民の権利利益を保護しようというものである。一方，環境影響評価法は，環境影響評価（環境アセスメント）制度の一連の手続について規定した法律であり，1997年に成立，1999年に施行された。環境保全の観点から，事業者が適正な環境配慮を行えるように事前手続を定めるものであり，事前手続によるコントロールという点で趣旨を同じくするものである。施行10余年を経た2011年に改正が行われた。

　環境影響評価制度は，道路，ダム事業など，環境に著しい影響を及ぼすおそれのある行為について，事業者が自ら，事前に環境への影響を十分調査，予測，評価して，その結果を公表して地域住民や関係行政機関等の意見を聴き，環境配慮を行うとともに，これらの結果を当該事業の許認可等の手続に適切に反映させることにより，事業の環境への影響を回避・低減させようという制度である。1969年にアメリカにおいて法制化されたNEPA（National Environmental Policy Act：国家環境政策法）を範とする。わが国では，1972年の閣議了解「各種公共事業に係る環境保全対策について」により公共事業への環境影響評価手続が導入され，その後1984年の閣議決定「環境影響評価の実施について」に基づく「閣議要綱アセス」の運用が開始された。閣議レベルでの環境影響評価制度では政府のみが拘束されるもので，法律との間には制度としての拘束力に差があり，環境影響評価制度の趣旨を十分に果たすことが叶わなかったことから，途中，法案の廃案を経験し紆余曲折を経ながら，1997年に法制化が実現した（22-1）。法制化にあたり閣議要綱アセスの内容は拡充され，意思決定段階における環境配慮が大幅に強化されることとなった（22-2 参照）。

2 環境影響評価の流れ

　わが国の環境影響評価法は，実施主体が事業者となっており，事業者が自ら環境影響を評価し，事業の環境適合性を確保しようというものである。このように事業者の自主的制度を基本としながらも，33条～37条にいわゆる横断条項（**Column**〔次頁〕）を置き，申請内容に事業者の行った環境影響評価の結果が十分に反映されているかを審査し，許認可等の行政決定に反

22-1　環境影響評価法制定までの経緯

1969年	アメリカ「国家環境政策法（NEPA）」制定。世界初の環境アセスメント制度
1972年	「各種公共事業に係る環境保全対策について」閣議了解。公共事業について，アセス制度を導入
1981年	旧「環境影響評価法案」国会提出（1983年廃案）
1984年	「環境影響評価の実施について」閣議決定。環境影響評価実施要綱の制定
1993年	「環境基本法」の制定。環境アセスメントを法的に位置付け（20条）
1997年	「環境影響評価法」制定
1999年	「環境影響評価法」完全施行
2011年	「環境影響評価法」改正。配慮書手続，報告書手続の新設等
2013年	改正「環境影響評価法」完全施行

▶環境省ウェブサイトをもとに作成

22-2　閣議要綱アセスとの相違点

- 対象の拡大：事業の拡大（閣議要綱アセスでは11種，アセス法では13種）
- 環境評価の範囲の拡大
- 影響評価結果に対する環境省意見の許認可への反映を謳った横断条項の設置
- 住民意見の提出機会の増加（地域の限定なし，回数も1回から2回へ）
- スクリーニング，スコーピング手法の導入
- 生物多様性や住民の自然との触れ合いに及ぼす影響も調査内容へ追加
- 環境影響の低減に最大限の努力の有無の評価の判断材料への追加
- 環境大臣の意見提出権

▶環境省ウェブサイトをもとに作成

映する制度を併せ持っている点に，特徴がある。

対象となる事業は，道路，ダム，鉄道，空港，発電所など「規模が大きく」「環境に大きな影響を及ぼすおそれのある」事業で，法律で許認可等が義務付けられている事業等である。政令で「第一種事業」として指定され，必ず評価が行われなければならない。さらに，「第一種事業」に準ずる大きさの事業が「第二種事業」として，手続を行うかどうかが地域特性，事業特性を踏まえて個別に判断される。これが，スクリーニング手続と呼ばれるものであり，法の対象となる範囲を広く設定した上で絞り込んでいく手続である。対象となる事業を行う事業者は，環境影響を調査，予測，評価するにあたり，どのような項目，手法を選択するのかについて「環境影響評価方法書」を作成する。方法書作成にあたっては，住民や地方公共団体の意見が聴取される。これが，スコーピングと呼ばれる手続で，スコーピングにより環境影響評価の項目，調査等の手法について住民や都道府県知事，市町村長が意見を述べる機会が確保される。これにより，事業者，住民，行政のコミュニケーションが図られ，質の高いアセスメントが実施されることが期待されている *22-3*。

次の手続として，事業者は，方法書に従い，事業の環境影響の調査，予測および評価を行い，その結果を記載した「環境影響評価準備書」を作成し，公告・縦覧，説明会を実施する。住民意見（環境影響評価 18 条），知事意見（同 20 条）が提出され，事業者は，これらの意見を踏まえて準備書を修正して「環境影響評価書」を作成し，許認可権者へ送付する。許認可権者は，評価書の写しを環境大臣に送付して意見を求め，環境大臣から提出された意見を勘案して，事業者に対して意見を述べる（同 22 条・23 条・24 条）。環境影響評価法の対象とする事業に関する個別の法律（道路法，河川法等）は，環境保全への配慮を必ずしも許認可の必須要件としていない。そこで，環境配慮の実効性を担保することを趣旨として，前述のように当該事業に関して許認可を行うに際し，環境影響評価書および環境大臣意見を勘案した許認可権者の意見を許認可に

Column 横断条項とは

環境影響評価結果を他法令の許認可手続に反映させるための環境影響評価法上の仕組みであり，環境影響評価法 33 条〜37 条に規定されている。例えば 33 条は，「対象事業に係る免許等を行う者は，当該免許等の審査に際し，評価書の記載事項及び第 24 条の書面に基づいて，当該対象事業につき，環境の保全についての適正な配慮がなされるものであるかどうかを審査しなければならない」と規定している。環境影響評価法が対象とする事業は，許認可等に基づく大規模な事業であるため，個別の事業においても，環境影響評価手続の結果を反映して環境配慮がなされる必要があるが，個別の事業の許認可手続においては，環境配慮審査手続が規定されておらず，事業が環境の保全に適正に配慮しているか否かについて審査されずに許認可あるいは補助金交付の決定がされることがある。

そこで，一般的に環境影響評価手続の過程を事業の許認可等の過程において反映させるものが 33 条〜37 条であり，環境影響評価法に基づく環境影響評価手続に基づき作成された評価書と，環境大臣意見を勘案して作成される各事業の許認可等を行う者の意見に基づいて，許認可等を行う者が対象事業が環境の保全について適正な配慮がなされるものであるかどうかについて審査し，その結果を許認可等に反映する旨を定めている。個別の規定に環境配慮審査規定が置かれていない場合にも，一般的に環境配慮審査義務を課すものであり，環境影響評価手続と事業の許認可等の手続をつなぐものであるため横断条項と呼ばれている。

反映させることを定めた条項（いわゆる横断条項〔33 条〜37 条〕）が設けられた。

3 環境影響評価法の 2011 年改正

環境影響評価法は，事業実施段階での環境影響評価制度を規定したものであるが，一部地方公共団体の条例では，より早い計画段階での環境影響評価制度，戦略的環境アセス（*Column*〔次々頁〕）が導入されていた。2011 年法改正前の事業実施段階における環境影響評価では，例えばより早期から多様な保全対策が検討される必要がある生物多様性関連について柔軟な環境保全措置をとることが困難であった。そこで，2011 年法改正では計画段階配慮事項の手続が新設され，事業の計画段階において環境影響評価が実施されることとなった（3 条の 2〜3 条の

22-3 環境影響評価法に基づく環境影響評価手続の実施状況

(2024 年 3 月 31 日時点)

	道路	河川	鉄道	飛行場	発電所	火力	風力	太陽光	その他	処分場	埋立て,干拓	面整備	合計[5]
手続実施[1]	97	11	19	16	662	83	542	16	21	7	20	22	854
手続中	14	1	2	2	367	10	341	12	4	1	3	2	392
手続終了[2]	72	9	15	13	204	60	125	3	16	6	15	15	349
手続中止[3]	11	1	2	1	91	13	76	1	1	0	2	5	113
環境大臣意見・助言[4]	86	10	17	19	721	89	591	17	24	1	4	17	875
配慮書	15	0	2	5	462	30	417	9	6	1	0	2	487
方法書	0	0	0	0	0	0	0	0	0	0	0	0	0
準備書・評価書	71	10	15	13	259	59	174	8	18	0	4	15	387
報告書	0	0	0	1	0	0	0	0	0	0	0	0	1

1) 手続実施：環境影響評価法の施行時及び対象事業の追加に係る政令の施行時に制定された経過措置に基づき，条例や行政指導等の手続から環境影響評価法の手続に移行した事業を含めて集計した。
2) 手続終了：評価書の手続が終了した事業及び第2種事業に係る判定の結果，方法書以降の手続が不要と判定された事業を集計した。なお，評価書手続後に報告書手続が予定されている事業についても，便宜的に評価書の手続が終了したものを手続終了として集計した。
3) 手続中止：対象事業の廃止について，政令に基づく通知や公告が行われた事業を集計した。
4) 環境大臣意見・助言：経過措置の規定等に基づいて公表された意見（環境庁長官意見，環境省意見等）を含む。
5) 合計：環境影響評価法の対象事業として複数の事業種に該当する事業（飛行場と埋立てなど）は，それぞれの事業種の区分に計上しているため，合計は手続の実施件数とは一致しない。

▶環境省環境影響評価情報支援ネットワーク（http://assess.env.go.jp/2_jirei/2-4_toukei/index.html）

10)（改正後の制度内容につき，**22-4**）。具体的には，計画段階で事業の位置や規模等に関する複数案が計画段階配慮書で考慮されることとなる。

また，予測の不確実性が大きい事業については，事業者は事後調査を行うが，その報告や公表の仕組みが改正前の法律にはなく，実際に事後調査や保全措置が実施されたかについての担保がなかった。そこで，改正により環境保全措置等の結果・公表制度（報告書手続）が導入され，評価書に盛り込まれた調査事項に関する事業着手後の状況の公表等が行われることとなった（38条の2～38条の5）。

なお，2011年改正により，従来の環境影響評価手続の前後に，計画立案時の配慮書作成手続および事業実施後の報告書作成手続が付け加えられ，環境影響への配慮がより体系的に行われることとなった。また，配慮書作成手続において住民意見提出が努力義務とされたことから，事業者の情報公開，住民とのコミュニケーションがより早期の段階から行われることが期待される。しかしながら，この配慮書については手続の開始時期が法令上明確にされておらず，配

慮書の趣旨を踏まえた運用をいかに確保するか等の課題もある。

4 その後の制度改正

さらに，2012年に政令改正により対象事業に風力発電所事業が追加され，2019年には太陽光発電事業が追加された。いずれも，近年温暖化対策として重要性を有している再生エネルギーについて，その普及が見込まれる中，環境への配慮を求めるものである。風力発電事業は，騒音，低周波音，景観，土地改変，バードストライク等の環境への影響が，太陽光発電事業は特にメガソーラー（大規模発電）の景観や生態系への影響が懸念され追加されたものである（風力発電・太陽光発電につき，**22-5**）。なお，2022年の政令改正により，風力発電の規模要件が第一種事業が5万kW以上，第二種事業について3.75万kW以上5万kW未満との引上げがなされた。引上げの検討にあたっては，再生可能エネルギーの中でも風力発電のさらなる導入を促進する必要性があったことや，他の法対象事業の規模要件との公平性の観点が指摘

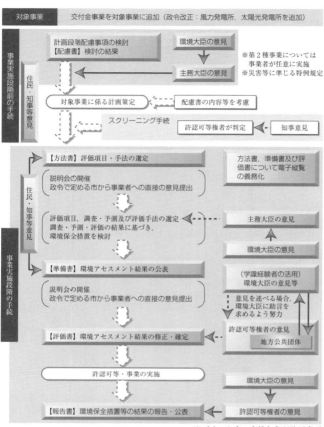

22-4 2011年改正後の環境影響評価制度の流れ

※ゴチック字・実線矢印が改正事項
▶環境省資料をもとに作成

された。しかし、風力発電は小規模でも立地によって環境影響が大きくなるため、当該規模要件の引上げが「環境影響の程度が著しいものとなるおそれ」（環境影響評価2条2項・3項）があるか否かについて十分な検討がなされていないという批判もでている。

22-5 風力発電（上）と太陽光発電（下）

▶写真提供：横浜市風力発電所（ハマウイング）

> **Column　戦略的環境アセスとは**
>
> わが国の環境アセスメント制度は、事業実施前にその事業に関する環境への影響を調査、予測、評価するものであるが、戦略的環境アセスメント（SEA：Strategic Environmental Assessment）は、個別の事業実施に先立つ政策、計画、プログラムといったより早期の段階での環境影響評価を求めるものである（「戦略的（Strategic）な意思決定段階」でのアセスメントを行うものであることから、SEAと呼ばれる）。事業実施段階では、柔軟な環境配慮を求めることが困難であるため、より早期の段階から、広範な環境配慮を行うことができる仕組みとして、アメリカ合衆国、カナダ、イギリス等で導入が進められ、わが国でも一部地方公共団体の条例等で導入されていた。第三次環境基本計画に基づき、国内への導入につき検討が行われ、2007年4月に「戦略的環境アセスメント導入ガイドライン（上位計画のうち事業の位置・規模等の検討段階）」が取りまとめられた。2011年4月の法改正では、これらの検討を踏まえ、事業の位置・規模等の検討段階における配慮書手続が導入され、今までの環境アセスメント制度より早い段階での環境配慮が可能となった。しかし、あくまでも実施の決まった事業を対象としたものであることから、事業の実施そのものについても検討されるSEAとは異なるものである。

23 行政指導

1 行政指導とは

(1) 行政指導の長所・短所

わが国では，行政目的達成手法として，勧告，指導，助言という形で相手方の協力を得ながら行われる行政指導の手法が様々な施策の場面で活用されてきた。行政指導は，強制力のない事実上の協力要請であり，指導に従うか否かは相手方の自由な意思に委ねられている。行政活動は法律に基づき行われるのが原則であるが，法律が不備な場合や条例制定が困難な場合に，多種多様な行政ニーズに迅速柔軟に対応するためには，相手方の任意な協力を求める行政指導は，対立構造に陥ることなく施策を実施できる長所があり，特に地方公共団体において活用されてきた。このように行政指導は，柔軟性や迅速性という利点がある一方で，曖昧であり恣意的な運用が行われやすい，口頭で行われることが一般的であるため不透明である，任意としながらも従わなければ事実上不利益が予想される等の様々な問題も指摘されてきた。

(2) 行政手続法における行政指導の規定

行政手続法は，曖昧であった行政指導の定義を明確にし，行政指導の適切な運用を促すために一般的な原則とその手続を規定している **23-1**。行政手続法上，行政指導とは「行政機関がその任務又は所掌事務の範囲内において一定の行政目的を実現するため特定の者に一定の作為又は不作為を求める指導，勧告，助言その他の行為であって処分に該当しないものをいう」（行手2条6号）とされた。この定義の下，行政指導の一般原則として，行政指導に携わる者は，「当該行政機関の任務又は所掌事務の範囲を逸脱してはならないこと」，および「行政指導の内容があくまでも相手方の任意の協力によってのみ実現されるものであること」に留意しなければならず，そして「相手方が行政指導に従わなかったことを理由として，不利益な取扱いをしてはならない」（行手32条）。さらに，特に任意性が害されやすい申請に関連する行政指導，許認可の権限に関連する行政指導について，従来不透明な運用がなされることが多かったことから，それぞれ特に規定が設けられている（行手33条・34条）。こうした実体的規定に加え，行政指導の方式に適用される原則として，行政手続法は「行政指導の趣旨及び内容」，「責任者」を明確にすること，また行政指導が口頭で行われた場合で，相手方から書面の交付を求

23-1 行政指導

定義（2条6号）

行政機関が，その任務または所掌事務の範囲内において，一定の行政目的を実現するため特定の者に一定の作為または不作為を求める指導，勧告，助言その他の行為であって処分に該当しないものをいう

原則（32条）

①当該行政機関の任務または所掌事務の範囲を逸脱してはならないこと
②相手方の任意の協力によってのみ実現されること
→留意しなければならない
③相手方が行政指導に従わなかったことを理由として，不利益な取扱いをしてはならない

申請に関連する行政指導（33条）

申請者が当該行政指導に従う意思がない旨を表明したにもかかわらず当該行政指導を継続すること等により当該申請者の権利の行使を妨げるようなことをしてはならない

許認可等の権限に関連する行政指導（34条）

当該権限を行使することができない場合または行使する意思がない場合においてする行政指導にあっては，当該権限を行使しうる旨を殊更に示すことにより相手方に当該行政指導に従うことを余儀なくさせるようなことをしてはならない

複数の者を対象とする行政指導（36条）

①あらかじめ，事案に応じ，行政指導指針を定め，
②行政上特別の支障がない限り，これを公表しなければならない

（　）内は行手法

められたときには「行政上特別の支障がない限り，これを交付しなければならない」ことが規定されている（行手35条1項・3項）。また，複数の者を対象とする行政指導について，公正・公平さを確保するため，「行政機関は，あらかじめ，事案に応じ，行政指導指針を定め」，かつ「行政上特別の支障がない限り，これを公表しなければならない」として，一般的な行政指導の指針の作成とその公表を義務付けている（行手36条）。なお，行政指導は，行政から相手方に任意の協力を「求める」行為であり，行政の調査結果に基づいて一定の事実を示すことや，相手方の求めに応じて法令の解釈や制度の仕組みを説明するなどの情報提供をするような行為は，通常は「求める」行為に該当せず，行政手続法上の行政指導には当たらない。

2 行政指導要綱

　地方公共団体においては，地域の実情に合致した施策を実施するために行政指導の基準として要綱を策定し，これに基づいて行政指導を行う要綱行政が広く行われている。これらの要綱においては行政指導の基準と，同時に相手方がそれに従わない場合の対応措置が定められているものがある（違反規定のある要綱の例として23-2）。しかし，行政指導は任意の協力を求めるもので，相手方が拒絶しているにもかかわらず，それに従うことを強制することはできない。行政手続法制定以前には，こうした指導要綱に規定された給水拒否または留保，建築確認の留保，負担金の支払などの担保措置や行政指導を継続している間の許認可等の留保が問題となった事例が多くあった。品川区マンション事件最高裁判決（最判昭和60・7・16民集39巻5号989頁）で最高裁判所は，行政指導に従わないことの真摯かつ明確な意思表示がなされているにもかかわらず，行政指導が行われているとの理由だけで建築確認を留保することは違法であるとした（⇒No.45 4 (2)も参照）。武蔵野市マンション建設指導要綱事件最高裁決定（最決平成元・11・8判時1328号16頁）では，指導要綱に従わないことを理由とする水道供給の拒否は，水道

法による給水契約の申込みを拒むことができる「正当の理由」に当たらないと判断された23-3。前述の32条，33条はこうした判決を行政手続法上取り入れたものと理解されている。

3 行政手続法の改正

　2014年6月の行政不服審査法改正と併せて，行政手続法についても，国民の権利利益の保護を一層充実させることを目指し改正された。具体的には，35条2項が新たに規定されたほか，36条の2，36条の3が挿入された。

　35条2項によれば，行政指導をする際に許認可等に係る権限を行使しうる旨を示すときは，行政指導に携わる者は，相手方に対し，権限を行使しうる根拠となる法令の条項とその要件，権限の行使が当該要件に適合する理由を示さなければならない。本規定により，権限濫用型の行政指導がコントロールされる。

　36条の2は，「行政指導の中止等の求め」に関する規定であり，「法令に違反する行為の是正を求める行政指導（その根拠となる規定が法

23-2　行政指導不服従公表の規定のある要綱例

葛飾区宅地開発指導要綱
第15条　区長は，この要綱に基づく協議に応じない事業者又は確約事項を履行しない事業者に対して，この要綱を遵守するよう勧告するものとする。
2　区長は，事業者が正当な理由なく前項の勧告に従わないときは，葛飾区行政手続条例（平成7年葛飾区条例第1号）第32条第2項の規定により事実の公表を行うことができる。

石川県土地対策指導要綱
第20条　知事又は市町村長は，この要綱に違反した者に対し，必要に応じて，次に掲げる措置をとることができるものとする。
(1)　開発行為に係る便宜供与を一切行わない。
(2)　開発行為に係る公共事業の施行を行わない。
(3)　水道，電気等の供給事業者に対し，水，電気等の供給をしない旨の要請をする。
(4)　違反者名及び違反の事実を新聞等により公表する。
(5)　関係官庁等に対し，同様の措置をとるよう要請する。

23-3　武蔵野市の指導要綱と給水拒否

最決平成元・11・8（判時1328号16頁）

武蔵野市の「宅地開発等指導要綱」では，中高層建築物の建築事業主に建築についての住民の同意を得ること，教育施設負担金を市に寄付することを求め，従わない場合の対応措置として上下水道などについての協力を行わないことが規定されていた。Y建設は，住民の同意を得る努力は行ったものの得られず，武蔵野市長の承認を得ずに東京都に建築確認申請を行い確認を受け，武蔵野市に対して給水契約の申込みを繰返し行った。これに対して，武蔵野市はY建設からの給水契約の申込書を受理せず下水道の使用も拒否した。この武蔵野市の対応が正当な理由なしに給水を拒絶したもので，水道法15条1項に違反するとして，市長が起訴された事案である。

最高裁は，「原判決の認定によると，被告人らが本件マンションを建設中のY建設及びその購入者から提出された給水契約の申込書を受領することを拒絶した時期には，既に，Y建設は……指導要綱に基づく行政指導には従わない意思を明確に表明し，マンションの購入者も，入居に当たり給水を現実に必要としていたというのである。……このような時期に至ったときは，……たとえ右の指導要綱を事業主に順守させるため行政指導を継続する必要があったとしても，これを理由として事業主らとの給水契約の締結を留保することは許されないというべきであるから，これを留保した被告人らの行為は，給水契約の締結を拒んだ行為に当たると判断したのは，是認することができる」と判示した（⇒No.27 **2**(1)も参照）。

律に置かれているものに限る。）の相手方は，当該行政指導が当該法律に規定する要件に適合しないと思料するときは，当該行政指導をした行政機関に対し，その旨を申し出て，当該行政指導の中止その他必要な措置をとることを求めることができる」，とされる 23-5 。

36条の3は，「処分又は行政指導の求め」に関する規定である。本規定によれば，「法令に違反する事実がある場合において，その是正のためにされるべき処分又は行政指導（その根拠となる規定が法律に置かれているものに限る。）がされていないと思料する」者は，「当該処分をする権限を有する行政庁又は当該行政指導をする権限を有する行政機関に対し，その旨を申し出て，当該処分又は行政指導をすることを求

23-4　武蔵野マンション

▶問題となったマンション
（2024年撮影）

23-5　行政手続法改正への地方の対応

地方の行政手続条例（⇒No.19 **4** 参照）の中には，独自の条文を追加し加重的に権利保護を行うものが存在する。

横須賀市行政手続条例

第36条　法令に違反する行為の是正を求める行政指導（……）の相手方は，当該行政指導が当該法律，神奈川県の条例又は本市の条例に規定する要件に適合しないと思料するときは，当該行政指導をした市の機関等に対し，その旨を申し出て，当該行政指導の中止その他必要な措置をとることを求めることができる。（以下略）

2（略）

3　当該市の機関等は，第1項の規定による申出があったときは，必要な調査を行い，当該行政指導が当該法律，神奈川県の条例又は本市の条例に規定する要件に適合しないと認めるときは，当該行政指導の中止その他必要な措置をとらなければならない。

4　前項の規定により，当該行政指導の中止その他必要な措置をとる場合を除き，市の機関等は，当該行政指導に対する措置等について第38条に規定する審議会の意見を聴かなければならない。

（5項以下略）

23-6 改正行政手続法36条の2・36条の3

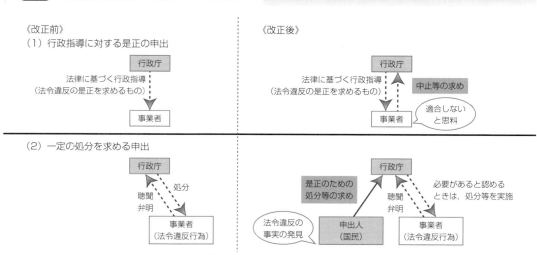

▶総務省ウェブサイト（http://www.soumu.go.jp/main_content/000279329.pdf）をもとに作成

めることができる」。行政機関に違法状態の是正のための処分・行政指導を求めることを広く国民に認めることによって，違法状態が放置されることを阻止しようというものである 23-6 。ただし，上記の申出は申請には該当せず，その取扱いをめぐって抗告訴訟を提起することはできないとするのが法令を所管する総務省の見解である。

4 違法な行政指導に対する救済

行政指導は通常，処分性を有さないとされる（⇨No.38 2 (5)参照）ため，当事者訴訟（⇨No.41参照）の利用が検討される。他方，医療法旧30条の7に規定された都道府県知事による都道府県の医療計画に合致しない病院の開設に対する中止勧告や病床数削減勧告について，「医療法上は……行政指導として定められているけれども」処分性を認めた判決が存在する（行訴3条2項にいう「処分」）。最判平成17年7月15日（民集59巻6号1661頁）は，都道府県知事の勧告にかかわらず開設された病院から保険医療機関の指定申請があった場合，（地方社会保険医療協議会に対し）指定拒否の諮問がなされるという健康保険法の仕組みに言及し，当該勧告は，勧告を受けた者が「これに従わない場合には，相当程度の確実さをもって，病院を開設しても保険医療機関の指定を受けることができなくなるという結果をもたらすものということができる」として，処分に当たると判断している 23-7 。

23-7 病院開設中止勧告（医療法旧30条の7）と保険医療機関の指定の拒否

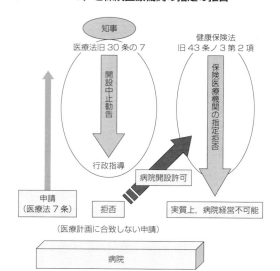

24 行政立法①——総論・法規命令

1 行政立法／法規命令

(1) 意 義

行政法の基本原理の一つは，「法律による行政」の原理である。これは，日本国憲法41条が定めるところであって，「国会は，国権の最高機関であって，国の唯一の立法機関である」とする規定に表現されている。この規定から，行政の活動は基本的に国会の定めた法律に基づいて行われるべきである，との命題が導かれる。

しかしながら，社会状況が急速に変化する現代国家においては，行政が国会の定める法律のみに従って活動を行うと，対応の迅速性・適切性に欠ける場合がある。よって，行政が自らルール等を制定することは回避できず，諸外国においても，行政が一般的なルールを定めることが認められている。行政が定めるルールを行政立法と呼ぶ（行政立法には法的拘束力のない行政規則も含まれるため，行政「立法」の用語を避け，「行政基準」の概念を用いる見解もある）。

(2) 法規命令と行政規則

行政が定めるルールは，大きく2つに区分されている。まず，当該ルールが国民と行政主体の関係を規律し，紛争の際に司法的手法によって解決するにあたっての基準とされるという意味において，外部的効果をもつものがある。他方，行政機関を拘束する内部的効果しかもたないものもある。前者を法規命令，後者を行政規則として区別するのが通例である。

法規命令は，例えば，内閣による政令や総理大臣による内閣府令のほか，各省大臣による省令として定められるものもある 24-1 。また，地方公共団体においても，地方公共団体の長あるいは教育委員会等の行政委員会が，規則の形式で法規命令を定めることが認められている。

(3) 委任命令と執行命令，委任の限界

法規命令は，基本的に法律と同様に，一般国民の権利義務に関する規律を定める。例えば，道路交通に関しては道路交通法が定められているが，道路交通法施行令に定めがある。このように，法律の定める内容について，法規命令で細かく定めることが多い（ 24-1 参照）。

法規命令には，法律の委任に基づいて制定される委任命令のほか，法律の執行上必要な範囲において定めを置く執行命令があり，両者ともに上位の法令に違反しない限り国民や裁判所を

24-1 委任立法の例

道路交通法
第4条
4 信号機の表示する信号の意味その他信号機について必要な事項は，政令で定める。
⇩

道路交通法施行令
　内閣は，道路交通法（昭和35年法律第105号）の規定に基づき，及び同法を実施するため，この政令を制定する。
第2条　法第4条第4項に規定する信号機の表示する信号の種類及び意味は，次の表に掲げるとおりとし，同表の下欄に掲げる信号の意味は，それぞれ同表の上欄に掲げる信号を表示する信号機に対面する交通について表示されるものとする。

信号の種類	信号の意味
青色の灯火	一　歩行者……は，進行することができること。 二　自動車，原動機付自転車（右折につき原動機付自転車が法第34条第5項本文の規定によることとされる交差点を通行する原動機付自転車（以下この表において「多通行帯道路等通行原動機付自転車」という。）を除く。），トロリーバス及び路面電車は，直進し，左折し，又は右折することができること。 〔以下略〕
黄色の灯火	一　歩行者等は，道路の横断を始めてはならず，また，道路を横断している歩行者等は，速やかに，その横断を終わるか，又は横断をやめて引き返さなければならないこと。 〔以下略〕
赤色の灯火	一　歩行者等は，道路を横断してはならないこと。 二　車両等は，停止位置を越えて進行してはならないこと。 〔以下略〕

| **24-2** 旧監獄法施行規則事件 |

◉最判平成3・7・9（民集45巻6号1049頁）

　最高裁判所は，拘禁者は原則として一般的市民としての自由を保障されるとした上で，監獄法（当時）45条は，被勾留者と外部者との接見を原則として許し，例外的に①逃亡または罪証隠滅のおそれが生ずる場合，②規律または秩序の維持上放置することのできない障害の発生について相当の蓋然性が認められる場合につき，制限を認めるに過ぎない，との判断を示した。その上で，最高裁判所は，同法施行規則120条および124条が，被勾留者と幼少年者との接見を原則として認めず，限られた場合に監獄長の裁量で許すとしたことは，法律によらず接見の自由を制限するものであると判断した。

拘束し，法的拘束力を有する。憲法73条6号但書は，委任命令が許されることを前提とした規定である一方，委任の範囲については憲法41条の規定に抵触する（法律による授権がない）場合には，違憲・無効であると解されている。また，執行命令の合憲性を確認した規定として，憲法・法律を実施するため，内閣は政令を制定することができるとする憲法73条6号の規定が挙げられる。

　委任立法は，委任の趣旨・目的に反してはならない。最高裁判所は，1991年に旧監獄法施行規則について，未決勾留者に保障された面会の自由を重視して，旧監獄法の委任の限界を超えると判断した（旧監獄法施行規則事件 **24-2** 参照）。さらに，2013年には，医薬品ネット販売事件上告審判決（最判平成25・1・11民集67巻1号1頁）において，委任立法の適法性について，次のように判断した **24-3** 。すなわち，薬事法施行規則（当時）のうち，店舗販売業者に対し，一般用医薬品のうち第1類および第2類医薬品について，①当該店舗において対面で販売させ，または授与させなければならないものとし，②当該店舗内の情報提供を行う場所において情報の提供を対面により行わせなければならないものとし，③郵便等販売をしてはならないものとした各規定は，いずれも上記各医薬品に係る郵便等販売を一律に禁止することとなる限度において，薬事法（当時）の趣旨に適合するものではなく，委任の範囲を逸脱した違法なものとして無効である，とされた。なお，現行の医薬品，医療機器等の品質，有効性及び安全性の確保等に関する法律の下において，要指導医薬品として，処方箋薬より転換してから原則3年以内の薬品および劇薬（4品目）は対面販売とされ，ネット販売を制限されている。他方，1990年の判断であるが，最高裁判所は，旧銃砲刀剣類登録規則について，登録事務の性格と登録制度の経緯を重視して，旧銃砲刀剣類所持取締法の委任の限界を超えていないとする判断をしている（旧銃砲刀剣類登録規則事件 **24-4** 参照）。

（4）告　示

　行政機関は，政令，省令等のほか，告示等の形式でルールを定めることもある。告示は，公示の形式であって，そのすべてが国民等に対して法的拘束力を有するものではないが，法令の仕組みの中で法規命令としての性格を与えられることがある。例えば，生活保護法上，最低限度の生活および保護の内容は厚生労働大臣の定める保護基準により具体化され（生活保護8条），その保護基準は，厚生労働大臣が同法8条1項の授権に基づき告示の形で定める **24-5** （生活保護の実施の仕組みについては **4-4** 参照）。よって，この告示は法規命令である。

　ちなみに，告示には，法規命令のほか，建築基準法のみなし道路の一括指定のように，内容的には処分としての性格をもつもの（⇨No.**38** **2**（3）），対外的に法的拘束力をもたない行政の内部規則，行政上の運用に様々な法的意味付けを与える各種の行政上の基準（⇨**2**（2）参照）がある。

2 行政規則

（1）行政規則とその例

　前述のように，行政が定めるルールの中には，法規命令のほか，国民の権利義務に関係せず，行政機関を拘束する内部的効果しかもたない行政規則がある。

　行政規則には，法令の解釈を統一するために

上級行政庁が下級行政庁に対して発する解釈基準，処分等を行う際に処分庁やその上級行政庁が作成する裁量権行使の基準，さらに，給付行政の分野における補助金等の交付基準，行政指導の指針として定められる指導要綱など，多様な内容を有するものがある。

行政規則は，国民を拘束する効果をもたないものとして，法規命令とは区別されてきたが，最近，上記の解釈基準や裁量基準等については，国民に間接的な効果を及ぼすことから，訴訟等の司法による救済（公法上の当事者訴訟等）を認めるべきであるとの見解が有力となってきている。さらには，一部の行政規則については，その外部的効果を否定できないとして，法規命令との差異は相対的なものとなっているとの見解がある。

(2) 個別法における基準の運用

行政規則には，行政機関を拘束する内部的なもののほか，個別法の仕組みの中で，様々な法的意味付けが与えられているものがある。例えば，環境基準は，環境基本法16条に基づいて人の健康の保護および生活環境を保全する上で維持されるべき基準を，大気・水・土壌・騒音について目標として定めたものであり，行政上の政策目標の一種である 24-6 。なお，政策目標の達成を確保する見地から，水質汚濁防止法においては，工場排水の規制基準の値は環境基準の濃度の10倍とされるなど，環境基準を規制基準と連動させて運用することもある。

(3) 民間規格の活用

規制緩和・民営化・国際化の流れの中で，行政機関以外の組織・機関が定める認証基準等を規制基準として位置付ける例も出てきた。例えば，高圧ガス保安法の保安検査に関しては，同法に基づく特別民間法人である高圧ガス保安協会が，高圧ガス保安協会規格を作成している。この規格については，経済産業省の委員会等により技術評価が行われ，パブリックコメントを経て，告示において検査基準として参照されている。行政の技術基準を性能規定化した上で，性能規定を満たす例として民間の基準を通達によって示す形式は，高圧ガス保安法の他にも広く用いられている。加えて，高圧ガス保安法における検査方法の設定・改定については，告示等において直接民間規格を引用する形式が用いられている。ただし，このような方法については，国家の責任の確保という点から批判もある。

24-3 医薬品ネット販売事件当時の規制状況

事件当時の薬事法による規制

2006年に改正された新しい薬事法は，一般用医薬品（大衆薬）をリスクの程度に応じて3つに区分した上で，第2類・第3類医薬品につき登録販売者による販売を認めた（36条の5）一方，第1類・第2類医薬品につき販売時における情報提供の義務・努力義務を課した（36条の6）。そして，同法は，上記の販売及び情報提供の方法について，厚生労働省令に授権していた（36条の5・36条の6）。

		第1類医薬品	第2類医薬品	第3類医薬品
一般用医薬品の区分（36条の3）※副作用のリスクに応じて区分		高	中	低
販売に従事できる者（36条の5）		薬剤師のみ	薬剤師と登録販売者	薬剤師と登録販売者
情報提供（36条の6）	販売する場合（1項・2項）	義務（書面）	努力義務	－
	購入者から相談があった場合（3項）	義務		
販売方法の制限（37条）※旧薬事法当時から実質的に改正されていない		店舗による販売以外の方法による販売×		

事件当時の薬事法施行規則による規制

新薬事法の成立を受けて2009年に改正された新しい薬事法施行規則は，一般用医薬品について原則対面での販売を義務付けており（159条の14），また，第1類・第2類医薬品の販売時における情報提供についても対面で行うことを義務付けていた（159条の15・159条の16）。そして，同規則は，郵便等販売の場合において，第3類医薬品以外の医薬品の販売を禁止していた（15条の4第1項1号・142条）。

		第1類医薬品	第2類医薬品	第3類医薬品
販売の方法（法36条の5→規則159条の14）		対面で販売		（郵便等販売の場合を除く）
情報提供の方法	販売する場合（法36条の6→規則159条の15・16）	対面で実施		－
	購入者から相談があった場合（法36条の6→規則159条の17）	対面で実施		
郵便等販売の可否（規則15条の4第1項1号・142条）		×		○

24-4 旧銃砲刀剣類登録規則事件

最判平成2・2・1（民集44巻2号369頁）

　銃砲刀剣類所持取締法（当時）は，所定の要件を満たす所持者に所持を認める許可（同法4条）とは別に，文化財保護の見地から何人に対しても所持を認める登録の制度を設けていた（同法14条）ところ，同法の委任を受けた銃砲刀剣類登録規則（当時。文部省告示）は登録の範囲を日本刀に限定していた。スペイン製のサーベルの登録を拒否された申請者が拒否の適法性を争った事案に関し，最高裁判所は，①いかなる刀剣類を登録の対象とするかについては，文化財保護の見地から専門技術的な検討が必要とされるから，同法は，登録基準の設定も規則に委任していると解されること，②日本刀に登録の範囲が限定されてきた背景には，日本刀が美術品として所蔵されてきた事情や，登録制度の成立経緯があったこと，③同法の定める「美術品として価値のある刀剣類」の基準として登録対象を日本刀に限定することも専門技術的な裁量の範囲内であること，を指摘し，登録拒否は適法であると判断した。

24-5 生活保護法による保護の基準

（昭和38年厚生省告示第158号）
（令和6年3月28日最終改正）
　生活保護法（昭和25年法律第144号）第8条第1項の規定により，生活保護法による保護の基準を次のように定め，生活保護法による保護の基準（昭和32年4月厚生省告示第95号）は，廃止する。
　生活保護法による保護の基準
一　生活扶助，教育扶助，住宅扶助，医療扶助，介護扶助，出産扶助，生業扶助及び葬祭扶助の基準はそれぞれ別表第1から別表第8までに定めるところによる。
二　要保護者に特別の事由があって，前項の基準によりがたいときは，厚生労働大臣が特別の基準を定める。
三　別表第1，別表第3，別表第6及び別表第8の基準額に係る地域の級地区分は，別表第9に定めるところによる。
（以下略）

別表第1　生活扶助基準
第1章　基準生活費
　1　居宅
　　（1）基準生活費の額（月額）
（以下略）

24-6 環境基準

環境基本法
第三節　環境基準
第16条　政府は，大気の汚染，水質の汚濁，土壌の汚染及び騒音に係る環境上の条件について，それぞれ，人の健康を保護し，及び生活環境を保全する上で維持されることが望ましい基準を定めるものとする。
　（以下略）

大気汚染に係る環境基準
1　大気汚染に係る環境基準

物質	環境上の条件（設定年月日等）	測定方法
二酸化いおう（SO_2）	1時間値の1日平均値が0.04ppm以下であり，かつ，1時間値が0.1ppm以下であること。（48.5.16告示）	溶液導電率法又は紫外線蛍光法

2　有害大気汚染物質（ベンゼン等）に係る環境基準

物質	環境上の条件	測定方法
ベンゼン	1年平均値が0.003mg/m^{3}以下であること。（H9.2.4告示）	キャニスター若しくは捕集管により採取した試料をガスクロマトグラフ質量分析計により測定する方法又はこれと同等以上の性能を有すると認められる方法
トリクロロエチレン	1年平均値が0.13mg/m^{3}以下であること。（H30.11.19告示）	

▶上記の「大気汚染に係る環境基準」以下は環境省ウェブサイト（https://www.env.go.jp/kijun/taiki.html）より抜粋

No.25　行政立法②──行政規則

1　行政規則とその例

　行政機関が自ら策定し、自己あるいは下級機関を拘束する内部の規範を、行政規則という（⇨No.24 2(1)）。行政規則は、内規、要綱、通達等の形式で定められるが、法規のような外部効果を有しないため、法律の授権を不要とする。本項では、主に伝統的な行政規則の典型例である訓令および通達を取り上げて解説する。ちなみに、以下のように、国家行政組織法の規定に即して、訓令と通達とを区別するのが一般的であるが、訓令と通達との異同について定説があるわけではないとする見解もある（宇賀克也『行政法概説Ⅰ〔第8版〕』336頁〔2023年〕）。

(1) 訓　令

　行政機関の内部関係における規範の一種として、上級行政庁が下級行政庁または職員に対して権限の行使を指揮・命令するために発する命令のことを訓令と呼ぶ（行組14条2項）。

　これらの訓令は、行政内部の規範であるため、外部に公表されないことも多いが、中には透明性を確保する等の見地に基づき公表されているものもある。訓令は、指揮監督権を行使するものであるため、これに基づき発せられる職務上の命令等に従わない場合、不利益処分を受けることがありうる。

　なお、訓令には、権限行使に関わる内容のほか、組織の設置等に関するものもある。

(2) 通　達

　訓令のほかに、行政規則の典型例としては、通達も挙げられる。No.24 2において述べたように、法律の条文について解釈の統一を図るために、上級行政庁が下級行政庁に対して解釈基準を示すことが多くあり、その際の手段としては、通達が多く用いられている（行組14条2項）。

　例えば、所得税法に関しては、国税庁長官が国税局長に対し、通達の形式で解釈基準を示している 25-1 。この解釈基準を示す通達も、上級行政庁が下級行政庁に対する指揮監督権の一環として発せられるものであるため、下級行政庁の職員が従わない場合、職務命令違反として公務員法上の不利益処分を受けることもありうる。

　現行の行政事件訴訟法の下においては、取消訴訟の対象となるのは、直接に国民の権利義務

25-1　所得税法の基本通達

　　　　　　　　　　　　　　　　　　　　　　　　　　　　　　　　　昭和45年7月1日

　国税局長　殿

　　　　　　　　　　　　　　　　　　　　　　　　　　　　　　　　　　　国税庁長官

　　　　　　　　　　　　　　　所得税基本通達の制定について

（略）
　この所得税基本通達の制定に当たって……内容面においては、法令の単純な解説的留意規定はできるだけ設けない……とともに、なるべく画一的な基準を設けることを避け、個々の事案に妥当する弾力的運用を期することとした。したがって、この通達の具体的な適用に当たっては、法令の規定の趣旨、制度の背景のみならず条理、社会通念をも勘案しつつ、個々の具体的事案に妥当する処理を図るよう努められたい。
（略）
〔相続等により取得するもの（第17号関係）〕
（相続財産とされる死亡者の給与等、公的年金等及び退職手当等）
9-17　死亡した者に係る給与等、公的年金等及び退職手当等（法第30条第1項《退職所得》に規定する退職手当等をいう。）で、その死亡後に支給期の到来するもののうち相続税法の規定により相続税の課税価格計算の基礎に算入されるものについては、課税しないものとする（略）。
（以下略）

を変動させる法的効果を持つ処分・裁決に限定されるのが原則であるため，通達に関する取消訴訟は一般的には認められていない。この点に関連して，法令の解釈を示す通達について，裁判所はその内容に拘束されず，法令に照らして独自に判断することができるとして，内部性を根拠に通達の処分性を否定する判断が示されている（最判昭和43・12・24民集22巻13号3147頁）（Column〔墓埋法通達〕）。

もっとも，通達を通じて国民が間接的に重大な不利益を受けるおそれがあること自体は，否定できない。そこで，例えば，違法な通達が発出され，法令違反を理由に起訴されるおそれがある場合などについて，起訴される前に，通達に従う義務のないことの確認訴訟を提起することが認められてよい，とする立場が有力となっている。

(3) 審査基準，処分基準，行政指導指針

行政手続法5条，12条，36条の審査基準，処分基準，行政指導指針も，行政規則に分類される（行手2条8号ロ・ハ・ニ）。しかしながら，申請に対する処分，不利益処分，行政指導におけるこれらの規範の重要性に鑑み，行政手続法は，これらの規範を公にし，または公表することを求め（同5条3項・12条1項・36条），法規命令と同様に意見公募手続の対象としている点

に留意が必要である（同39条以下。⇨No.**19** **2**および**3**）。

2 通達が違法とされた事例

通達の違法性を認定した代表的な事例としては，被爆者であるブラジル移民が，健康管理手当の支給が打ち切られたことを不服として訴訟を提起したのに対し，手当の支給を命じた判決がある（最判平成19・2・6民集61巻1号122頁）。

ここで問題となったのは，「原子爆弾被爆者の医療等に関する法律及び原子爆弾被爆者に対する特別措置に関する法律の一部を改正する法律等の施行について」と題する通達（昭和49年衛発第402号。以下「402号通達」という）の性格である。

この通達について最高裁は，「……〔Xらは〕申請により本件健康管理手当の受給権を具体的な権利として取得したところ……〔県は，Xらが〕ブラジルに出国したとの一事により，同受

Column **墓埋法通達**

墓地，埋葬等に関する法律（墓埋法）の許可事務は，当時は機関委任事務であり，厚生省の通達は，許可事務を担当する都道府県の担当者に対して内部的な拘束力をもつものであった。同法は，墓地等の経営者は「正当の理由」がなければ埋葬等を拒否できないと規定していたところ，厚生省（当時）は，解釈を変更する通達を発出し，宗派の違いは「正当の理由」に当たらないとの判断を示した。墓地経営者である寺院が通達の取消訴訟を提起したところ，最高裁判所は，①通達は裁判規範として，直接，裁判所や国民を拘束しないから，②通達に反した措置であっても直ちに違法にならず，③措置が通達に合致していることが直ちに適法であることを意味しない，と判断して，通達の処分性を否定した。

Column **402号通達**

厚生省（当時）公衆衛生局長は，1974年7月22日付けで，各都道府県知事並びに広島市長および長崎市長あての「原子爆弾被爆者の医療等に関する法律及び原子爆弾被爆者に対する特別措置に関する法律の一部を改正する法律等の施行について」と題する通達（昭和49年衛発第402号。以下，「402号通達」という）を発出した。当該通達は，原爆特別措置法に基づく健康管理手当の受給権は，当該被爆者がわが国の領域を越えて居住地を移した場合，失権の取扱いとなると定めるものであった。

かつ，原子爆弾被爆者に対する援護に関する法律（被爆者援護法）が制定された後も，厚生事務次官が1995年5月15日付けで，各都道府県知事並びに広島市長および長崎市長あてに発出した同法の施行についての通知（平成7年発健医第158号）に基づき，402号通達による上記の取扱いが継続された。

しかしながら，その後，「被爆者はどこにいても被爆者」と判断し，韓国人被爆者の手当受給資格を認めた2002年12月の大阪高裁判決を受け，2003年3月1日に402号通達は廃止された。被爆者援護法施行令および同法の施行規則にも，被爆者健康手帳の交付を受けた者であって，国内に居住地および現在地を有しないものも健康管理手当の支給を受けることができると定められている。

給権につき402号通達に基づく失権の取扱いをしたものであり，……このような通達や取扱いには何ら法令上の根拠はなかった」として，402号通達は「違法な通達」であることを前提とした判断を示している（⇨ 5-3，Column〔402号通達〕）。

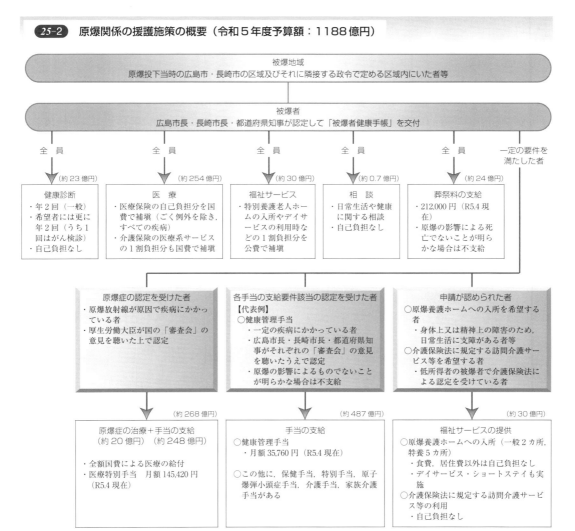

25-2 原爆関係の援護施策の概要（令和5年度予算額：1188億円）

▶厚生労働省ウェブサイト

Column　被爆者認定制度の仕組み

　被爆者は，1945年8月に広島市と長崎市に投下された原子爆弾によって被害を受け，被爆者援護法に定められるⅰ）直接被爆者，ⅱ）入市者，ⅲ）救護・死体処理にあたった者等およびⅳ）胎児のいずれかに該当し，被爆者健康手帳を所持している者である。被爆者健康手帳の交付を受けようとする場合，必要な書類を添付して法の定める市長または都道府県の知事に申請手続を行う。
　被爆者は，原子爆弾の傷害作用による病気やけが等の治療に際して，手当の受給可能については，原子爆弾被爆者医療分科会における客観的審査を経て，厚生労働大臣の認定が必要とされるが，認定を受ければ，医療特別手当等が支給されることとなり，その病気の治療費用の全額を国が負担することとなる。なお，病気等の治療について，「現に医療を要する状態」が続く期間内は「医療特別手当」を受給することができるが，病気の治癒後には「特別手当」を受給することとなる。

No. 26 行政計画

1 行政計画とは

(1) はじめに

(a) **行政計画の意義と種類** 行政計画は，行政機関が一定の目標を設定し，多様な手段（権力的・非権力的・財政的手段）を組み合わせて用いることにより目標を達成しようとするものである。

これらの計画については，法令に根拠を有する法定計画と行政規則等にのみ根拠を有する非法定計画や，法令により外部的な効果を与えられた拘束的計画と行政組織内部に効果が限定される非拘束的計画との区別等がある。

また，計画の期間によって長期計画，中期計画，年次計画等の分類があるほか，計画の地域によっては全国計画や都道府県計画，市町村計画等の分類もあり，さらに計画の対象領域によっては，例えば河川整備のような単一の領域に係る計画，複数の領域に係る総合的な計画の区別もある。

(b) **広範な裁量と手続的統制の重要性**
行政計画においては，計画策定者の裁量範囲が広範に認められるため，実体法による統制には困難な点がある。そのため，計画に対する手続上の統制が重要な意味をもつ。

行政計画の策定に関しては，行政手続法上，一般的な定めが存在しないが，例えば都市計画法においては，都道府県または市町村が都市計画を決定しようとするときは，理由を記載した書面を添えて公衆の縦覧に供すること（17条1項）とされており，都市計画に定める地区計画等の案については公聴会の開催等を通じて，区域内の土地所有者等の利害関係人の意見を聴取

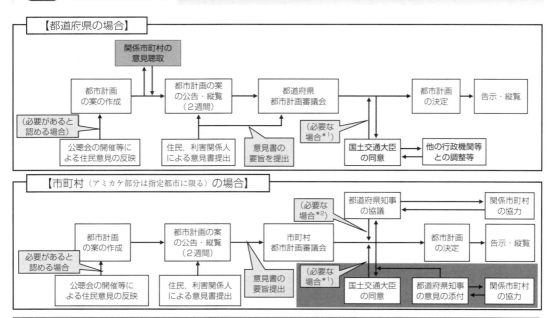

26-1 都市計画の策定手続

※ 都市計画決定手続においても都道府県の定める都市計画と市町村の定める都市計画との調和が図られることになる
*1 国の利害に重大な関係がある都市計画を決定しようとする場合
*2 一定の地区計画等（幅員8m未満の道路を定めるもの等）を決定しようとする場合は不要
▶国土交通省「都市計画法制」(R6.3 更新)
▶令和2年6月3日に成立した「地域の自主性及び自立性を高めるための改革の推進を図るための関係法律の整備に関する法律」（第10次地方分権一括法）に基づき一部修正をした。

することが求められている（16条）26-1 。また，国土利用計画法等，都市計画法と同様に，個別法の中に当該計画の策定手続に関する規定が盛り込まれていることもある。

(c) **計画間調整**　同一の領域に関して国，都道府県，市町村が計画を定める場合にあっては，相互に整合性が図られることが望ましい。例えば，土地利用に関する計画は，国土の利用に関連するものであるため，都市計画の上位に位置する広域的な計画との整合性が求められる（トップダウン型の計画体系）26-2 。

他方，下位の計画から上位の計画へと積み上げる方式により計画の整備が予定されている計画の体系もある。例えば，介護保険制度は，国，都道府県および市町村がそれぞれ一定の割合で保険の費用を負担するが，サービスの提供は主に居住する地域の事業者が行い，認定申請の手続も市町村レベルで行われるため，都道府県の計画も市町村レベルでの計画を踏まえて策定されることとなる（ボトムアップ型の計画体系）26-3 。

(2) **都市計画の体系**

(a) **都市計画の3つの区別**　行政計画の典型例の一つである都市計画とは，「都市の健全な発展と秩序ある整備を図るための土地利用，都市施設の整備及び市街地開発事業に関する計画」である（都計4条1項）。都道府県は，都市計画区域の整備，開発および保全の方針に関する都市計画（同15条1項1号），区域区分に関する都市計画（同項2号），都市再開発方針等に関する都市計画（同項3号）等，都市計画法に列挙された都市計画を定め，市町村はその他の都市計画を定める（同15条1項柱書）。

その際，市町村は，議会の議決を経て定められた建設に関する基本構想並びに都市計画区域の整備，開発および保全の方針に即して，都市計画に関する基本方針を定め，その上で，具体的に土地利用規制等の内容を都市計画として決定する（同18条の2第1項）。

都市計画の内容は主として，①土地利用関係の計画，②都市施設関係の計画，および③市街地開発事業関係の計画の3種がある 26-4 。①は，市街化区域および市街化調整区域，地域地区など，広域にわたる土地利用を広く規制・誘

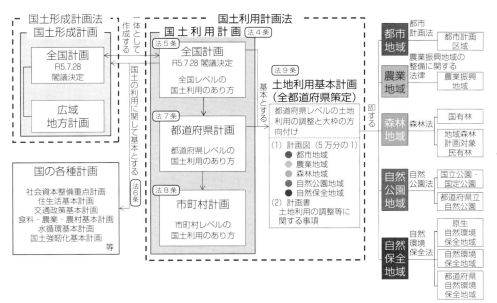

26-2　国土利用計画法の体系

▶国土交通省ウェブサイトより

26-3 介護保険事業（支援）計画

国の基本指針（法116条）
- 介護保険法116条1項に基づき，地域における医療及び介護の総合的な確保の促進に関する法律に規定する総合確保方針に即して，国が介護保険事業に係る保険給付の円滑な実施を確保するための基本指針を定める
  ※市町村等が介護サービス量を見込むにあたり参酌する標準を示す

市町村介護保険事業計画（法117条）
- 区域（日常生活圏域）の設定
- 各年度における種類ごとの介護サービス量の見込み（区域ごと）
- 各年度における必要定員総数（区域ごと）
  ※認知症対応型共同生活介護，地域密着型特定施設入居者生活介護，地域密着型介護老人福祉施設入所者生活介護
- 各年度における地域支援事業の量の見込み
- 介護予防・重度化防止等の取組内容及び目標　○ その他の事項

保険料の設定等
- 保険料の設定
- 市町村長は，地域密着型の施設等について，必要定員総数を超える場合に，指定をしないことができる。

都道府県介護保険事業支援計画（法118条）
- 区域（老人福祉圏域）の設定
- 市町村の計画を踏まえて，介護サービス量の見込み（区域ごと）
- 各年度における必要定員総数（区域ごと）
  ※介護保険施設，介護専用型特定施設入居者生活介護，地域密着型特定施設入居者生活介護，地域密着型介護老人福祉施設入所者生活介護
  ※混合型特定施設に係る必要定員総数を設定することもできる（任意）
- 市町村が行う介護予防・重度化防止等の支援内容及び目標　○ その他の事項

基盤整備
- 都道府県知事は，介護保険施設等について，必要定員総数を超える場合に，指定等をしないことができる。

▶厚生労働省ウェブサイトより
※ 8期基本指針の全部を改正する告示が令和6年1月に出された（厚生労働省告示第18号）

26-4 都市計画の内容

国土計画体系の中での都市計画の位置づけ

土地利用基本計画（国土利用計画法第9条）
各都道府県の区域を対象に，県域を5つの地域に区分し，土地利用の基本的な方向を示す計画

都市地域	農業地域	森林地域	自然公園地域	自然保全地域
都市計画法	農業振興地域の整備に関する法律	森林法	自然公園法	自然環境保全法
都市計画区域	農業振興地域	国有林 / 地域森林計画対象民有林	国立公園・国定公園 / 都道府県立自然公園	原生自然環境保全地域 / 自然環境保全地域 / 都道府県自然環境保全地域

都市計画別分類

- 土地利用関係（地域地区・地区計画 等）
  - 建築基準法
  - 景観法（景観地区）
  - 都市緑地法（緑地保全地域等）
  - 港湾法（臨港地区）
  - 被災市街地復興法（被災市街地復興推進地域）
  - 密集法（防災街区整備地区計画等）
  - 都市再生特別措置法（都市再生特別地区） 等

- 都市施設関係
  - 道路法（道路）
  - 都市公園法（都市公園）
  - 下水道法（下水道）
  - 河川法（河川）
  - 流通業務市街地整備法（流通業務団地）
  - 津波防災地域づくり法（津波防災拠点市街地形成施設） 等

- 市街地開発事業関係
  - 土地区画整理法（土地区画整理事業）
  - 都市再開発法（市街地再開発事業）
  - 新住宅市街地開発法（新住宅市街地開発事業）
  - 首都圏近郊地帯整備法（工業団地造成事業） 等

都市計画法関連法令（政策目的別分類）

- インフラ整備関係：道路法／都市公園法／下水道法／河川法 等
- 市街地整備関係：土地区画整理法／都市再開発法／新住宅市街地開発法／首都圏近郊地帯整備法 等
- 都市再生関係：都市再生特別措置法
- 景観・緑地関係：景観法／歴史まちづくり法／都市緑地法／生産緑地法 等
- 古都・伝統的建造物群保存関係：古都法／文化財保護法
- 防災・復興関係：密集法／被災市街地法
- 流通業務関係：流通業務市街地整備法
- 臨港関係：港湾法
- 周辺環境対策関係：航空機騒音対策法／沿道整備法
- 集落地域整備関係：集落地域整備法

▶国土交通省ウェブサイト

導するための計画である。②は，道路，公園，下水道など，まちづくりの上で重要な施設について定める計画である（都市計画施設）。③は，土地区画整理事業，再開発事業等のように，一定の地域を区切り，その中で公共施設の整備と宅地等の開発を進めるため，他の個別法に制度が整備されている事業に関する計画である。

（b）　土地区画整理事業・市街地再開発事業（非完結型計画）　土地利用に関する計画には，2つのタイプがある。一つは，行政が具体的な事業を展開するため，私人の土地利用を制限する計画，例えば土地区画整理事業や市街地再開発事業等に関する計画であり，上記③の計画がその典型である。いま一つは，私人による土地の利用が制限されるものの，制度としては計画に基づく事業の実施は予定されていない計画である。①の計画がこれに該当する。前者を非完結型計画，後者を完結型計画と呼ぶ。

ちなみに，土地区画整理事業は，土地の区画を整理し公共施設を整備することにより，整然とした都市区画を形成することを目的として実施されるものである 26-5。一方，市街地再開発事業は，都市の密集地について，狭い土地の権利を高層建築物の権利床に変換する手法を用いて，市街地の再開発を進めるものである。

（c）　用途地域制度（完結型計画）　用途地域とは，土地利用に関する計画として，都市計画法が定める地域地区（都計8条）の一類型で

あり，住居，商業，工業など大枠としての土地利用の用途を定めるものである。用途地域が指定されると，それぞれの目的に応じて建築物の用途等が制限される。なお，用途地域における建物の用途の制限に関する規制は，主に建築基準法等に基づくものとされている カラー⑨。

2 行政計画の個別の仕組み

（1）　土地区画整理事業

（a）　事業の流れ　土地区画整理事業は，道路，公園，河川等の公共施設を整備・改善し，土地の区画を整え，宅地の利用の増進を図る事業である。市街地整備の代表的手法として，戦前・戦後を通じて多様な地域の整備に活用されており，基本的に 26-6 のような流れで行われている。

（b）　事業の進行と裁判的救済　土地区画整理事業は，一連の過程を経て実施されていくため，どの段階において処分性を認め，裁判的救済の機会を与えるかが問題となってきた。最大判昭和41年2月23日（民集20巻2号271頁〔高円寺青写真判決〕）は事業計画の決定・公告の段階での処分性につき，①土地区画整理事業計画は，具体的な処分とは異なり，当該事業の青写真たる性質を有するにすぎないこと，②事業計画の決定ないし公告の段階で訴えの提起を許さなければ，利害関係者の権利保護に欠けるところがあるとは言い難く，争訟の成熟性ないし具体的事件性を欠くこと，の2点をもって否定した。

もっとも，このような最高裁の論理に対しては，①土地区画整理事業計画決定の公告の時点で区画形質の変更禁止等の具体的な権利制限が生ずること，②事業の進行に伴い計画が既成事実化して，後行の処分，例えば換地処分の段階において取消訴訟等を提起しても，実効的な裁判的救済を受けることが困難になること，などの批判があった。

これらの批判を踏まえ，最高裁は，最大判平成20年9月10日（民集62巻8号2029頁）において，高円寺青写真判決を変更した。判旨は，26-7 のとおりである。この判決は，①事業計

26-5　**土地区画整理事業の仕組み**

整理前

Bさん　Eさん　Aさん

Cさん　Dさん

Aさんの整理前の宅地

換地　減歩
（Aさんの整理後の宅地）

整形化

整理後

保留地　Bさん　Eさん

Cさん　Dさん　公園

公共減歩
（道路や公園等の用地となる）

保留地減歩
（売却して事業費の一部に充てる）

▶国土交通省ウェブサイトより

105

画が決定された場合，事業の実施により施行地区内の宅地所有者等の権利に対する影響を一定限度で具体的に予想できるとした点，②事業実施の法的仕組みの下では，施行地区内の宅地所有者等は事業計画の決定の時点において「換地処分を受けるべき地位に立たされる」とした点，③実効的な裁判的救済の観点から，事業計画決定の時点で取消訴訟の提起を認める必要があるとした点において，画期的である カラー⑧。

(2) 道路事業の仕組み

主要な道路は，都市計画の中に都市計画施設として決定されることとなるが，都市計画施設として位置付けられる（「都市計画道路」）だけでは，道路の建設事業は実施されず，別途，都市計画法上，都市計画事業として認可された上で事業が実施されるのが通例である（都計59条） 26-8。また，事業認可がされると，計画地域内での土地の利用等には，都市計画決定時よりも強い利用制限が発生するため，利害関係者への説明や意見聴取等が求められる（都計16条）。その結果，事業の完了が予定された時期よりも大幅にずれ込むことも少なくない。例えば，環状第2号線にあっては，事業経緯に示したように，その事業計画（新橋－神田佐久間町）は1946年に決定されたにもかかわらず，新橋－虎ノ門区間についての事業が完了したのは2014年のことであった 26-9。

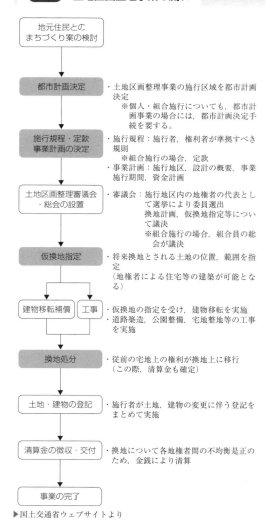

26-6 土地区画整理事業の流れ
▶国土交通省ウェブサイトより

26-7 上島駅周辺土地区画整理事業計画決定事件最高裁判決

最大判平成20・9・10（民集62巻8号2029頁）

「事業計画が決定されると，当該土地区画整理事業の施行によって施行地区内の宅地所有者等の権利にいかなる影響が及ぶかについて，一定の限度で具体的に予測することが可能になる……。そして，土地区画整理事業の事業計画については，……特段の事情のない限り，その事業計画に定められたところに従って具体的な事業がそのまま進められ，……施行地区内の宅地について換地処分が……行われることになる。……建築行為等の制限は，……事業計画の決定に基づく具体的な事業の施行の障害となるおそれのある事態が生ずることを防ぐために法的強制力を伴って設けられているのであり，しかも，施行地区内の宅地所有者等は，換地処分の公告がある日まで，その制限を継続的に課され続けるのである。そうすると，施行地区内の宅地所有者等は，事業計画の決定がされることによって，……規制を伴う土地区画整理事業の手続に従って換地処分を受けるべき地位に立たされるものということができ〔る〕……。〔換地処分の段階で処分を取り消しても事業全体に著しい混乱がもたらされ，事情判決の可能性も高いので〕，事業計画の適否が争われる場合，実効的な権利救済を図るためには，事業計画の決定がされた段階で，これを対象とした取消訴訟の提起を認めることに合理性がある」。

26-8 都市計画法に基づく都市計画事業認可の流れ

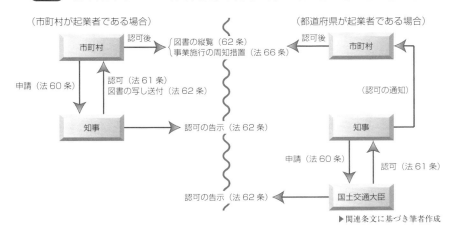

▶関連条文に基づき筆者作成

26-9 環状第2号線事業概要

これまでの経緯

昭和21年に新橋から神田佐久間町までの延長約9.2kmについて、幅員100mで都市計画決定されましたが、昭和25年には、幅員が現在と同じ40mに変更されました。その後、平成5年に臨海部との連携強化を図るため、新橋から有明までを延伸する都市計画決定を行いました。

道路構造については、平成10年に汐留から虎ノ門までの区間の本線を地下トンネル方式とする都市計画変更を行いました。また、晴海から汐留までの区間については、平成19年に隅田川より東側を橋梁・高架方式とする都市計画変更を行い、現在の計画となっています。

これまでに、外堀通りの区間など約9kmが開通しました。また、平成26年3月には新橋から虎ノ門までの約1.4kmの区間に加え、平成30年11月には豊洲から築地までの約2.8kmの区間が暫定開通しました。

さらに、令和2年3月には築地地区0.43kmにおいて、地上部道路が開通しました。

引き続き、本線トンネル工事を進め、2022（令和4）年度の全線開通を目指していきます。

環状第2号線全体図

事業前

事業経緯の年表

昭和21年3月	新橋～神田佐久間町区間	都市計画決定（当初）
昭和25年3月	新橋～神田佐久間町区間	都市計画変更（道路幅員100m ➡ 40m）
平成5年7月	有明～神田佐久間町区間	都市計画変更
	（臨海部への延伸：起点位置を新橋から有明に変更）	
平成10年12月	汐留～虎ノ門区間	都市計画変更（本線地下道路へ）
平成15年10月	汐留～虎ノ門区間	事業認可
平成16年5月	豊洲～晴海区間	事業認可
平成17年1月	汐留～虎ノ門区間	工事着手
平成19年10月	晴海～汐留区間	都市計画変更（地下トンネル➡橋梁・高架方式）
平成19年12月	晴海～汐留区間	事業認可
平成22年9月	晴海～汐留区間	工事着手
平成26年3月	新橋～虎ノ門間	暫定開通
平成30年11月	豊洲～築地間	暫定開通
令和2年3月	築地地区	地上部道路開通

事業後

▶東京都建設局ウェブサイトより
▶虎ノ門地区の変遷写真　出典：東京都都市整備局

No. 27 行政契約

1 準備行政と契約

(1) 準備行政における契約

行政の目的を達成しようとするため，事前に物的手段を調達する行為などは，一般に準備行政と理解されている。その際には，民法上の契約の手法が用いられるのが通例である。例えば，公共のために用いる土地の取得は，土地収用法に基づく収用裁決による場合もあるが，通常は任意買収の形で行われることが多い。また，事務用品の調達の際にも売買契約が締結されるほか，貸借契約等の手法も用いられる。

(2) 準備行政契約の規律（その1）——一般法原理，議会の関与

これらの契約は，民法上の契約と同様，当事者双方の合意によって成立するため，基本的に，法律の根拠を要しないものと思われる。しかしながら，行政契約は行政作用の一形態でもあるので，民法の規律を守るほか，平等原則等，行政法上の一般法原理も適用されることとなる。

加えて，契約の締結にあたっては，財務会計法規や特別の手続等の制約が課されている。例えば，国が国費を支出し，または債務を負担する契約を締結する場合，そのための予算が国会で議決されなければならず（憲85条），地方公共団体においても，予算について議会の議決が必要とされ，重要な契約等についても議決を経る必要がある（自治96条1項2号・5号〜9号）。

(3) 準備行政契約の規律（その2）——会計法令の規則

(a) 競争入札と随意契約

国の場合，会計法上，売買，貸借，請負等の契約を締結する場合には，原則として公告して申込みをさせることにより競争に付さなければならない（会計29条の3第1項）とし，一般競争入札の方法によるものとされている（同29条の5第1項）。契約締結は公正と平等の確保の見地から，一般競争入札によるのが原則とされているが，契約の性質または目的により競争に付す必要がない場合等においては，指名競争入札を行うことも可能とされている（同29条の3第3項）。さらには，契約の性質または目的が競争を許さない場合や緊急の必要により競争に付すことができない場合，および競争に付すことが不利であると認められる場合においては，随意契約による余地もある（同29条の3第4項・5項）。契約の目的または性質による競争の必要の程度に応じ，三者を使い分けることが認められている 27-1 。

(b) 適正，公平性・透明性の確保の要請

指名競争入札については，恣意的に行われる可能性があると批判されてきた。また，随意契約についても，特殊な場合にのみその利用が認められるものの，現実には随意契約によるものが多く存在し，特に地方公共団体の場合は，法令の建前と乖離している，との批判がある。

入札・契約における不正行為を防ぐために，2000年に成立した「公共工事の入札及び契約の適正化の促進に関する法律」（公共工事入札・契約適正化法）は，国・地方公共団体による情報の公表など，手続の透明性や説明責任を向上

27-1　一般競争入札・指名競争入札・随意契約の比較

契約の種類	長　所	短　所
一般競争入札	機会均等，参加自由の確保，手続の公正性及び透明性，競争促進等の面で優れている。	手続上は一定の時間及び経費がかかる。入札に参加する相手の状況を把握しにくい。
指名競争入札	信頼性の高い相手の選択が可能である。また，事務処理も簡単である。	指名が恣意的に行われる可能性がある。官製談合等の不正行為が発生しやすい。
随意契約	事務処理が最も簡単であり，発注者が目的に最適と考える者を選択できる。	不正が行われやすい。競争による価格低減の効果が期待できない。

▶主な参考として，宇賀克也『行政法概説I〔第8版〕』（2023年）431〜435頁

27-2 公共工事入札・契約適正化法

目的 公共工事の入札・契約に関し
◆ 基本となるべき事項を規定
◆ 発注者に対し，情報の公表などの措置を義務付け
◆ 適正化指針の策定等の制度の整備

○ 公共工事に対する国民の信頼確保
○ 公共工事を請け負う建設業の健全な発達

公共工事の入札・契約の適正化の基本となるべき事項
① 入札・契約における透明性の確保　③ 不正行為の排除の徹底　⑤ 工事の適正な施工の確保
② 公正な競争の促進　　　　　　　　　④ ダンピング受注の防止

発注者・受注者に対する具体的な措置
○ 情報の公表
・発注工事名，時期等発注の見通し（毎年）
・入札参加者の資格，入札者，落札者，金額等（工事ごと）
○ 不正行為に対する措置
・不正事実（談合，技術者の不設置，暴力団関係者であること等）が判明した場合，発注者が公正取引委員会や建設業許可行政庁へ通知
○ ダンピング受注の防止（適正な金額での契約締結）
・入札金額の内訳書の提出義務（建設業者）
・提出された内訳書の確認その他の必要な措置の実施（発注者）
○ 施工体制の適正化
・一括下請負（丸投げ）の全面的禁止
・全ての工事について施工体制台帳を元請業者が作成・発注者に提出
・発注者は現場の施工体制と照合

その他発注者が努めるべき事項を規定
・職員に対する教育
・建設業者に対する指導　等

適正化指針の策定
適正化指針（R元.10.18改正）
＝国土交通大臣・総務大臣・財務大臣が共同で案を作成し，閣議決定。
① 発注者（国，地方公共団体，特殊法人等）は，適正化指針に従って必要な措置を講ずる努力義務を負う。
② 上記3大臣は，各発注者に措置状況の報告を求め，概要を公表する。
③ 国土交通大臣および財務大臣は各省庁の長に対し，国土交通大臣および総務大臣は地方公共団体に対し，特に必要があると認められる措置を講ずべきことを要請する。

（R元.10.18改正）
施行に必要な工期の確保，施行時期の平準化を図ることなどの規定が追加された。
（R4.5.20改正）
共同企業体の類型として復旧・復興JV，建設発生土の適正処理の推進に関わる取組み，資材価格の高騰を踏まえた適正な契約変更の実施などが追記された。

▶ 首相官邸ウェブサイト（https://www.kantei.go.jp/jp/singi/katsuryoku_kojyo/choujikan_wg/dai8/siryou3.pdf）に一部修正を加えた。

させる措置，適正化指針の策定・公表等の制度を定めている 27-2 。さらに，2002年に「入札談合等関与行為の排除及び防止並びに職員による入札等の公正を害すべき行為の処罰に関する法律」（2006年に前記名称に改題）が制定され，改善措置（3条）や関連の調査（4条〜6条）および罰則（8条）等についての定めが置かれている。

（c）**入札参加資格の定め**　なお，一般競争入札に関しても，契約の適正な履行等を確保する等の見地から，国にあっては，会計法の委任の下に予算決算及び会計令において，入札に参加させることができない者に関する要件（消極的資格制限），経営規模，経営状況，技術の質的な事項に関する要件（積極的資格制限）等を定めることができるものとされている（会計29条の3第2項，予決令70条〜73条）。現在，入札参加者の便宜を図る観点から，各省庁における物品の製造・販売等に係る一般競争入札（指名競争入札を含む）については全省庁統一の参加資格が定められている。また，地方公共団体にあっても，地方自治法施行令に同様の規律が置かれており（自治令167条の4〜167条の5の2），各地方公共団体が共同してまたは独自に入札参加資格を定めているが，地元企業の振興等の政策的な視点をどこまで当該資格要件に織り込むことができるか等が議論の対象となっている。

(4)　**住民訴訟における違法な随意契約の効力**
随意契約の制限に関する法令に違反して締結された契約は，住民訴訟において当然には無効とならず，① 地方自治法施行令167条の2第1項に掲げられる事由のいずれにも当たらないことが何人の目にも明らかである場合や，② 契約の相手方において随意契約の方法による当該契約の効力を無効としなければ随意契約の締結に制限を加える法令の規定の趣旨を没却する結果となる特段の事情が認められる場合に限り，当該随意契約が無効となるとされている（最判昭和62・5・19民集41巻4号687頁）。

27-3 武蔵野市マンション事件に関する新聞記事

元市長の罰金確定
「正当の理由なかった」

武蔵野市の給水拒否事件

市の指導要綱を無視して建てられたマンションへの給水を拒否し、水道法違反に問われた元東京・武蔵野市長、後藤喜八郎被告(89)＝武蔵野市境五丁目＝の上告審で、最高裁第二小法廷(牧圭次裁判長)は十日までに、「給水拒否に正当の理由がなかった」との判断は是認できるとして罰金十万円を言い渡した一、二審判決を支持、同被告らの上告を棄却する決定をした。これで、後藤元市長の有罪が確定した。

この事件は、日照権保護などのため設けた指導要綱にもとづき、市の指導要綱を無視して建てられたマンションへの給水を拒否したことが、水道法違反に問われたもので、制裁措置が刑事責任を問われるという特異なもので、自治体行政の限界を浮き彫りにしたとして注目された。その後法令の整備や要綱の変化もしたことから、最高裁の決定は"要綱行政"の権限に枠をはめたといえそうだ。

▶日本経済新聞 1989年11月10日付夕刊

27-4 保育サービス利用の仕組み

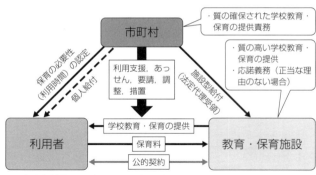

※ 児童福祉法第24条において、保育所における保育は市町村が実施することとされていることから、私立保育所における保育の費用については、施設型給付ではなく、従前制度と同様に、市町村が施設に対して、保育に要する費用を委託費として支払う。
　この場合の契約は、市町村と利用者の間の契約となり、利用児童の選考や保育料の徴収は市町村が行うこととなる。

※ 上記の整理は、地域型保育給付にも共通するものである。

▶子ども家庭庁ウェブサイトより

2 給付行政における契約

(1) 給付行政と契約

地方公共団体が公共的なサービスを提供する場合、上下水道などのように、契約形式で提供が行われる場合が多く、生活に不可欠なものも多いので、「正当の理由」がない場合には契約の締結・サービスの提供を拒否できない等の制約が法令により課されている場合が多い（水道15条1項）。

過去においては、行政指導に事業者が従わない場合に給水契約の締結を行わないなど、上記の法令の趣旨に沿わない運用が一部で行われ、問題となった事例がある（最決平成元・11・8判時1328号16頁〔武蔵野市マンション建設指導要綱事件〕。決定の内容については 23-3 参照）。

(2) 行政行為形式の部分的な採用

給付行政においては広く契約形式が用いられているが、特定の事項については、法律の規定により、決定等の行政行為の手法が予定されている点に注意が必要である（国年16条など）。

また、地方公共団体の公の施設については、契約で管理を委ねることが認められていたが、指定という行政行為により管理者を決定する指定管理者制度が導入されることとなった（自治244条の2第3項）。この制度は、行政処分の権限を含めて、公共施設の設置・管理等を一括して民間事業者に委ねる点に特徴がある（⇨No.9 参照）。

(3) 民営化と給付行政契約

もっとも、公共財・サービスの提供は、民営化の進行につれて行政が直接に提供する事業分野は減少している。例えば、水道についても市町村の同意があった場合には、民間事業者によるサービスの提供が可能となるし（水道6条2項）、また、給付行政の遂行行為を民間に委託し、契約が締結されるケースもある。

さらに、近時においては、行政行為と契約との組み合わせでより効率的に、良質の公共財・サービスを提供する仕組みが形成されている。例えば、保育・幼児教育については、子ども・子育て支援法（平24法65）の下で、多様な提供主体（公・私立保育所、幼稚園、認定こども園など）が現に多く存在しており、これを前提として、まず、保護者が保育・幼児教育の必要性とその時間数について行政（市町村）の認定を受

け，その後に，自らが選択した提供主体との間でサービスの利用契約を締結する仕組みが部分的に導入されている（保育については調整の責任が市町村にあり，利用契約も保護者と市町村との間で締結される）**27-4**。

3 規制行政における契約

(1) 規制行政と契約

従前より，規制の内容は法令によって定めるべきであり，規制の中身を契約によって規律することは，法治主義や規制対象者間の平等の観点から問題があるため，規制行政に契約形式を導入することは適当ではない，との考え方が有力であった。しかしながら，現代にあっては，合意に基づいて規制の内容を柔軟に定めることができ，合意の内容に関して相手方の遵守を期待できる等の見地から，規制行政においても契約手法を採用する例が増えてきている。

(2) 公害防止協定

公害規制の法制度が不備な時代に，地方公共団体が当該地域に進出しようとする企業と協定を結び，関連法令に定められていない部分を，協定で補う手法が用いられた。このような協定は，一般に，公害防止協定と呼ばれ，規制行政に契約形式が導入される際に，先導的な役割を果たした。

公害防止協定については，法的効力をもたない紳士協定であるとする理解もあったが，現在では，その内容が具体的かつ相当なものである限り，合意に基づく契約の拘束力を否定する必要はないとするのが通説である。

例えば，廃棄物処理業者は廃棄物処理法所定の県知事の許可を得て市内で産業廃棄物最終処分場を営んでいたが，合併前の町との間で公害防止協定を締結しており，その協定の中で明記された使用期限を過ぎても業者がその施設の使用を継続しているため，市が協定の履行として使用中止を求めて提訴した事例がある。原審は協定による期限の設定は，知事の許可に期限を付すに等しいなど，規制権限を都道府県知事に委ねている廃棄物処理法の趣旨に反するから法

的拘束力は認められないとして請求を棄却したのに対し，最高裁は知事の許可は業者に施設使用の継続を義務付けるわけではなく，業者が協定によって施設の廃止を市に約束することは自由であるから，同法の趣旨に反するという理由で期限の法的拘束力を否定することはできないとした（最判平成21・7・10判時2058号53頁）。

(3) 建築協定

近年，公害防止の観点のほか，地域全体の環境整備と関連し，緑化，まちづくり等における契約方式の登場も注目されている。建築協定はそのうちの一つである。

建物を建てる場合には，建築基準法において最低限のルールが定められているが，地域の特性を活かし，特色のあるまちづくりを実現するには必ずしも十分な規定とはいえない。したがって，地域の住民が自主的に法の基準より厳しい内容を取り決め，規制の意味で定めるのが建築協定である。

建築協定は，一定区域内の土地所有者が区域内の建築物の用途や形態等について締結する契約ではあるものの，市長等が認可する場合，のちに当該区域内に土地を譲り受けた者等もこれに拘束されることとなる（建基75条）**27-5**。

具体的には，地域の住民が話し合いの上，協定の内容を取り決め，全員が合意する「合意協定」と，開発事業者等が分譲の開始前に協定内容を定めておく「一人協定」の2種類があるが，いずれにしても協議の上，所定の手続を経てから締結することとなる**27-6**。

27-5 建築協定の具体例

▶大阪市ウェブサイト（https://www.city.osaka.lg.jp/toshikeikaku/page/0000012335.html）をもとに作成

27-6 建築協定の流れ

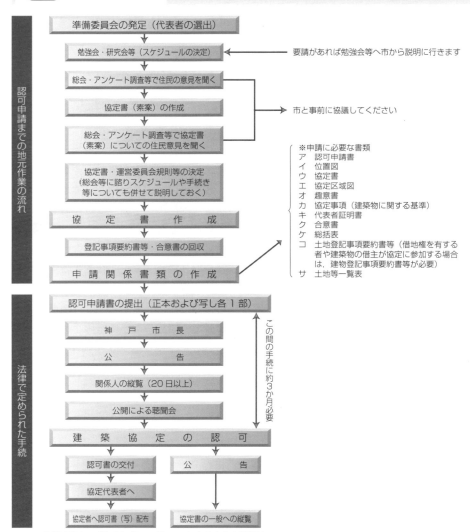

▶神戸市ウェブサイト（https://www.city.kobe.lg.jp/a81042/kurashi/machizukuri/torikumi/construction/kyotei_ninka.html）をもとに作成

28 行政上の強制執行

1 代執行

(1) 行政的執行の仕組み

1900年制定の「行政執行法」は、代替的作為義務（ex. 違法建築物の除却）についての代執行（同5条1項1号）、非代替的作為義務（ex. 健康診断）・不作為義務（ex. 営業停止）については執行罰（同項2号）、それらによっては義務の履行を確保できないときまたは急迫の事情があるときには直接強制を補足的に認める（同条3項）法制度を構築していた。そして、公法上の金銭債権の強制徴収については、別に国税徴収法が規定を置いており、行政的執行の自己完結的な仕組みが構成されていたといえる。

1948年、行政執行法が廃止され、現行の「行政代執行法」が制定される。かつての執行力の理論は否定され、義務履行の強制には別に根拠規範が必要と解されているが（⇨No.14 1(4)）、代替的作為義務については行政代執行法が制定されているものの、そのほかの執行罰、直接強制には一般的な根拠規範はなく、個別法に根拠がない場合はできない（後述）。条例による執行罰・直接強制の可能性は、行政代執行法1条と2条の文言上（1条の「法律」に条例を読み込むことはできない）、一般に否定的に解されている。

(2) 代執行の定義

代執行とは、他人が代わってなすことのできる代替的作為義務について、これを履行しない義務者に代わって行政庁が行い、その費用を義務者から徴収する制度である。

(3) 代執行の実体的要件

まず、法令により直接に命ぜられ（例えば火薬22条）、もしくは法令に基づく行政処分（例えば建基9条1項、河川31条2項）により命ぜられた、他人が代わってなすことのできる行為を内容とする義務＝代替的作為義務（金銭の納付義務を除く）について、その不履行が存在することである。条例に基づく義務でも代執行は肯定される（自治14条）。もちろん、義務が存在していると言うためには、義務賦課行為が有効でなければならない。

行政代執行法2条の定めるその他の要件は、他の手段によってその履行を確保することが困難であること、その不履行を放置することが著しく公益に反すると認められること、である。前者について、何が、代執行に先行すべき「他の手段」に当たるかは論点となるが、義務者に対する助言・指導、必要な技術的援助などが想定されよう（行政罰の存在や民事上の強制執行は含まれないと解される）。後者についても、義務の不履行は直ちに代執行の要件を満たすものではないことは、比例原則の観点からは言うまでもない。そのため、これらの要件は、代執行の適用に慎重であれと行政機関に求める趣旨に尽きるのであり、かえって代執行の機能不全を招いているとの批判もある（⇨5）。立法例の中には、こうした要件を規定せず代執行の促進を意図するものがある（建基9条12項、収用102条の2第2項、都開98条2項）。

(4) 代執行の手続

相当の履行期限を定めて戒告を行い、なお義務が履行されないときに代執行をなすべき時期等を代執行令書 28-1 によって通知をし、しかる後に実力を行使することとなる（代執3条）。公告による略式の方法もある（河川75条3項、都計81条2項、建基9条11項）。代執行の執行責任者は、証票を携帯し、要求があるときは、いつでもこれを呈示しなければならない（代執4条）。

履行義務者が物理的に抵抗した場合、それを物理的に排除することが可能かは一つの論点である（例えば違法建築物の除却の代執行で、占拠者

28-1 戒告書，代執行令書の例

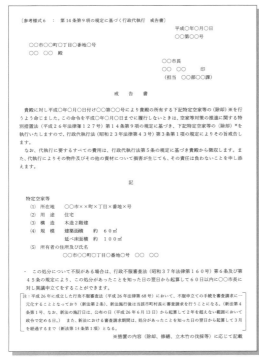

▶国土交通省「『特定空家等に対する措置』に関する適切な実施を図るために必要な指針（ガイドライン）」
（https://www.mlit.go.jp/common/001090470.pdf）

が抵抗し立ち退かない場合等）。代執行に随伴する一定程度の実力行使を認める見解があるほか，抵抗の仕方が公務執行妨害罪等の構成要件を充足する場合には現行犯逮捕をする方法もある。あるいは，立ち退かないまま除却作業を開始→建物の損壊→立ち退かない人が危険な状況に置かれている→避難させる（警職4条1項）という方法も実務上はとられている。しかし，やむをえず実力行使の必要があるときは，立法でこれを正面から認めるとともに，他方でその要件や手続を明確に規定するのが本来のあり方であるとの指摘がなされている。

その他，費用の徴収（代執5条）についても定めがある。当該費用は国税滞納処分の例により徴収できることとされている（同6条1項）。

(5) 代執行と救済制度

戒告・代執行令書の通知はいずれも事実行為であり，新たな義務を課したり権利を制約したりするものではない。かかる処分は不利益処分の定義からも除外されている（行手2条4号イ）。しかし，代執行が適法に開始され進行するという法効果はあるのであり，行われようとしている代執行が違法なものである場合に，義務者とされた者がこれをとどめる手段がほかにはないことから，救済の見地から処分性を認めるのが通説・判例の立場である。代執行が終了してしまえば多くの場合は訴えの利益は消滅するので，その場合の救済方法としては，国家賠償によることとなる。

2 行政上の強制徴収

(1) 国税徴収法に基づく滞納処分

滞納処分による強制徴収は，次のような手続によって実施される 28-2 。

滞納処分の前段階として，納税の告知（税通36条）および督促（同37条）を行い，納税を促す。督促から所定の期間内に完納されない場合には滞納処分に移行する。具体的には，滞納者の財産の差押え（税徴47条），公売による差押

28-2 徴収手続の流れ

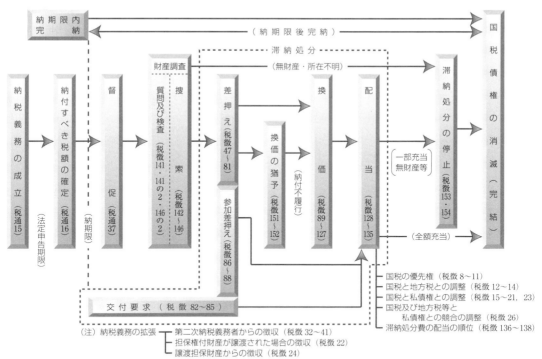

▶税務大学校『国税徴収法（基礎編）令和6年度版』6頁をもとに作成

財産の換価（同89条・94条），換価代金の滞納債権への充当（同128条ほか），である。わが国の立法例には，「国税滞納処分の例により」と規定するものも多く（そうした規定がない場合は行政上の強制徴収はできない），国税徴収法が強制徴収の一般法として機能している側面もある。

(2) その他，強制徴収をめぐる問題

行政上の強制徴収と民事執行の関係が問題となる。特別の規定によって強制徴収という自力救済の特権が認められているとき，それによらないで，民事訴訟・民事執行の方法を選択することが許されるであろうか。判例は，強制徴収が認められている場合にはもっぱらそれによるべきという（最大判昭和41・2・23民集20巻2号320頁）。これに対しては，行政上の強制徴収が単なる特権の付与か，それにとどまらない意義（裁判所に不必要な負担を課さないなど）があるかが重要であり，司法的強制の可能性を一概に否定することは適当ではないとする見解がある。

他方，特別の規定がなく，行政的執行が認められない場合の民事執行の可能性については，従来，学説・下級審判例では，原則に立ち戻って，民事訴訟を提起し給付判決を受け，それを債務名義として民事執行法に基づく強制執行（司法的執行）を行うことができると考えてきた。しかし，最判平成14年7月9日（民集56巻6号1134頁〔宝塚市パチンコ店規制条例〕）は，行政上の義務の民事執行の途を閉ざしており，議論（批判）を呼んでいる（⇨No.34）。

3 直接強制

直接強制とは，義務者の身体または財産に対し直接有形力を行使して，義務の実現を図ることをいう。作為義務か不作為義務か，代替的か非代替的かを問わない。旧行政執行法の下で補完的または緊急時において認められた手法であったが，特に身体に対する有形力の行使については人権侵害の危険性が高く（実際の弊害もあった），現在では，直接強制を認める法律は，い

28-3 成田国際空港の安全確保に関する緊急措置法

> **第3条** 国土交通大臣は，規制区域内に所在する建築物その他の工作物について，その工作物が次の各号に掲げる用に供され，又は供されるおそれがあると認めるときは，当該二作物の所有者，管理者又は占有者に対して，期限を付して，当該工作物をその用に供することを禁止することを命ずることができる。
> 　一　多数の暴力主義的破壊活動者の集合の用
> 　二　暴力主義的破壊活動等に使用され，又は使用されるおそれがあると認められる爆発物，火炎びん等の物の製造又は保管の場所の用
> 　三　成田国際空港又はその周辺における航空機の航行に対する暴力主義的破壊活動者による妨害の用
> 2　（略）
> 3　国土交通大臣は，第1項の禁止命令をした場合において必要があると認めるときは，当該命令の履行を確保するため必要な限度において，その職員をして，当該工作物に立ち入らせ，又は関係者に質問させることができる。
> 4・5　（略）
> 6　国土交通大臣は，第1項の禁止命令に係る工作物が当該命令に違反して同項各号に掲げる用に供されていると認めるときは，当該工作物について封鎖その他その用に供させないために必要な措置を講ずることができる。
> 7　国土交通大臣は，前項の規定により封鎖その他の措置を講じた場合において，その必要がなくなったときは，速やかに，当該措置を解除しなければならない。
> 8　国土交通大臣は，第1項の禁止命令に係る工作物が当該命令に違反して同項各号に掲げる用に供されている場合においては，当該工作物の現在又は既往の使用状況，周辺の状況その他諸般の状況から判断して，暴力主義的破壊活動等にかかわるおそれが著しいと認められ，かつ，他の手段によっては同項の禁止命令の履行を確保することができないと認められるときであって，第1条の目的を達成するため特に必要があると認められるときに限り，当該工作物を除去することができる。
> 9～16　（略）
> **第8条** 第3条第1項の規定による命令については，行政手続法（平成5年法律第88号）第3章の規定は，適用しない。
> **第9条** 第3条第1項の規定による国土交通大臣の禁止命令に違反して建築物その他の工作物を同項各号に掲げる用に供した者は，6月以下の拘禁刑又は10万円以下の罰金に処する。
> 2　第3条第3項の規定による立入りを拒み，若しくは妨げ，又は同項の規定による質問に対して答弁をせず，若しくは虚偽の答弁をした者は，5万円以下の罰金に処する。

わゆる成田新法 **28-3** と学校施設の確保に関する政令（21条）があるくらいである（立法上極端に回避され，かえって実務上の必要がある場合には即時強制に流れる傾向があり，そのことの問題は別にある⇨No.29 **1** (3)）。

4 執 行 罰

　執行罰とは，義務者に自ら義務を履行させるため，義務不履行の場合に一定額の過料を課すことを予告し，不履行の場合にはその都度過料を徴収することによって，義務の履行を促す間接強制の仕組みである。行政上の秩序罰（⇨No.30）と同じ"過料"を課すことになるが，両者の性格は全く異なる。将来にわたって義務の履行を確保しようとする仕組みは民事執行法（172条）にも存在しているが，行政上の執行罰については，現在唯一，砂防法 **28-4** の例があるのみである。

5 行政上の強制執行の機能不全とその是正

　代執行であれば，実際には行政代執行法2条の要件の充足性や，のちに訴訟になる可能性を

28-4 砂防法

> **第36条** 私人ニ於テ此ノ法律若ハ此ノ法律ニ基キテ発スル命令ニ依ル義務ヲ怠ルトキハ国土交通大臣若ハ都道府県知事ハ一定ノ期限ヲ示シ若シ期限内ニ履行セサルトキ若ハ之ヲ履行スルモ不充分ナルトキハ五百円以内ニ於テ指定シタル過料ニ処スルコトヲ予告シテ其ノ履行ヲ命スルコトヲ得

考え慎重な判断を要するし，それ相応の時間をかけた入念な準備が必要で簡易迅速には行えない。強権発動的なイメージの悪さ，費用の強制徴収の困難さ等々の事情から，これまで十分に利用されず，したがってノウハウの蓄積もないことからさらに執行不全が続くという状況が見られていた。そのため，用語法は一定ではないが，いわゆる簡易代執行（行政代執行法3条3項もそうであるが，行政代執行法の定める戒告等の手続を簡略化するもの。緊急代執行などともいう）や略式代執行（相手方を確知できない場合に義務の賦課を省略して略式の代執行を行うもの。個別法の根拠を要する）の仕組みを用いて代執行の促進を

28-5 簡易代執行（河川法75条3項の場合）

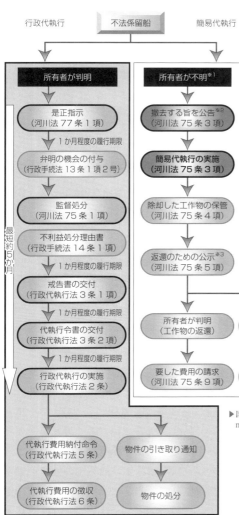

目指す立法例があるほか、行政代執行は多大の労力と専門知識が要求されるのであり、通常の組織が日常業務の片手間で行うことは困難と解して、専門組織を整備する必要性も指摘されている（ 28-5 〜 28-7 , Column ）。

Column

行政上の強制執行の機能不全に対して、代執行の実体要件（補充性、公益性）を緩和したり（例えば建基9条12項）、手続を簡略化したり（同条11項）する個別法の対応もあるが、より抜本的な改革として、行政の実効性確保法制に関する通則的な法律の整備に向けた要綱案策定を試みる行政法研究者らの提案もあり、今後の議論の深化が期待されている。

▶国土交通省中部地方整備局「所有者不明船の撤去を実施します」（https://www.cbr.mlit.go.jp/kisokaryu/kisha/181205/181205.pdf）をもとに作成

28-6 地方税回収機構

強制徴収であれば、「○○県地方税滞納整理機構」など名称は様々であるが、特別地方公共団体である広域連合や一部事務組合または法令に基づかない任意の組織を設置し、複数の地方公共団体が協力して徴収困難な案件の滞納整理に取り組む例が見られている。

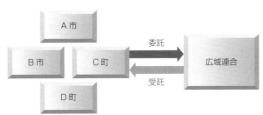

※鳥取中部ふるさと広域連合：平成29年度の実績では鳥取中部1市4町の滞納税等（1市は国民健康保険料を含む）の約26.2%が徴収困難な案件として市町から広域連合へ委託されている。

▶鳥取中部ふるさと広域連合ウェブサイト（https://www.chubu-furusato-tottori.jp/2076）をもとに作成

28-7 略式代執行

A市において、ある特定空家等（下の写真）が、建物の柱、梁等にひび割れが生じ、腐朽も進行しているため、そのまま放置すれば前面の市道側に倒壊し、著しく保安上危険となるおそれのある状態。調査の結果、相続人の一人が行方不明。措置を命ぜられるべき相続人の一部を確知することができない場合には、空家等対策の推進に関する特別措置法22条10項に基づく略式代執行が可能であるため、公告を行ったところ、期限までに必要な措置が履行されなかったため、略式代執行により除却を行うとされた事例。

No. 29 行政上の即時強制

1 即時強制

(1) 意義

行政上の即時強制（即時執行ともいう）とは，相手方の義務の存在を前提とせずに，行政機関が直接に身体または財産に実力を行使して行政上望ましい状態を実現する作用である。義務を命ずる暇のない緊急事態や，犯罪調査・泥酔者の保護のように義務を命ずることによっては目的を達成しがたい場合に用いられる 29-1 。

「即時」とは，相手方の義務を介在させないという意味であり，必ずしも目前急迫性に対応する制度のみではない（外国人の退去強制等）。したがって，相手方私人の義務不履行を前提に，その義務の強制的実現を図る義務履行確保の制度とは，実力行使という点で類似するものの，その性質を異にしており，行政代執行法1条の適用は受けない。条例を根拠規範とすることも可能と解されている（放置自転車の移動保管等）。

事実上の行為ゆえ，「不利益処分」の定義に該当しないが（行手2条4号イ），私人の身体・財産に強制を加える典型的な公権力の発動でもあるので，当然に比例原則や権限濫用禁止原則等の法の一般原則に適合していなければならず，侵害留保説からすれば根拠規範を要する（⇨No.5）。

(2) 手続的統制

緊急を要する場合の即時強制では，当然，慎重な手続をとることは困難となるが，人権保障の見地からは，可能な限り，即時強制においても手続の適正化を図る必要はある。

例えば精神保健福祉法に基づく措置入院（29条）は，本人に入院義務を課してその履行を期待することができないため，即時強制という方式をとっている。もっとも，2人以上の指定医の診察で各指定医の診察結果が一致しなければならないこと（29条2項），当該精神障害者・その家族等に対して入院措置をとる理由も含め

29-1 行政上の即時強制の具体例

- 警察官職務執行法による保護（3条），避難等の措置（4条），犯罪予防のための警告（5条），一定の場合における他人の土地・建物等への立入り（6条），一定要件のもとでの武器の使用（7条）
- 精神保健福祉法に基づく入院措置（29条）
- 感染症法に基づく強制健康診断（17条2項），交通遮断（33条）
- 道路交通法に基づく違法駐車車両のレッカー移動（51条3項）
- 消防法による消火・延焼防止等のための土地物件の使用・処分（29条）
- 二十歳未満者飲酒禁止法（2条）・二十歳未満者喫煙禁止法（2条）による酒類・たばこ等の没収
- 銃刀法に基づく銃砲刀剣類等の一時保管（24条の2第2項）

て書面による告知を義務付けていること（同条3項），退院請求に対し精神医療審査会による審査制度を設けていること（38条の4・38条の5）などは，手続的保障に配慮したものである。その他，警職法3条による保護が24時間を超える場合に簡易裁判所の裁判官の許可状を必要としている例などもあるが 29-5 ，全般的には，個別法の規定状況には手続的統制の面で不備があると指摘されている。

(3) 即時強制への逃避

旧結核予防法（2006年に感染症法に統合）では，入院命令の制度があったが，直接強制の規定はなかった。同じく感染症法に統合された旧性病予防法のように，直接強制と即時強制の両方を定めた立法例もあったが，1998年制定時の感染症法は即時強制に一本化し，入院命令の仕組みを採用しなかった（勧告を前置することにより，直接強制類似の仕組みに見えなくもなかった）。

このように，現在のわが国の行政上の強制執行手段としては，金銭に係る強制徴収を別にすると，一般法としては行政代執行法があるのみで，個別法の定める直接強制の例はきわめて少ない。条例を根拠規範として義務履行確保の仕

29-2 感染症法に基づく強制入院の流れ

一類感染症・新型インフルエンザ等感染症
の患者・疑似症患者・無症状病原体保有者
二類感染症の患者・一部疑似症患者

↓

知事（保健所長）による応急入院勧告　　（入院勧告をする理由等を明示した書面を交付）

通常　↓

知事（保健所長）による応急入院措置

↓

応急入院（72時間以内）

↓

退院

・適切な説明と理解を得る努力
・意見を述べる機会の付与
保健所長による勧告・措置による本入院
（10日以内）　　←意見　　感染症の診査に関する協議会での本入院の必要性の診査

患者からの苦情の申出　　苦情の申出を受けたときは，誠実に処理し，処理の結果を通知する。

患者からの退院請求　　病原体を保有していないことが確認されたとき等には，退院させなければならない。

退院

知事（保健所長）による本入院の延長
（10日以内）　　←意見　　感染症の診査に関する協議会での本入院の必要性の診査

※入院勧告，措置は地方公共団体の規則により保健所長に権限が委任されていることがある。

▶「大阪府感染症対策マニュアル」（平成24年4月改定版）をもとに作成

組みを設けられないこともあり（代執1条・2条），現行の立法例には即時強制への逃避傾向が見られる。しかし，真に緊急の事態を除けば，相手方に一度義務履行の機会を付与するほうが，私人の権利保護，意思の尊重という観点から適切とも考えられる。

2 感染症法に基づく強制入院措置の仕組みの変容

感染症法に基づく入院措置（19条・20条）は，一類・二類感染症，新型インフルエンザ等感染症等に関して，早期入院・良質適切な医療提供を通じて個人の健康を回復させ，それにより感染症まん延防止と公衆衛生の向上増進を図ろうとするもので，原則患者の所在地の保健所が行う 29-2。従来，強制入院措置は即時強制と考えられていたが，①勧告に際しての適切な説明

と書面による通知の前置，②入院期間を応急入院では最長72時間，本入院への移行・更新の際は10日以内の期間を定める，③応急入院中および本入院への移行・更新時には感染症診査協議会の意見を聴くこととされるほか，④審査請求の特例（25条）等もあり，患者の手続的保障に相応に配慮していた。その後，コロナ禍での令和3年法改正により，入院勧告・措置により入院した者が入院期間中に逃げたときまたは正当な理由がなく入院すべき期間の始期までに入院しなかったときは，50万円以下の過料に処することとされた（80条）。患者の自律性の尊重，相互の理解と信頼を基礎としていた勧告の性格は大きく変容し（*column*〔次頁〕参照），感染症法上の強制入院はもはや従来の即時強制の仕組みとは言えなくなっている。

29-3 消防法

第29条 消防吏員又は消防団員は、消火若しくは延焼の防止又は人命の救助のために必要があるときは、火災が発生せんとし、又は発生した消防対象物及びこれらのものの在る土地を使用し、処分し又はその使用を制限することができる。

2 消防長若しくは消防署長又は消防本部を置かない市町村においては消防団の長は、火勢、気象の状況その他周囲の事情から合理的に判断して延焼防止のためやむを得ないと認めるときは、延焼の虞がある消防対象物及びこれらのものの在る土地を使用し、処分し又はその使用を制限することができる。

3 消防長若しくは消防署長又は消防本部を置かない市町村においては消防団の長は、消火若しくは延焼の防止又は人命の救助のために緊急の必要があるときは、前2項に規定する消防対象物及び土地以外の消防対象物及び土地を使用し、処分し又はその使用を制限することができる。この場合においては、そのために損害を受けた者からその損失の補償の要求があるときは、時価により、その損失を補償するものとする。

(以下略)

3 破壊消防

消防法29条は、消火活動の一環として、火災が発生した建物を手斧などで処分する（＝壊す）、いわゆる「破壊消防」の手法を認めている 29-3 。建物の一部を壊さないと消防士が内部に進入できなかったり、消火が思うように進まず周りの建物にも被害が及ぶ懸念があるからである。古い木造家屋ばかりで火が燃え移りや

29-4 破壊消防之図（消防絵巻より）

▶写真提供：大阪市消防局「大阪市消防五十年のあゆみ」より
https://www.bousaihaku.com/ffhistory/11279/

Column　新型コロナウイルス感染症と行政法

2020年新型コロナウイルス感染症（COVID-19）の感染拡大によって、様々な行政法的仕組みが注目された。感染症法に基づき政令で指定感染症に指定され（6条8項、行政立法）、例えばまん延防止のため必要があると認めるときは、知事は患者に対して入院を勧告し（19条1項、行政指導→令和3年改正で強制の契機を含む）、患者がこれに従わないときは入院させることができることとされたが（19条3項、即時強制→令和3年改正で直接強制化）、こうした強制措置は必要最小限度のものでなければならないとの規定もある（22条の2、比例原則）。

緊急事態宣言の根拠となった新型インフルエンザ等対策特別措置法を見てみると、例えば知事による不要不急の外出自粛要請（45条1項）は住民一般に対するお願いであるが、興行場等の施設管理者に対しては営業自粛要請（同条2項、行政指導）、命令（同条3項、行政行為）を行うことができ、それらを実施したときにはその旨を公表しなければならない（同条5項、情報提供）。医療提供に支障が生ずる場合には、知事は臨時の医療施設を開設することができるが、そのために必要であれば私人の土地、家屋等を強制的に使用でき（49条）、当該処分によって生じた損失については補償を行わなければならない（62条、損失補償）。当該土地等を使用するために必要な立入検査も可能であり（72条、行政調査）、これを拒否すれば罰則もある（77条、行政刑罰）。

その他、感染者情報の公表のあり方、緊急事態宣言時の自粛要請に対する営業補償の要否、法律上は入院措置の対象であるのに事務連絡で自宅・宿泊療養を可能とすることの妥当性（その後、政省令改正で対応）、他者に感染させる行為やPCR検査拒否等に罰則を科すことの是非等に加え、国と地方公共団体の連携のあり方や、大都市歓楽街の感染予防では保健所と飲食・風俗事業者団体等との公私協働の必要性等、様々な点が課題となった。

感染症法の仕組みは、衛生警察的対応ばかりでなく、良質・適切な医療を提供するためのものでもある。過去の誤ったハンセン病対策で、社会的な差別・偏見を助長したことへの反省も忘れてはならない。そうした個別行政法領域に固有の条理を踏まえながら、行政法的観点からの考察を通じて検討すべき論点は数多いといえよう。

29-5 **警察官職務執行法（抜粋）**

第1条 この法律は，警察官が警察法……に規定する個人の生命，身体及び財産の保護，犯罪の予防，公安の維持並びに他の法令の執行等の職権職務を忠実に遂行するために，必要な手段を定めることを目的とする。

2 この法律に規定する手段は，前項の目的のため必要な最小の限度において用いるべきものであって，いやしくもその濫用にわたるようなことがあってはならない。

第2条 警察官は，異常な挙動その他周囲の事情から合理的に判断して何らかの犯罪を犯し，若しくは犯そうとしていると疑うに足りる相当な理由のある者又は既に行われた犯罪について，若しくは犯罪が行われようとしていることについて知っていると認められる者を停止させて質問することができる。

3 前2項に規定する者は，刑事訴訟に関する法律の規定によらない限り，身柄を拘束され，又はその意に反して警察署，派出所若しくは駐在所に連行され，若しくは答弁を強要されることはない。

4 警察官は，刑事訴訟に関する法律により逮捕されている者については，その身体について凶器を所持しているかどうかを調べることができる。

第3条 警察官は，異常な挙動その他周囲の事情から合理的に判断して次の各号のいずれかに該当することが明らかであり，かつ，応急の救護を要すると信ずるに足りる相当な理由のある者を発見したときは，取りあえず警察署，病院，救護施設等の適当な場所において，これを保護しなければならない。

一　精神錯乱又は泥酔のため，自己又は他人の生命，身体又は財産に危害を及ぼすおそれのある者

二　迷い子，病人，負傷者等で適当な保護者を伴わず，応急の救護を要すると認められる者（本人がこれを拒んだ場合を除く。）

3 第1項の規定による警察の保護は，24時間をこえてはならない。但し，引き続き保護することを承認する簡易裁判所……の裁判官の許可状のある場合は，この限りでない。

第4条 警察官は，人の生命若しくは身体に危険を及ぼし，又は財産に重大な損害を及ぼす虞のある天災，事変，工作物の損壊，交通事故，危険物の爆発，狂犬，奔馬の類等の出現，極端な雑踏等危険な事態がある場合においては，その場に居合わせた者，その事物の管理者その他関係者に必要な警告を発し，及び特に急を要する場合においては，危害を受ける虞のある者に対し，その場の危害を避けしめるために必要な限度でこれを引き留め，若しくは避難させ，又はその場に居合わせた者，その事物の管理者その他関係者に対し，危害防止のため通常必要と認められる措置をとることを命じ，又は自らその措置をとることができる。

第5条 警察官は，犯罪がまさに行われようとするのを認めたときは，その予防のため関係者に必要な警告を発し，又，もしその行為により人の生命若しくは身体に危険が及び，又は財産に重大な損害を受ける虞があって，急を要する場合においては，その行為を制止することができる。

第7条 警察官は，犯人の逮捕若しくは逃走の防止，自己若しくは他人に対する防護又は公務執行に対する抵抗の抑止のため必要であると認める相当な理由のある場合においては，その事態に応じ合理的に必要と判断される限度において，武器を使用することができる。ただし，刑法……第36条（正当防衛）若しくは同法第37条（緊急避難）に該当する場合又は次の各号のいずれかに該当する場合を除いては，人に危害を与えてはならない。

すい場所であれば，火を出した建物よりもまずは隣家を壊して延焼を防ぐこともありうる。

破壊消防のために損害を受けた者があっても，原則としてその損失は補償を要しないが（消防29条1項・2項），29条3項に規定する場合，すなわち，「当該処分等が，火災が発生しようとし，もしくは発生し，または延焼のおそれがある消防対象物およびこれらのもののある土地以外の消防対象物および土地に対しなされたものであり，かつ，右処分等が消火もしくは延焼の防止または人命の救助のために緊急の必要があるときになされたものである」（最判昭和47・5・30民集26巻4号851頁）場合には，火災の際の消防活動により損害を受けた者は，その損失の補償を請求しうる（損失補償について⇨No.*47*）。

No.30 行政上の制裁・その他

1 行政罰

(1) 行政罰の意義

行政代執行が可能であっても，実際には手間と時間がかかるため敬遠され機能不全の状態であることが多く，また，そもそも行政上の強制執行手段を設けることが難しい場合もあることから，わが国では，過去の義務違反に対して刑罰または秩序罰を科す「行政罰」が多用されている（「執行罰」〔⇒No.28 **4**〕は，義務の不履行に対して過料を科すことを通告して将来における義務履行を確保する点で行政罰とは異なる）。行政罰は，義務が履行された状態を直接に作出するものではなく，罰則で威嚇することにより間接的に義務履行を促す手段である。行政罰には，「行政刑罰」と「行政上の秩序罰」とがある。

(2) 行政刑罰

行政上の義務違反に対する制裁として，刑罰（刑9条）が用いられるものを行政刑罰という。行政刑罰についても，刑罰であることから刑法総則が原則として適用され，「特別の規定」がある場合は，その解釈を通じて行政犯の特色に対応すればよいと解されている（刑8条）。条例上の義務違反に対しても，一定の法定刑の範囲内で刑罰を定めることができる（自治14条3項）。

行政刑罰を科す手続については，原則として刑事訴訟法の適用があるものの，特別の規定を置く例もある（交通事件即決裁判手続法等）。略式手続（刑訴461条以下）も多用されている。

大量反復的・定型的な犯罪が少なくない行政犯の特色に鑑みて，道路交通法上の交通反則通告制度（道交125条以下）や，国税通則法上の通告処分制度（税通157条）のように，非刑罰的処理（ダイバージョン）を定める立法例がある。交通反則通告制度は，反則金納付通告を受けた者が納付期間内に反則金を納付すれば公訴提起等がなされない制度である **30-1**。反則金は，任意に納付すれば公訴が提起されないという効果を有するにとどまり，告知や通告によって反則行為をした者に反則金を納付する義務が生ずるものではない（最判昭和57・7・15民集36巻6号1169頁は，反則金納付通告の処分性を否定）。なお，反則行為について告知や通告を欠いたまま公訴提起がなされた場合，手続違反により公訴棄却の判決がなされる（刑訴338条4号）。

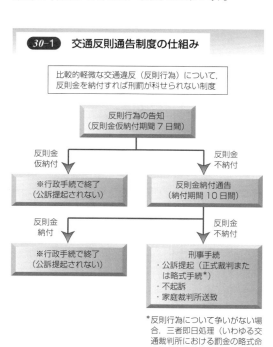

30-1 交通反則通告制度の仕組み

*反則行為について争いがない場合，三者即日処理（いわゆる交通裁判所における罰金の略式命令）がなされる。

> **Column　交通反則通告制度の適用状況**
>
> 令和5年中に反則行為として告知した件数は431万5982件で，車両等運転者の道路交通法違反（罰則付違反）の取締件数中に占める比率（反則適用率）は96.2%である。そのうち成人に対するものは423万6014件，少年に対するものは7万9968件である。
>
> 行為別にみると，主なものは，一時停止違反が126万3500件（29.3%），最高速度違反が83万1233件（19.3%），携帯電話使用等違反が21万3842件（5.0%）である（令和6年版交通安全白書135頁）。

(3) 行政上の秩序罰

行政上の義務違反に対して過料等の秩序罰を科すものを行政上の秩序罰という（司法上の秩序罰と区別するため「行政上の」秩序罰と呼ばれる）。刑罰ではないため、刑法総則や刑事訴訟法の適用はない。対象行為は届出義務の懈怠など単純な義務違反が主であり、罪刑均衡の観点から過料等の額は低く抑えられるのが一般的である（100万円以下など高額な過料が定められているものもある）。地方公共団体も、条例または規則上の義務違反に対して5万円以下の過料を定めることができる（自治14条3項・15条2項）。

法律違反に対する過料は、地方裁判所の決定により科せられる（非訟119条以下・54条）。この決定は裁判所が行う行政処分（不利益処分）であるが、行政手続法第3章の適用は除外されており（行手3条1項2号）、かつ、裁判所は、相当と認めるときは当事者の陳述を聴かずに決定をすることができる（非訟122条1項・120条2項）。なお、非訟事件手続法は過料についての裁判およびそれに対する不服申立て（即時抗告および特別抗告）の手続について公開の対審を保障していないが、最大決昭和41年12月27日（民集20巻10号2279頁）は、これを合憲としている。

条例・規則違反に対する過料は、地方公共団体の長によって科せられ（自治255条の3）、納付しない場合は地方税滞納処分の例により徴収される（自治231条の3第3項）。この過料処分についても行政手続法第3章の適用はないが（行手3条3項）、地方自治法により弁明の機会が保障されている（自治255条の3）。

2004年の道路交通法改正により導入された放置違反金（道交51条の4）は、放置駐車を防止するという車両使用者の義務違反に対して、車両使用者に科せられる行政上の秩序罰である（**カラー⑥**・**30-2**）。放置違反金を納付しない場合、地方税滞納処分の例により徴収されるほか、当該車両について自動車検査証の返付を受けられなくなる（車検拒否制度。行政上の義務履行確保手段の一例である⇒3(4)）。放置車両確認事務の業務を民間法人に委託できる点も興味深い（⇒No.**9** *Column*〔事務の民間委託の例〕）。

(4) 行政刑罰と行政上の秩序罰の併科

行政刑罰と行政上の秩序罰の併科が二重処罰の禁止（憲39条後段）に違反しないかについて、最判昭和39年6月5日（刑集18巻5号189頁）は、「両者は目的、要件及び実現の手続を異にし、必ずしも二者択一の関係にあるものではなく併科を妨げない」と判示した。

もっとも、両者の目的の区別は必ずしも明確でなく、立法例における両者の振り分け基準も不明確といわれる。行政刑罰と行政上の秩序罰の併科の可否は、罪刑均衡ないし比例原則の問題ととらえる必要があり、無制約に併科可能と解するべきではなかろう。

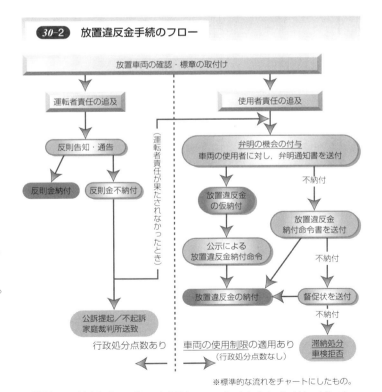

30-2 放置違反金手続のフロー

※標準的な流れをチャートにしたもの。

▶警視庁ウェブサイト（https://www.keishicho.metro.tokyo.lg.jp/kotsu/torishimari/ihan/nagare.html）をもとに作成

❷ 課 徴 金

違法な行為によって利得を得た者に対して，金銭的不利益を課すことで行政規制の実効性を確保するための仕組みを課徴金制度といい，独占禁止法や金融商品取引法等のほか 37-2 37-3，近年では景品表示法や薬機法に導入されるなど，立法例が拡大しつつある。

課徴金は，不当な利得の剝奪としての側面を有しているが，実際に得られた不当利得の額と一致しなければならないものではない（最判平成17・9・13民集59巻7号1950頁）。そのため，不当利得相当額を超える算定率を定めること（独禁7条の2第1項・7条の3）や，事業者が自身の関与した違反行為を自主的に報告した場合に減免する仕組みを設けること（同法7条の4）など，柔軟な制度設計が可能である。なお，2019年の独占禁止法改正により，従来の減免制度に加えて，新たに調査協力減算制度（事業者の実態解明への協力度合いに応じて課徴金の額を減算する仕組み）が導入されている。

行政刑罰と課徴金との併科についても，二重処罰の禁止に抵触しないと考えられている（最判平成10・10・13判時1662号83頁）。ただし，罪刑均衡や比例原則の観点から無制約に認められないことは，行政上の秩序罰との併科と同様である。なお，独占禁止法には，罰金と課徴金を併科する場合，課徴金から罰金額の半額を控除する調整規定がある（独禁7条の7・63条）。

課徴金の賦課手続については，行政手続法13条1項（不利益処分に関する事前手続）は適用

されないが（同条2項4号），個別法上，当事者による意見陳述や証拠提出の機会（独禁62条4項で準用する49条・55条，金商184条・185条の3），弁明の機会（景表13条等）が保障されている。

❸ その他の制裁的措置

(1) 加算税・延滞税等

納税に関する義務の懈怠・違反に対して課せられる附帯税として，延滞税，利子税，過少申告加算税，無申告加算税，不納付加算税および重加算税がある（税通2条4号）。地方税については，延滞金，過少申告加算金，不申告加算金，重加算金などという（地税1条1項14号）。

加算税の前身である追徴税と行政刑罰の併科について，最大判昭和33年4月30日（民集12巻6号938頁）は，追徴税が制裁的側面を有することは否定できないが，納税義務違反の発生を防止するための行政上の措置であり，脱税行為の反社会性や反道義性に着目し，これに対する制裁として科せられる刑罰とは性質が異なるから，憲法39条に違反しない，と判示する。もっとも，そのような理解を前提としても，罪刑均衡や比例原則の観点は考慮する必要がある。

税に関する法律（酒税法第2章を除く）に基づき行われる処分については，理由の提示（行手8条・14条）を除き行政手続法は適用されないが（税通74条の14，地税18条の4），特に重加算税のような制裁的性格を有するものについては，事前手続を保障すべきとする見解がある。

(2) 公 表

行政上の義務違反や行政指導に対する不服従の事実の公表は，行政による情報提供の一種と位置付けられているものの，社会的制裁としての効果を有しており，行政上の義務履行確保手段としての機能を期待されることがある。

公表について法令に根拠規定を設けている例もあるが 30-3，情報提供としての公表については，法令の根拠がなくとも法律の留保（⇨No.5❶(2)参照）に反しないと考えられており，指導要綱（⇨No.23❷）に基づいて行政指導に対する不服従の事実を公表することも広く行われ

Column　その他の「課徴金」

財政法3条は，「租税を除く外，国が国権に基いて収納する課徴金……」と規定し，「課徴金」を，税金を含めた国権に基づいて課せられる金銭すべてを包含する概念として用いている。

これに対し，国民生活安定緊急措置法11条は，主務大臣は，特定品目物資の販売者に対し，販売価格と特定標準価格との差額に販売数量を乗じて得た額の「課徴金」の納付を命じなければならないと定めており，ここでいう「課徴金」は，不当な利得そのものを意味している（ただし，販売行為自体は違法とはされていない）。

30-3 公表の根拠規定の例

食品衛生法
第69条 厚生労働大臣，内閣総理大臣及び都道府県知事は，食品衛生上の危害の発生を防止するため，この法律又はこの法律に基づく処分に違反した者の名称等を公表し，食品衛生上の危害の状況を明らかにするよう努めるものとする。

電波法
第102条の11第3項 総務大臣は，前項の規定による勧告をした場合において，その勧告を受けた者がその勧告に従わないときは，その旨を公表することができる。

30-4 O-157食中毒損害賠償訴訟控訴審判決

東京高判平成15・5・21（判時1835号77頁）
本件は，厚生大臣（当時）がO-157に起因する集団食中毒の原因と目される食材についての調査結果を公表したことについて，国家賠償請求がなされた事案である。
裁判所は，厚生大臣による上記調査結果の公表について，「現行法上，これを許容し，又は命ずる規定が見あたらないものの，関係者に対し，行政上の制裁等，法律上の不利益を課すことを予定したものでなく，これをするについて，明示の法的根拠を必要としない」とする一方で，「〔上記調査結果の公表は〕なんらの制限を受けないものでもなく，目的，方法，生じた結果の諸点から，是認できるものであることを要〔する〕」と判示した（結論として，国家賠償請求を一部認容）。

ている **23-2** 。もっとも，公表がいわば"みせしめ"的な要素をもっていることからすれば，情報提供としての公表であるからといって，無制約に認められると解すべきではない **30-4** 。

行政指導不服従の事実の公表については，行政手続法32条2項に抵触しないかも問題となるが（⇨No.23 **1** 参照），制裁を目的としない場合は「不利益な取扱い」に該当しないと考えられている。また，制裁目的であっても，法令の根拠がある場合は，特別法の優先により行政手続法との抵触は直接には問題とならない。もっとも，違法でない行為に対して行政指導を行い，それに従わない場合に制裁として不服従の事実を公表することは，実質的に行政指導に従うことを強要するものといえ，適切ではない。

違法に公表がなされた場合，事後的にそれが取り消されたとしても，公表によって被った不利益は回復されない。そのため，情報提供を目的とする公表であっても，重大な損害を被ることが予想される関係者については，事前に意見聴取等を行うべきである（大阪高判平成16・2・19訴務月報53巻2号541頁は，調査結果の公表に先立ち関係者に反論の機会を与えなかったことを違法性および慰謝料の判断要素として指摘する）。勧告不服従の公表に先立ち，対象者に意見を述べる機会を与えるよう規定する条例の例もある。

(3) 授益的処分の撤回等

許認可等の授益的処分を受けている者に対し，何らかの違反行為をしたことを理由として当該許認可の取消し（講学上の撤回⇨No.15 **2** 参照）等がなされた場合，あたかも違反行為に対する制裁として授益的処分の撤回がなされたかのようにみえることがある。しかしながら，一般に，上記のような理由による許認可の取消しや営業停止処分は，相手方に制裁を科すことを直接の目的とするものではなく，違反行為をした者による当該許認可等に基づく事業の継続それ自体が公共の福祉を害するおそれがあることを理由に，公益への支障を排除する目的でなされるものである。ただし，懲戒処分としての免許の取消し（建築士10条）のように，制裁を直接の目的とする授益的処分の撤回も存在する。

いずれの場合も，授益的処分の撤回等は典型的な不利益処分であるから，名あて人には事前に意見陳述等の機会が保障される必要がある。

(4) 行政サービス等の拒否

行政上の義務の懈怠を理由に，関連する行政サービス等が拒否されることがある。例えば，

自動車税等を納付していない者に対しては，やむをえない事由による場合を除き，自動車検査証の返付がされない（車両97条の2）。これは，自動車検査証の返付をしないことによって自動車税等の納税義務の履行を確保するための規定であり，前述した放置違反金を支払わない場合の車検拒否と同趣旨である（⇨**1**(3)）。

行政サービス等の拒否は，義務履行確保手段として極めて有効であるが，相手方の不利益も大きいことから，それを正当化するに足りる合理性が必要とされる（上記の自動車検査証の返付拒否については，自動車の所有・使用に伴う義務を履行しない者に当該自動車の利用に伴う便益を得させることは合理的でない，という説明がなされている）。解釈論としても立法論としても，行政上の義務違反を理由に，当該義務と関連の乏しい行政サービス等を拒否することは，上記の合理性を欠き許されないと解すべきであろう。

水道等の生活に不可欠な公益サービスの拒否は，相手方の生存権を侵害するおそれがあるため，特に慎重な配慮が必要である。「都民の健康と安全を確保する環境に関する条例」**30-5**のように，行政上の義務に違反する工場に対し，一定の場合には知事が水道事業者等に対して水道水等の供給停止を要請することを定めつつ，当該要請にあたって工場設置者等の日常生活に著しい支障とならないよう配慮する義務を明文で定めている例もある（104条。もっとも，かかる条例の規定によって当然に水道法15条3項の「正当な理由」が認められるわけではない）。

行政指導に従わないことを直接の理由に公益サービスを拒否したとしても，当該行政指導が違法行為の是正を求めるものである場合は，実質的には違法行為を理由とするものといえ，公益サービスの拒否が正当化されることはありえる。これに対し，当該行政指導が法令上の義務ではない行為を求めるものの場合，それに従わないことを理由に公益サービスを拒否することは許されない。水道法15条1項**30-6**にいう「正当の理由」の有無が争点となった事案において，最決平成元年11月8日（判時1328号16頁）**23-3**は，法令上の支払義務のない教育施設負担金の寄付を求める行政指導に従わないことを理由に市長が給水契約の締結を拒否したことにつき，水道法15条1項にいう「正当の理由」はなく違法であると判示している。

(5) 契約からの排除（指名停止措置等）

独占禁止法違反業者に対する指名停止措置のように，公共事業の請負契約や物品の調達契約についての入札手続等への参加資格を停止する措置は，契約締結を希望する事業者にとって大きな経済的不利益であり，事実上の制裁効果を有する。このような措置は，「契約の準備段階における内部的行為」と解するのが判例・実務であるが，指名停止措置を処分として構成すべきとする有力な学説もある。

30-5 都民の健康と安全を確保する環境に関する条例

> **第104条** 知事は，……命令その他の処分に従わないで操業する工場から発生するばい煙，粉じん，有害ガス，汚水，騒音，振動又は悪臭が著しく人の健康又は生活環境に障害を及ぼし，かつ，他の手段によっては当該工場の操業を停止させることが困難であると認めるときは，工業用水道事業者……，水道事業者……等に対し，当該工場に供給する工業用水，業務用の水道水等の全部又は一部の供給を停止することを要請するものとする。
> **2** 知事は，前項の規定による要請を行うに当たっては，当該要請が公害の防止のためにやむを得ないものに限るとともに，工場を設置している者等の日常生活に著しい支障とならないよう配慮しなければならない。

30-6 水道法

> **第15条第1項**
> 水道事業者は，事業計画に定める給水区域内の需要者から給水契約の申込みを受けたときは，正当の理由がなければ，これを拒んではならない。

No. 31 行政調査

1 行政調査

(1) 行政調査とその類型

行政調査とは、行政機関が行政目的を達成するために必要な情報を取得するために行う調査活動であり、各種の統計調査のように一般的な情報収集のために行われるものと、個別具体的な行政決定の基礎となる情報を収集するために行われるものがある。行政調査により得られた情報は、公文書管理制度（⇨No.32 2 参照）や個人情報保護制度（⇨No.33 1 参照）を通じて、管理・利用等がなされることとなる。

行政調査の具体的な態様としては、本人や関係者への質問、事務所等への立入り、帳簿書類等の検査、相手方からの報告の徴収、資料提出命令、臨検、常時監視など、様々な手法がある。

行政調査には、①強制手段が法定されていないもの、②調査拒否等に対して刑罰その他の制裁（⇨No.30 参照）を定めて実効性を担保しているもの、③実力を行使して調査を行うことが認められるもの、がある 31-1 。①は、さらに ⓐ 相手方に調査に応じる義務がないものと、ⓑ 調査に応ずる義務はあるが強制手段が設けられていないものとに分けられる。このうち、ⓐ は純粋な任意調査といえ、必ずしも法律の根拠は必要ないが、それ以外は法律の根拠が必要となる。

上記のうち、①を任意調査、③を強制調査という（②は、実力行使が認められないという意味において任意調査に含まれるが、間接的な強制力が働くため、間接強制調査と呼ばれることがある）。なお、強制調査には、あらかじめ相手方に調査に応じる義務を課すことなく実力を行使して調査を実施するものがあり、このような行政調査は、即時強制（⇨No.29 1 ）の一種と位置付けられる。

(2) 任意調査の範囲

任意調査は、相手方の承諾を得て行われるのが原則であるが、職務質問（警職 2 条 1 項）に付随して行われる所持品検査や、自動車の一斉検問 カラー⑩ のように、任意調査の範囲が問題となる例も少なくない。

職務質問に付随して行われる所持品検査について、最高裁は、所持人の承諾を得てその限度で行うのが原則であるとしつつ、「捜索に至らない程度の行為は、強制にわたらない限り、たとえ所持人の承諾がなくても……許容される場合がある」と判示した（最判昭和 53・9・7 刑集 32 巻 6 号 1672 頁）。また、自動車の一斉検問について、最高裁は、相手方の任意の協力を求める形で行われ、自動車の利用者の自由を不当に制約することとならない方法、態様で行われる限り、適法なものと解すべきであると判示している（最決昭和 55・9・22 刑集 34 巻 5 号 272 頁）。

31-1 行政調査に関する規定の例

①水道法
第 17 条第 1 項　水道事業者は、日出後日没前に限り、その職員をして、当該水道によって水の供給を受ける者の土地又は建物に立ち入り、給水装置を検査させることができる。ただし、人の看守し、若しくは人の住居に使用する建物又は閉鎖された門内に立ち入るときは、その看守者、居住者又はこれらに代るべき者の同意を得なければならない。

②農地法
第 65 条　……職員の調査、測量、除去又は移転を拒み、妨げ、又は忌避した者は、6 月以下の懲役又は 30 万円以下の罰金に処する。

③関税法
第 121 条第 1 項　税関職員は、犯則事件を調査するため必要があるときは、その所属官署の所在地を管轄する地方裁判所又は簡易裁判所の裁判官があらかじめ発する許可状により、臨検、犯則嫌疑者等の身体、物件若しくは住居その他の場所の捜索、証拠物若しくは没収すべき物件と思料するものの差押え……をすることができる。……

(3) 警察との連携

行政調査の相手方等が強く抵抗した場合，行政職員だけでは調査の遂行が困難な場合がある。このような場合に対処するため，行政調査に際し，警察の援助を求めることができる旨を明文で規定している立法例がある（児童虐待10条）。

2 行政調査手続

(1) 行政調査手続

行政調査手続について，一般的に規律する法律は存在しない。行政手続法は行政調査に関する規定を設けておらず，また，「職務の遂行上必要な情報の収集を直接の目的としてされる処分及び行政指導」については，同法の処分や行政指導に関する規定の適用が除外されている（行手3条1項14号）。

個別法において行政調査に関する規定を設けている例もあるが（一例として，国税通則法⇒(2)参照），根拠規定が存在しない場合であっても，強制にわたらない行政調査は，一定の制約の下で認められると解されている。また，憲法35条（令状主義）や38条（黙秘権の保障）は，行政調査に直ちには及ばない旨を判示した最高裁判例がある（川崎民商事件⇒ 31-2 ）。

もっとも，川崎民商事件の判旨からは令状によることを要件とする必要がないと考えられるものについても，児童相談所が行う臨検または捜索（児童虐待9条の3）のように，裁判所の令状を調査の要件としている例も存在する。なお，法令に特段の定めのない実施の細目については，調査の必要性と相手方の利益との衡量において，社会通念上相当な限度にとどまる限り，権限ある行政職員の合理的な選択に委ねられる（最決昭和48・7・10刑集27巻7号1205頁〔荒川民商事件〕⇒Column〔次頁〕参照）。

(2) 税務調査と事前の通知

所得税や法人税などについて申告納税制度（⇒No.12 2参照）が採られているわが国においては，申告・納税義務の適正な履行を確保するため，納税者に対する各種の行政調査（税務調査）が実施されている 31-3 。

税務調査には，裁判所の令状を得て行う強制調査と，国税通則法等に基づき，納税者の同意を得て行う任意調査とがある。税務調査における質問検査権は，相手方の意に反して立入調査を行うといった実力行使を伴う調査を認めるものではないが，納税者の協力が得られなかった場合，推計により税額を決定することが認められており（所税156条，法税131条），また，調査を妨害した場合や正当な理由なく調査を拒否した場合，懲役または罰金に処せられる旨の規定が置かれている（税通128条2号）。

かつては，税務調査について事前通知を求め

31-2 川崎民商事件

最大判昭和47・11・22（刑集26巻9号554頁）

最高裁は，憲法35条1項につき，本来は主として刑事手続について規定したものであるが，「当該手続が刑事責任追及を目的とするものでないとの理由のみで，その手続における一切の強制が当然に右規定による保障の枠外にあると判断することは相当ではない」とした上で，所得税法に関する検査について，①もっぱら所得税の公平確実な賦課徴収のために必要な資料を収集することを目的とし，刑事責任追及を目的とする手続ではないこと，②検査の結果，所得税逋脱〔ほだつ〕の事実が発覚する可能性はあるが，そうであるからといって，実質上，刑事責任追及のための資料の取得収集に直接結びつくとは認められないこと，③強制の態様は，検査を正当な理由がなく拒む者に対し刑罰を加えることによって間接的に検査の受忍を強制しようとするものであり，かつ，その強制の度合いは直接的な強制と同視すべき程度にまで達しているとは認めがたいこと，④国家財政の基本となる徴税権の適正な運用を確保し，所得税の公平確実な賦課徴収を図るという公益上の目的や実効性のある検査制度の必要性に鑑みれば，その程度の強制は，実効性確保の手段として不均衡，不合理なものとはいえないこと，の諸点を総合して判断すれば，かかる検査は，裁判官の発する令状によることを要件としないからといって，憲法35条の法意に反するものとすることはできない，と判示した。

> **Column** 荒川民商事件判決と「民商」
>
> 荒川民商事件判決は、行政手続（税務調査）と憲法31条との関係が論じられた最高裁判決であり、「行政調査」を勉強する際に必ず参照される裁判事例の一つであろう。
>
> この事件は、所得税法に基づく税務調査に対して、調査拒否をしたことをきっかけとしている。当時、所得税に関する税務調査は所得税法に規定されており（旧所税234条）、その調査拒否については検査拒否罪の規定が置かれていた（同242条8号）。本件において税務調査を拒んだのは、荒川民主商工会（荒川民商）の会員であるプレス加工業を営む工場経営者であった（民主商工会とは、中小業者が結集した自主団体である）。なぜ、この工場経営者は強固に税務調査を拒んだのであろうか、そしてなぜ、税務署員は「質問不答弁」「検査拒否」を理由としてこの経営者を警察に通報したのであろうか。
>
> 荒川民商事件の最高裁判決（上告趣意）を読むと、この当時、大蔵省・国税当局と、「民商」という組織とが、かなり険悪な対立関係ともいえる状況にあったことがうかがわれる。この内容は上告趣意であるから、その点を踏まえて検討をしなければならないが、当時の報道などでも、国税通則法制定時（1962年）に民商の組織的な反対運動があったこと等から、大蔵省・国税庁（当時）が民商の組織拡大に危機感を抱いていたという状況も伝えられていたようである。このような時代状況等からは、当時の民商内部には国税当局からの税務調査は嫌がらせ的なものであるとの風評があり、それゆえ、工場経営者もこのような調査には抗うという思いから、断固調査拒否の姿勢をとったのではないかとの推測が浮かぶ。
>
> 荒川民商事件判決は、行政法の判例としては「行政調査」に関する一事例にすぎないかもしれないが、その奥には、当時の行政（を含めた日本）の状況をも垣間みることができる。過去の時代状況や裁判例などの存在を踏まえた上で、近時の制度改正の議論を検討することは、制度改正にいたる経緯や長い時の流れを感じさせるものであり、あらためて、行政法の制度を学ぶことへの興味を深めるようにも感じられる。

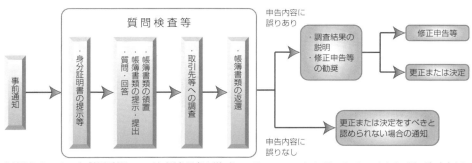

31-3 国税通則法に基づく税務調査の流れ

▶国税庁パンフレット「税務手続について」（平成28年4月）（https://www.nta.go.jp/publication/pamph/koho/02.pdf）をもとに作成

る規定は設けられておらず、判例も、所得税法の税務調査に関し、事前通知は質問検査を行う上で法律上一律の要件とされるものではないと判示していた（上記最決昭和48・7・10）。

しかし、現在では、納税者の権利利益の保護の観点から、国税通則法に質問検査権等に関する規定（税通74条の2以下）が置かれ、原則として、職員が実地調査に着手する前に、①調査開始日時、②調査実施場所、③調査の目的、④調査の対象となる税目、⑤調査の対象となる期間、⑥調査の対象となる帳簿書類その他の物件、⑦その他政令で定める事項などについて、事前通知を行うこととされている（税通74条の9）。また、例外的に事前通知を必要としない場合の要件（「税務署長等が……違法又は不当な行為を容易にし、正確な課税標準等又は税額等の把握を困難にするおそれその他国税に関する調査の適正な遂行に支障を及ぼすおそれがあると認める場合」）についても明文で規定されている（税通74条の10）。

調査終了の際の手続として、書面による終了通知の規定も置かれている（税通74条の11）。

No. 32 情報公開・その他

1 情報公開制度概要

(1) 情報公開制度

情報公開制度とは、主権者たる国民に対して、行政情報へのアクセスを可能とする制度である。情報公開制度には、情報提供制度と情報開示請求制度があるが、このうち、情報開示請求制度とは、私人に開示請求権を付与し、その開示請求権の行使を受けて実施機関が情報開示を行う制度である。現在、わが国の情報開示請求制度は、国の情報公開法（行政機関の保有する情報の公開に関する法律）および地方公共団体の情報公開条例において定められている。

情報公開法は、その目的を、「国民主権の理念にのっとり、行政文書の開示を請求する権利につき定めること等により、行政機関の保有する情報の一層の公開を図り、もって政府の有するその諸活動を国民に説明する責務が全うされるようにするとともに、国民の的確な理解と批判の下にある公正で民主的な行政の推進に資すること」と定めている（行政情報公開1条）。この規定は、政府の国民に対する説明責任を初めて実定法化した条文といわれている（説明責任については⇨No.5 を参照）。

(2) 情報公開の手続

情報公開法は、国民主権の理念にのっとり、行政文書の開示請求権を定めている。開示請求された文書は原則として公開される 32-1 。

同法には、私人の権利利益や公益の保護のために、不開示とすべき情報についての規定が置かれ、①個人情報、②法人情報、③国の安全等に関する情報、④公共の安全等に関する情報、⑤審議・検討・協議に関する情報、⑥事務・事業に関する情報、の6種類の不開示情報が定められている（5条）。なお、ビッグデータの利活用のために個人識別部分・個人識別符号を削除して作成されたデータおよび削除された個人識別部分・個人識別符号については特別な提供のルールが定められているため、不開示事由に該当するとの取扱いがされている（個人情報保護⇨No.33 参照）。

開示請求 32-2 の対象となった行政文書の一部にのみ不開示情報が含まれている場合、不開示情報が記録されている部分を容易に区分して除くことができるときは、当該部分を除いた部分が開示される（部分開示。6条1項）。また、開示請求に係る行政文書に不開示情報が記録されている場合であっても、行政機関の長が「公益上特に必要があると認めるとき」には、当該文書を開示することができる（公益上の理由によ

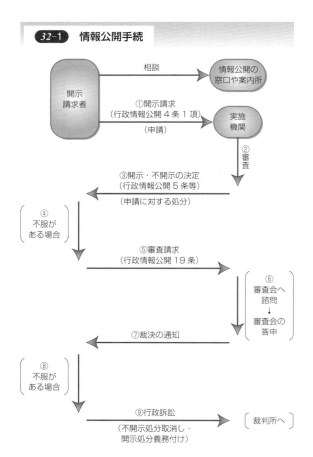

32-1 情報公開手続

32-2 行政文書開示請求書

```
行政文書開示請求書

                                     令和　年　月　日
　　殿

（ふりがな）
氏名又は名称（法人その他の団体にあってはその名称及び代表者の氏名）

（ふりがな）
住所又は居所（法人その他の団体にあっては主たる事務所等の所在地）
〒

（ふりがな）
連絡先：（連絡先が上記の本人以外の場合は、連絡担当者の住所・氏名
・電話番号）


　行政機関の保有する情報の公開に関する法律第4条第1項の規定に基づき、下記のとおり
行政文書の開示を請求します。

　　　　　　　　　　　　　　　記

1　請求する行政文書の名称等
　［請求する行政文書が特定できるよう、行政文書の名称、請求する文書の内容等をできるだけ具体的に記載
　　してください。］


2　求める開示の実施の方法等　　（本欄の記載は任意です。）
　ア又はイに○印を付けてください。アを選択された場合は、その具体的な方法等を記載してください。
　ア　事務所における開示の実施を希望する。
　　＜実施の方法＞　①　閲覧　　②　写しの交付　　③　その他（　　　）
　　＜実施の希望日＞
　イ　写しの送付を希望する。

┌──────────────┬──────────────────────┬──────────┐
│開示請求手数料      │ここに収入印紙を貼ってください。        │（受付印）    │
│（1件300円）      │                      │          │
└──────────────┴──────────────────────┴──────────┘

＊この欄は記入しないでください。
┌────────┬─────────────────────────────┐
│担当課      │                             │
├────────┼─────────────────────────────┤
│備　考      │                             │
└────────┴─────────────────────────────┘
```

▶総務省ウェブサイト（https://www.soumu.go.jp/main_content/000411540.pdf）

る裁量的開示。7条）。一方、開示請求に対し、当該開示請求に係る行政文書が存在しているか否かを答えるだけで不開示情報を開示することとなるときは、行政機関の長は当該文書の存否

を明らかにしないで当該開示請求を拒否することができる（存否応答拒否。8条）。

（3）　情報公開と訴訟

　開示請求（申請）に対する実施機関の決定（処分）32-3 に不服がある場合には、行政上の不服申立て・行政訴訟により争うことができる（不服申立てについては⇨No.36を、行政訴訟については⇨No.38～40を参照）。不服申立てが行われた場合、情報公開・個人情報保護審査会における審査に際しては、インカメラ審理（文書等を直接見分する方法により行われる非公開の審理。in camera の camera とは裁判官の私室という意味である）が導入されているが、情報公開訴訟が提起された場合、裁判所におけるインカメラ審理は認められていない。

　情報公開訴訟は、行政訴訟のなかでも数多く提起されている。2004年の行政事件訴訟法改正後は、不開示決定処分の取消訴訟に加えて、開示決定処分の義務付け訴訟（申請型義務付け訴訟）も併せて提起されるようになっている。

2 情報公開制度と公文書管理制度

（1）　文書管理をめぐる問題

　情報公開を求めても、そもそも当該文書がきちんと作成されていなかったり、また、すでに文書が廃棄されてしまっていたりしては、情報

32-3 情報公開請求の状況

	（参考）平成13年度	令和元年度	令和2年度	令和3年度	令和4年度
開示請求件数	48636	169554	175957	185173	194817
開示決定数	44734	160546	164950	178386	185673
（内訳）全部開示	25119（56.1%）	39815（24.8%）	41022（24.9%）	35758（20.0%）	29766（16.0%）
（内訳）一部開示	14534（32.5%）	116868（72.8%）	119751（72.6%）	138143（77.4%）	152497（82.1%）
（内訳）不開示	5081（11.4%）	3863（2.4%）	4177（2.5%）	4485（2.5%）	3410（1.8%）
審査請求件数	1354	10275	13753	13078	6764
審査対象数				33557	13085
裁決数	180	11139	5900	27119	7980

▶総務省　情報公開制度　施行状況調査（平成13年度，令和元年度，令和2年度，令和3年度，令和4年度）より作成

公開制度の存在意義が失われてしまう。情報公開制度を適正に運用していくには，その前提として，行政機関による文書管理が適切に行われていることが不可欠となる。

従来は，情報公開法に基づき，現用文書（業務で使用中の保存期間内の文書）については各省庁が「行政文書の管理に関する定め」を作成することとされていたが，その具体的な運用は各省庁まかせにされ，現用文書と非現用文書（業務での使用が終わった，保存期間が経過した後の文書）を通じた文書管理の仕組みが存在しないことから，重要な公文書が廃棄されてしまうという問題も生じていた。2007 年には，行政文書開示請求（インド洋派遣期間中における海上自衛隊補給艦「とわだ」の航泊日誌）に対し，保存すべき航泊日誌の一部が誤って細断機で細断され，処分されていたことが判明し，問題となった 32-4 。

文書管理をめぐる様々な問題事例の発覚により，公文書管理制度を構築する重要性が再認識されるようになっていくこととなった。

（2）公文書管理法

2009 年 7 月に公布され，2011 年 4 月から施行されている公文書等の管理に関する法律（公文書管理法）は，公文書の管理について定める行政通則法の一つである。公文書管理法は，現用文書（保存期間内の文書）と非現用文書（保存期間が過ぎた文書）を包括した法律であり，その目的は，「国民主権の理念にのっとり，公文書等の管理に関する基本的事項を定めること等により，行政文書等の適正な管理，歴史公文書等の適切な保存及び利用等を図り，もって行政が適正かつ効率的に運用されるようにするとともに，国及び独立行政法人等の有するその諸活動を現在及び将来の国民に説明する責務が全うされるようにすること」（1 条）である。

公文書管理法は，文書の作成・整理・保存といった，文書のライフサイクルを通じた管理について定め 32-5 ，行政文書に関する統一的なルールを法定化している。行政機関・独立行政法人等は，公文書管理法により，文書作成義務（4 条）を課され，作成した文書を，行政文書ファイルにまとめて管理することとされる（5 条）。行政機関の職員が行政文書を作成し，または取得したときは，当該行政文書の保存期間および保存期間の満了する日を設定しなければならず（5 条 1 項），保存期間の満了前のできる限り早い時期に，保存期間が満了したときの措置（移管，または廃棄，5 条 5 項）を定めなければなら

32-4　「とわだ」航泊日誌の誤廃棄についての新聞記事

補給艦日誌「誤って破棄」
防衛省 「とわだ」03年7〜11月

▶朝日新聞 2007 年 10 月 16 日付夕刊

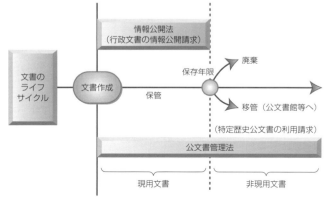

32-5　公文書管理法と情報公開法

32-6 国立公文書館

東京千代田区にある国立公文書館（写真）は、老朽化等に伴い、国会近く（国会前庭）に移転の予定がある。

ない。行政機関の長は、定められた保存期間の間、行政文書ファイル等の内容、時の経過、利用の状況等に応じ、「適切な保存及び利用を確保するために必要な場所において、適切な記録媒体により、識別を容易にするための措置を講じた上で保存しなければならない」（6条1項）。

公文書管理法は、歴史資料として重要な文書（「特定歴史公文書等」）の移管についても定めている（15条等）。特定歴史公文書等は、国立公文書館等 32-6 に移管され、管理される。特定歴史公文書等については、私人からの利用請求の手続が定められている（16条等） 32-7 。

3 特定秘密保護法とセキュリティ・クリアランス制度

特定秘密の保護に関する法律（特定秘密保護法）が2013年に公布、2014年に施行された。この法律は、安全保障上の秘匿性の高い情報の漏えいを防止し、国と国民の安全を確保することを目的とする（1条）。

行政機関の長は、別表（第1号・防衛に関する事項、第2号・外交に関する事項、第3号・特定有害活動の防止に関する事項、第4号・テロリズムの防止に関する事項）に該当する事項に関する情報で

あって、公になっていないもののうち、その漏えいが日本の安全保障に著しい支障を与えるおそれがあるため特に秘匿することが必要であるものを、特定秘密として指定する（3条） 32-8 。この指定の有効期間は、「当該指定の日から起算して5年を超えない」ものとされ（4条1項）、有効期間の延長は可能であるが、指定の有効期間は「通じて30年を超えることができない」（4条3項）。内閣の承認を得た場合には30年を超えての延長もありうる（4条4項）が、内閣の承認が得られなかった場合には、特定秘密指定に係る情報が記録された行政文書ファイル等の保存期間の満了とともに、国立公文書館等に移管しなければならない（4条6項）。

特定秘密の取扱いの業務を行う者は、適性評価によって認められた者に限定される（11条以下） 32-9 。また、特定秘密を提供できる場合についての規定（6条以下）、特定秘密を漏えいした者を処罰する規定（23条以下）、が設けられている。

2024年には、経済安全保障上の重要な情報（重要経済安保情報）にアクセスできる人間を、信頼性が確認できた者に限定する、セキュリティ・クリアランス制度を創設する法律（重要経

32-7 国立公文書館の利用請求の流れ

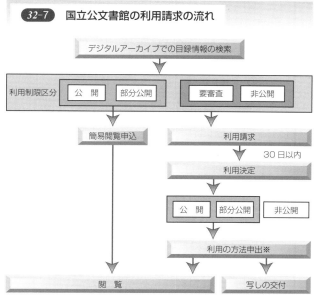

※利用請求時に利用の方法（閲覧か写しの交付か）を選択することができます。
▶国立公文書館ウェブサイト（https://www.archives.go.jp/guide/riyouseikyuu.html）

済安保情報の保護及び活用に関する法律）が，通常
国会（第213回国会）にて可決・成立している。

32-8 特定秘密保護法の運用

特定秘密の指定の状況等

1 特定秘密の指定件数

○ 行政機関全体で指定されている特定秘密の件数は、令和元年以降概ね500〜600件台で推移。

○ 令和3年末時点において、特定秘密の指定件数が多い順に防衛省375件、内閣官房102件、警察庁45件、外務省41件。経済官庁は、総務省11件、財務省0件、経産省4件（総務省は、在日米軍が使用する周波数に関する情報、経産省は、全てが内閣官房から受領した衛星情報。）

行政機関名	令和元年末	令和2年末	令和3年末	行政機関名	令和元年末	令和2年末	令和3年末
国家安全保障会議	6	7	8	外務省	39	40	41
内閣官房	87	94	102	財務省	0	0	0
内閣府	0	0	0	厚生労働省	0	0	0
国家公安委員会	0	0	0	経済産業省	4	4	4
警察庁	43	41	45	資源エネルギー庁	0	0	0
金融庁	0	0	0	海上保安庁	20	21	22
総務省	9	11	11	原子力規制委員会	0	0	0
消防庁	0	0	0	防衛省	318	349	375
法務省	1	1	1	防衛装備庁	17	18	19
出入国在留管理庁	1	1	1	合計	569	613	659
公安調査庁	24	26	30				

▶内閣官房内閣情報調査室「特定秘密保護法概要」8頁（https://www.cas.go.jp/jp/seisaku/keizai_anzen_hosyo_sc/dai5/siryou3.pdf）

32-9 適性評価

6 適性評価

1 特定秘密の取扱者の制限

特定秘密の取扱いの業務を行うことができる者は、適性評価により特定秘密の取扱いの業務を行った場合にこれを漏らすおそれがないと認められた行政機関の職員若しくは事業者の従業者又は都道府県警察の職員に限る。
※1 行政機関の長、国務大臣、内閣官房副長官、内閣総理大臣補佐官、副大臣、大臣政務官その他職務の特性等を勘案して政令で定める者については、適性評価を要せず特定秘密の取扱いの業務を行うことが可能。
※2 公益上の必要により特定秘密を提供された者は、特定秘密の取扱いの業務を行う者に該当せず、適性評価を要しない。

2 実施者

行政機関の長（都道府県警察の職員の場合は、警察本部長）

3 評価対象者

①特定秘密の取扱いの業務を新たに行うことが見込まれることとなった
②特定秘密の取扱いの業務を現に行い、かつ直近の適性評価の通知日から5年を経過した日以後も引き続き取り扱うことが見込まれる
③直近の適性評価で漏らすおそれがないと認められた者で、引き続きおそれがないと認めることに疑いを生じさせる事情がある
行政機関の職員若しくは適合事業者の従業者又は都道府県警察の職員

4 手続

評価対象者への告知評価対象者の同意	▶	調査（次頁参照）	▶	特定秘密の取扱いの業務を行った場合にこれを漏らすおそれがないことについて評価	▶	評価対象者に結果を通知	〔評価対象者による適性評価に関する苦情〕

5 適性評価の実施に当たって取得する個人情報等の目的外での利用及び提供の禁止

①適性評価の実施について同意をしなかったこと
②適性評価の結果
③適性評価の実施に当たって取得する個人情報
について、国家公務員法上の懲戒の事由等に該当する疑いがある場合を除き、目的外での利用及び提供を禁止。

▶内閣官房内閣情報調査室「特定秘密保護法概要」5頁（https://www.cas.go.jp/jp/seisaku/keizai_anzen_hosyo_sc/dai5/siryou3.pdf）

No. 33 個人情報保護

1 個人情報保護制度

(1) 個人情報保護制度の概要

個人情報保護制度は，「個人情報」（⇨2(1)）の適正な取扱いについて定めることにより，個人情報の有用性に配慮しつつ，個人の権利利益を保護するための法制度をいう。わが国では，個人情報保護に関する基本法および一般法として「個人情報の保護に関する法律」（個人情報保護法）が定められているほか，個人情報保護委員会の定める基本方針やガイドラインも重要な役割を果たしている 33-1 。

個人情報保護制度によって保護される重要な権利に，プライバシー権がある。プライバシー権は，かつては「ひとりで放っておいてもらう権利（the right to be let alone）」や「私生活をみだりに公開されないという権利」（東京地判昭和39・9・28判時385号12頁参照）などと説明されたが（古典的プライバシー権），現代のような，個人に関する様々な情報を行政や民間事業者が収集・利用している情報化社会においては，自己に関する情報の収集・管理・利用についてコントロールする権利（自己情報コントロール権）が重要となっている。

個人情報保護法は，行政や民間事業者に個人情報の適正な取扱いを義務付けるとともに，個人情報の第三者提供・目的外利用の際の本人同意原則や，本人による個人情報の開示・訂正・利用停止請求（⇨2(3), 3 ）の規定を設け，自己情報コントロール権の考え方に基づく個人の権利利益の保護を図っている。

他方，ビッグデータの活用による新技術の開発や新規産業の創出を促す観点から，個人情報保護法は，目的規定（1条）に「個人情報の有用性に配慮」することを明記するとともに，個人情報を加工して，他の情報と照合しない限り特定の個人を識別することができないようにした「仮名加工情報」（2条5項）や，特定個人の識別や情報の復元ができないようにした「匿名加工情報」（2条6項）および「行政機関等匿名加工情報」（60条3項）に関する規定を設け（民間部門に関する規律につき⇨2(4)，公的部門に関する規律につき⇨3(4)），パーソナルデータ（個人の行動や状態などに関する情報）の利活用促進と個人の権利利益の保護の両立を図っている。

(2) 個人情報保護制度の沿革

わが国の個人情報保護制度は，国に先駆けて地方公共団体の条例が定められたが，1980年に経済協力開発機構（OECD）が個人情報保護に関する8原則（目的明確化原則，利用制限原則，適正収集原則，正確性確保原則，安全保護原則，公開原則，個人参加原則，責任原則）を考慮した法整備を勧告したことを受け，国においても検討が進められ，1988年に「行政機関の保有する電子計算機処理に係る個人情報の保護に関する法律」が制定された（2005年廃止）33-2 。

その後，2003年には，①個人情報保護法，②「行政機関の保有する個人情報の保護に関する法律」（行政機関個人情報保護法），③「独立行

33-1 個人情報保護法制における法体系

▶個人情報保護委員会「令和3年改正個人情報保護法パンフレット」3頁（https://www.ppc.go.jp/files/pdf/APPI_handbook_gvlpo_for_staff_2023.pdf）

政法人等の保有する個人情報の保護に関する法律」（独立行政法人等個人情報保護法）が制定され，これにより，個人情報保護に関する基本理念や民間事業者についての規律を①個人情報保護法が，国の公的部門についての規律を②行政機関個人情報保護法と③独立行政法人等個人情報保護法が，地方公共団体についての規律を各地方公共団体の個人情報保護条例がそれぞれ定めることとなった（⇨ 33-3 【見直し前】参照）。

しかし，社会全体のデジタル化の進行に伴い，主体や地域ごとに個人情報保護に関する定義やルールが異なることが問題視されるようになり（いわゆる2000個問題），2021年に成立した「デジタル社会の形成を図るための関係法律の整備に関する法律」により，従前の個人情報保護に関する3つの法律が個人情報保護法に一元化され，地方公共団体についても全国共通のルールが定められるとともに（ただし，条例による必要最小限の独自保護措置は許容されている），全体の所管が個人情報保護委員会に統合された 33-3 。

なお，2021年改正では，医療分野や学術分野の個人情報に関する規制を統一するため，国公立病院や国立大学等に原則として民間の病院や私立大学等と同等の規律を適用することとし（ 33-3 ①参照），かつ，学術研究分野を含めたEU一般データ保護規則（GDPR）の十分性認定への対応を目指し，学術研究についても一律に適用除外とするのではなく，個人情報保護法の対象とした上で義務ごとに例外規定を設けることで精緻化を図っている（ 33-3 ②参照）。

33-2 個人情報保護制度の沿革

1975年	東京都国立市で「国立市電子計算組織の運営に関する条例」制定
1984年〜	福岡県春日市など複数の地方公共団体が個人情報保護条例を制定
1988年	「行政機関の保有する電子計算機処理に係る個人情報の保護に関する法律」制定
2003年	個人情報保護法，行政機関個人情報保護法，独立行政法人等個人情報保護法制定
2015年	個人情報保護法にパーソナルデータの利活用に関する規定を導入
2016年	行政機関個人情報保護法・独立行政法人等個人情報保護法にパーソナルデータの利活用に関する規定を導入
2021年	個人情報保護法制の一元化，行政部門の所管を個人情報保護委員会へ統合

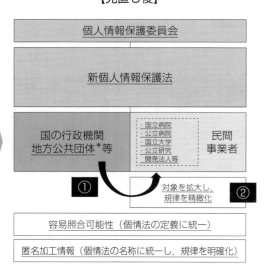

33-3 個人情報保護制度の見直し（2021年）

＊条例による必要最小限の独自に保護措置を許容

▶個人情報保護委員会「令和3年改正個人情報保護法パンフレット」5頁を一部加工

❷ 個人情報の定義等

(1) 個人情報

「個人情報」とは，生存する個人に関する情報であって，①氏名，生年月日その他の記述等により特定の個人を識別することができるものまたは②個人識別符号（*Column*）を含むものをいう（個人情報保護〔以下略〕2条1項）。文書に限らず写真やデジタルデータ等に記録されている情報を含み，かつ，単体では個人の識別ができなくても，他の情報と容易に照合することができ，それにより特定個人が識別可能であれば，個人情報に含まれる（同項1号かっこ書）。

なお，従前は死者に関する情報を個人情報に含める地方公共団体の条例も存在したが，2021年改正後は「個人情報」について条例で異なる定義をすることはできなくなった（ただし，個人情報保護とは別の制度として死者に関する情報の取扱いの規律を定めることは許容される）。

Column 個人識別符号

「個人識別符号」とは，特定個人を識別可能な文字・番号・記号等の符号のうち政令で定められたものをいい（2条2項），DNAや指紋等のデータ（同項1号），パスポート番号・運転免許証番号・マイナンバー等の個人に割り当てられた符号（同項2号）が定められている（施行令1条）。

個人識別符号は，本人との結び付きが強く単体で特定個人が識別可能なものとされており，「個人情報」と異なり，他の情報との照合によって初めて識別可能になるものは定義上除外されている。

---

(2) 要配慮個人情報

個人情報の中でも，不当な差別や偏見につながるおそれのあるものについては，特に慎重な配慮が必要となる。そこで，個人情報保護法は，人種，信条，社会的身分，病歴，犯罪歴，犯罪被害歴，その他政令で定めるもの（心身の機能の障害，健康診断結果，保健指導・診療・調剤情報，被疑者や非行少年となった事実等）を「要配慮個人情報」と定め（2条3項，施行令2条），その取扱いにつき特別の規律を設けている（20条2項・74条1項6号）。

なお，地方公共団体は，地域の特性その他の事情に応じて条例で「条例要配慮個人情報」を定めることができ（60条5項），個人情報ファイル簿に関する特則（75条4項）や漏えい時の報告義務（施行規則43条5号）が法定されているが，条例固有の規律を設けることはできない。

(3) 個人情報取扱事業者の義務等

個人情報データベースを事業に用いている民間事業者（個人情報取扱事業者。16条2項）には，個人情報の利用目的規制（17条・18条），不適正な利用・取得の禁止（19条・20条），取得の際の利用目的の通知（21条），正確性の確保（22条），安全管理措置（23条），従業者・委託者の監督（24条），漏えい等の際の個人情報保護委員会への報告（26条），第三者提供の制限（27条～31条），保有個人データに関する事項の公表（32条）等の義務が課せられている。

また，本人は，個人情報取扱事業者に対し，当該本人が識別される保有個人データの開示を請求することができ，請求を受けた個人情報取扱事業者は，一定の場合を除き，本人に対し，当該保有個人データの開示義務を負う（33条）。保有個人データの訂正や利用停止等の請求についても，一定の要件を充たす場合，訂正や利用停止等をしなければならない（34条・35条）。

Column インターネットと個人情報

インターネットやSNSの発展に伴い，前科のような過去の知られたくない事実がネット上に掲載され，いつまでも削除されないことが起こりうる（このような個人情報の削除を求める権利を「忘れられる権利」と呼ぶことがある）。

このような場合，個人情報保護法や情報流通プラットフォーム対処法（旧プロバイダ責任法）に基づいてネット上の個人情報の削除を求めることが考えられるが，検索サービスやSNSを提供している事業者が削除に協力的でないことも多く，迅速な対応が困難であることが問題となっている。

---

(4) 個人情報の利活用（民間部門）

個人情報保護法は，原則として本人の同意のない個人情報の目的外利用（内部利用）や第三者への提供を禁止する一方で（18条・27条），

33-4 匿名加工情報

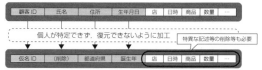

▶個人情報保護委員会「令和3年改正個人情報保護法パンフレット」12頁

上述したデータの利活用の観点から，一定の要件の下で，本人の同意のない仮名加工情報の内部利用や匿名加工情報の第三者利用を許容している（41条以下・43条以下）。

仮名加工情報（⇒**1**(1)）は，加工が簡易である反面，他の情報と照合することで特定の個人を識別することができ，匿名加工情報に比べ安全性が低いため，もととなった個人情報を保有する個人情報取扱事業者（企業等）における内部利用のみ認められる（41条9項・42条参照）。これに対し，匿名加工情報は，個人情報を加工し特定の個人識別や情報の復元をできないようにした（匿名加工した）情報であり ，「個人情報」に該当せず個人の権利利益を害するおそれが低いことから，内部利用はもちろんのこと，一定の要件の下で第三者に提供することも認められる（43条・44条参照）。

3 行政機関等の保有する個人情報の取扱い

(1) 行政機関の取り扱う個人情報の特徴

行政機関が取り扱う個人情報は，その量が膨大であり，かつ，要保護性の高い情報が多く含まれる。また，行政機関には，国民からの信頼を確保する観点から，民間と比べ，より厳格な個人情報の取扱いが求められる。加えて，行政機関は，所掌事務の範囲内の活動しかできず，行政事務として要配慮個人情報を取り扱う必要も生じうることから，目的外利用や要配慮個人情報に関し，民間と異なる規律が必要となる。

そこで，個人情報保護法は，個人情報取扱事業者の義務（第4章）とは別に行政機関等の義務についての章（第5章）を設け，異なる規律を定めている。例えば，第4章では「個人情報」の取扱いを規律の対象としているのに対し，第5章においては，同法60条1項の定める「保有個人情報」（行政機関等の職員が職務上作成し，または取得した個人情報であって，当該行政機関等の職員が組織的に利用するものとして当該行政機関等が保有しているもの）を対象としている。

(2) 行政機関等の義務

個人情報保護法は，行政機関等に対し，個人情報の保有制限（61条。所掌事務等の遂行に必要な限度で，かつ，あらかじめ特定・明示された目的の達成に必要な範囲でのみ個人情報を保有することができる）を定めるとともに，行政機関等の保有する個人情報（保有個人情報）に関し，①不適正な利用・取得の禁止（63条・64条），②正確性の確保（65条），③安全管理措置（66条），④漏えい等の個人情報保護委員会への報告（68条），⑤利用・提供制限（69条。法令に基づく場合を除き，特定された利用目的以外で利用・提供を

33-5 安全管理措置の種類

【組織的安全管理措置】
- 組織体制の整備
- 個人情報に係る規律に従った運用
- 取扱状況の把握および安全管理措置の見直し

【技術的安全管理措置】
- アクセス制御，識別・認証
- 不正アクセスの防止
- 情報システムの使用に伴う漏えい等の防止

【人的安全管理措置】
- 従業者の教育

【物理的安全管理措置】
- 区域の管理，機器等の紛失防止
- 個人情報の削除，機器等の廃棄

【外的環境の把握】
- 外国の個人情報保護制度の把握

▶個人情報保護委員会「令和3年改正個人情報保護法パンフレット」17頁をもとに作成（イラストは引用）

してはならない）といった義務を課している。

なお，罰則として，行政機関等の職員等が正当な理由なく個人の秘密が記録された個人情報ファイルを提供する行為（176条。2年以下の拘禁刑または100万円以下の罰金）や，業務に関して知りえた保有個人情報を不正な利益を図る目的で提供・盗用する行為（180条。1年以下の拘禁刑または50万円以下の罰金），職権を濫用して専ら職務の用以外の用に供する目的で個人の秘密が記録された文書等を収集する行為（181条。同前）等について刑罰が定められている。

(3) 自己情報の開示・訂正・利用停止

個人情報保護法は，保有個人情報に係る開示・訂正・利用停止等の請求について定めている。行政機関情報公開法（以下，単に「情報公開法」という）に基づく開示請求（⇨No.32 **1**参照）が行政の説明責任の観点から設けられているのに対し，個人情報保護法は，自己情報コントロール権の観点（⇨**1**(1)）から開示等の仕組みを設けている点が異なっている。

このような性格の違いから，情報公開法に基づく開示請求では，自己に関する情報であるか否かを問わず開示を求めることができるのに対し（行政情報公開3条），個人情報保護法に基づく開示請求は，自己を本人とする保有個人情報のみを対象としている（76条）。なお，同法は，行政機関がどのような個人情報を保有しているのかを知ることができるよう，個人情報ファイルに記録される個人情報の項目や範囲等を記載した個人情報ファイル簿の作成・公表を原則として義務付けている（75条）。

開示請求がされると，行政機関の長等は，不開示情報（78条1項各号）を除き，当該保有個人情報を開示する義務を負う（同項柱書）。個人情報保護法の不開示情報は，情報公開法上の不開示情報（行政情報公開5条各号）とほぼ共通するが，「開示請求者……の生命，健康，生活又は財産を害するおそれがある情報」（78条1項1号）が含まれる点が異なっている。なお，部分開示（79条）や裁量的開示（80条），存否応答拒否（81条）等についても，情報公開法と同様の規定が設けられている（⇨No.32 **1**(2)参照）。

保有個人情報の開示を受けた者は，その内容が事実でないと思料するときは，その訂正を請求することができ（90条），行政機関の長等は，請求に理由があると認めるときは，必要な範囲内で当該保有個人情報を訂正する義務を負う（92条）。また，開示された保有個人情報が違法に保有・取得・利用・提供されていると思料するときは，その利用停止等を請求することができ（98条），行政機関の長等は，請求に理由があると認めるときは，事務・事業の適正な遂行に著しい支障を及ぼすおそれがあると認められる場合を除き，必要な限度で当該保有個人情報の利用停止等の義務を負う（100条）。

なお，行政機関の長等による不開示決定等に対する不服申立て（⇨No.36）については，情報公開・個人情報保護審査会への諮問・答申等を伴う特別な審査請求手続が設けられている（104条以下）。

(4) 個人情報の利活用（公的部門）

行政機関等についても，原則として本人の同

33-6 個人情報の利活用の仕組みの例

行政機関等匿名加工情報に関する提案募集制度

▶個人情報保護委員会「個人情報保護法の概要（地方公共団体職員向け）」75頁から引用
（https://www.ppc.go.jp/files/pdf/r3_gaiyou_2304.pdf）

意のない保有個人情報の目的外利用（内部利用）や第三者提供は禁止されるが（69条1項），法令の定める所掌事務または業務の遂行に必要な限度で利用する場合であって，当該保有個人情報を利用することについて相当の理由があるときは，本人の同意がなくとも，当該保有個人情報を内部利用し，または他の行政機関等に提供することが許容される（同条2項2号・3号。ただし，本人または第三者の権利利益を不当に侵害するおそれがあると認められるときを除く）。

このように，公的部門については，民間部門と異なり，個人情報保護法を根拠に，一定の要件の下で個人情報の内部利用が認められることから，個人情報保護法は，行政機関等について民間部門における仮名加工情報の仕組み（⇨❷(4)参照）と同様の仕組みを設けることはせず，行政機関等が仮名加工情報を取得した場合に関する規律（73条）を置くにとどまっている。

なお，保有個人情報を匿名加工した「行政機関等匿名加工情報」（60条3項）の第三者提供についての規律も設けられているが（109条以下），民間部門と異なり，①個人情報ファイルの公表→②提案募集→③事業者による提案→④審査・決定・通知→⑤契約締結・手数料納付→⑥行政機関等匿名加工情報の作成・提供→⑦事業者による活用という一連の手続を経て実施される点が特徴である 33-6 。

4 マイナンバー法

マイナンバー法（行政手続における特定の個人を識別するための番号の利用等に関する法律）は，行政運営の効率化や公正な給付・負担の確保，国民の利便性の向上を目的として，2013年に制定された。マイナンバー（個人番号）の利用は，当初は社会保障や税，災害対策分野に限定されていたが，現在では，金融や医療分野，各種の国家資格，自動車登録等に関する事務についても利用可能となっている。他方，マイナンバー等を含む個人情報（特定個人情報）は，同法に定める場合を除き，提供・収集・保管が禁止されるなど（同法15条・19条・20条），その保護のための厳格なルールが定められている。

なお，マイナンバーカード 33-7 の普及・利用も推進されており，マイナンバーカードを用いた各種の官民サービスの利用や健康保険証としての使用が可能となっている。

> **Column　デジタル手続法**
>
> 国民の利便性向上や行政運営の効率化の観点からは，行政手続のデジタル化も重要な課題である。わが国では，2002年に「行政手続等における情報通信の技術の利用に関する法律」（行政手続オンライン化法）が制定され，国の申請・届出等の手続の大部分がオンラインで可能になった。2019年には，オンライン利用率の向上を図るための基本原則や条件整備（手続の共通化や添付書類の省略，デジタルデバイドの是正等）などについて定める大規模な改正が行われ，法律名も「情報通信技術を活用した行政の推進等に関する法律」（デジタル手続法）に変更されている（⇨No.2❷(5)）。

33-7　マイナンバーカード

▶福岡市ウェブサイト（https://www.city.fukuoka.lg.jp/shimin/kusei/life/kojinbangocard_1.html）

第4章 行政救済法

　行政は，法のもとに，法の命じるところに従って活動しなければならない。しかし，行政活動に起因して行政と国民との間に紛争が生じ，国民に不服や不利益が生じることも現実的には不可避であって，かかる場合にその実効的な救済を図るのが「行政救済法」である（全体像 No.34, 44）。本章では，第1に，簡易で柔軟な行政上の救済制度である苦情処理制度（No.35）と，違法または不当な行政活動の是正を通じて国民の権利を保護する行政争訟制度として，行政不服申立制度（No.36, 37）と行政訴訟制度（訴訟類型・訴訟要件等 No.38～42, 仮の救済 No.43）を取り扱う。第2に，行政活動に伴って国民に生じた損失・損害を塡補する国家補償制度として，その全体像を概観（No.44）した上で，国家賠償制度（No.45, 46），損失補償制度（No.47）に加え，国家賠償と損失補償の谷間の問題（No.48）を学ぶ。

34 行政救済の全体像

1 行政救済法の全体像

行政活動によって国民の権利利益が侵害された際の救済方法をめぐる各種法制度を総称して「行政救済法」という。**34-1**は、行政救済法の全体像を図表化したものである。

2 法律上の争訟

(1) 法律上の争訟

わが国においては、紛争があるからといってどのような内容のものでも裁判所に持ち込むことができるわけではない。裁判所法3条1項は、「裁判所は、日本国憲法に特別の定のある場合を除いて一切の法律上の争訟を裁判し、その他法律において特に定める権限を有する」と定めており、裁判所が取り扱うことができるのは、原則として「法律上の争訟」に該当する紛争のみとされているのである**34-2**。

では、「法律上の争訟」という概念はどのような内容のものなのだろうか。確立した判例法理によれば、法律上の争訟は、①当事者間の具体的な権利義務ないし法律関係の存否に関する紛争であって、かつ、②それが法令を適用することにより終局的に解決することができるものに限られるとされている（最判昭和29・2・11民集8巻2号419頁など）。したがって、この2要件を満たさないものは、特別な法律の規定がない限り、法律上の争訟に当たらず司法審査の対象から外れることになる。

2000年代に入り、「法律上の争訟」性に関し、いわゆる「宝塚市パチンコ店規制条例事件」に関する最高裁判決（最判平成14・7・9民集56巻6号1134頁）が下され、注目を集めた**34-3**。

宝塚市は、「宝塚市パチンコ店等、ゲームセンター及びラブホテルの建築等の規制に関する条例」で、パチンコ店等を建築しようとする者は市長の同意を得なければならないと規定し、同意を得ないで建築を行った者に対して市長は建築中止命令を発することができるとしていた。こうしたなか、ある業者が市長の同意を得ずにパチンコ店の建築に着手したため、市長が建築中止命令を発したものの、業者はこの命令に従わなかった。条例には中止命令に違反した者に対する法的制裁が規定されていなかったため、宝塚市が原告となってこの業者に対して建築の続行の禁止を求める民事訴訟を提起した。

判決の考え方によると、行政上の義務の民事的執行は許されないことになる。そのため、宝塚市パチンコ店規制条例事件最高裁判決の考え方を批判する学説が多い。

また、「法律上の争訟」性に関連する注目事案としては、地方議会による議員の出席停止処

34-1 行政救済法の全体イメージ

行政活動によって国民の権利利益が侵害された場合
- 行政争訟（違法状態の回復（注））
  - 行政不服申立て：行政庁による判断
  - 行政事件訴訟：裁判所による判断
- 国家補償（金銭による救済）
  - 損失補償：適法な行政活動によって生じた損失に対する救済
  - 国家賠償：違法な行政活動によって生じた損害に対する救済

（注）行政不服申立ての場合は、行政活動の違法性だけでなく、不当性も争うことができる。

34-2 最高裁の判例上、「法律上の争訟」に該当しないとされている例

○具体的権利義務関係が存在せず、抽象的に法令の効力を争うような訴え。裁判所規則の取消しが求められた最判平成3・4・19民集45巻4号518頁など。

○政治的・経済的問題、および技術上・学術上の問題等に関する訴え。技術士国家試験の合否判定に関する最判昭和41・2・8民集20巻2号196頁など。

34-3 宝塚市パチンコ店規制条例事件最高裁判決

最判平成 14・7・9（民集 56 巻 6 号 1134 頁）

「国又は地方公共団体が提起した訴訟であって，財産権の主体として自己の財産上の権利利益の保護救済を求めるような場合には，法律上の争訟に当たるというべきであるが，国又は地方公共団体が専ら行政権の主体として国民に対して行政上の義務の履行を求める訴訟は，法規の適用の適正ないし一般公益の保護を目的とするものであって，自己の権利利益の保護救済を目的とするものということはできないから，法律上の争訟として当然に裁判所の審判の対象となるものではなく，法律に特別の規定がある場合に限り，提起することが許されるものと解される。……本件訴えは，地方公共団体である上告人が本件条例 8 条に基づく行政上の義務の履行を求めて提起したものであり，原審が確定したところによると，当該義務が上告人の財産的権利に由来するものであるという事情も認められないから，法律上の争訟に当たら」ない。

分の適否の司法審査対象性が争われた最大判令和 2 年 11 月 25 日（民集 74 巻 8 号 2229 頁）もある。同判決は，出席停止について裁判所は常に適否を判断できるとして，最大判昭和 35 年 10 月 19 日（民集 14 巻 12 号 2633 頁）（地方議会による議員の出席停止処分の適否は部分社会の法理により司法審査の対象外であるとしていた）の判例変更をした。

(2) 主観訴訟・客観訴訟

主観訴訟とは，自己の権利利益に関わる訴えをいい，客観訴訟とは，自己の権利利益に関わらない訴えをいう **34-4** 。

3 行政争訟とは
—— 行政不服申立てと行政事件訴訟

行政救済法は，行政争訟と国家補償に分かれる。そして，行政争訟は，行政不服申立てと行政事件訴訟に分かれる。**34-5** は，行政不服申立てと行政事件訴訟の主要な相違点を表にしてまとめたものである。

4 行政事件訴訟制度の確立

戦前の大日本帝国憲法（明治憲法）61 条は「行政官庁ノ違法処分ニ由リ権利ヲ傷害セラレタリトスルノ訴訟ニシテ別ニ法律ヲ以テ定メタル行政裁判所ノ裁判ニ属スヘキモノハ司法裁判所ニ於テ受理スルノ限ニ在ラス」と定め，明治憲法下のわが国においては，「行政官庁の違法処分」をめぐる争いは，司法裁判所の管轄から外されることとなった。この規定に基づいて設置された行政裁判所 **34-6** は，①東京にただ一つ設置され，一審かつ最終審であり，②出訴事項については列記主義が採用され，行政裁判法において定められた事項についてのみしか出訴することができず，また，③行政裁判所は行政機構の一つとして位置付けられていたため，判断の公正性に問題があったなど，国民の権利救済機関としては不十分な存在であった。

戦後は，日本国憲法の下で行政裁判所は廃止され（憲 76 条 2 項），行政事件をめぐる制度も大きく変貌することとなった。

1947 年にまず制定されたのは，「日本国憲法の施行に伴う民事訴訟法の応急的措置に関する法律」であった。当時の GHQ は，行政事件に

34-4 主観訴訟と客観訴訟

主観訴訟 ⇒ 法律上の争訟性 ○
　　　　 ⇒ 当然に裁判所による審理の対象となる

客観訴訟 ⇒ 法律上の争訟性 ×
　　　　 ⇒ 具体的な法律上の定めがある場合のみ提訴可能

34-5 行政不服申立てと行政事件訴訟

行政不服申立て	行政事件訴訟
行政権に属する機関が審理	憲法上独立を保障された裁判所による審理
簡易迅速な審理手続	法定された慎重な審理手続
低廉な費用	訴訟費用がかさむ場合あり
国民の権利救済と行政の自己監督のための制度	司法権が違法な行政活動をチェックするための制度

34-6 行政裁判所

▶最高裁判所事務総局編『裁判所百年史』(1990年)

> **Column　平野事件**
>
> 公職追放の該当者として内閣総理大臣による指定を受けた平野力三衆議院議員が，東京地方裁判所に同指定の効力停止の仮処分を申請し，東京地裁はこの申請を認める決定をした。これに対してGHQの抗議がなされ，最高裁判所長官は，公職追放事件については日本国の裁判所は管轄権を有せず，東京地裁の決定は無効である旨の談話を発表し，東京地裁も自らの決定を取り消した。

34-7　司法制度改革と行政事件訴訟法2004年改正

▶首相官邸パンフレット「より身近で，速くて，頼りがいのある司法へ──司法制度改革」1頁，6頁 (https://warp.ndl.go.jp/info:ndljp/pid/12213293/www.kantei.go.jp/jp/singi/sihou/others/pamphlet_h16.pdf) をもとに作成

ついて民事訴訟とは異なる取扱いを定めることに強い警戒心を抱いていたとされ，この法律は，出訴期間の限定以外はすべて民事訴訟と同一の扱いとしていた。そうしたなか，1948年にいわゆる「平野事件」(*Column*参照) が発生したことで状況が一変し，同年に行政事件の特殊性に立脚した行政事件訴訟特例法が制定された。もっとも，行政事件訴訟特例法は，その名のとおり行政事件に関して民事訴訟の特例を定める法律であり，全12条の簡単な法律であったため，運用の過程で諸種の問題が生じ，1962年に現行の行政事件訴訟法が制定されることになった。

〈参考文献〉宮崎良夫「平野事件」ジュリスト900号 (1988年) 34頁など

5 司法制度改革と行政事件訴訟法の改正

1990年代に入ると，行政法研究者や弁護士の間で，行政事件訴訟法制定当時には想定されていなかったような新しいタイプの行政訴訟 (現代型訴訟) が増加していることや，行政訴訟制度が国民にとって使い勝手の悪いものとなっていることなどを理由に，行政事件訴訟法の抜本的改正の必要性が主張されるようになった。そうしたなか，中央省庁の改革が一段落した後に開始した司法制度改革の動きのなかで行政事件訴訟法の見直しの動きが現実のものとなり，2004年に改正がなされることになった 34-7 。

現行の行政事件訴訟法 34-8 においては，ま

ず，訴訟類型として①抗告訴訟，②当事者訴訟，③民衆訴訟，④機関訴訟の4つが挙げられている (行訴2条～6条)。この①～④のうち，①の抗告訴訟と②の当事者訴訟はいわゆる「主観訴訟」に該当する。一方，③の民衆訴訟と④の機関訴訟は「客観訴訟」に該当し，法律に特別な定めがある場合にのみ提訴が許される。

次に，行政事件訴訟法は，①の抗告訴訟をさらに，取消訴訟・無効等確認訴訟・不作為の違法確認訴訟・義務付け訴訟・差止訴訟に区分しているが (行訴3条2項～7項。これらを法定抗告訴訟という)，行政事件訴訟法は，これら以外の抗告訴訟も許容していると解されている (法定外抗告訴訟)。

34-8 現行の行政事件訴訟法の下での訴訟類型の全体像

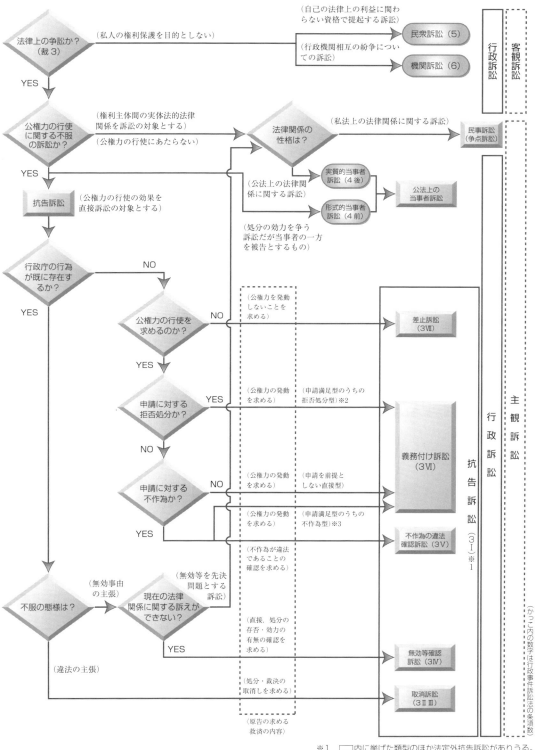

※1 □内に挙げた類型のほか法定外抗告訴訟がありうる。
※2 取消訴訟との併合提起が求められる。
※3 不作為の違法確認訴訟との併合提起が求められる。

▶鈴木庸夫ほか編著『目で見る行政法教材』(1993年) 116～117頁をもとに作成

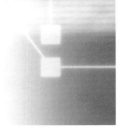

No. 35　苦情処理

1　行政上の苦情処理

　行政争訟（行政不服申立て・行政事件訴訟）を通じて下される判断には法的拘束力が認められる一方で，私人がこれを利用するにあたっては一定の制限が課せられている。また，私人が行政過程に関して抱く不服のなかには，行政争訟の利用になじまないものも存在する。そうしたなかで存在意義を有するのが，より簡易で柔軟な救済制度である行政上の苦情処理である 35-1 。

　行政上の苦情処理には，①苦情等の原因となった行政活動の担当部署による日常的な苦情処理，②市民からの苦情を受け付けるために行政機関内に設けられた窓口による初動・橋渡し的対応，③第三者的な立場で苦情を処理するために設けられた行政機関による紛争処理活動といったように，多様な内容のものが含まれうる。

　上記③の代表例としては，総務省の行政相談がある 35-2 35-3 。総務省の行政相談は，国の行政などへの苦情や意見，要望を受け付け，相談者と関係行政機関の間に立ち，公正・中立な立場から，その解決や実現を促進し，また，行政の制度や運営の改善に生かすことを目的とした制度である（*Column*）。

35-1　行政争訟と行政上の苦情処理の比較

	行政争訟	行政上の苦情処理
	処分性を有する行政活動が対象となる	あらゆる行政活動が対象となる（場合によっては私人間のトラブルが対象となる場合もありうる）
	行政側に応答義務あり	行政側に応答義務なし（もっとも，申出に対して誠実に対応する責務は存する）
	結果には法的拘束力あり	結果には法的拘束力がない

35-2　総務省が実施している行政相談の流れ

▶パンフレット「総務省の行政相談」
　（https://www.soumu.go.jp/main_content/000808204.pdf）より抜粋

35-3　令和４年度行政相談の実績

総件数	12万8532件
国・独法等関係	43%
地方公共団体の事務	38%
民事	18%

（注）割合は，令和４年度の総件数に対するものであり，四捨五入の関係で合計は100%にならない。

多く寄せられる相談分野	例
登記等（11%）	土地の名義を変更したい
健康・保健等（11%）	新型コロナウイルス感染症の相談先が知りたい
社会福祉（10%）	生活保護を受給したい
国税，地方税（8%）	相続税について知りたい
生活安全等（6%）	迷惑行為について相談したい

▶パンフレット「あなたのそばに行政相談」（https://www.soumu.go.jp/main_content/000905471.pdf）をもとに作成

2 関連する諸制度

行政上の苦情処理と関連の深い仕組みとして、行政型ADRとオンブズマンがある。

(1) 行政型ADR

ADRとは、Alternative Dispute Resolution の略で、「裁判外紛争解決手続の利用の促進に関する法律」1条は、「訴訟手続によらずに民事上の紛争の解決をしようとする紛争の当事者のため、公正な第三者が関与して、その解決を図る手続」と定義している。このADRを行政機関が実施するのが「行政型ADR」と呼ばれる各種制度である。

民事紛争の処理に第一義的に当たるべきなのは、司法権を司る裁判所である。ただ、民事紛争の中には、当事者間のパワーバランスに偏りがあって訴訟遂行を対等に展開できないようなものや、紛争解決にあたり行政の有する専門技術的知見が必要とされるもの、紛争の内容上社会的関心が高く、その解決に行政が介入すべきとされるものなどがある。こうした紛争につい

> **Column 行政改善推進会議**
>
> 総務省行政相談に寄せられる行政に関する苦情等のうち、制度改正等を必要とするものについて、民間有識者の意見を聴取することにより、その的確かつ効果的な処理を推進するための会議である。総務省本省のほか、管区行政評価局および一部の行政評価事務所においても、開催されている。

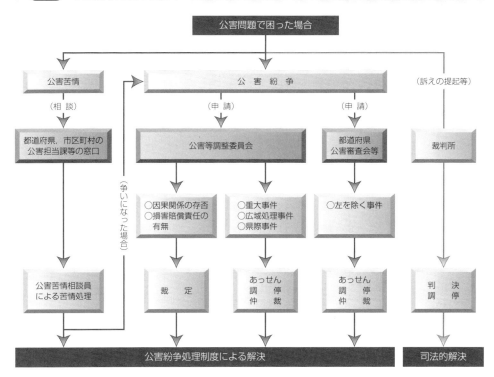

35-4 公害紛争処理の仕組み

■公害紛争処理手続の種類
- 公害紛争処理制度には、「裁定」「調停」等の手続がある。
- 裁定は、申請人が主張する加害行為と被害との間の因果関係の存否（原因裁定）や損害賠償責任（責任裁定）に関し、法律判断を行うことによって紛争の解決を図る手続である。
- 調停は、公害紛争処理機関が当事者の間に入って両者の話合いを積極的にリードし、双方の互譲に基づく合意によって紛争の解決を図る手続である。調停は都道府県公害審査会等でも行うが、裁定は公害等調整委員会のみが行う。

▶総務省公害等調整委員会ウェブサイト（https://www.soumu.go.jp/kouchoi/knowledge/how/seido.html）をもとに作成

| 35-5 | 公害等調整委員会による解決と裁判所による解決の比較 | |

公害等調整委員会による解決	裁判所による解決
法的に独立を保障された委員による審理。ただし、組織的にはあくまで行政機構の一部に位置付けられている	憲法上独立を保障された裁判官による審理
手続費用の主要部分が国庫負担であり、紛争当事者の経済的負担が少ない	訴訟費用がかさむ場合が多い
解決にあたっては、専門的な知識が反映される	担当する裁判官は、必ずしも公害問題の専門家ではない
簡易な紛争処理手続	民事訴訟法の定める厳格な手続に従って審理が行われる
後の環境行政への反映を意識した紛争処理が行われる	あくまで一回的な紛争処理が目的で行われる

て行政機関が政策的に介入するために設けられる各種制度が、「行政型 ADR」である。

行政型 ADR の代表例として、公害紛争処理法に基づく公害紛争処理制度が存在する。公害紛争には、①原因究明のための費用がかさむ傾向にある、②紛争の当事者の間で訴訟遂行能力に格差が存在することが多い、③問題の解決にあたり専門的な知識が必要とされることが多い、といった特徴があり、裁判による解決には一定の限界がある。そのため、1970 年の第 63 回国会において公害紛争処理法が制定され、行政による公害紛争処理のための制度が導入されることになった 35-4。

35-5 では、公害紛争処理法に基づいて総務省に設置されている公害等調整委員会による公害紛争の解決と、裁判所による公害紛争の解決とを比較し、その違いを表にした。

（2）オンブズマン

オンブズマンは、もともとスウェーデンに起源を有し、その語源はスウェーデン語の Ombudsman（代理人を意味する）である。オンブズマンとは、具体的には、オンブズマン職にある自然人を一般的に指すが、制度としてのオンブズマンとは、違法ないし不正な行政活動に対し、非司法的な手段で国民を守る役職のことであると解されている。

Column　川崎市「市民オンブズマン」制度

川崎市においては、1988 年に、市助役による汚職事件（いわゆるリクルート疑惑）が発覚し、市政に対する市民の疑念が高まることとなった。そうしたなかで、翌年に実施された市長選挙においては、市民の市政への信頼回復と住民自治の街づくりを公約する革新系候補高橋清氏が新市長に当選した。高橋氏は、公約実現のための具体的政策の一つとして、オンブズマン制度の導入を掲げ、このことがきっかけとなって、1990 年にオンブズマン制度の導入が実現することとなった。

川崎市によるオンブズマン制度の導入は、全国初の試みであったこともあり、地方自治法との関係等を考慮しつつ、一から制度設計がなされることとなった。その結果、この川崎市のオンブズマンは、地方自治法 138 条の 4 第 3 項に定められている執行機関の附属機関として設置されている。

わが国では、地方自治体が条例によって各種オンブズマン制度を創設する事例がみられる一方、国レベルでは現在まで法制化はされていない。

オンブズマンには、スウェーデンのそれのように、議会によって任命される「議会（任命）型」のオンブズマン以外に、行政によって任命される「行政（任命）型」のオンブズマンが存在する。わが国の自治体において普及しているのは、行政任命型の方である。わが国の自治体設置のオンブズマン制度の先駆例としては、川崎市の「市民オンブズマン」制度（Column）がある。

No. 36 行政不服申立て

1 行政不服申立てとは

　行政不服申立て（行政不服審査ともいう）は，国民が行政庁に対し，違法または不当な行政処分の取消しその他の是正を求めるための制度であり，行政訴訟と並び，わが国における行政争訟制度の中心的存在である。ちなみに，行政不服申立てにおいては，裁判所ではなく，行政庁に対して不服を申し立てる点で，行政訴訟と異なる。また，行政不服申立ては，国民の申立てに基づいて行われる点および国民にとって権利としての制度である点で，行政の内部的な統制のための制度や行政上の苦情処理と異なる。

　行政不服申立てに関する一般法である行政不服審査法（以下「行審法」という）は，制定以来半世紀の間，実質的な改正がなされないままとなっていたが，様々な問題点の存在が指摘されたことを受けて，制度を抜本的に変えるための法改正が2014年に行われた（2014年改正後の行審法が定める手続の概要については，36-1 を参照）。ここからは，行審法（以下，特にことわらない場合は2014年改正後の行審法を指すこととする）に基づく行政不服申立ての仕組みの重要ポイントを紹介する。

2 行審法に基づく行政不服申立制度のポイント

（1）不服申立ての種類

　行審法上の不服申立ては，原則としてすべて「審査請求」という形で行われる。審査請求先は，個別法に特別の定めがある場合を除き，処分庁の最上級行政庁（例：大臣，都道府県知事，市町村長等）である（処分庁に上級行政庁がない場合は処分庁，処分庁の上級行政庁が主任の大臣や外局として置かれる庁の長等である場合はその大臣や庁の長）。そして，個別法に特別の定めがある場合に限って，審査請求の前に処分庁（処分をした行政庁）に対してする「再調査の請求」や，審査請求の裁決後に当該個別法に定める行政庁に対してする「再審査請求」をすることができる。

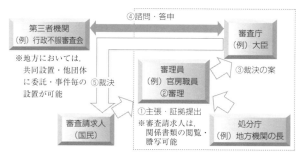

36-1　2014年改正行審法による手続改正の概要

○審理員による審理手続・第三者機関への諮問手続の導入
　・処分に関与しない職員（審理員）が両者の主張を公平に審理
　・有識者から成る第三者機関が大臣等（審査庁）の判断をチェック

○不服申立ての手続を「審査請求」に一元化
　・「異議申立て」手続は廃止し，手続保障の水準が向上
　※不服申立てが大量にされる処分等については「再調査の請求」（選択制）を導入
○審査請求をすることができる期間（審査請求期間）を3か月に延長（改正前60日）など

▶総務省ウェブサイト（https://www.soumu.go.jp/main_content/000297540.pdf）をもとに作成

36-2 主婦連ジュース事件

最判昭和 53・3・14（民集 32 巻 2 号 211 頁）
　消費者団体（主婦連合会）が，無果汁飲料の表示が適正でないとして，果汁飲料の表示方法に係る公正競争規約の認定処分（ 36-3 ）につき不服申立てをした事案につき，最高裁は，主婦連合会の不服申立適格を否定した。その理由は，根拠条文の趣旨・目的は一般消費者の公益の保護であり，その結果一般消費者が事実上受ける利益は個々人の個別的利益として保護しているのではなく，単なる公益保護の結果として生ずる反射的利益にすぎず，根拠条文は個々の消費者の利益を法律上の利益として保護するものではないというものであった。

36-3 公正競争規約

●公正競争規約は，景品表示法第 36 条の規定により，事業者又は事業者団体が，公正取引委員会及び消費者庁長官の認定を受けて，表示又は景品類に関する事項について自主的に設定する業界のルールです。
●景品表示法は，不当な表示と過大な景品類の提供を禁止しています。しかしながら，この法律は多種多様な事業分野の広範な商行為を取締りの対象にしていますので，規定は一般的・抽象的なものにならざるをえません。
●一方，公正競争規約は，事業者又は事業者団体が自らの業界について規定を設けるものですから，その業界の商品特性や取引の実態に即して，景品表示法だけでなく，他の関係法令による事項も広く取り入れて，的確に，より具体的に，きめ細かく規定することができます。
（略）
●公正競争規約は，公正取引委員会及び消費者庁長官によって認定されたものですから，通常はこれを守っていれば景品表示法に違反することはありません。また，公正競争規約の運用は，業界に精通した運用機関（公正取引協議会等）により行われますので，規制が的確かつ効果的に行われることが期待されています。
（略）

▶消費者庁「よくわかる景品表示法と公正競争規約」

(2) 不服申立ての対象・不服申立適格・不服申立期間

　行審法は一般概括主義を採用し，原則としてすべての「処分」について不服申立てをすることを認めている（行審 1 条 2 項では，行審法の対象につき「行政庁の処分その他公権力の行使に当たる行為（以下単に『処分』という。）」としている）。ここで，法のいう「処分」とは，取消訴訟の対象となる処分とほぼ同義であると解されている。また，行政不服申立てにおいては，違法な処分のみならず，不当な処分をも不服申立ての対象とすることができる。

　不服申立適格については，判例上，取消訴訟の原告適格と同様に解されている（最判昭和 53・3・14 民集 32 巻 2 号 211 頁〔主婦連ジュース事件〕 36-2 36-3 ）。

　また，審査請求（および再調査請求）をすることができる期間は，原則として，処分があったことを知った日の翌日から起算して 3 か月以内である。

(3) 書面審理の原則・職権主義

　行審法は，原則として，口頭弁論ではなく，書面による審理を原則としている。また，行審法は，職権審理主義を採用している（通説的な見解によれば，行審法上の明文の根拠はないものの，職権証拠調べにとどまらず，職権探知主義まで認められると解されている）。

(4) 裁決・決定と取消訴訟との関係（原処分主義・裁決主義）

　不服申立てに対する判断に対して取消訴訟を提起する場合，行政事件訴訟法においては「原処分主義」が採用されている（行訴 10 条 2 項。審査請求棄却裁決がなされた場合において，原告が裁決の取消訴訟を提起する際には，原処分の違法を主張できず，裁決固有の瑕疵のみを主張できる）。もっとも，個別法において「裁決主義」が採用されているケースもある 36-4 。

(5) 行審法に基づく審理手続の特徴：2 段階の審理体制

　(a) 審理員による審理手続　2014 年の改正では，不服申立ての審理の中立・公正性を高めるための方策として，処分に関与していない者が審理手続を主宰する「審理員」の仕組みが

36-4 裁決主義が採用されている例

> **電波法**
> **第96条の2** この法律又はこの法律に基づく命令の規定による総務大臣の処分に不服がある者は、当該処分についての審査請求に対する裁決に対してのみ、取消しの訴えを提起することができる。

新たに導入された（審理員は、審査庁に所属する職員のうちから審査庁によって指名される）。

審理員は審理手続の主宰に関わる各種権限を有しており、主体的に手続の審理を進めることが期待されるが、裁決権限を有するのはあくまでも審査庁であり、審理員が審理手続を終結した際に作成する審理員意見書には審査庁を拘束する法的効力はない。

なお、不服申立人の手続保障を確保しながら迅速な審理を実現するためには、審理を計画的に進めることが必要であるため、審理手続を計画的・効率的に進めるための規定が用意されている（なお、迅速な審理推進の関係では、標準審理期間に関する定め〔行審16条〕も設けられた）。

　(b) **第三者機関に対する諮問**　審理員には、審査庁の職員であることに由来する制約が存在することは否定できない。そのため、行審法は、審理員制度の設置に加えて、有識者から成る第三者機関（国レベルでは、総務大臣等の諮問機関として「行政不服審査会」が設置される。地方公共団体については、常設機関の設置のほか、①他の地方公共団体との共同設置、②他の地方公共団体への設置の委託、③事件ごとの設置、の3つも選択可能）を審査庁の判断に関与させることで、審理手続の中立・公正性の向上を図ることとした。

このような分野横断的な第三者機関の設置については、手続の過剰な重装備化による不服申立人の負担増加のおそれが指摘されてきた。これを受け、行審法は、不服申立人が諮問を希望しない場合など、第三者機関に諮問がなされる案件に一定の制限をかけることとしている。

また、情報公開・個人情報保護、国税、社会保険などの分野における既存の第三者機関は存置されることとなったため、これらの分野の不服申立ては行政不服審査会等には諮問されない。

(6) 2014年改正行審法の施行後について

行審法附則6条により、同法施行後5年の施行状況についての検討が求められていたことを受け、総務省行政管理局主催で「行政不服審査法の改善に向けた検討会」が開催された（2022年1月に最終報告書公表）。同検討会における検討では、2014年改正行審法によって導入された諸制度については、法改正のねらいや目標が一定程度達成されたものと評価された一方で、運用面においては、法改正のねらいや目標、制度趣旨に沿った運用が徹底できていない、あるいは、運用が表面的なものとなっているということが課題として見られたとして、審理手続の担い手の確保・育成や不服申立てに関わる各主体の体制の整備等について提言が行われた。

行政不服審査法の施行状況については、総務省のウェブサイト（https://www.soumu.go.jp/main_sosiki/gyoukan/kanri/fufuku/tyousa_kekka.html）で確認することができる。

No. 37 行政審判

1 行政審判とは

　行政審判とは，通常の行政機関の系統から独立した行政委員会またはそれに準ずる行政機関が，裁判類似の手続である準司法的手続によって一定の決定を行う場合のその決定そのもの，あるいはその決定にかかる手続を含めた制度全体を指す概念であると一般に解されている（塩野宏『行政法Ⅱ〔第6版〕』〔2019年〕42頁）。行政審判は，法令上の用語ではなく，講学上の概念である。

　行政審判はもっぱら行為の主体および手続の形式に着眼した概念であるから，ここに含まれる手続には，紛争解決を目的とする行政争訟に属する手続（事後手続）に該当するものもあれば，第一次的な行政決定を下すための手続（事前手続）に該当するものもある。

　行政審判のポイントは，①組織法上の保障（意思決定を下す行政組織の独立性の担保）と，②手続上の保障（裁判手続に類似した慎重な審理手続〔すなわち準司法的手続〕の採用）という2つの要素が組み合わされて，審査の中立・公正さの確保が目指されていることである。

　ここで，行政審判概念を理解するためのキーワードである「準司法的手続」とはどのようなものだろうか。準司法的手続の特徴としては，①公開の口頭審理の機会が保障され，②事実認定が手続に表れた証拠によってのみされること，そして，③手続の一部が行政委員会とは別の職員によって行われること，④手続構造上，糾問的手続をとる場合には，訴追機能と審判機能が同一の機関によって行われることが問題となりうるため，手続内部で職能分離が試みられていること，といった点が挙げられる（塩野・前掲46頁以下）。

　準司法的手続が採用される審理については，通常の行政手続よりも慎重な手続が実施されるため，後の訴訟との関係で，実質的証拠法則が

> **Column　実質的証拠法則（substantial evidence rule）**
> 　行政委員会が準司法的手続に基づいてした審判の適否について裁判所が審査する場合に，行政機関の認定した事実が，それを支持する証拠との間に合理的な関連があるときは，その認定は，裁判所を拘束するという原則のこと（参考，法令用語研究会編『有斐閣法律用語辞典〔第5版〕』511頁）。
> 　もともとは，アメリカにおいて，裁判所が行政委員会の意思決定の当否を審査する際に，司法審査の範囲に関する問題として判例法上確立されてきた考え方であり，裁判所と行政機関の間の役割分担のあり方に関係する。
> 　わが国においては，電波監理審議会による事実認定に関する電波法99条や公害等調整委員会による事実認定に関する鉱業等に係る土地利用の調整手続等に関する法律52条の例がある。

採用されたり（*Column*），審級の省略が行われることもある。

2 行政審判の具体例

　前述のとおり，行政審判は形式的概念であり，統一の「行政審判法」が存在するわけでもない。そのため，行政審判概念の下には，各個別法の定める多種多様な仕組みが混在しており，その全体像を統一的に理解することは難しい。

　もっとも，多種多様な行政審判制度も，その内容によって一定の分類を行うことはできる 37-1 。

3 行政審判に関わる大きな動き
── 公正取引委員会における審判手続の廃止

　従来から行政審判の代表例とされてきた公正取引委員会による審判手続が，2013年12月の独占禁止法の改正法案成立により，廃止された。

　改正後の制度においては，実質的証拠法則が廃止され，審級の省略も行われない。行政審判，ひいては準司法的手続の今後のあり方について考える重要な素材となりうる 37-5 。

37-1 行政審判制度の内容による分類

事前手続として実施される（行政の第一次的決定の発動に際してとられる）行政審判手続の例	事後手続として実施される（実質的な紛争解決のために行われる）行政審判手続の例
①公安審査委員会の行う破壊活動防止法に基づく決定手続 ②金融庁長官の行う課徴金納付命令手続（*Column*〔金融庁長官の行う課徴金納付命令手続〕 37-2 37-3 参照。なお，No.30 にも課徴金に関する説明がある）	①公害等調整委員会が行う土地利用調整手続 ②電波監理審議会が行う電波法に基づく不服申立ての審査 ③中央および都道府県の労働委員会が行う不当労働行為の救済命令手続（*Column*〔労働委員会による不当労働行為の救済命令手続〕，37-4 参照） ④特許庁が行う特許無効審判 ＊上記の①および②は，行政上の不服申立てのうちで準司法的手続によって行われるものと位置付けられる。また，③および④は，紛争それ自体は私人間のものである。

Column　金融庁長官の行う課徴金納付命令に関する手続

　証券市場への信頼を害する違法行為または公認会計士・監査法人による虚偽証明に対して，行政として適切な対応を行う観点から，規制の実効性確保のための手段として，違反者に対して金銭的負担を課す課徴金納付命令手続の制度が，行政上の措置として導入されている。この課徴金納付命令手続においては，職能分離がなされ，職権行使の独立を法律上保障された審判官による審判手続が採用されている。

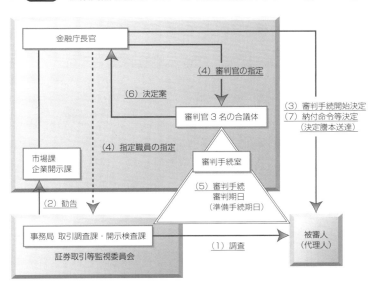

37-2 金融商品取引法に基づく，課徴金納付命令までの流れ

（注）指定職員は，審判手続で違反事実等の存在を主張・立証する者として金融庁長官により職員の中から指定され，準備書面の提出や証拠の申出等を行う。
※公認会計士法違反及び金融商品取引法違反の一部については，企業開示課が必要な調査を行い，証券取引等監視委員会による調査・勧告は行われない（この場合の指定職員は，金融庁職員から指定される）。
※番号は，次の 37-3 「課徴金制度に係る手続等の流れ」の番号に対応する。
▶金融庁ウェブサイト（https://www.fsa.go.jp/policy/kachoukin/02.html#nagare）をもとに作成

37-3 課徴金制度に係る手続等の流れ

金商法	会計士法

（1）証券監視委による調査（金商法26条，177条）

（1）金融庁長官による調査
（会計士法32条2項，3項）

（2）証券監視委から内閣総理大臣及び金融庁長官に対して勧告（金融庁設置法20条）

（3）金融庁長官による審判手続開始決定（金商法178条，会計士法34条の40）

（4）金融庁長官による審判官・指定職員の指定
（金商法180条2項，3項，181条2項，会計士法34条の42第2項，3項，34条の43第2項）

（5）審判手続
- 審判手続開始決定書の謄本を被審人に送達（金商法179条3項，会計士法34条の41第3項）
  ・審判手続開始決定書には審判の期日及び場所，違反事実，課徴金の額等を記載
  （金商法179条2項，会計士法34条の41第2項）
- 被審人による審判手続開始決定に対する答弁書提出（金商法183条，会計士法34条の45）

違反事実及び課徴金の額を認める旨の答弁書が提出されないとき

違反事実及び課徴金の額を認める旨の答弁書が提出されたとき

○ 争点及び証拠の整理を行うため必要があるときは，準備手続期日を開催（非公開）
（金融商品取引法第六章の二の規定による課徴金に関する内閣府令30条，会計士法の規定による課徴金に関する内閣府令31条）

- 審判期日の開催（公開）
  ・被審人の意見陳述
  （金商法184条，会計士法34条の46）
  ・参考人・被審人の審問
  （金商法185条，185条の2，会計士法34条の47，34条の48）
  ・被審人による証拠書類又は証拠物の提出
  （金商法185条の3，会計士法34条の49）

審判期日を開くことを要しない

（金商法183条2項，会計士法34条の45第2項）

（6）審判官による決定案作成，金融庁長官に提出
（金商法185条の6，会計士法34条の52）

（7）審判官作成の決定案に基づき金融庁長官が課徴金納付命令等決定
（金商法185条の7，会計士法34条の53）
＜決定の3類型＞
・課徴金納付命令決定
・違反事実がない旨の決定
・課徴金納付を命じない旨の決定

（課徴金を納付する場合）
（2か月以内）

（課徴金納付命令決定に不服がある場合）
（30日以内）

国庫に納付（金商法185条の7第21項，会計士法34条の53第9項）

裁判所へ課徴金納付命令決定の取消しの訴え
（金商法185条の18，会計士法34条の63）

※（1）（3）（4）（6）（7）は，内閣総理大臣の権限が金融庁長官に委任されている（金商法194条の7，会計士法49条の4）
※金商法は金融商品取引法，会計士法は公認会計士法，証券監視委は証券取引等監視委員会の略

▶金融庁ウェブサイト（https://www.fsa.go.jp/policy/kachoukin/02.html#nagare）をもとに作成

37-4 不当労働行為事件の審査手続の流れ

(1) 不当労働行為事件は，最初に各県にある都道府県労委が取り扱うが，不服があれば，中労委や裁判所で更に争うことができるようになっている。
(2) 不当労働行為事件の審査手続は，労働組合法に大筋が定められているが，細かい点については，中労委が制定する「労働委員会規則」に定められている。

審査手続の流れ

○都道府県労働委員会における手続

(1) 救済申立て → (2) 調査 → (3) 審問 → (4) 合議（公益委員会議）

公益委員による合議で，事実を認定し，この認定に基づいて不当労働行為に当たるか否かを判断し，当事者に命令書を交付する。
○救済命令：申立人の請求する内容について，その全部又は一部を救済する命令
○棄却命令：申立人の申立てを棄却する命令

※都道府県労委の発した命令に不服がある当事者は，中労委に再審査の申立てをしたり，地方裁判所に命令の取消しを求める行政訴訟（取消訴訟）を提起することができる。

○中央労働委員会における手続

(1) 再審査申立て → (2) 調査 → (3) 審問 → (4) 合議

部会又は公益委員会議による合議で，事実を認定し，この認定に基づいて不当労働行為に当たるか否かを判断し，当事者に命令書を交付する。
○再審査申立棄却：再審査申立てに理由がないと認めるとき
○初審命令変更：再審査申立ての全部又は一部に理由があると認めるとき

※中労委の発した命令に不服がある当事者は，東京地方裁判所に，命令の取消しを求める行政訴訟（取消訴訟）を提起することができる。

○取消訴訟
都道府県労委命令及び中労委命令に対する取消訴訟の提起は，それぞれ，命令書の交付から，使用者側は30日以内に，労働者側は6か月以内に行うことができる。

▶厚生労働省ウェブサイト（https://www.mhlw.go.jp/churoi/shinsa/futou/futou02.html）をもとに作成

Column
労働委員会による不当労働行為の救済命令手続

労働委員会は，労働組合と使用者間の労働条件や組合活動のルールをめぐる争いの解決や，使用者による不当労働行為があった場合における労働組合や組合員の救済など，集団的労使関係を安定，正常化することを主な目的として，地方自治法および労働組合法に基づき設置された合議制の行政委員会であり，公益の代表者（公益委員），労働者の代表者（労働者委員），使用者の代表者（使用者委員）の三者で構成されている。労働委員会には，都道府県ごとに設置されている都道府県労働委員会と，国に設置されている中央労働委員会がある。

37-5 改正独占禁止法による審判制度の廃止に伴う処分前手続・不服審査手続の見直し

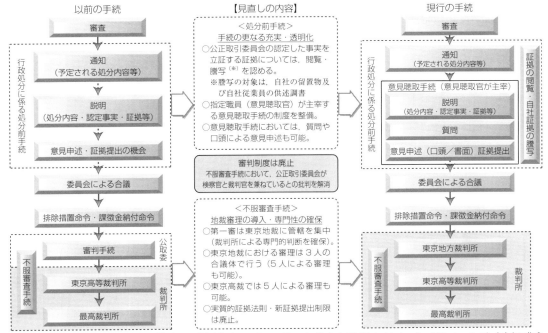

▶公正取引委員会ウェブサイト（https://www.jftc.go.jp/dk/kaisei/h25kaisei/index_files/h25gaiyou2.pdf）をもとに作成

No. 38 取消訴訟①——訴訟要件

1 取消訴訟

　取消訴訟とは，処分の取消しを求める訴訟をいう（行訴3条2項・3項）。この取消訴訟を適法に提起するには，訴訟要件 38-1 をすべて満たす必要がある。訴訟要件を欠く訴えは不適法であり，却下判決となる 38-2 。

2 処分性

(1) 取消訴訟の対象

　取消訴訟の対象となるのは，処分，すなわち「行政庁の処分その他公権力の行使に当たる行為」（行訴3条2項）である。この「行政庁の処分」について，判例は，38-3 のとおり定義付けている（最判昭和39・10・29民集18巻8号1809頁〔大田区ごみ焼却場設置事件〕）（なお，行政行為と処分については⇒No.12 1 (3)）。

(2) 取消訴訟の排他的（優先的）管轄

　ある行政庁の行為に処分性が認められる，すなわち，その行為が取消訴訟の対象たる行政処分に当たる，とされると，その行為は取消訴訟によって争うことができるのと同時に，「取消訴訟の排他的管轄」（「取消訴訟の優先的管轄」と呼ぶべき，との見解もある⇒No.14 1 (1)）に服することになる。つまり，処分性が認められる行政庁の行為を訴訟によって争うには，取消訴訟によらなければならず，民事訴訟や当事者訴訟（行訴4条）によって争うことは許されない，ということである。その際，取消訴訟においては訴訟要件として出訴期間（行訴14条）38-4 の制約を受けること

38-1 取消訴訟の訴訟要件

①取消訴訟の対象（処分性）	行訴3条2項・3項	抗告訴訟の対象となる行政処分に当たること
②原告適格	行訴9条1項	取消訴訟を提起することのできる資格
	行訴9条2項	処分の相手方以外の者の判定にあたっての必要的考慮事項
③狭義の訴えの利益		取消しを求めるだけの実益があること ※回復すべき法律上の利益（行訴9条1項かっこ書）
④被告適格	行訴11条	被告とすべき相手方
⑤管轄	行訴12条	管轄ある裁判所に提起すること
⑥不服申立前置（個別法による）	行訴8条1項ただし書	個別法において不服申立前置を求める規定がある場合に要求される要件
⑦出訴期間	行訴14条	訴訟を提起することができる期間

38-2 訴訟要件と本案の関係

```
訴訟要件の審理
訴えが訴訟要件を      訴訟要件を欠く
満たしているか？  ──→ 不適法な訴え ──→ 却下判決
    │
    │ 訴訟要件を満たす
    │ 適法な訴え
    ↓
本案の審理         原告の請求に
原告の請求に理由が ──→ 理由がない ──→ 棄却判決
あるか？
    │
    │ 原告の請求に
    │ 理由がある
    ↓
  認容判決
```
事情判決（行訴31条1項）
処分が違法ではあるが，これを取り消すことにより公の利益に著しい障害を生ずる場合にすることができる棄却判決

38-3 「行政庁の処分」の意味（大田区ごみ焼却場設置事件）

　最判昭和39・10・29（民集18巻8号1809頁）
　「行政庁の処分とは，……公権力の主体たる国または公共団体が行う行為のうち，その行為によって，直接国民の権利義務を形成しまたはその範囲を確定することが法律上認められているものをいう」。

となり，また，処分については民事保全法上の仮処分が排除される（行訴44条）ことに，注意が必要である。

(3) 処分性の判定①：一括指定処分

行政庁の行為のうち，相手方が特定されていないものについても，処分性が認められる場合がある。このような処分を，「一般処分」という。一般処分の例として，告示による二項道路（建基42条2項）の一括指定を挙げることができる。

建築基準法によれば，一定の建築物を建築するには建築確認（建基6条）を受ける必要があるが，この建築確認を受けるためには，建築物の敷地が原則として幅員4m以上の道路に2m以上接しなければならない（接道義務。建基42条1項・43条1項）。ただし，幅員が4mに満たない道であっても，これが二項道路に指定（建基42条2項）されれば，建築物の敷地が二項道路に2m以上接することで接道義務を満たすことができる。他方，この二項道路の指定がされると，当該道の中心線からの水平距離2mの線が二項道路の境界線とみなされることになるため，その限度においてセットバック義務が生ずる 38-5 。

二項道路の指定には，個別指定の方法と一括指定の方法があるが，後者の場合，告示により一定の条件に合致する道について一律に二項道路に指定することになる 38-6 38-7 。このような告示による二項道路の一括指定が抗告訴訟の対象となるかが問題となった事案において，最高裁は，二項道路の指定が個別的にではなく一括指定の方法でなされた場合においても，個別の土地について具体的な私権制限を発生させるものであるとして，処分性を肯定した（最判平成14・1・17民集56巻1号1頁）。

(4) 処分性の判定②：条例制定行為の処分性

一般に，行政立法などの規範を定立する行為は，国民に対して具体的な規律を加える行為とはいえないことから，処分性が否定される。とりわけ，条例の制定は，普通地方公共団体の議会が行う立法作用に属するから，一般的には，抗告訴訟の対象となる処分に当たるものではない（学校教育法

38-4 出訴期間（行訴14条）

＊処分取消訴訟は，原則として，処分があったことを「知った日」から6か月以内（同条1項本文）かつ「処分の日」から1年以内（同条2項本文）に提起しなければならない。

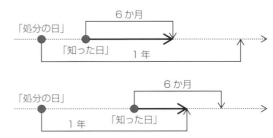

38-5 二項道路の指定とセットバック義務

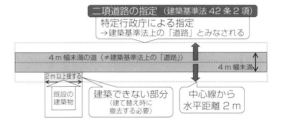

38-6 告示による二項道路指定の例（昭和37年12月28日奈良県告示第327号）

> 建築基準法（昭和25年法律第201号）第42条第2項の規定による道として，次の道を指定し，昭和25年11月奈良県告示第351号（建築基準法第42条第2項の規定による道の規定）は，廃止する。
>
> 幅員4メートル未満1.8メートル以上の道

38-7 個別指定と一括指定

建築基準法42条2項に基づく二項道路の指定は，同項の要件を満たしている道について，個別具体的に対象となる道を二項道路に指定する「個別指定」の方法でされることがある一方で，38-6 の告示のように，一定の条件に合致する道について一律に二項道路に指定する「一括指定」の方法でされることがある。

	指定方法	処分性
個別指定	個々の道を個別的に指定	あり
一括指定	告示により指定	？

上，保護者・児童に特定の小学校に通う権利が付与されていないことを理由に，条例制定行為の処分性が否定された判例として，最判平成14・4・25判自229号52頁〔千代田区立小学校廃止条例事件〕，また，水道料金条例の定めがなお一般的・抽象的であることを理由に，条例制定行為の処分性が否定された判例として，最判平成18・7・14民集60巻6号2369頁〔高根町簡易水道事業給水条例事件〕）。

これに対して，最高裁は，横浜市保育所廃止条例事件（最判平成21・11・26民集63巻9号2124頁）において，条例制定行為につき例外的に処分性を肯定する判断を示した。この事件は，横浜市が，4つの市立保育所を民営化の対象とし，これらを廃止する条例（⇨ **38-8** ）を制定したことに対して，これに不服のある保護者らが取消訴訟を提起したというものである。この事件において，最高裁は，①この条例が，上記の各保育所の廃止のみを内容とするものであって，②他に行政庁の処分を待つことなく，その施行により各保育所廃止の効果を発生させ，③当該保育所に現に入所中の児童およびその保護者という限られた特定の者らに対して，直接，当該保育所において保育を受けることを期待しうる法的地位を奪う結果を生じさせるものであ

38-8 横浜市保育所条例の一部を改正する条例（平成15年横浜市条例第62号）（抄）

横浜市保育所条例（昭和26年3月横浜市条例第7号）の一部を次のように改正する。

別表中

「
| 横 浜 市 日 野 保 育 園 |
| 横浜市丸山台保育園 |
」を

「
| 横 浜 市 日 野 保 育 園 |
」に，
：

「
| 横浜市荏田西保育園 |
| 横浜市柿の木台保育園 |
」を

「
| 横浜市荏田西保育園 |
」に改める。

附　則

この条例は，平成16年4月1日から施行する。

るから，その制定行為は，行政庁の処分と実質的に同視しうる，と述べた（⇨No.**39** **2** も参照）。

(5) 処分性の判定③：行政指導の処分性

一般的には，行政指導は事実上の行為にすぎず，処分性が認められないものと考えられている。

他方，行政指導に処分性が認められた事例もある。医療法30条の7（現行法の30条の11に相当）に基づく病院開設中止勧告について，最高裁（最判平成17・7・15民集59巻6号1661頁，最判平成17・10・25判時1920号32頁）は，この勧告の保険医療機関の指定に及ぼす効果および病院経営における保険医療機関の指定のもつ意義を併せ考えると，この勧告は行政事件訴訟法3条2項にいう「行政庁の処分その他公権力の行使に当たる行為」に当たる，と述べている（⇨No.**23** **4** ）。

(6) 処分性の判定④：行政計画の処分性

土地区画整理事業計画の処分性について，No.**26** **2** (1)参照。

3 原告適格

(1) 「法律上の利益」を有する者

取消訴訟の原告適格とは，取消訴訟を提起することのできる資格をいう。申請拒否処分や不利益処分といった自己にとって侵害的な処分を受けた者がこの処分に不服があり取消訴訟を提起する場合において，その者に当該取消訴訟の原告適格が認められるのは当然である。これに対して，例えば，迷惑施設の設置許可についてこれに不服のある周辺住民が取消訴訟を提起するケースのように，処分の相手方以外の者が当該処分を取消訴訟で争う場合，その者に当該取消訴訟の原告適格が認められるかどうかが問題となりうる **38-9** 。

行政事件訴訟法9条1項は，取消訴訟の原告適格につき，「当該処分……の取消しを求めるにつき法律上の利益を有する者」に限って認めている。同項にいう「法律上の利益」を有する者の意味について，判例は「法律上保護された利益説」の立場をとり， **38-10** のとおり述べて

158

38-9 取消訴訟の原告適格が認められるかどうかが問題となりうる場面

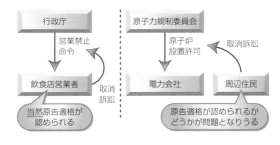

38-10 「法律上の利益を有する者」の意味（小田急訴訟）

> 最大判平成17・12・7（民集59巻10号2645頁）
>
> 「行政事件訴訟法9条は、取消訴訟の原告適格について規定するが、同条1項にいう当該処分の取消しを求めるにつき『法律上の利益を有する者』とは、当該処分により自己の権利若しくは法律上保護された利益を侵害され、又は必然的に侵害されるおそれのある者をいうのであり、当該処分を定めた行政法規が、不特定多数者の具体的利益を専ら一般的公益の中に吸収解消させるにとどめず、それが帰属する個々人の個別的利益としてもこれを保護すべきものとする趣旨を含むと解される場合には、このような利益もここにいう法律上保護された利益に当たり、当該処分によりこれを侵害され又は必然的に侵害されるおそれのある者は、当該処分の取消訴訟における原告適格を有するものというべきである。」

いる（最大判平成17・12・7民集59巻10号2645頁〔小田急訴訟〕）。

(2) 「法律上の利益」の解釈規定の新設

2004年の行政事件訴訟法の改正において旧法9条（現9条1項）の規定は維持された一方、原告適格の実質的拡大を意図して9条2項が新設され、上記「法律上の利益」の解釈指針が定められた。同項は、裁判所が、処分の相手方以外の者について「法律上の利益」の有無を判断するにあたって考慮すべき4つの事項を定めている 38-11 。

(3) 小田急訴訟

この9条2項に関するリーディング・ケースが、前掲小田急訴訟最高裁判決である。これは、建設大臣（当時）が都市計画法 38-12 59条2項に基づき東京都に対してした小田急線の連続立体交差化を内容とする都市計画事業 カラー⑪ の認可について、これに不服のある周辺住民が当該認可の取消しを求めて出訴した事件である（なお、都市計画事業については⇒No.26参照）。

都市計画事業の認可をめぐる旧来の判例によれば、都市計画事業の事業地内の不動産について権利を有する者に原告適格を認める一方、それ以外の者については原告適格が否定されていた（最判平成11・11・25時1698号66頁〔環状6号線訴訟〕）。これに対して、行政事件訴訟法9条2項が新設された後に出された本判決は、上記判例を変更し、周辺住民の一部について、事業地内の不動産について権利を有しない者であるにもかかわらず原告適格を認めている。すなわち、本判決は、9条2項の解釈規定に沿った検討を行い、関係法令として公害対策基本法 38-13 （環境基本法の施行に伴い1993年廃止）および東京都環境影響評価条例 38-14 の規定の趣旨および目的をも参酌して、周辺住民のうち当該事

38-11 行政事件訴訟法9条2項が定める4つの考慮事項

考慮事項①	〔当該処分又は裁決の根拠となる〕法令の趣旨及び目的〔を考慮する〕	考慮事項③	当該法令の趣旨及び目的を考慮するに当たっては、
			当該法令と目的を共通にする関係法令があるときはその趣旨及び目的をも参酌する
考慮事項②	当該処分において考慮されるべき利益の内容及び性質を考慮する	考慮事項④	当該利益の内容及び性質を考慮するに当たっては、
			当該処分又は裁決がその根拠となる法令に違反してされた場合に害されることとなる利益の内容及び性質並びにこれが害される態様及び程度をも勘案する

> **38-12　都市計画法（1999年改正前のもの）**
>
> **第13条第1項**　都市計画は，……国土計画又は地方計画に関する法律に基づく計画及び道路，河川，鉄道，港湾，空港等の施設に関する国の計画に適合するとともに，当該都市の特質を考慮して，次に掲げるところに従って，土地利用，都市施設の整備及び市街地開発事業に関する事項で当該都市の健全な発展と秩序ある整備を図るため必要なものを，一体的かつ総合的に定めなければならない。この場合において，当該都市について公害防止計画が定められているときは，都市計画は，当該公害防止計画に適合したものでなければならない。（略）
> **第59条第2項**　都道府県は，市町村が施行することが困難又は不適当な場合その他特別な事情がある場合においては，建設大臣の認可を受けて，都市計画事業を施行することができる。
> **第61条**　建設大臣又は都道府県知事は，申請手続が法令に違反せず，かつ，申請に係る事業が次の各号に該当するときは，第59条の認可又は承認をすることができる。
> 　一　事業の内容が都市計画に適合し，かつ，事業施行期間が適切であること。
> 　二　（略）

> **38-13　公害対策基本法（1993年廃止前のもの）**
>
> **第19条**　内閣総理大臣は，次のいずれかに該当する地域について，当該地域において実施されるべき公害の防止に関する施策に係る計画（以下「公害防止計画」という。）の基本方針を示して関係都道府県知事に対し当該計画の策定を指示するものとする。
> 　一　現に公害が著しく，かつ，公害の防止に関する施策を総合的に講じなければ公害の防止を図ることが著しく困難であると認められる地域
> 　二　（略）
> **2**　関係都道府県知事は，前項の指示を受けたときは，同項の基本方針に基づき公害防止計画を作成し，内閣総理大臣の承認を受けるものとする。
> （略）

業が実施されることにより騒音，振動等による健康または生活環境に係る著しい被害を直接的に受けるおそれのある者に原告適格を認めた。

> **38-14　東京都環境影響評価条例（当時のもの）**
>
> **第2条**　この条例において次の各号に掲げる用語の意義は，それぞれ当該各号に定めるところによる。
> 　三　対象事業　別表に掲げる事業でその実施が環境に著しい影響を及ぼすおそれのあるものとして東京都規則（以下「規則」という。）で定める要件に該当するものをいう。
> 　五　関係地域　事業者が対象事業を実施しようとする地域及びその周辺地域で当該対象事業の実施が環境に著しい影響を及ぼすおそれがある地域として，第13条第1項の規定により知事が定める地域をいう。
> **第24条**　（1項略）
> **2**　知事は，……前条の規定により提出された評価書等〔事業者から提出された環境影響評価書及びその概要〕の写しを，……当該対象事業に係る許認可権者……に送付しなければならない。
> **第25条**　知事は，前条第2項の規定により評価書等の写しを許認可権者に送付するときは，当該許認可権者に対し，当該対象事業の実施についての許認可等を行うに際して当該評価書の内容について十分配慮するよう要請しなければならない。
> **第45条**　知事は，対象事業が都市計画法の規定により都市計画に定められる場合においては，当該対象事業に係るこの条例による手続を同法の規定による当該都市計画の決定の手続に合わせて行うよう努めるものとする。
> **別表**　三　鉄道，軌道又はモノレールの新設又は改良

(4)　サテライト大阪事件

サテライト大阪事件 カラー⑫ は，経済産業大臣がした自転車競技法 38-15 4条2項（2007年改正前のもの）に基づく場外車券発売施設の設置許可につき，第三者（周辺の医療施設開設者，居住者および事業者）がこの取消しを求めた事案である。この事案においては，場外車券発売施設の設置許可に関する自転車競技法の規律密度が低く，このため下位法令の自転車競技法施行規則 38-16 において規定されている「位置基準」（15条1項1号）および「周辺環境調和基準」（同項4号）等をも手がかりにして第三者に原告適格を認めることができるかどうかが問題となった。

大阪高裁（大阪高判平成20・3・6民集63巻8号

1788 頁）は、「位置基準」や「周辺環境調和基準」等に鑑みて、上記施設の敷地の周辺から1000 m 以内の地域に居住し、事業を営む住民に対し、一律に原告適格を認めた。これに対し、最高裁（最判平成 21・10・15 民集 63 巻 8 号 1711 頁）は、周辺の医療施設開設者の一部に原告適格を認めた反面、周辺の居住者および事業者の原告適格を否定した。すなわち、上記施設の設置、運営に伴い著しい業務上の支障が生ずるおそれがあると位置的に認められる区域の医療施設開設者は「位置基準」を根拠として設置許可の取消しを求める原告適格を有するが、他方、原告らは「周辺環境調和基準」を根拠として設置許可の取消しを求める原告適格を有するということはできないとしている。

　なお、同じく生活環境利益が問題となった近年の最高裁判決として、墓地埋葬法 10 条に基づく納骨堂の経営等の許可につき周辺住民がこれらの取消しを求めて出訴した事案がある。最高裁（最判令和 5・5・9 民集 77 巻 4 号 859 頁）は、同法を執行するために大阪市長が定めた規則の規定 38-17 を手がかりにすることで、当該納骨堂の所在地からおおむね 300m 以内の場所に敷地がある人家に居住する者の原告適格を肯定した。

4 狭義の訴えの利益

　取消訴訟における狭義の訴えの利益（訴えの

> **Column　廃棄物処理に関する判例**
>
> 　産業廃棄物最終処分場の周辺住民が、当該処分場の事業者に与えられた廃棄物処理法に基づく産業廃棄物処分業の許可等につき、その取消しを求めた事案において、最高裁（最判平成 26・7・29 民集 68 巻 6 号 620 頁）は、健康または生活環境に係る著しい被害を直接的に受けるおそれのある者として、当該処分場から約 1.8 km 以内の、環境影響調査報告書で調査対象とされた地域に居住する者に、原告適格を認めた。
>
> 　また、同法に基づく一般廃棄物処理業許可を受けている既存事業者が、同一地域内で競業者に与えられた同許可の更新処分につき、その取消し等を求めた事案において、最高裁（最判平成 26・1・28 民集 68 巻 1 号 49 頁）は、同法が需給状況の調整に係る規制の仕組みを設けていること等を考慮した上で、既存事業者の原告適格を肯定した。

38-15　自転車競技法（2007 年改正前のもの）

第 4 条　車券の発売等の用に供する施設を競輪場外に設置しようとする者は、経済産業省令の定めるところにより、経済産業大臣の許可を受けなければならない。当該許可を受けて設置された施設を移転しようとするときも、同様とする。
2　経済産業大臣は、前項の許可の申請があったときは、申請に係る施設の位置、構造及び設備が経済産業省令で定める基準に適合する場合に限り、その許可をすることができる。

38-16　自転車競技法施行規則（2006 年改正前のもの）

第 14 条　法第 4 条第 1 項の規定により、競輪場外における車券の発売等の用に供する施設（以下「場外車券発売施設」という。）の設置又は移転の許可を受けようとする者は、次に掲げる事項を記載した許可申請書を、……経済産業大臣に提出しなければならない。（略）
2　前項の許可申請書には、次に掲げる図面を添付しなければならない。
　一　場外車券発売施設付近の見取図（敷地の周辺から 1,000 メートル以内の地域にある学校その他の文教施設及び病院その他の医療施設の位置並びに名称を記載した 10,000 分の 1 以上の縮尺による図面）
　二　場外車券発売施設を中心とする交通の状況図

　三　場外車券発売施設の配置図（1,000 分の 1 以上の縮尺による図面）
第 15 条第 1 項　法第 4 条第 2 項の経済産業省令で定める基準……は、次のとおりとする。
　一　学校その他の文教施設及び病院その他の医療施設から相当の距離を有し、文教上又は保健衛生上著しい支障を来すおそれがないこと。
　四　施設の規模、構造及び設備並びにこれらの配置は、入場者の利便及び車券の発売等の公正な運営のため適切なものであり、かつ、周辺環境と調和したものであって、経済産業大臣が告示で定める基準に適合するものであること。

客観的利益）とは，当該処分を取り消す実際上の必要性をいう。

公務員の免職処分を取消訴訟で争う場合，通常においては，処分取消しによって公務員たる地位を回復することができるので，狭義の訴えの利益が認められる。また，免職処分を受けた後に公職選挙に立候補（その届出の日に当該公務員の職を辞したものとみなされる。公選90条）すると，懲戒処分の主たる効果が消滅するが，公務員の俸給請求権は存続することから，なお処分取消しによって「回復すべき法律上の利益」（行訴9条1項かっこ書）が残っており，狭義の訴えの利益は失われない **38-18** （最大判昭和40・4・28民集19巻3号721頁）。

これに対して，建築物に係る建築確認の取消訴訟については，当該建築物の工事完了によって狭義の訴えの利益が失われるとされている **38-19** （⇨No.43 **1**(1)）。

38-17 納骨堂経営許可取消事件の参照条文

墓地，埋葬等に関する法律
第10条第1項 墓地，納骨堂又は火葬場を経営しようとする者は，都道府県知事〔※筆者注：市にあっては市長〕の許可を受けなければならない。
大阪市墓地，埋葬等に関する法律施行細則
第8条 市長は，法第10条の規定による許可の申請があった場合において，当該申請に係る墓地等の所在地が，学校，病院及び人家の敷地からおおむね300メートル以内の場所にあるときは，当該許可を行わないものとする。ただし，市長が当該墓地等の付近の生活環境を著しく損なうおそれがないと認めるときは，この限りでない。

38-18 名古屋郵政局職員免職処分取消請求事件

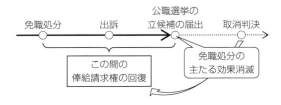

38-19 仙台市建築確認取消請求事件

①工事が完了した後における建築主事等の検査および特定行政庁の違反是正命令はいずれも当該建築物およびその敷地が建築確認に係る計画どおりのものであるかどうかを基準とするものでない上，②違反是正命令を発するかどうかは，特定行政庁の裁量に委ねられているから，(a)建築確認の存在は，検査済証の交付を拒否または違反是正命令を発する上において法的障害となるものではない。また，(b)たとえ建築確認が違法であるとして判決で取り消されたとしても，検査済証の交付を拒否または違反是正命令を発すべき法的拘束力が生ずるものではない。したがって，工事が完了した場合においては，建築確認の取消しを求める訴えの利益は失われる，とされている（最判昭和59・10・26民集38巻10号1169頁）。

	建築確認 **14-3** （建築基準法6条）	完了検査 **14-3** （建築基準法7条）	違反是正命令 **14-4** （建築基準法9条）
処分庁	建築主事 （+指定確認検査機関）	建築主事 （+指定確認検査機関）	特定行政庁 （2条35号）
基準	建築計画が建築基準関係規定に適合しているか（6条1項）	建築物が建築基準関係規定に適合しているか（7条4項）	建築物が建築基準法令に適合しているか（9条1項）
処分要件を充足する場合の効果	建築確認をしなければならない（6条4項）	検査済証を交付しなければならない（7条5項）	違反是正命令を発することができる（9条1項）
処分の法的効果	建築確認を受けなければ建築工事できない（6条8項）	検査済証の交付を受けなければ使用できない（7条の6）	違反是正の義務を負う

※表中の条文番号は，（事件当時のものではなく）現行法のもの。
※指定確認検査機関の制度は，1998年の建築基準法改正で導入（事件当時なし）。

No.39 取消訴訟②――審理・判決の効力等

1 取消訴訟の審理

(1) 審理の原則

取消訴訟においても民事訴訟の原則たる弁論主義が基本的に妥当するが、行政事件訴訟法はこれを部分的に修正する規定を置いている。すなわち、裁判所は、必要があると認めるときは、職権で、証拠調べをすることができる（職権証拠調べ、行訴24条）。また、民事訴訟法が定める釈明処分について、行訴法はこの特則を定めている（釈明処分の特則、行訴23条の2）。

(2) 違法判断の基準時

取消訴訟の訴訟物は、「処分の違法性一般」とされている。そして、この処分の違法性を判断する基準時に関し、処分時とすべきか、それとも判決時とすべきかについて議論がある。この点について、処分時説は、取消訴訟を形成の訴えと捉えて、取消判決により処分時に遡って当該処分の効力が消滅するとする、という形成力の理解に適合的であることから、これが多数説となっている。

(3) 違法の主張の制限

行訴法10条は、取消訴訟の本案における違法の主張の制限について、規定を置いている。まず第1に、取消訴訟の本案において、自己の法律上の利益に関係のない違法を主張することが制限される（同条1項）。同項の規定に関連して、新潟空港訴訟最高裁判決（最判平成元・2・17民集43巻2号56頁）は、定期航空運送事業免許に係る路線を航行する航空機の騒音によって社会通念上著しい障害を受けることとなる飛行場周辺住民につき、当該免許の取消訴訟における原告適格を認めた上で、当該免許を航空法101条1項1号～3号 39-1 違反とする当該住民の違法主張はいずれも自己の法律上の利益に関係のない違法をいうものであることは明らかである、として、行訴法10条1項により当該主張自体を失当とした。

そして第2に、処分の取消しの訴え（原処分取消訴訟）とその処分についての審査請求を棄却した裁決の取消しの訴え（裁決取消訴訟）とを提起することができる場合には、裁決取消訴訟においては、原処分の違法を主張することが制限される（行訴10条2項⇒No.36 2(4)） 39-2 39-3 。

2 判決の効力

民事訴訟の確定判決と同様に、取消訴訟の確定判決には、既判力が認められる（行訴7条、民訴114条1項）。また、取消判決には、形成力、第三者効（行訴32条）、拘束力（行訴33条）が

39-1 航空法（当時のもの）

飛行場周辺住民の違法主張は、(1)供用開始期日の前から変更後の着陸帯・滑走路を供用したのは違法であり航空法101条1項3号の免許基準に適合しない、(2)非計器用の着陸帯を計器用に供用しており同号の免許基準に適合しない、(3)当該路線の利用客の大部分が遊興目的の団体客である点において同項1号の免許基準に適合せず、また、当該路線について輸送力が著しく供給過剰となるので同項2号の免許基準に適合しない、というものであった。

第100条第1項 定期航空運送事業を経営しようとする者は、路線ごとに運輸大臣の免許を受けなければならない。

第101条第1項 運輸大臣は、前条の免許の申請があったときは、その申請が左の各号に適合するかどうかを審査しなければならない。

一 当該事業の開始が公衆の利用に適応するものであること。
二 当該事業の開始によって当該路線における航空輸送力が航空輸送需要に対し、著しく供給過剰にならないこと。
三 事業計画が経営上及び航空保安上適切なものであること。
四・五 （略）

39-2 原処分主義と裁決主義

原処分取消訴訟と裁決取消訴訟とを提起することができる場合，原処分の違法は原処分取消訴訟において主張し，裁決取消訴訟においては裁決固有の瑕疵についてのみ主張することが許される（原処分主義）。これに対して，個別法（例えば，電波法96条の2 39-3 など）において，原処分の争い方として裁決取消訴訟を指定する特別の定めが置かれている場合は，原処分取消訴訟を提起することができないため行訴法10条2項の制限を受けず，裁決取消訴訟において原処分の違法の主張が許される（裁決主義）。

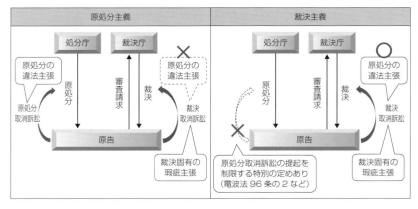

39-3 裁決主義の例（電波法）

電波法
第96条の2 この法律又はこの法律に基づく命令の規定による総務大臣の処分に不服がある者は，当該処分についての審査請求に対する裁決に対してのみ，取消しの訴えを提起することができる。

認められる 39-4 。

横浜市保育所廃止条例事件（⇒No.38 2(4)）において，最高裁は，条例制定行為につき例外的に処分性を認めた補足的な理由として，取消判決等に第三者効があることを挙げている。すなわち，当事者訴訟ないし民事訴訟で勝訴判決等を得たとしても，これらは訴訟当事者である児童・保護者と市との間でのみ効力を生ずるにすぎないから，市としては当該保育所を存続させるかどうかについての実際の対応に困難を来すことにもなり，取消判決等に第三者効が認められている取消訴訟において条例制定行為の適法性を争いうるとすることには合理性がある，としている。

3 訴状と判決書

行政事件訴訟法は，行政事件訴訟に関し，同法に規定のない事項については，民事訴訟の例によるとしている（7条）。したがって，取消訴訟における訴状 39-5 や判決書 39-6 の記載事項は，基本的に民事訴訟と同様である。なお，国または公共団体を被告とする場合，訴状には，処分または裁決をした行政庁を記載するものとされている（訓示規定。11条4項）。

39-4 取消訴訟の判決の効力

判決の効力	①既判力（行訴7条，民訴114条1項）		紛争当事者・裁判所が，訴訟の対象となった同一事項について，確定判決の内容と異なる主張・判断をすることを拒む効力
	取消判決の効力	②形成力	処分の効力を処分時に遡って失わせる効力
		第三者効（対世効）（行訴32条）	紛争当事者以外の第三者に対する効力
		③拘束力（行訴33条）	その事件について，処分庁その他の関係行政庁を拘束する効力
		反復禁止効	同一事情，同一理由，同一手続による同一内容の処分を繰り返すことを禁止する効力
		申請拒否処分の取消判決の拘束力（同条2項）	処分庁は，判決の趣旨に従い，改めて申請に対する処分をしなければならない
		申請認容処分の取消判決の拘束力（同条3項）	手続違法を理由に取り消された場合に同条2項を準用

※学説上争いのない，代表的なもののみを掲載した。

39-5 訴 状

```
                      訴　　状

                              平成○○年○○月○○日
○○地方裁判所　御中
            原告訴訟代理人弁護士　○　○　○　○

〒○○○―○○○○
  ○○市○○区○○町○丁目○番○号
            原　　　　　告
            代表者代表取締役　○　○　○　○
〒○○○―○○○○
  ○○市○○区○○町○丁目○番○号
  ○○ビル○階　○○法律事務所（送達場所）
            電話　××（××××）××××
            FAX　××（××××）××××
            原告訴訟代理人弁護士　○　○　○　○
〒○○○―○○○○
  東京都千代田区霞が関一丁目１番１号
            被　　　　　告　国
            右代表者法務大臣　○　○　○　○
（処分をした行政庁）
〒○○○―○○○○
  ○○市○○区○○町○丁目○番○号
            ○○○税務署長　×　×　×　×


法人税更正処分等取消請求事件

                    請求の趣旨
１　○○税務署長が平成○年○月○日付でした原告の平成○年○月○日から
  同○年○月○日までの事業年度分の法人税の更正処分のうち所得金額○
  ○○○円，法人税額○○○○円を超える部分並びに過少申告加算税賦課決
  定処分及び重加算税賦課決定処分を取り消す。
２　訴訟費用は被告の負担とする。
との判決を求める。
                    請求の原因
第１　本訴提起に至る経緯
  １　確定申告
    ………………………………………………………………………
  ２　本件各処分
    (1) ………………………………………………………………………
    (2) ………………………………………………………………………
    (3) ………………………………………………………………………
  ３　再調査の請求
    (1) ………………………………………………………………………
    (2) ………………………………………………………………………
  ４　審査請求
    ………………………………………………………………………
第２　本件各処分の違法性
    ………………………………………………………………………
                    証拠方法
        追って，口頭弁論にて提出する。
                    添付資料
      資格証明書                          １通
      委任状                              １通
      訴状副本                            １通
```

▶日本弁護士連合会行政訴訟センター編『実務解説　行政事件訴訟法
　──改正行訴法を使いこなす』（2005 年）175 頁の訴状の例をモデル
　に作成

39-6 判決書

```
平成○○年○○月○○日判決言渡　同日原本領収　裁判所書記官
平成○○年（行ウ）第○○号　固定資産税・都市計画税賦課処取消等請求事
件
口頭弁論終結日　平成○○年○○月○○日
                      判　　　決
東京都千代田区○○○○
  原告                              ○○○○
  原告訴訟代理人弁護士              ○○○○
東京都新宿区○○○○
  被告                    東京都
  同代表者知事                      ○○○○
  処分行政庁              東京都千代田都税事務所長
                                    ○○○○
  被告訴訟代理人弁護士              ○○○○
  被告指定代理人                    ○○○○
                      主　　文
１　原告の請求を棄却する。
２　訴訟費用は原告の負担とする。
                    事実及び理由
第１　請　　求
    東京都千代田都税事務所長が原告に対し平成○○年○○月○○日付け
  でした……の各不動産に係る平成○○年度固定資産税及び都市計画税の
  賦課処分を取り消す。
第２　事案の概要
  １　関係法令等の定め
    ………………………………………………………………………
  ２　争いのない事実
    ………………………………………………………………………
  ３　本案前の主張
    ………………………………………………………………………
  ４　争点及び当事者の主張
    ………………………………………………………………………
第３　当裁判所の判断
  １　前記争いのない事実に証拠及び弁論の全趣旨を総合すれば，次の事実
    が認められる。……
  ２　争点についての判断
    ………………………………………………………………………
第４　結　　論
    以上によれば，原告の請求は理由がないから棄却することとし，訴訟費用
  の負担につき行政事件訴訟法７条，民事訴訟法61条を適用して，主文のと
  おり判決する。

                    東京地方裁判所民事第○部
                      裁判長裁判官　○○○○
                        裁判官　○○○○
                        裁判官　○○○○
```

▶東京地裁平成 17 年（行ウ）第 637 号平成 19 年 7 月 20 日判決を
　モデルに作成

No.
39

取消訴訟② ──審理・判決の効力等

No.40 取消訴訟以外の抗告訴訟

抗告訴訟とは，行政庁の公権力の行使に関する不服の訴訟をいう（行訴3条1項）。行政事件訴訟法は，抗告訴訟について，6つの訴訟類型を定めている（法定抗告訴訟。行訴3条2項～7項）ほか，これら以外の抗告訴訟（無名〔法定外〕抗告訴訟）も許容しているものと解される 40-1。

1 無効等確認訴訟

(1) 意　義

無効等確認訴訟（行訴3条4項）とは，処分・裁決の存否またはその効力の有無の確認を求める訴訟をいう。

訴訟において処分を争うには，原則として取消訴訟によらなければならない（取消訴訟の排他的〔優先的〕管轄）。しかし，出訴期間（行訴14条）を経過する等して適法に取消訴訟を提起することができない場合であっても，当該処分が重大かつ明白な瑕疵を帯びた無効なものである場合には，取消訴訟以外の訴訟によって争うことが可能である（なお，無効な行政行為については⇒No.14 2(1)参照）。無効等確認訴訟においては，出訴期間および（個別法に基づく）不服申立前置の制約がない。したがって，この場合，当該処分を無効等確認訴訟によって争うことが考えられ（この意味において，無効等確認訴訟は，「時機に後れた取消訴訟」と呼ばれる），当該処分が無効または不存在であると認められれば当該無効等確認請求が認容されることになる。

(2) 行政事件訴訟法36条の訴訟要件

無効等確認訴訟の原告適格について定める行政事件訴訟法36条は，40-2にあるとおり，3つの要素から構成される。学説においては，[A] の資格で提起する場合には [C] に係る

要件は不要であるとする見解（二元説）が通説的である。

(3) 行政事件訴訟法36条の裁判例 ── もんじゅ訴訟

[C] に係る要件の解釈についてもかねてから学説上議論があるところであるが，もんじゅ訴訟 40-3 40-4 最高裁判決（最判平成4・9・22民集46巻6号1090頁）など，近時の判例は，「現在の法律関係に関する訴え」との比較において，無効確認訴訟のほうが「より直截的で適切な争訟形態である」ということができるかどうかを基準に判断している（なお，原発訴訟については⇒No.17 3参照）。

40-1　抗告訴訟の類型

抗告訴訟（行訴3条）	法定抗告訴訟	取消訴訟	処分取消訴訟（2項）
			裁決取消訴訟（3項）
		無効等確認訴訟（4項）	
		不作為の違法確認訴訟（5項）	
		義務付け訴訟（6項）	非申請型（1号）
			申請型（2号）　不作為型
			拒否処分型
		差止訴訟（7項）	
	無名（法定外）抗告訴訟		

40-2　一元説と二元説（行訴36条）

「無効等確認の訴えは，
　[A] 当該処分又は裁決に続く処分により損害を受けるおそれのある者
　[B] その他当該処分又は裁決の無効等の確認を求めるにつき法律上の利益を有する者で，
　[C] 当該処分若しくは裁決の存否又はその効力の有無を前提とする現在の法律関係に関する訴えによって目的を達することができないものに限り，提起することができる。」

一元説	二元説
A＋C　Cの充足 B＋C　が必要	A　：予防的無効確認訴訟 B＋C：補充的無効確認訴訟

2 不作為の違法確認訴訟

不作為の違法確認訴訟とは、行政庁が法令に基づく申請に対し、相当の期間内に何らかの処分をすべきであるにかかわらず、これをしないことについての違法の確認を求める訴訟をいう（行訴3条5項）。ここでいう「不作為」とは、積極的に行動しないという一般的な用法における意味とは異なり、私人からの法令に基づく申請に対して行政庁が認容・拒否いずれの処分もしない（申請不応答）という、より狭い概念であることに注意が必要である 40-5 。

40-3 もんじゅ訴訟差戻し後控訴審判決を報じる新聞記事

最判平成4・9・22民集46巻6号571頁により破棄差戻しとなったもんじゅ訴訟においては、差戻後控訴審判決（名古屋高金沢支判平成15・1・27判時1818号3頁）が原子炉設置許可の無効確認請求を認容し、大きな反響を呼んだ。しかし、その後の差戻し後上告審判決（最判平成17・5・30民集59巻4号671頁）においては請求が棄却され、一転、住民側の逆転敗訴となる。なお、もんじゅは、1995年12月にナトリウム漏えい事故を起こすなどの問題もあり、2016年12月21日、廃炉が決定された。

もんじゅ設置許可無効
名古屋高裁支部判決
住民側が逆転勝訴
安全審査誤り・欠落
炉心崩壊の恐れ指摘

▶朝日新聞 2003年1月28日付朝刊

具体例としては、水俣病患者が法律に基づき熊本県知事に水俣病認定の申請をしたものの応答がなく、不作為の違法確認訴訟を提起したところ、当該不作為の違法確認請求が認められた事例（熊本地判昭和51・12・15判時835号3頁）がある（なお、水俣病訴訟については⇒No.45 4 参照）。

3 義務付け訴訟

義務付け訴訟とは、行政庁が一定の処分をすべきであるにかかわらずこれがされないとき、行政庁がその処分をすべき旨を命ずることを求める訴訟をいう（行訴3条6項）。義務付け訴訟は、法令に基づく申請を前提とするかどうかの違いによって、申請型（申請満足型）義務付け訴訟（同項2号）と非申請型（直接型）義務付け

40-4 もんじゅ訴訟の関係図

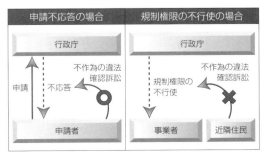

40-5 不作為の違法確認訴訟（行訴3条5項）

例えば、事業者が産業廃棄物について法令基準に適合しない処理を行い、生活環境上支障が生ずるおそれがあるにもかかわらず、事業者に対する規制権限を有する行政庁がこの権限を行使しない場合（右図）、近隣住民は、規制権限の行使につき法令上の申請権がないため、この規制権限の不行使を不作為の違法確認訴訟で争うことができない（この場合、3 の非申請型義務付け訴訟において規制処分の義務付けを求めることが考えられる）。

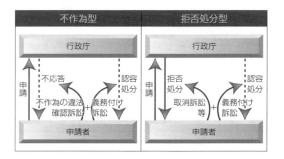

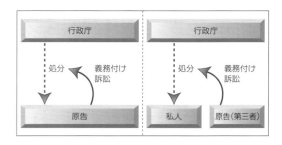

訴訟（同項1号）の2つの類型に分かれており，両者において訴訟要件および本案要件（請求が認められるための要件）に違いがある。

申請型義務付け訴訟 40-6 には，さらに，不作為型（行訴37条の3第1項1号）と拒否処分型（同項2号）の2つの類型がある。申請型義務付け訴訟は，法令に基づく申請をした者に限り，提起することができる（同条2項）。また，申請型義務付け訴訟を提起するときは，不作為型の場合は不作為の違法確認訴訟を，拒否処分型の場合は取消訴訟または無効等確認訴訟を併合して提起しなければならない（同条3項）。具体例としては，水俣病患者が法律に基づき熊本県知事に水俣病認定の申請をしたものの棄却処分を受けたため，当該棄却処分の取消訴訟と水俣病認定の義務付け訴訟を併合提起したところ，両請求が認められた事例（最判平成25・4・16判時2188号42頁）がある。

これに対して，非申請型義務付け訴訟 40-7 は，一定の処分がされないことにより重大な損害を生ずるおそれがあり，かつ，その損害を避けるため他に適当な方法がないときに限り，提起することができる（行訴37条の2第1項。同条2項は，「重大な損害」の有無に係る考慮事項を規定する）。また，非申請型義務付け訴訟は，行政庁が一定の処分をすべき旨を命ずることを求めるにつき法律上の利益を有する者に限り，提起することができる（同条3項。同条4項は，「法律上の利益」の有無に係る考慮事項につき，行訴9条2項を準用する）。具体例としては，産業廃棄物処分場の設置者に対して福岡県知事が「廃棄物の処理及び清掃に関する法律」上の措置命令をするよう，当該施設の周辺住民が義務付け訴訟を提起し，当該請求が認められた事例（福岡高判平成23・2・7判時2122号45頁）がある。

義務付け訴訟の本案勝訴要件については，40-8 40-9 を参照。

4 差止訴訟

差止訴訟 40-10 とは，行政庁が一定の処分をすべきでないにかかわらずこれがされようとしている場合において，行政庁がその処分をしてはならない旨を命ずることを求める訴訟をいう（行訴3条7項）。

差止訴訟は，一定の処分がされることにより

40-10　差止訴訟（行訴3条7項）

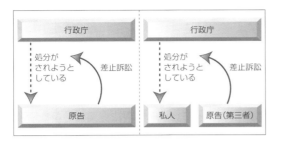

　重大な損害を生ずるおそれがある場合に限り，提起することができる（ただし，その損害を避けるため他に適当な方法があるときは，この限りでない〔行訴37条の4第1項〕。同条2項は，「重大な損害」の有無に係る考慮事項を規定する）。また，差止訴訟は，行政庁が一定の処分をしてはならない旨を命ずることを求めるにつき法律上の利益を有する者に限り，提起することができる（同条3項。同条4項は，「法律上の利益」の有無に係る考慮事項につき，行訴9条2項を準用する）。差止訴訟の本案勝訴要件については， 40-11 を参照。

　差止訴訟の具体例としては，都立学校の教職員が東京都教育委員会による懲戒処分の差止め等を請求した事案がある。この事案において，最高裁は，免職処分以外の懲戒処分（停職，減給または戒告の各処分）の差止請求について，「重大な損害を生ずるおそれ」 40-12 があるとして訴えを適法とした（最判平成24・2・9民集66巻2号183頁〔東京都教職員国旗国歌訴訟（予防訴訟）〕。ただし，差止請求自体は棄却されている。なお⇨No.41 2(3)も参照）。

　また，厚木基地の周辺住民が騒音被害を理由に自衛隊機等の運航差止めを求めた厚木基地第4次訴訟 カラー④ において，最高裁（最判平成28・12・8民集70巻8号1833頁）は，自衛隊機の運航差止めを求める訴えを法定抗告訴訟たる差止訴訟と解した原審（東京高判平成27・7・30判時2277号13頁）の判断を是認し，「重大な損害を生ずるおそれ」があるとして，この訴えを適法と判断した（ただし，差止請求自体は棄却されている⇨No.3 1(4)）。

　なお，下級審の認容例では，鞆の浦埋立架橋計画について，事業者（広島県および福山市）が広島県知事に公有水面埋立免許を出願することが確実になった段階において，同計画に反対する近隣住民らが免許の差止めを求めて出訴し，仮の差止め（⇨No.43 2）を申し立てた鞆の浦埋立架橋事件において，広島地裁は，仮の差止めの申立てを却下したが（広島地決平成20・2・29判時2045号98頁），本案訴訟における免許の差止請求については，これを認容した（広島地判平成21・10・1判時2060号3頁） カラー⑬ 。

40-11　差止訴訟の本案勝訴要件（行訴37条の4第5項）

1	行政庁がその処分若しくは裁決をすべきでないことがその処分若しくは裁決の根拠となる法令の規定から明らかであると認められ
	または（or）
2	行政庁がその処分若しくは裁決をすることがその裁量権の範囲を超え若しくはその濫用となると認められるとき

40-12　差止訴訟における「重大な損害」要件と事前救済の必要性

　最高裁は，差止訴訟において「重大な損害」要件（行訴37条の4第1項）を満たすと認められるためには，「処分がされることにより生ずるおそれのある損害が，処分がされた後に取消訴訟等を提起して執行停止の決定を受けることなどにより容易に救済を受けることができるものではなく，処分がされる前に差止めを命ずる方法によるのでなければ救済を受けることが困難なものであることを要する」と述べている（東京都教職員国旗国歌訴訟（予防訴訟））。

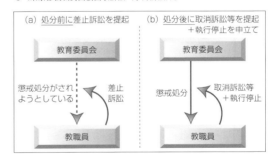

41 当事者訴訟

1 当事者訴訟

(1) 意 義

行政事件訴訟法4条が定める当事者訴訟には、41-1のとおり、①形式的当事者訴訟と②実質的当事者訴訟の2つがある。

まず、①形式的当事者訴訟とは、(a)当事者間の法律関係を確認・形成する処分・裁決に関する訴訟で、(b)法令の規定によりその法律関係の当事者の一方を被告とするものをいう。具体例としては、土地収用 47-1 において、収用委員会による収用裁決で決められた補償金額に不服のある当事者（起業者および土地所有者）が、もう一方の当事者を被告として提起する訴え（収用133条3項 41-2）がある 41-3。

これに対して、②実質的当事者訴訟とは、公法上の法律関係に関する訴訟をいう。処分を訴訟で争うには原則として取消訴訟によらなければならないが（取消訴訟の排他的〔優先的〕管轄）、逆に、処分を争うのでなければ、取消訴訟以外の訴訟によって当事者間の法律関係を争うことができる。また、当該処分が無効である場合等においても、やはり、取消訴訟以外の訴訟によって当事者間の法律関係を争うことができる。そして、これらの当事者間の法律関係について、私法上の法律関係に関する訴えであれば民事訴訟（なかでも、処分の無効等が争われている場合は、争点訴訟〔行訴45条〕と呼ばれる）であり、公法上の法律関係に関する訴えであれば実質的当事者訴訟ということになる 41-4。

実質的当事者訴訟の具体例としては、日本国憲法29条に直接基づく損失補償請求訴訟（⇨No.47 1(2)）や、懲戒免職処分を受けた公務員が当該処分の無効を前提に提起する公務員の地位確認訴訟などがある。

(2) 当事者訴訟活用のメッセージ

ところで、行政事件訴訟法4条は、実質的当事者訴訟の例示として、「公法上の法律関係に関する確認の訴え」（公法上の確認訴訟）を掲げ

41-1 行政事件訴訟法4条の構造

「この法律において『当事者訴訟』とは、
① (a) 当事者間の法律関係を確認し又は形成する処分又は裁決に関する訴訟で
(b) 法令の規定によりその法律関係の当事者の一方を被告とするもの 及び
② 〈公法上の法律関係に関する確認の訴えその他の〉
公法上の法律関係に関する訴訟
をいう。」

41-2 土地収用法

第133条 （1項 略）
2 収用委員会の裁決のうち損失の補償に関する訴えは、裁決書の正本の送達を受けた日から6月以内に提起しなければならない。
3 前項の規定による訴えは、これを提起した者が起業者であるときは土地所有者又は関係人を、土地所有者又は関係人であるときは起業者を、それぞれ被告としなければならない。

41-3 収用裁決の争い方

土地収用法に基づく収用裁決は、行政事件訴訟法3条2項にいう「処分」に当たるため、これを訴訟によって争うには、通常、取消訴訟等の抗告訴訟（行訴3条）によって争う。これに対して、収用裁決について補償金額の決定に不服がある場合は、土地収用法133条3項において、起業者と土地所有者等との間で争うべき旨の定めがあることから、形式的当事者訴訟によって争うことになる。

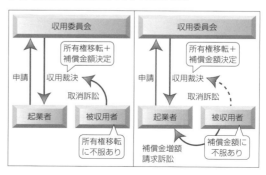

> **41-4** 処分の無効を前提とする当事者間の法律関係に関する訴訟
>
> 公務員の懲戒免職処分の無効を前提とする公務員地位確認訴訟は，公法上の法律関係に関する（確認の）訴えであるため，実質的当事者訴訟（たる確認訴訟）に当たる。これに対して，土地収用法に基づく収用裁決の無効を前提とする土地所有権確認訴訟は，私法上の法律関係に関する訴訟（において，処分の無効が争われている場合）に当たるため，民事訴訟（のうちの争点訴訟）となる。

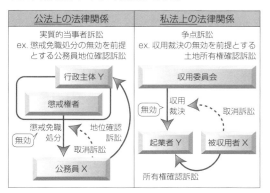

> **41-5** 公職選挙法 1998 年改正前後における在外国民の投票の可否
>
> 1998 年改正前の公職選挙法は，選挙人名簿に登録されていない者および選挙人名簿に登録されることができない者は投票をすることができないものと定めていた。選挙人名簿への登録は，当該市町村の住民基本台帳に記録されている者について行うこととされているため，在外国民は，衆議院・参議院議員の選挙において投票をすることができなかった。
> その後，1998 年の公職選挙法改正により，在外国民であっても在外選挙人名簿に登録されている者であれば投票をすることができるようになったが，当分の間は，衆議院・参議院比例代表選挙に限ることとされた（同法附則 8 項）。

		公職選挙法 1998 年改正前	公職選挙法 1998 年改正後
選挙人名簿への登録		登録されない	在外選挙人名簿に登録される
衆議院選挙	小選挙区	投票できない	投票できない
	比例区	投票できない	投票できる
参議院選挙	選挙区	投票できない	投票できない
	比例区	投票できない	投票できる

ている。この確認訴訟の例示の文言は，2004 年の行政事件訴訟法改正によって追加挿入されたものであり，その趣旨は，国民の権利利益の実効的救済を図る上において，従来あまり積極的に利用されていなかった実質的当事者訴訟の活用が有効であると示すことにある。

2 個別事例

(1) 在外国民選挙権訴訟

国外に居住する日本国民（在外国民）に国政選挙における選挙権行使を認めないこと **41-5** は憲法に違反するとして，在外国民である原告らが選挙権を有すること等の確認を求め（確認訴訟），国家賠償を請求した事案において，最高裁（最大判平成 17・9・14 民集 59 巻 7 号 2087 頁）は，確認訴訟について，これを公法上の法律関係に関する確認の訴えと解した上で，確認の利益を肯定した。その上で，最高裁は，上記の確認訴訟について，原告らが，次回の衆議院小選挙区選挙・参議院選挙区選挙において，在外選挙人名簿に登録されていることに基づいて投票をすることができる地位にあることの確認を請求する趣旨のものとして，適法な訴えと判断し，確認請求を認容した（なお，在外国民の投票を制限していた公職選挙法附則 8 項は，比例代表選挙に限定する部分を違憲・無効と判示した本判決を受けて，同法の 2006 年改正により削除された。国家賠償請求については⇒No.45 3(2)参照）。

また，これに関連して，最大判令和 4 年 5 月 25 日（民集 76 巻 4 号 711 頁）は，当時の最高裁判所裁判官国民審査法が在外国民に対して国民審査に係る審査権の行使を全く認めていないことは憲法違反であるとして，在外国民であることをもって次回の国民審査において審査権の行使をさせないことが違法であることの確認を求める訴えは，公法上の法律関係に関する確認の訴えとして適法である，としている（確認請求も認容）。

(2) 国籍法違憲訴訟

国籍法 3 条は，同条 1 項の要件をすべて満たす者が，法務大臣に届け出ることによって，その届出時に日本国籍を取得するとしている **41-6**。このため，同条 1 項による国籍取得に係る一連の行政過程においては，届出をした者について日本国籍の取得の可否を決定するような処分が介在しない。

国籍法違憲訴訟は，法律上の婚姻関係にない日本国民の父と日本国民でない母との間に出生した子が，出生後父から認知されたことを理由

として，法務大臣あてに国籍取得届を提出したところ，「国籍取得の条件を備えているものとは認められない」旨の通知を受けたことから，日本国籍を有することの確認を求める訴えを提起した事案である。

この事案においては，当時の国籍法3条1項において憲法に違反する過剰な要件の部分のみを除いたその余の規定に基づき日本国籍の取得が認められるべきかどうかが問題となったが，最高裁（最大判平成20・6・4民集62巻6号1367頁）は，これを認めた 41-7 。

(3) 東京都教職員国旗国歌訴訟（予防訴訟）

東京都教職員国旗国歌訴訟（予防訴訟） 41-8 は，都立学校に勤務する教職員らが，東京都教育委員会に対し，校長の職務命令により各所属校の式典において国旗に向かって起立して国歌を斉唱する義務のないことおよび国歌斉唱の際にピアノ伴奏をする義務のないことの確認を求め（公的義務不存在確認訴訟），これらの義務違反を理由とする懲戒処分の差止め（懲戒処分差止訴訟）および国家賠償を求めた事案である（懲戒処分差止訴訟については⇨No.40 4 参照）。

上記訴訟のうち公的義務不存在確認訴訟について，最高裁（最判平成24・2・9民集66巻2号183頁）は，この訴えを，①「懲戒処分の予防」を目的とする訴訟と，②勤務成績の評価を通じた昇給等にかかる不利益という「行政処分以外の処遇上の不利益」の予防を目的とする訴訟とに分けて構成した。①については，これを無名〔法定外〕抗告訴訟（⇨No.40 参照）と位置付けた

41-6 現在の国籍取得届（国籍法3条1項）の様式（記入例）

事件当時の国籍法の下においては，「国籍を取得すべき事由」の最初の項目が，「父母の婚姻及び父の認知により嫡出子の身分を取得した。」となっていたが，本判決を受けて国籍法が改正されたことに伴い「父が認知をした。」に改められた。

▶法務省ウェブサイト（https://www.moj.go.jp/content/001384503.pdf）

上で，（法定抗告訴訟である）差止訴訟との関係で事前救済の争訟方法としての補充性の要件を欠き不適法であるとした（なお，自衛官が命令に服従する義務がないことの確認を求めて出訴した事案において，最高裁〔最判令和元・7・22民集73巻3号245頁〕は，この確認訴訟を懲戒処分の予防を目的とする無名〔法定外〕抗告訴訟と解した上で，同目的の差止訴訟よりも緩やかな訴訟要件によりこの確認訴訟が許容されているものとは解されない，としている）。

これに対して，②については，これを「公法上の当事者訴訟」（行訴4条）として位置付けた上で，毎年度2回以上の各式典を契機として処遇上の不利益が反復継続的かつ累積加重的に発生し拡大していくと事後的な損害の回復が著しく困難になることを考慮して，確認の利益を肯定し，この訴えを適法と判断した（ただし，請求は棄却されている） 41-9 。

（4）医薬品ネット販売訴訟

医薬品ネット販売訴訟は，2009年の薬事法施行規則の改正により第1類および第2類医薬品の郵便等での販売を禁止する規定が設けられたことについて，インターネットを通じて医薬品販売を行う事業者が，これらの規定にかかわらず郵便等販売をすることができる権利ないし地位を有することの確認等を求めた事案である。最高裁（最判平成25・1・11民集67巻1号1頁）は，上記の確認請求について，これを認容している（なお⇨No.24 1 (3)も参照）。

41-7 国籍法違憲訴訟最高裁判決を報じる記事

国籍法 結婚要件は違憲

比女性の子10人に日本籍

最高裁判決　家族観の変化指摘

※記事中の図にもあるとおり，事件当時の国籍法の下では，①日本国民である父または母の嫡出子として出生した子はもとより，②日本国民である父から胎児認知された非嫡出子および③日本国民である母の非嫡出子も，生来的に日本国籍を取得することとなるところ，④日本国民である父から出生後に認知された子のうち準正により嫡出子たる身分を取得しないものに限っては，生来的に日本国籍を取得しないのみならず，同法3条1項所定の届出により日本国籍を取得することもできないことになっていた。

▶朝日新聞2008年6月5日付朝刊

41-8 東京都教職員国旗国歌訴訟（予防訴訟）

都教委の教育長は，都立学校の各校長宛てに，「式典の実施にあたっては，教職員は国旗に向かって起立して国歌を斉唱し，その斉唱はピアノ伴奏等により行うこと」，「教職員が校長の職務命令に従わない場合は服務上の責任を問われることを教職員に周知すること」等を通達した 16-8 。都立学校の各校長は，この通達を踏まえ，式典に際し，その都度職務命令を発した。都教委は，この通達の発出後，都立学校の式典において職務命令違反をした多数の教職員に対し，懲戒処分をした。その懲戒処分は，おおむね，1回目は戒告，2回目および3回目は減給，4回目以降は停職となっており，過去に他の懲戒処分歴のある教職員に対してはより重い処分量定がされているが，免職処分はされていない。

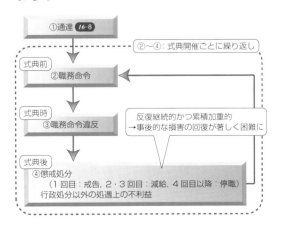

41-9 懲戒処分差止訴訟と公的義務不存在確認訴訟の関係

最高裁は，「懲戒処分の予防」を目的とする公的義務不存在確認訴訟を無名〔法定外〕抗告訴訟（⇨No.40参照）と位置付けた上で，（法定抗告訴訟である）差止訴訟との関係で事前救済の争訟方法としての補充性の要件を欠き不適法であるとした。

他方，最高裁は，「行政処分以外の処遇上の不利益」の予防を目的とする限りにおいて，公的義務不存在確認訴訟を「公法上の当事者訴訟」（行訴4条）として適法なものと認めた。

訴訟形式・請求内容		目的
懲戒処分差止訴訟		懲戒処分の予防を目的
公的義務不存在確認訴訟	無名〔法定外〕抗告訴訟	補充性×
	公法上の当事者訴訟	行政処分以外の処遇上の不利益の予防を目的

No. 42 客観訴訟

客観訴訟とは，自己の法律上の権利利益に関わらない訴えをいう（⇨No.34 2(2)）。それは，「法律上の争訟」（⇨No.34 2(1)）には当たらないが，立法政策によって裁判所の審理対象とすることが特別に認められている紛争に関わる訴訟である。そのうち，ここでは，行訴法に規定のある民衆訴訟（5条）および機関訴訟（6条）を扱う。

1 民衆訴訟

「民衆訴訟」とは，「国又は公共団体の機関」による「法規に適合しない行為」について「是正を求める訴訟」であり，「自己の法律上の利益にかかわらない資格で提起するもの」である（行訴5条）。「法律に定める場合において，法律に定める者に限り，提起することができる」とされている（同42条）。現行法で認められている民衆訴訟には，以下のように，①住民訴訟，②選挙訴訟，③投票等に関する訴訟がある。なお，手続等については原則として，処分または裁決の取消しを求める民衆訴訟には取消訴訟（同43条1項），無効確認を求める民衆訴訟には無効等確認訴訟（同条2項），それ以外の民衆訴訟には当事者訴訟（同条3項）に関する規定がそれぞれ準用される。

(1) 住民訴訟

住民訴訟とは，地方公共団体の住民が，その所属する地方公共団体の財務会計上の行為を適正に保つために提起する訴訟である。その原型は，アメリカ合衆国の納税者訴訟を手本として，1948年の地方自治法改正において創設された。その後，1963年改正で現在の制度の骨格が整備され，2002年改正において4号請求の構造の変更（後述(d)参照）をはじめとする大幅な修正が加えられた。

住民訴訟の提起には住民監査請求を経由する必要がある。すなわち，監査委員に適法な監査請求をし，その結果になお不服がある等の場合に，監査請求をした者は住民訴訟を提起できる。

住民監査請求の対象は，「違法若しくは不当な公金の支出，財産の取得，管理若しくは処分，契約の締結若しくは履行若しくは債務その他の義務の負担」（以下，「財務会計上の行為」という），または「違法若しくは不当に公金の賦課若しくは徴収若しくは財産の管理を怠る事実」（以下，「怠る事実」という）である（自治242条1項）。

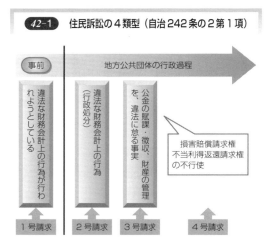

図42-1 住民訴訟の4類型（自治242条の2第1項）

現在の住民訴訟4類型（242条の2第1項）を，行政過程の時系列に対応させて 42-1 に示す。

(a) 1号請求は，違法な財務会計上の行為が行われようとしているときに，事前に当該行為の全部または一部の差止めを求める請求である。

(b) 2号請求は，違法な財務会計上の行為が行政処分に当たるとき，その取消しまたは無効確認を求める請求である。

(c) 3号請求は，怠る事実に対して，違法確認を求める請求である。

(d) 4号請求は，損害賠償請求もしくは不当利得返還請求または賠償命令をすることを求めるための，一種の義務付け請求である。2002年改正前の地方自治法においては，「普通地方公共団体に代位して行なう当該職員に対する損

42-2 新旧4号請求の違い

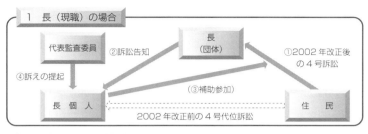

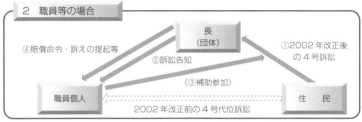

▶総務省ウェブサイト（https://www.soumu.go.jp/main_content/000219864.pdf）をもとに作成

害賠償の請求若しくは不当利得返還の請求又は当該行為若しくは怠る事実に係る相手方に対する法律関係不存在確認の請求，損害賠償の請求，不当利得返還の請求，原状回復の請求若しくは妨害排除の請求」とされており，住民が職員個人や財務会計行為の相手方を被告として直接に請求権を行使する仕組みがとられていた（代位訴訟）。これに対して，2002年改正後においては，市長等を被告として，職員個人や財務会計行為の相手方に対する請求権を行使することを求める仕組みとなった 42-2 。現在では，旧4号請求における法律関係不存在確認請求は1号請求の対象，原状回復請求・妨害排除請求は3号請求の対象である。

損害賠償請求・不当利得返還請求を義務付ける判決が確定すると，当該普通地方公共団体の長は，60日以内に支払の請求をしなければならない（自治242条の3第1項）。ところが近年，新4号請求の提起に対して，議会が長に対する損害賠償請求権等の放棄を議決するという例が相次いだ（96条1項10号に基づく議決）。これについては，住民訴訟の目的を阻害する議決であるとして批判する向きもあったが，下級審判決は分かれていた。その中で，兵庫県神戸市による人件費の支出をめぐって争われた損害賠償請求・不当利得返還請求（4号請求）訴訟 42-3 において，最判平成24年4月20日（民集66巻6号2583頁）は，債権放棄の適否の実体的判断について基本的には議会の裁量権に委ねられるとしつつ，債権放棄議決の違法性を審査する解釈枠組みを提示した 42-4 。この解釈枠組みは，徳島県鳴門市が経営する競艇事業に関する公有水面使用協

42-3 神戸市債権放棄議決事件の新聞記事

▶読売新聞2012年4月21日付朝刊（紙面から抜粋）

力費の支出をめぐって争われた損害賠償請求・不当利得返還請求（4号請求）訴訟において，最判平成30年10月23日（判時2416号3頁）により踏襲されている。

このような最高裁判決を受けて，地方自治法2017年改正により，長などが善意でかつ重過失がないときには一定額以上の賠償の免責を条例で定めることが可能とされた（243条の2の7第1項〔令和6年法律第65号による一部改正により，243条の2の8第1項〕）。また，議会が債権放棄を議決しようとするときはあらかじめ監査委員の意見を聴かなければならないこととされた（242条10項）。

（2）選挙訴訟

選挙訴訟は「選挙人」としての資格において提起する訴えである。選挙訴訟のうち代表的なものは，公職選挙に係る訴訟である。現行の公職選挙法は，「選挙が選挙人の自由に表明せる意思によって公明且つ適正に行われることを確保し，もって民主政治の健全な発達を期する」（1条）との目的を担保するため，選挙人名簿に関する訴訟（25条），在外選挙人名簿の登録に関する訴訟（30条の9），地方公共団体の議会の議員および長の選挙の効力に関する訴訟（203条），それらの者の当選の効力に関する訴訟（207条），衆議院議員または参議院議員の選挙の効力に関する訴訟（204条），それらの者の当選の効力に関する訴訟（208条）を規定している。このうち203条および204条が規定する選挙無効訴訟については，高等裁判所が第1審として審理する。

選挙訴訟のなかでも特に，衆議院議員・参議院議員の選挙をめぐる無効請求がたびたび提起されており，「投票価値の平等」の問題として憲法問題になっている 42-5 。

（3）投票等に関する訴訟

投票等に関する訴訟としては，次のような制度がある。①最高裁判所裁判官国民審査に関する訴訟として，審査人または罷免を可とされた裁判官が提起する審査無効の訴訟（裁審36条），

42-4　神戸市債権放棄議決事件

最判平成24・4・20（民集66巻6号2583頁）
「個々の事案ごとに，当該請求権の発生原因である財務会計行為等の性質，内容，原因，経緯及び影響，当該議決の趣旨及び経緯，当該請求権の放棄又は行使の影響，住民訴訟の係属の有無及び経緯，事後の状況その他の諸般の事情を総合考慮して，これを放棄することが普通地方公共団体の民主的かつ実効的な行政運営の確保を旨とする同法の趣旨等に照らして不合理であって上記の裁量権の範囲の逸脱又はその濫用に当たると認められるときは，その議決は違法となり，当該放棄は無効となるものと解するのが相当である。そして，当該公金の支出等の財務会計行為等の性質，内容等については，その違法事由の性格や当該職員又は当該支出等を受けた者の帰責性等が考慮の対象とされるべきものと解される。」

42-5　選挙無効訴訟

▶日本経済新聞2020年8月6日付朝刊

審査の結果罷免を可とされた裁判官が提起する罷免無効の訴訟（38条）がある。②地方自治法上の直接請求に関する訴訟として，市町村・都道府県の条例の制定または改廃の請求者の署名簿の署名に関する訴訟（74条の2第8項・9項）と，解散および解職の請求の是非を問う投票の効力についての訴訟があり，後者には普通地方公共団体の選挙に関する公職選挙法の規定が準用される（85条1項）。③「一の地方公共団体のみに適用される特別法」を制定するための住民投票（憲95条）に関する訴訟にも，普通地方公共団体の選挙に関する公職選挙法の規定が準

用される（自治262条1項）。④憲法改正に係る国民投票（憲96条1項）に関し異議のある投票人が提起するものとして，国民投票無効の訴訟がある（憲改127条）。

2 機関訴訟

「機関訴訟」とは，「国又は公共団体」の「機関相互間」における「権限」の存否・行使に関する紛争であり（行訴6条），「法律に定める場合において，法律に定める者に限り，提起することができる」とされている（同42条）。ここにいう「国又は公共団体」とは，独立行政法人や公共組合を含む行政主体を指し，「機関相互間」とは，普通地方公共団体の長と議会の間の訴訟のように同一法人の機関どうしだけでなく，普通地方公共団体に対する国の関与に関する訴訟のように別法人の機関どうしも意味する。現行法上認められている機関訴訟としては，次の4つなどを挙げることができる。

(1) 普通地方公共団体の長と議会の紛争に関する訴訟（自治176条7項）について，42-6にイメージ図を示す。まず，都道府県知事や市町村長が，その普通地方公共団体の議会の議決または選挙について，議会の「権限を超え又は法令若しくは会議規則に違反すると認めるとき」は，再議決または再選挙を行わせる義務がある（同条4項）。再議決または再選挙の結果，それでも議会の「権限を超え又は法令若しくは会議規則に違反すると認めるとき」は，都道府県知事にあっては総務大臣に対して，市町村長にあっては都道府県知事に対して，審査を申し立てることができる（同条5項）。この申立てを受けた審査の結果，総務大臣または都道府県知事が「議会の議決又は選挙がその権限を超え又は法令若しくは会議規則に違反すると認めるとき」は，その議決または選挙を取り消す旨の裁定をすることができる（同条6項）。そして，この裁定に不服のある議会または長は，機関訴訟を提起することができる。

(2) 国の関与に対する地方公共団体の訴え（自治251条の5）については⇨No.8 3(1)参照。

(3) 地方税法8条は，課税権の帰属など同法の規定の適用について地方公共団体の長どうしが意見を異にした場合に関して，総務大臣または知事の決定（知事の決定に不服があればさらに総務大臣の裁決）を争う訴訟の提起を，地方公共団体の長に認めている（10項）。

(4) 住民基本台帳法33条も，住民の住所の認定について市町村の長どうしが意見を異にした場合に関して，大臣または知事の決定を争う訴訟の提起を，市町村の長に認めている（4項）。

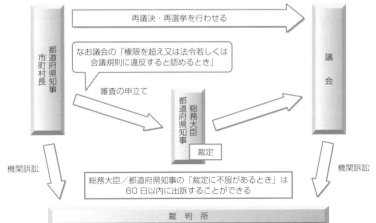

42-6 普通地方公共団体の長と議会の紛争の処理（自治176条）

43 仮の救済

1 執行停止

(1) 意義

仮の救済とは，本案訴訟が提起されてから終局判決が出されるまでの間，原告の権利を保全するための暫定的な処置のことをいう。例えば，建築主事から建築確認（建基6条）を受けて，大規模マンションの建築工事が行われている場合，この建築物によって日照被害等を被るおそれのある近隣住民は，一つの争い方として，建築確認の取消訴訟を提起することが考えられる。しかしながら，処分の取消訴訟を提起しただけでは当該処分の効力等は停止しない（執行不停止原則。行訴25条1項）。また，建築確認の取消訴訟に係る狭義の訴えの利益は，建築物の工事完了によって消滅するものと解されている（最判昭和59・10・26民集38巻10号1169頁） 38-19 。このため，このような場面においては，仮の救済制度が必要である。

仮の救済制度について，民事保全法は，仮処分（23条以下）などの制度を設けている。これに対して，行政事件訴訟法は，処分について，この民事保全法上の仮処分を排除する一方（行訴44条），独自に3つの仮の救済制度（執行停止，仮の義務付けおよび仮の差止め）を設けている 43-1 。

(2) 執行停止制度

行政事件訴訟法は，取消訴訟および無効等確認訴訟の提起があった場合における仮の救済として，執行停止制度を設けている（25条2項・38条3項）。執行停止とは，処分の効力，処分の執行または手続の続行の全部または一部を停止することをいう。執行停止は，裁判所が，申立により，決定をもってする（25条2項）。

執行停止の要件の一つとして，「重大な損害」の発生が必要とされているが（25条2項），これは，2004年の行政事件訴訟法改正前において「回復の困難な損害」という文言であったものが，執行停止の要件緩和を意図して改められたものである（併せて，同条3項に「重大な損害」発生の判断における考慮要素が規定された）。

2004年改正後に執行停止の決定がされた具体例としては，所属弁護士会から業務停止3か月の懲戒処分 43-2 を受けた弁護士に生ずる社会的信用の低下，業務上の信頼関係の毀損等の損害が「重大な損害」に当たると認定された事案がある（最決平成19・12・18判時1994号21頁）。

(3) 内閣総理大臣の異議

内閣総理大臣は，執行停止について，裁判所に対し異議を述べることができる（行訴27条1

43-1 民事保全法上の仮処分と行訴法上の仮の救済

	仮処分	執行停止	仮の義務付け	仮の差止め
根拠	民事保全法23条	行訴法25条2項，38条3項	行訴法37条の5	
本案訴訟との関係	本案訴訟提起前の申立てが可能	取消訴訟・無効等確認訴訟の提起が必要	義務付け訴訟の提起が必要	差止訴訟の提起が必要
備考	処分については仮処分をすることができない（行訴44条）	2004年行訴法改正により要件を緩和	2004年行訴法改正により（義務付け訴訟と差止訴訟が法定化されたことに併せて）新設	

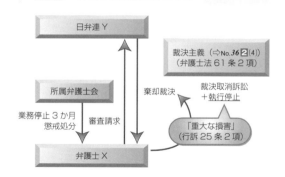

43-2 弁護士懲戒執行停止事件

項)。内閣総理大臣の異議があったときは，裁判所は，執行停止をすることができず，また，すでに執行停止の決定をしているときは，これを取り消さなければならない（同条4項） **43-3**。

この制度は，裁判所が内閣総理大臣の異議の内容を審査することができない仕組みとなっているため，司法権を侵すものではないかとの議論がかねてから存在する。この点について，処分の執行停止を命じる権限は行政作用の性質を有するとして合憲説を採る裁判例（東京地判昭和44・9・26行集20巻8=9号1141頁）もあるが，学説においては違憲説が支配的である。

2 仮の義務付け・仮の差止め

(1) 意　義

行政事件訴訟法は，義務付け訴訟の提起があった場合における仮の救済として仮の義務付けを，差止訴訟の提起があった場合における仮の救済として仮の差止めを設けている（37条の5）。これらの制度は，2004年の行政事件訴訟法改正により義務付け訴訟と差止訴訟が法定化されたことに併せて新設されたものである **43-4**。

なお，仮の義務付け・仮の差止めについては，内閣総理大臣の異議（27条）に関する規定が準用されている（37条の5第4項）。

(2) 東大和市保育園入園承諾義務付け事件

喉頭軟化症等のための気管切開手術を受けてカニューレ（のどに開けた穴に常時装着して気管への空気の通り道を確保する器具）を装着している児童につき，保育園への入園申込みをしたところ，東大和市福祉事務所長が保育園入園を承諾しない旨の処分をしたことから，東大和市に対し，保育園への入園を仮に承諾するよう仮の義務付けを申し立てた事案である。東京地裁（東京地決平成18・1・25判時1931号10頁）は，児童が保育園に入園して保育を受ける機会を喪失するという損害は原状回復ないし金銭賠償による塡補が不能な損害であり，その発生が切迫しているとして，申込みをした市内の保育園のうちいずれかの保育園への入園を仮に承諾する

43-3　国会周辺デモ条件付許可処分執行停止事件

東京都公安条例に基づく集団示威運動の許可に付された条件（進路の変更）の効力を停止する決定（東京地決昭和42・6・9行集18巻5=6号737頁）と，それに対する内閣総理大臣の異議の申述について報じている。新聞記事の下部に，内閣総理大臣の異議の申述理由の要旨が掲載されている。なお，上記決定は，内閣総理大臣が異議を述べたことを受けて，取り消されている（東京地決昭和42・6・10行集18巻5=6号757頁）。

▶朝日新聞1967年6月10日付朝刊

43-4　仮の義務付けの意義

申請拒否処分や申請不応答といった，執行停止が機能しない領域につき，2004年行訴法改正において，義務付け訴訟が法定化され仮の義務付けが新設されたことにより，仮の救済の手当てがなされた。

訴訟形式	取消訴訟 無効等確認訴訟		不作為の違法 確認訴訟
		（申請 拒否処分）	
執行停止	執行停止	（申立ての 利益なし）	（準用なし）
		仮の義務付け	
※2004年行訴法改正	申請型義務付け訴訟 との併合提起		非申請型 義務付け訴訟

ことを義務付ける決定をした。

なお，この事案の本案訴訟（入園不承諾取消訴訟・入園承諾義務付け訴訟）においても，東京地裁（東京地判平成18・10・25判時1956号62頁）は，入園不承諾処分の取消しと保育園入園の承諾の義務付けの請求を認容した 43-5 。

(3) 住民票消除処分差止事件

大阪市西成区の区長が住民基本台帳法8条に基づき職権により行おうとしている住民票の消除処分につき，本案訴訟（住民票消除処分差止訴訟）の判決確定まで仮に消除処分をしてはならない旨を命ずることを求めた事案において，大阪地裁（大阪地決平成19・2・20裁判所ウェブサイト）は，消除処分により申立人の選挙権を行使する権利が侵害されることから行政事件訴訟法37条の5第2項の「償うことのできない損害を避けるため緊急の必要があり」の要件を満たすとしたが，消除処分をすることがその裁量権の範囲を超えまたはその濫用となるとも認め難いことから「本案について理由があるとみえる

とき」の要件を満たさないとして，申立てを却下した。

これに対して，控告審・大阪高裁（大阪高決平成19・3・1賃社1448号58頁）は，消除処分を行うことが信義則（⇨No.5 ❷(3)）に反して許されないとして，仮の差止めを認めた 43-6 。

(4) 岡山シンフォニーホール事件

岡山市が設置した公の施設において公演を行うために使用許可を申請したところ，これが拒否されたため，指定管理者に対する使用許可の仮の義務付けを申し立てた事案である。

岡山地裁（岡山地決平成19・10・15判時1994号26頁）は，公演が実施できなくなることによって被る精神的苦痛や集会の自由その他の基本的自由の侵害に対する損害は，金銭賠償のみによって甘受させることが社会通念上著しく不相当であること，公演予定日までに本案判決が確定することはありえないこと等から，施設利用料の納付を条件として，仮の義務付けを認めた。

43-5 本案訴訟の入園承諾義務付け判決（東京地判平成18・10・25）を伝える新聞記事

▶朝日新聞2006年10月26日付朝刊（事件当事者の実名を伏せている）

43-6 住民票消除処分の仮の差止め決定を報じる新聞記事

▶読売新聞2007年3月2日付朝刊

No. 44 国家補償の全体像

1 国家補償の意義

(1) 行政法・行政救済法・国家補償法

行政は，市民の幸せや公共の福祉の実現を目的として，様々な手法で市民の生活に関わるが，その際，行政は，法の下に，法の命じるところに従って活動しなければならない（法治行政）。「行政法」は，行政活動に対する授権と統制の法である。

行政過程の様々な活動に起因して，行政と私人との間には不可避的に紛争（多くは，行政の活動に対する私人の不服）が生じうる。紛争が発生し，誰かの権利利益が侵害されたとき，またはされそうになったときに，いかにこれを救済できるか。これに関する法の総称が，「行政救済法」である。行政救済法の内容は，違法または不当な行政活動の是正を通じて国民の権利を保護する行政争訟制度（行政不服申立制度，行政訴訟制度）と，行政活動に伴って国民に生じた損失・損害を塡補する国家補償制度（国家賠償制度，損失補償制度）によって構成される。

(2) 国家補償＝国家賠償＋損失補償

国や地方公共団体の行政活動に伴い，何らかの形で国民に損失・損害が生じた場合，金銭的な救済が必要になるが，適法な行政活動による損失の塡補については損失補償の制度が対応する。一方，国家賠償制度は，違法な行政活動によって私人に損害が生じた場合に，その損害を，原則として金銭賠償によって救済する制度である。また，両制度の間隙に落ち込みかねない状況も存在しており **44-1**，国家補償という概念の下で国家賠償と損失補償の関係をどのように考えていくのかについて，様々な問題が生じる（「国家補償の谷間」の問題は，No.48 参照）。

(3) 国家賠償制度の沿革

多くの国において，国家賠償制度の整備は比

> **Column** 「国家補償」の用語
>
> 実定法上，「国家補償」の語を用いる例は数少ないが，戦傷病者戦没者遺族等援護法（昭27法127）1条および戦傷病者特別援護法（昭38法168）1条は，「国家補償の精神」に基づき戦傷病者等を援護することを目的とする旨の規定を置いている。

44-1 国家補償の全体像イメージ

		国・公共団体の行政活動	
		違法な公権力の行使により損害が生じた場合（国賠1条）	適法な活動により，特別の犠牲が生じた場合
故意・過失	有	国家賠償〔国賠法〕	損失補償〔憲法29条3項〕〔個別法〕
	無	国家補償の谷間？	

較的遅れていた。それは，いわゆる「主権無答責」ないし「国王は悪をなし得ず」などの法理が存在したからである。わが国においても，明治憲法下では主権無答責の原理が妥当すると考えられ，国などの権力的な行政活動によって被害を被った者がいたとしても，国に対して損害賠償を請求することはできなかった。1947年に廃止された行政裁判法16条が「行政裁判所ハ損害要償ノ訴訟ヲ受理セス」と定め，かかる場合の行政裁判所の管轄を否定していたからである。また，行政の権力的な活動には，民法の不法行為の規定も適用できないものと考えられていたことから，このような場合には，国も公務員個人も損害賠償責任を負わないものと考えられていた。

他方で，非権力的な行政活動のうち，私経済作用や営造物の設置管理に関する損害については，徳島市立小学校遊動円棒事件大審院判決（大判大正5・6・1民録22輯1088頁 **44-2** **44-3**）以降，民法717条等の適用により国・公共団体の責任が認められていた。

44-2 遊動円棒（木）イメージ

※実際の事件とは無関係
▶読売新聞1956年1月24日付朝刊

44-3 徳島市立小学校遊動円棒（木）の事件を報じる当時の新聞記事

▶朝日新聞1916年7月14日付朝刊

(4) 日本国憲法17条と国家賠償法

日本国憲法17条は、公務員の不法行為による損害について国・公共団体に賠償を求めることができる旨を定めている。これを受けて、1947年10月に国家賠償法が制定・施行された。これにより、戦前の主権無答責の原則が克服され、公権力的な活動による損害についても、一定の要件の下で国・公共団体の損害賠償責任が認められることとなった。

2 国家賠償法の構成・機能

(1) 国家賠償法の構成

国家賠償法（以下「国賠法」という）は、全6条の短い法律である。

1条は、民法709条・715条の特則であり、違法な公権力の行使に起因する損害についての賠償責任を規定することで、主権無答責の法理を否定したものである。2条は、大審院判例で一定程度認められていた営造物の設置・管理の瑕疵に起因する損害についての責任を、いわば確認的に規定したものであり、民法717条の特則としての位置付けを得る。

3条は、賠償責任の主体について定めている。

国賠法は、国や公共団体の損害賠償責任についての一般法であり、民法との関係では特別法としての性格を有するものである。したがって、1条ないし3条に規定のない事項（例えば不法行為の時効に関する民法724条など）については民法が適用され（4条）、国賠法のほかに国や公共団体の損害賠償責任について規定する法律があるときは、それら特別法が優先して適用される（5条）。そして、6条は、被害者が外国人である場合の相互保証主義を定めている。

(2) 国家賠償制度の機能

国家賠償制度は、以下のような機能を有すると指摘されている。これらの諸点は、同制度の客観的意義にとどまらず、その解釈・運用にあたっても留意が必要である。

(a) **被害者救済機能** 国家賠償制度は、損害賠償制度であり、その当然の機能として、被害者の損害を填補する機能を有している。憲法17条の法意も、被害者救済の充実にあることは言うまでもない。

(b) **制裁機能・違法行為抑止機能** 法治国家原理からすれば、国・公共団体の活動の違法ないし瑕疵などを要件とする国家賠償制度において、被害者により賠償責任が追及されそれが認められることは、当該活動の非違が認められたことにほかならない。つまり、国家賠償制度は、過去の非違に対する制裁機能、ひいては将来における公務執行の適正を担保し、違法行為を抑止する機能を有しているのである。違法状態排除、違法状態復元機能も併せ持つものと

いえよう。

　(c) **行政訴訟補完機能**　国家賠償制度は，二重の意味で行政訴訟を補完する機能をもっている（室井力ほか編『コンメンタール行政法Ⅱ行政事件訴訟法・国家賠償法〔第2版〕』〔2006年〕396頁）。第1に，行政訴訟，特に取消訴訟制度は，国民の権利利益を侵害する違法の行政活動を除去するのみであり，損害を償うものではない。損害の補填は国家賠償制度によって初めて行われるのであり，両制度相まって，行政救済制度は完全なものになる。第2に，現在の裁判実務においては，行政訴訟なかでも取消訴訟の要件（特に原告適格などの訴訟要件）はかなり厳格に判断されており，このため，行政訴訟制度による被害者の救済は必ずしも有効ではないと指摘されている。被害者としては，いわば最後の権利救済手段として国家賠償制度を利用せざるをえない側面もあり，その意味では，国家賠償制度には，行政訴訟制度の機能不全を補完する役割が期待されているということもできる。

3　国家賠償法3条以下

　国賠法1条および2条に基づく責任については項を改めて解説をおこなうため（⇨No.45, 46参照），以下では，それ以外の国賠法の規定内容を概観しよう。

　(1)　賠償責任者

　(a) **原因者に対する求償**　国家賠償においては，1条であれ2条であれ，いったんは国・公共団体が損害賠償義務を履行するが，損害の原因について本来責に任ずべき者があれば，その故意・重過失があった場合には，国・公共団体は求償権を有する（1条2項・2条2項）。近時の判例に，公務員が共同して故意によって他人に損害を与え，国等が損害賠償をした場合には，当該公務員は連帯して求償債務を負うと判示したものがある（最判令和2・7・14民集74巻4号1305頁。同判決の宇賀克也裁判官補足意見によれば，国賠法1条1項の賠償責任について自己責任説，代位責任説のどちらを採用したとしても，かかる結論には直接影響しないであろう）。

44-4　福島県求償金事件

最判平成21・10・23（民集63巻8号1849頁）

　公立中学校教師による体罰で損害を被った生徒が国家賠償請求をしたところ，敗訴した県が，国賠法3条2項に基づき市に対して求償訴訟を提起した事案である。
　最高裁は，「国又は公共団体がその事務を行うについて国家賠償法に基づき損害を賠償する責めに任ずる場合における損害を賠償するための費用も国又は公共団体の事務を行うために要する経費に含まれる」と述べた。法令に基づき教職員の人件費を負担するのは県であったが，それ以外の市立学校の事務経費（損害賠償費用も含む）は市が負担しており，損害賠償の費用を事務経費として負担すべき市が最終的な責任主体とされたものである。

　(b) **費用負担者**　3条1項によれば，公務員の選任監督者と公務員の俸給給与等の費用負担者（1条の場合），あるいは営造物の設置管理者と設置管理の費用負担者（2条の場合）のいずれもが，被害者との関係では賠償責任を負う。被害者救済の便宜を図ったものである。その上で，最終的な損害賠償の費用負担の所在も問題となる（3条2項）*44-4*。

　また，補助金交付主体が3条の費用負担者に該当するかも問題となる。吉野熊野国立公園特別地域の一部である鬼ヶ城の周回路を歩行していた者が，架け橋から足を踏み出して転落し，下半身麻痺等の重傷を負った事案において，最判昭和50年11月28日（民集29巻10号1754頁）は，①補助金の交付額が法律上の費用負担者と同等であること，②事業が実質的には法律上の費用負担者との共同執行に当たること，③補助金交付者が営造物の瑕疵による危険を効果的に防止しうることの各要件を掲げ，当該事案における補助金交付者である国に費用負担者としての責任を認めている。

　(2)　民法・特別法との関係

　国または公共団体の損害賠償の責任について

は，国賠法およびその他の法律に特段の定めのない限り，民法が適用される（4条・5条）。

国賠法1条または2条の適用される事件についても適用をみる民法の規定としては，509条（不法行為により生じた債権を受働債権とする相殺の禁止），710条（財産以外の損害の賠償），711条（近親者に対する損害の賠償），713条（責任能力），719条（共同不法行為者の責任），722条（損害賠償の方法，中間利息の控除および過失相殺），724条（不法行為による損害賠償請求権の消滅時効）などがある。

国または公共団体の活動に起因した損害であっても，それが純粋な私経済活動に類する行為や，公の営造物の設置管理に該当しない場合であれば，国賠法1条または2条は適用されず，民法に基づく不法行為責任の問題として解決が図られる（例えば，国立病院における輸血が争われた最判平成12・2・29民集54巻2号582頁〔エホバ輸血拒否・東大医科研病院事件〕等）。

また，最判昭和53年7月17日（民集32巻5号1000頁）は，失火者の責任条件について民法709条の特則を規定した失火責任法は国賠法4条の「民法の規定」に含まれるとして，公権力の行使にあたる公務員の失火による国または公共団体の損害賠償責任について同法の適用を認め，損害賠償責任について当該公務員に重過失のあることを必要としたものである。同判決に対しては，4条で民法（および特別法）の適用を認めるとしても，国賠法の趣旨に反する規定まで当然に適用されてよいとはいえず，消防署職員の職務義務はまさに消火作業であるとすれば，その業務の遂行に失火責任法の適用が予定されているとは解しがたい，などの批判がある。

5条は，民法以外の法律で，あらかじめ国または公共団体の負うべき責任の範囲や賠償金額を限定する等の規定（郵便旧68条など。国等の責任を軽減する場合，憲法17条に違反しないかが問題となる。*44-5* 参照）や，逆に，国または公共団体に無過失責任を認める規定（消防6条3項，税徴112条2項など）の適用について定めている。

(3) 相互保証主義

国賠法6条は，外国人が被害者である場合に，「相互の保証」すなわち当該外国人の本国において日本人の被害者に同様の国家賠償請求権を認めていることを条件に，国賠法の適用を認める相互保証主義を定める。衡平の原則，外国におけるわが国の国民の救済の充実といった観点から，憲法17条（「何人も……」と定める）との関係でも合憲とするのが判例・通説であるが，「相互の保証を厳密に求めた場合には，国際的な人権保障の観点から不合理，弊害が生じるおそれがある」とされる（東京地判平成14・6・28判時1809号46頁）。なお，近年，外国人が国家賠償法に基づく請求を行う事案は増加しており，相互保証が問題となるケースも増えている（*Column*）。

44-5 郵便法免責規定違憲判決

最大判平成14・9・11（民集56巻7号1439頁）
書留郵便物等に関する損害賠償を郵便物の亡失・毀損の場合に限定し，請求人も郵便物の差出人と受取人に限定する郵便法旧68条・73条の合憲性が争われた事案である。

最高裁は，低廉迅速であまねく公平な郵便制度の設営という立法目的は正当であるが，郵便業務従事者の故意または重大な過失による不法行為についてまで免責または責任制限を認める点は，憲法17条が立法府に付与した裁量の範囲を逸脱しているなどとして，違憲無効と判示した。

Column　公安テロ情報流出被害国家賠償請求事件

東京高判平成27年4月14日（判例集未登載）は，インターネット上にイスラム教徒の個人情報が流出したことにつき警視庁の情報管理上の注意義務違反を肯定し，合計8200万円の慰謝料を認め，モロッコ，イラン，アルジェリア，チュニジアの相互保証についていずれも肯定した。

No.45 国賠法1条(公権力の行使)責任

1 国賠法1条の意義

(1) 本条の意義

国賠法1条は,「国又は公共団体の公権力の行使に当る公務員が,その職務を行うについて,故意又は過失によって違法に他人に損害を加えたときは,国又は公共団体が,これを賠償する責に任ずる」と定める。戦前において国・公共団体の活動のうち賠償責任が認められてこなかった権力的な行政活動に起因する損害について,主権(国家)無答責を否定し,国・公共団体が賠償責任を負うべきことを宣言したものである。

本条の規定内容は,民法715条とほぼ同様である。しかし,①民法715条1項ただし書の使用者免責規定が国賠法1条1項にはない,②国賠法1条2項は求償権行使の制限(故意または重過失)を定めるが,民法715条3項にはない,③本条の適用がある場合に公務員の個人責任は否定されるとするのが判例であるが,民法715条では個人責任は排除されない,などの違いがある(他に,④民法715条では使用者または監督者の責任のみであるが,国賠法では公務員の選任・監督者のほか,費用負担者の責任も問われる,⑤外国人に対する相互保証主義の有無等もある)。

(2) 1条責任の本質

国賠法1条の定める責任について,通説は「代位責任説」をとっている **45-1**。すなわち,不法行為責任は第1次的には公務員個人に帰属するが,公務員個人に責任を負わせていたのでは被害者の救済が十分に達成できず,公務の遂行も萎縮するおそれがあるので,公務員の使用者である国・公共団体が公務員個人に代わって賠償責任を負担すると解するのである。その背景には,立法当時,国による責任の引受けによって被害者救済を図るドイツがモデルとされたことがある。

一方で,公権力の発動を公務員に委ねた国・公共団体は,その濫用の危険から生ずる責任は自ら負担すべきであるという危険責任の観念を実質的根拠とした「自己責任説」も有力に主張されてきた。ただし,最高裁も,国家賠償責任が,担当公務員の故意過失を問わずその公務運営上の瑕疵によって発生するとの解釈は採用しがたいと述べて,代位責任説をとった原審の判断を維持している(最判昭和44・2・18判時552号47頁)。

両説の違いは,加害公務員・加害行為の特定の問題に表れる。代位責任説ではこれらの特定が必要となるが,判例は厳密な特定性を要求しない姿勢を示している(加害行為者・加害行為の特定につき **45-2** 参照)。したがって,この点における両説の差異は小さい。そのため,代位責任説と自己責任説は,「解釈論上の道具概念としての意義をほとんど失っている」との見解がある(最判令和2・7・14民集74巻4号1305頁。宇賀克也裁判官補足意見参照)。

(3) 公務員の個人責任

国・公共団体のほかに,加害公務員自身もまた直接被害者に対して損害賠償責任を負うかについて,国賠法上に明文の規定はない。もっと

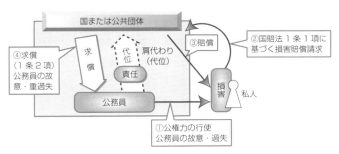

45-1 1条責任の本質(代位責任説=通説)

▶神橋一彦『行政救済法[第3版]』(2023年)304頁を参考に作成

45-2 岡山税務署健康診断事件

最判昭和57・4・1（民集36巻4号519頁）

税務署職員が定期健診で受けたレントゲンの写真に肺結核罹患の陰影が認められたが、本人に通知がされず、病状が悪化し長期療養を余儀なくされたとして、国に対して損害賠償を請求した事案である。最高裁は、「国又は公共団体の公務員による一連の職務上の行為の過程において他人に被害を生ぜしめた場合……、それが具体的にどの公務員のどのような違法行為……かを特定することができなくても、右の一連の行為のうちのいずれかに行為者の故意又は過失による違法行為があったのでなければ右の被害が生ずることはなかったであろうと認められ、かつ、それがどの行為であるにせよこれによる被害につき行為者の属する国又は公共団体が法律上賠償の責任を負うべき関係が存在するときは、国又は公共団体は、加害行為不特定の故をもって国家賠償法又は民法上の損害賠償責任を免れることができない」という。他方で、この法理は、当該一連の行為を組成する各行為のいずれもが国または同一の公共団体の公務員の職務上の行為に当たる場合に限られ、一部にこれに該当しない行為が含まれている場合には妥当しないとしており、批判もある。

も、これを否定するのが最高裁の一貫した立場である（最判昭和30・4・19民集9巻5号534頁、最判平成19・1・25民集61巻1号1頁等）。学説上は、公務員に故意または重過失がある場合に限って被害者から公務員に対する損害賠償請求を認める見解が多い。制限的にであれ公務員の個人責任を肯定するとすれば、公務の適正果敢な執行を妨げ、人材確保を困難にするおそれは否定できない。被害者の報復感情や違法行為の抑止であれば、刑事訴追や懲戒のほか、国賠法の定める求償でも対応可能といえよう。すなわち、加害者である公務員に故意または過失が認められる場合、国・公共団体は求償を行うことができ、とくに、複数の公務員に求償が行われる場合、複数の公務員が連帯して国賠法1条2項による求償債務を負うとした判例がある（前掲最判令和2・7・14）。

2　1条責任の要件

(1) 国または公共団体、公務員

国賠法1条にいう「国又は公共団体」は、通常、「公権力の行使」該当性の解釈に従属し、公権力を行使する者が帰属する団体がこれに該当する。「公務員」についても、公務員法上の公務員である必要はなく、公権力の行使を委ねられている者を広く含むと解釈されている。

この関係では、民間委託された行政事務をめぐる国家賠償責任が問題となりうる。最高裁判例の中には、株式会社である指定確認検査機関によってなされた建築確認の取消訴訟（当初の被告は当該株式会社であった）について、完了検査の終了によって訴えの利益が消滅したので、当該建物について確認する権限を有する建築主事が置かれた地方公共団体が「事務の帰属する国又は公共団体」であるとして、市を被告とした国家賠償請求への変更を許容した例（最決平成17・6・24判時1904号69頁）や、知事の委託に基づく児童養護施設の職員による養育監護行為が問題となった事案で、児童福祉法の解釈により、入所児童の養育監護は県の事務であるとした上で、当該職員の行為を事務の委託元である県の公権力の行使に当たる公務員の職務行為と解釈し、県の国家賠償責任を肯定した例（最判平成19・1・25民集61巻1号1頁）などがある。

(2) 指定管理者等の責任を認める解釈

最高裁は、根拠法の仕組み解釈を踏まえつつ、当該事務が統治団体としての国または公共団体に帰属するか否かを重視するが、当該事務を引き受けた私人のモラルハザードを許さないためには、当該私人に対する責任追及を可能とする解釈、すなわち、指定法人（機関）や社会福祉法人（児童養護施設の設置者）といった法人自体が、国賠法1条にいう「公共団体」に該当することを認めるといった解釈が模索される必要があろう。

(3) 公権力の行使

「公権力の行使」は、国賠法1条の適用範囲、

国および公共団体や公務員の各該当性の帰趨を決する重要概念である。

国賠法にいう「公権力の行使」概念は，行政手続法2条2号，行政不服審査法1条2項および行政事件訴訟法3条のそれとは異なり，命令，強制等の伝統的な権力作用に限定する「狭義説」ではなく，国または公共団体の作用のうち純粋な私経済作用と国賠法2条の対象である営造物の設置管理作用を除くすべての作用が「公権力の行使」に含まれるとする「広義説」で解するのが判例・通説である。

広義説の観点からは，公立学校での教育活動，行政指導，公表措置なども国賠法1条の問題としてカバーされる。民法715条の適用よりも被害者保護に厚いとの認識が同説の背後にある。

(4) 職務行為

「損害」は，加害公務員が「その職務を行うについて」引き起こしたものでなければならないが，判例は職務関連性を広く解し，当該公務員に主観的には公務を行う意思がなくても職務の外形を有していれば，行政は損害賠償責任を負うとする（最判昭和31・11・30民集10巻11号1502頁，「外形標準説」）。もっとも，外形標準説は，もともとは取引行為における相手方の信頼保護を考慮した解釈であって，これによる説明だけでは十分でない。外形標準説にこだわらず，公務員の加害行為が，行政活動に内在する危険の発現であると見ることができるかどうかで判断すればよいとの見解もある。

(5) 故意・過失と違法性

一般に，不法行為責任の成立要件としては，当該行為が客観的に見て規範に違反したかの違法性と，行為者に故意・過失が認められるか，の双方を要する。元来，過失は主観的な要件とされてきたが，予見可能性と結果回避義務を前提とした注意義務の存在を想定することで，これを客観的に認定・解釈する傾向がある（客観化された過失を示す例として，予防接種禍に関する⇨No.48 参照）。他方，公務員の主観的要素である故意・過失とは異なり，客観的な要件と解さ

45-3 パトカー追跡事件最高裁判決を報じる新聞記事

パトカーの追跡は合法
富山の暴走車事故 最高裁が逆転判決

富山市内で五十年五月，パトカーに追われた暴走車に衝突して，死亡した会社員の遺族らが，「事故はパトカーの無理な追跡が原因」として，富山県を相手取った損害賠償請求訴訟で，最高裁第一小法廷（谷口正孝裁判長）は二十七日，県側の責任を認め原告側の請求を退けた逆転判決を言い渡した。

判決で谷口裁判長は，パトカーの追跡行為が違法となる場合について，「職務目的を遂行するうえで不必要か，逃走車の走行状態や道路交通状況から予測される被害発生の具体的危険性の有無をみて追跡の開始，継続，あるいは追跡方法が不相当の時」との初判断を示し，パトカーの追跡を適法とした。

▶読売新聞1986年2月27日付夕刊（紙面から抜粋）

れてきた違法性については，伝統的には行政活動が憲法，法律，命令，条例などの客観的な法規範（行為規範）に違反すること（処分要件の欠如）を指すものと解されてきた。

行為規範に違反した行政作用を違法と解する見解は「行為不法説」と呼ばれ，「結果不法説」（被害結果に着目し，被侵害法益の観点から違法性を考える）と対置される。判例は行為不法説を採用しており，例えば，パトカーに追跡された車が逃走し第三者をはねた事案で，最判昭和61年2月27日（民集40巻1号124頁〔パトカー追跡事件〕 45-3 ）は，パトカー追跡行為が違法というためには，「追跡が職務目的を遂行する上で不必要であるか，又は逃走車両の逃走の態様及び道路交通状況等から予測される被害発生の具体的危険性の有無及び内容に照らし，追跡の開始・継続若しくは追跡の方法が不相当であることを要する」とした上で，結論としては具体的な追跡行為の違法性を否定した。第三者との

関係でパトカー追跡行為に法的義務違反があるかを比例原則の観点から判断しており，行為不法説に立つものと理解できる。さらに判例は，行為不法説を前提に，職務上通常尽くすべき注意義務を尽くしたかによって違法性を判断する「職務行為基準説」を採用している（詳細は❸参照）。

❸ 違法性の意義

(1) 職務行為基準説の意義

過失の客観化とも関わるが，国賠法上の違法性と抗告訴訟における違法性の関係をどう捉えるかが大きな論点である。学説上は，国賠法1条における違法性の意味を，抗告訴訟における違法の捉え方と同じくし（違法性一元論），処分要件の欠如と解する考えが有力である（処分要件欠如説。なお，「公権力の行使」が行われる要件を充足しないとして，「公権力発動要件欠如説」ともいう）。しかし，判例は，両者を区別する違法性相対説（違法性二元論）の見地から，国賠法における違法とは，職務上通常尽くすべき注意義務を尽くさなかったという一種の注意義務違反であるとしている（職務行為基準説）。このような立場を採ると，注意義務違反という過失の判断要素が違法性の判断と内容的に接近相対化し，むしろ取り込まれ，故意・過失は違法性の一段階で統一的に審査されることとなる。

(2) 判例上の展開

職務行為基準説が判例上で採用されたのは，検察官の公訴提起の違法性に関する最判昭和53年10月20日（民集32巻7号1367頁〔芦別事件〕）である。その後，被疑者の留置に関する最判平成8年3月8日（民集50巻3号408頁），立法行為に関する最判昭和60年11月21日（民集39巻7号1512頁〔在宅投票制度廃止違憲訴訟〕）および最大判平成17年9月14日（民集59巻7号2087頁〔在外邦人選挙権事件〕 45-4 ），裁判官に関する最判昭和57年3月12日（民集36巻3号329頁）および最判平成2年7月20日（民集44巻5号938頁）などが出される。これらの判例は，三権分立の憲法構造との関係が問題とな

45-4　在外邦人選挙権事件大法廷判決を報じる新聞記事

本件最高裁判決においては，当事者訴訟（⇨No.41）に関する重要な判示もあった。すなわち，当事者訴訟として，次回の選挙において選挙権を行使する権利を有することの確認訴訟が認められた。

▶毎日新聞 2005 年 9 月 15 日付朝刊

る等，特殊な国家活動に関するものであった。

そして，典型的な行政処分である更正処分の違法が取消訴訟で確定した後に，当該処分に起因する慰謝料等の損害賠償が請求された事案において，最判平成5年3月11日（民集47巻4号2863頁〔奈良税務署推計課税事件〕）は，「税務署長のする所得税の更正は，所得金額を過大に認定していたとしても，そのことから直ちに国家賠償法1条1項にいう違法があったとの評価を受けるものではなく，税務署長が資料を収集し，これに基づき課税要件事実を認定，判断する上において，職務上通常尽くすべき注意義務を尽くすことなく漫然と更正をしたと認め得るような事情がある場合に限り，右の評価を受けるものと解するのが相当である」と述べ，国賠法上の違法性を否定したのであった。その後も最高裁は，最判平成11年1月21日（判時1675号48頁〔非嫡出子住民票続柄記載行為国家賠償事件〕），最判平成18年4月20日（集民220号165頁〔静岡県食糧費情報公開訴訟〕），最判平成19年

11月1日（民集61巻8号2733頁〔在外被爆者健康管理手当事件〕），最判平成20年2月19日（民集62巻2号445頁〔メイプルソープ写真集事件〕）等で，違法性相対説を採用している。

こうした判例の立場に対しては，職務上の法的義務ないし職務上通常尽くすべき注意義務の意味内容が不明確であるという批判のほか，国賠制度の適法性統制・違法行為抑止機能を重視していないとの批判があり，判例と学説の乖離が見られる。判例の中には，最判平成3年7月9日（民集45巻6号1049頁〔監獄法施行規則事件〕），最判平成16年1月15日（民集58巻1号226頁〔不法在留外国人国民健康保険被保険者証不交付事件〕）など，行政処分がその要件に適合していない場合には当該処分を違法であると認定し，その上で処分当時の法令解釈の状況や行政運用の実態を考慮しつつ，当該処分をする上で依拠した解釈に相当の根拠が認められる場合には過失を否定するというように，違法性と過失を区別して判断するものもある。

(3) 処分要件欠如説と職務行為基準説の異同

処分要件欠如説では，違法性と故意・過失を2段階で審査するが（違法・過失二元的判断），職務行為基準説では違法性の判断に過失の要素を取り込み，違法性の1段階で判断する（違法一元的判断）。どちらの立場をとっても，国賠責任の成立の範囲が変わるわけではない。両説の違いは，①職務行為基準説では，主観的要素も含めての違法性判断になるので，それだけ違法と評価される範囲が狭くなること，②職務行為基準説においては，抗告訴訟における処分の違法性と異なる違法性判断をしていることとなり，行政処分の取消判決の結果（既判力）がその後の国賠訴訟に及ばなくなること，が挙げられる。

4 不作為の違法

(1) 規制権限不行使と国家賠償責任

国賠法1条の「公権力の行使」に公権力の不行使も含まれることに異論はないが，権限不行使が違法というためには，当該時点で作為義務が発生していた，といえなければならない。反射的利益論や行政便宜主義といった理論上の障壁の克服が必要であったところ，下級審判決には，いわゆる裁量零収縮論により，利益侵害の危険性，予見可能性，回避可能性，補充性，期待可能性といった個別の要件の検討から違法性を判断するものがあった（東京地判昭和53・8・3判時899号48頁〔東京スモン訴訟〕等。さらに，最判昭和57・1・19民集36巻1号19頁〔警察官ナイフ一時保管懈怠事件〕は，具体的事情の下で，端的に作為義務を認定したものである）。

この点，判例はいわゆる「裁量権消極的濫用論」を採用しており，最判平成元年11月24日（民集43巻10号1169頁〔京都宅建業法不作為事件〕）および最判平成7年6月23日（民集49巻6号1600頁〔クロロキン網膜症事件〕）を経て，「国又は公共団体の公務員による規制権限の不行使は，その権限を定めた法令の趣旨，目的や，その権限の性質等に照らし，具体的事情の下において，その不行使が許容される限度を逸脱して著しく合理性を欠くと認められるときは，その不行使により被害を受けた者との関係において，国家賠償法1条1項の適用上違法となるものと解するのが相当である」と定式化されている（水俣病関連記事につき，カラー⑭。最判平成16・10・15民集58巻7号1802頁〔関西水俣病訴訟〕 45-5 。また，最判平成26・10・9民集68巻8号799頁〔泉南アスベスト訴訟〕。さらに，福島第一原発に関する規制権限の不行使が争われた最判令和4・6・17民集76巻5号955頁）。

「不行使が許容される限度を逸脱して著しく合理性を欠」いたか否かの具体的な判断枠組みとしては，①権限行使の前提となる危険性の存在（医薬品副作用，土砂崩れ等），②その危険性への行政の対処の可能性（予見可能性・回避可能性の存在），そして③行政が適切に権限行使をすれば損害の発生を回避することができたのか，を検討することとなる。③ではさらに，ⓐ法令上，行政が当該権限を行使することができたか，ⓑ行政の権限行使の必要性（補充性と同旨，立法不作為の国賠法上の違法を認めたものとして，最高裁判所裁判官国民審査事件〔最大判令和4・5・25民

集76巻4号711頁〕もある）が問われる。

　生命身体等の重要な権利に対する危険が問題になるときは，予見可能性と回避可能性が認められれば，期待可能性には触れず，「適時かつ適切な」権限行使が義務付けられていたとする判例もある。最判平成16年4月27日（民集58巻4号1032頁〔筑豊じん肺訴訟〕）は，前掲最判平成16・10・15とともに，根拠法令の趣旨・目的について非常に柔軟な解釈姿勢を採用し，省令の改正権限の不行使について，行政の権限不行使の違法を認容している。また，泉南アスベスト訴訟は，労働大臣（当時）が旧労基法に基づく省令制定権限を行使して石綿（アスベスト）工場において局所排気装置の設置を義務付けるべきであったとして，省令制定権限の不行使の違法を認定している（国会における法令の改廃に関する立法不作為について 45-6 ）。

（2）申請に対する不応答と国家賠償責任

　申請に対する応答がない場合には，申請型義務付け訴訟と不作為違法確認訴訟を併合提起する以外に，不作為が継続していた間に申請者に生じた損害に対する国家賠償責任も問題になる。申請処理遅延による財産的損害が問題になった最判昭和60年7月16日（民集39巻5号989頁〔品川区マンション事件〕）（⇨No.23）のほか，精神的苦痛に対する慰謝料も賠償請求の対象となりうる。後者について，最判平成3年4月26日（民集45巻4号653頁〔水俣病認定お待たせ賃訴訟〕）は，申請者の内心の静穏な感情が害される結果を回避すべき条理上の作為義務違反として違法性を捉えている。そして，同義務違反があるというためには，「客観的に処分庁がその処分のために手続上必要と考えられる期間内に処分できなかったことだけでは足りず，その期間に比して更に長期間にわたり遅延が続き，かつ，その間，処分庁として通常期待される努

45-5　水俣病関係略年表

1956年5月	水俣病公式確認
1959年3月	水質二法（水質保全法および工場排水規制法）施行。
11月	厚生省食品衛生調査会，水俣病の原因はある種の有機水銀と答申。
1968年9月	厚生省，水俣病の原因はチッソ水俣工場の排水中の有機水銀であることを政府統一見解として発表。
1969年6月	水俣病患者とその遺族がチッソ㈱を被告として熊本水俣病第一次訴訟提訴（1973年3月原告勝訴判決〔確定〕，同年7月チッソと水俣病患者団体との間で補償協定締結）。
12月	公害に係る健康被害の救済に関する特別措置法（救済法）施行。
1973年1月	認定申請を棄却された未認定患者がチッソを被告として熊本水俣病第二次訴訟提訴（1985年8月原告勝訴判決〔確定〕）。
1974年9月	公害健康被害補償法（公健法）施行。熊本県公害健康被害認定審査会設置。
1977年7月	環境庁，いわゆる52年判断基準などを内容とする「水俣病対策の推進について」を発表。水俣病の判断基準が厳格化。
1980年5月	未認定患者がチッソに加え国・熊本県を被告として熊本水俣病第三次訴訟提訴（一部患者による関西訴訟を除き，1995年第一次政治的解決）。
1996年2月～5月	係争中であった計10件が取下げ（関西訴訟のみ継続）。
2004年10月	関西訴訟最高裁判決（国・熊本県の規制権限不行使の違法を認定。国・熊本県の敗訴が確定）。
2009年7月	水俣病被害者の救済及び水俣病問題の解決に関する特別措置法公布（第二次政治的解決）。
2013年4月	政治解決による救済を受けなかった未認定患者を中心に，救済法，公健法上の認定申請棄却処分の取消しと認定義務付けを求めた熊本水俣病第四次訴訟について，最高裁判決（52年判断基準をみたさない水俣病の存在を肯定）。［関連記事⇨ カラー⑭ ］
2013年12月	新潟水俣病行政認定訴訟提訴。
2014年3月	3月7日付け「公害健康被害の補償等に関する法律に基づく水俣病の認定における総合的検討について」通知（「新通知」）（厳格な認定基準とされた）。
2017年11月	東京高裁　新潟水俣病行政認定訴訟原告勝訴（全員認定義務付け）。
2019年	第二次新潟水俣病行政認定訴訟。
2023年	大阪地裁「遅発性水俣病」の存在を認め，原告全員を水俣病と認定。

▶環境省ウェブサイトなどをもとに作成

力によって遅延を解消できたのに，これを回避するための努力を尽くさなかったことが必要である」としており，不作為違法確認訴訟におけるよりも違法性の要件を加重している。

45-6 在外日本人国民審査権確認国家賠償請求事件

最大判令和 4・5・25（民集 76 巻 4 号 711 頁）

　在外選挙人名簿に登録された在外国民が最高裁判所裁判官の国民審査権を行使することを可能としてこなかった立法不作為について，判例は，国賠法上の賠償責任を肯定している。「……国会は，平成 18 年公選法改正や平成 19 年の国民投票法の制定から平成 29 年国民審査の施行まで約 10 年の長きにわたって，在外審査制度の創設について所要の立法措置を何らとらなかった……。……遅くとも平成 29 年国民審査の当時においては，在外審査制度を創設する立法措置をとることが必要不可欠であり，それが明白であるにもかかわらず，国会が正当な理由なく長期にわたってこれを怠ったものといえる。……本件立法不作為は，平成 29 年国民審査の当時において，国家賠償法 1 条 1 項の適用上違法の評価を受ける……。」として，当時の最高裁判所裁判官国民審査法が，最高裁判所裁判官国民審査につき，衆議院議員の選挙権を有する者は，審査権を有すると規定しているが（4条），この審査には，公職選挙法に規定する選挙人名簿で衆議院議員総選挙について用いられるものを用いるため，それとは別の在外選挙人名簿に登録された在外国民が審査権を行使することができないこと（8条〔当時〕）について，遅くとも平成 29 年国民審査の当時において立法措置をとることが必要不可欠であり，それが明白であるにもかかわらず，国会が正当な理由なく長期にわたってこれを怠ったものといえると判示した。

No. 46 国賠法2条(営造物)責任

1 国賠法2条の意義・責任の要件

(1) 公の営造物

「公の営造物」は，国賠法2条の適用範囲を画定する概念である。土地工作物よりは広く捉えられるが，その外延は明確ではない。伝統的に「公の営造物」とは，国または公共団体により公の目的に供される人的物的施設の総合体（郵便，鉄道，図書館，病院等）を指称するが，国賠法2条では人的要素が捨象され，公の目的に供されている有体物＝「公物」を意味している（直接に公の目的に供されないもの〔普通財産〕は除外される）。公の営造物には，道路などの人工公物のほか，河川や海浜などの自然公物も該当し，不動産だけでなく動産も含まれる（判例・通説。拳銃，公用自動車，電気かんな，テニス審判台，警察犬，騎馬隊の馬等も含まれる）。

(2) 設置管理の瑕疵

「設置又は管理」には，法律上の管理権ないし所有権等の権原を有することは必要ではなく，事実上管理している状態があればよい（最判昭和59・11・29民集38巻11号1260頁）。そして，「公の営造物の設置又は管理の瑕疵」とは，「営造物が通常有すべき安全性を欠」き，他人に危害を及ぼす危険性のある状態をいう（最判昭和45・8・20民集24巻9号1268頁〔高知落石事件〕等）。もっとも営造物の設置・管理に瑕疵があったとみられるかどうかは，「当該営造物の構造，用法，場所的環境及び利用状況等諸般の事情を総合考慮して具体的個別的に判断」される（最判昭和53・7・4民集32巻5号809頁〔道路防護柵幼児転落事故・瑕疵否定〕）。

(3) 「設置管理の瑕疵」の判断基準

国賠法2条にいう設置管理の瑕疵について，判例は，「通常有すべき安全性の欠如」と定式化し，無過失責任と理解し，予算免責抗弁を否定（損害防止のための予算がないことが直ちに免責にはつながらないと）している（前掲高知落石事件）。しかしそれは，損害が発生すればいかなる場合でも責任を負うというような結果責任の趣旨ではなく，また，単に物的安全性を欠くことで足りるとしているわけでもない。結論的には，その物の客観的状態に加え，管理者側の対応といった主観的要素をも読み込み，具体的事案に応じて様々な考慮をしている。

例えば名古屋高判昭和49年11月20日（判時761号18頁〔飛騨川バス転落事件〕 46-1 ）は，施設自体（道路）の設置については，瑕疵を認めなかったが，集中豪雨による災害は予測できたのに事前規制など必要な措置をとらなかったなど（道路）管理（避難対策）の瑕疵を認めた事案である。このように，事故が天災などの不可抗力によって生じたか，あるいは被害者が通常の用法を逸脱した異常な行為をしたために事故が発生したといった特別な事情が存するような

46-1 飛騨川バス転落事件現場

岡崎観光のバス2台が飛騨川に転落した国道41号の現場
▶朝日新聞1968年8月19日付朝刊

場合には，損害回避が期待できないことから，管理者側の責任が認められない場合もある。最判昭和50年6月26日（民集29巻6号851頁）は，道路管理者の設置した赤色灯が他の車によって倒された直後に，後続車両が事故を起こしたという事案において，道路の安全性は欠如しているが，道路の管理者が赤色灯を原状に復旧して安全を確保することが時間的に不可能であったことから，事故の回避可能性がないとして管理の瑕疵を否定していた。逆に，最判昭和50年7月25日（民集29巻6号1136頁）は，故障車が国道上に87時間にわたって放置されていたところ他の車がこれに激突したという事案で，道路の安全性が著しく欠如する状態であったにもかかわらず，道路の安全性を保持するために必要とされる措置を全く講じていなかったとして，管理の瑕疵を肯定している。

被害者が営造物の設置管理者の予想しないような，通常の用法に即しない異常または無謀な用法で営造物を利用したため生じた損害については，設置管理者は責任を負わない。前掲最判昭和53・7・4のほか，最判平成5年3月30日（民集47巻4号3226頁〔テニスコート審判台事故事件〕）は，「公立学校の校庭が開放されて一般の利用に供されている場合，幼児を含む一般市民の校庭内における安全につき，校庭内の設備等の設置管理者に全面的に責任があるとするのは当を得ないことであり，幼児がいかなる行動に出ても不測の結果が生じないようにせよというのは，設置管理者に不能を強いるものといわなければならず，これを余りに強調するとすれば，かえって校庭は一般市民に対して全く閉ざされ，都会地においては幼児は危険な路上で遊ぶことを余儀なくされる結果ともなろう」と述べ，瑕疵を認めた場合の社会的影響をも加味しながら，設置管理の瑕疵の有無を検討している（結論的には，本来の用法に従った使用に対する安全性を備えていれば足りる，と判示する）。

(4) タイムラグ論

国賠法2条は，予見可能性や回避可能性もなく損害の発生が不可抗力と解されるような場合にまで賠償責任を認めるものではない。予見可能性については，平均的な国民の判断能力を基準とするが，危険・損害の性質によっては行政の専門的能力・知見を基準にすべきこともある（前掲飛騨川バス転落事件は，一定の範囲の地域における土砂崩れの発生の予見可能性があれば管理責任を肯定できるとする）。回避可能性については，判例では問われないことも少なくないが（道路管理等の領域では，損害発生の予見可能性があれば回避可能性も自ずと存在するといえる），回避可能性がなければ管理責任は認めがたい。回避可能性の有無の判断のための技術的水準の判断時は，営造物設置時ではなく事故発生時であり（東京高判平成5・6・24判時1462号46頁〔日本坂トンネル事件〕），事故発生時の科学技術の最高水準により判断される（前掲飛騨川バス転落事件）。ただし，損害回避のための措置の普及度が考慮される場合はある。最判昭和61年3月25日（民集40巻2号472頁〔点字ブロック事件〕 カラー⑮）は，新たに開発された視力障害者用の安全設備が未設置であった場合の設置管理瑕疵の有無について，かかる設備の標準化・普及の程度，当該営造物の利用状況，設置の必要性や困難さ等を総合的に考慮する姿勢を示した。その場合には，設置計画の合理性等も論点となるであろう。

2 水害訴訟——河川管理の瑕疵

河川水害について，初期の下級審判決例は，設置・管理の瑕疵を道路と区別することなく判断し，水害が現実に発生したこと自体，河川の安全性が達成されていないかのような判断が多かった。しかし，最判昭和59年1月26日（民集38巻2号53頁〔大東水害訴訟〕）は河川と道路等の人工公物との差異を強調し，判例の流れを一変させた。自然公物である河川は洪水等の災害をもたらす内在的危険性をもち，河川管理における安全性確保は段階的に達成されるものであるが，治水事業の実施には財政的・技術的・社会的制約もあるとして，結論的には，改修途上の河川の溢水水害について「過渡的な安全性」（＝現状をもってとりあえず安全なものとみなす）で足りるとして河川管理の瑕疵を否定した

のである 46-2 。

自然公物である河川について，行政がなしうる災害防止措置には一定の限界があり（安全性を確保してから供用を開始し，危険なら供用の停止が可能な道路とは事情が異なる），道路と比較して厳しい瑕疵判断がなされることには一定の説得力がある。しかし，自然公物の安全性について，行政実務を追認する過渡的安全性の議論は抽象的にすぎるとの批判があった。そもそも，河川規模の大小，改修済みか否か，水害の種類（破堤型・溢水型の区別等）などを考慮しながら，行政は合理的な基準で災害を可能な限り予測し，その予測に応じた対策をとる必要があるはずである。この点，最判平成2年12月13日（民集44巻9号1186頁〔多摩川水害訴訟〕。多摩川水害につき，46-3 46-4 ）は，大東水害訴訟判決を基本的には踏襲しつつも，改修済み河川における河川上の許可工作物（堰）に問題があったために生じた破堤型水害について，改修時点では予測不可能だが水害発生時には災害発生の予測が可能であったこと，堰の管理については河川管理施設の改修整備に比べて諸制約は相当に小さいことなどを指摘し，危険の予測が可能になったときから水害発生時までの整備等回避可能性を検討すべきとして，大東水害訴訟が示した過渡的安全性で足りるとした高裁判決を破棄・差し戻した。その後，差戻控訴審判決（東京高判平成4・12・17判時1453号35頁）にて，最高裁の枠組みの下，河川管理の瑕疵が肯定された

46-2 大東水害最高裁差戻し後控訴審判決の新聞記事

▶毎日新聞（大阪本社版）1987年4月11日付朝刊

46-3 多摩川水害：16年前の水害現場と1990年当時の同じ地点について

▶朝日新聞1990年12月13日付夕刊

46-4 多摩川水害：当時の多摩川の水の流れについての図

多摩川水害訴訟は，都市型河川である多摩川において，取付け後の知見の発展により判明した，河川床に取り付けられた農業用の取水堰の設計ミスによって発生した。

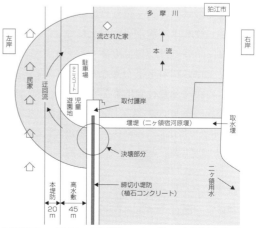

▶狛江市ウェブサイト，毎日新聞1974年9月4日記事等を参考に作成

46-5 破堤型と溢水型の比較

	改修済み河川	未改修河川
破堤型	（多摩川水害） ○（改修済み河川における破堤型水害） ［管理の瑕疵が肯定される］	×［管理の瑕疵が否定される］
溢水型	×［管理の瑕疵が否定される］	（大東水害） ×（改修中の都市河川からの溢水型水害） ［管理の瑕疵が否定される］

46-6 大阪空港訴訟

最大判昭和56・12・16（民集35巻10号1369頁）

「そこにいう安全性の欠如……とは、ひとり当該営造物を構成する物的施設自体に存する物理的、外形的な欠陥ないし不備によって一般的に右のような危害を生ぜしめる危険性がある場合のみならず、その営造物が供用目的に沿って利用されることとの関連において危害を生ぜしめる危険性がある場合をも含み、また、その危害は、営造物の利用者に対してのみならず、利用者以外の第三者に対するそれをも含むものと解すべきである」。

46-5 。

3 機能的瑕疵

空港・新幹線・道路の騒音や大気汚染公害など、当該公物本来の用法においてその利用者にとっては瑕疵がない場合でも、利用者以外の第三者との関係で被害が発生することはある。国賠法2条の設置管理の瑕疵は、そうしたいわゆる「機能的瑕疵」の問題を含むものと考えられている（施設そのものに欠陥等瑕疵がなくとも、本来の供用目的に従って利用することで利用者以外の者に損害を及ぼすことから、「供用関連瑕疵」ともいう）。

その典型例が、最大判昭和56年12月16日（民集35巻10号1369頁〔大阪空港訴訟〕 46-6 ）である。騒音被害を周辺住民が争った事案であり、民事訴訟として提起された使用差止請求を却下した点で著名であるが（⇨No.3 **1** (4)、 3-3

46-7 国道43号線・阪神高速道路訴訟

最判平成7・7・7（民集49巻7号1870頁）

大阪市と神戸市を結ぶ幹線道路である国道43号線およびその上部の高架を走る阪神高速道路の沿道住民らが、当該道路を走行する自動車による騒音、振動、大気汚染等により被害を受けているとして、道路の設置管理者である国と阪神高速道路公団（当時）に対し、一定基準値を超える騒音と二酸化窒素の侵入差止めおよび損害賠償を求めて提訴した事件である。最高裁は、営造物の供用の結果、周辺の住民に、社会生活上受忍限度を超えた被害が生じている場合には、原則として営造物責任が生じるとして損害賠償請求を認容した。受忍限度を超えているか否かは、「侵害行為の態様と侵害の程度、被侵害利益の性質と内容、侵害行為の持つ公共性ないし公益上の必要性の内容と程度等を比較検討するほか、侵害行為の開始とその後の継続の経過及び状況、その間に採られた被害の防止に関する措置の有無及びその内容、効果等の事情」を考慮して総合的に判断される。

参照）、国賠法2条1項に基づく損害賠償を認容した部分は画期的な内容を含んでいた。

後の判例もこの立場を踏襲しており（例えば、最判平成7・7・7民集49巻7号1870頁〔国道43号線・阪神高速道路訴訟〕 46-7 ）、機能的瑕疵について国賠法2条の適用があることは判例上確立されたといってよい。

機能的瑕疵の有無の判断基準として判例は、「受忍限度論」を採用している。すなわち、機能的瑕疵の問題は、営造物そのものに何ら物理的瑕疵はなく、本来の適法な用法に従って使用されているにすぎないのに損害が生じてしまうところにあるのであるから、一定の限度内であれば、社会生活上受忍すべきものとして、営造物設置管理者に責任を問うことはできない。この受忍限度論は、自衛隊や米軍が利用する基地の航空機騒音被害に関する飛行差止めを求める訴訟でも、認められている（最判平成5・2・25民集47巻2号643頁〔厚木基地訴訟〕）。

No. 47 損失補償

1 損失補償とは

(1) 意義

損失補償とは，公共の福祉の実現を目的とした適法な行政活動（公権力の行使）により，特定の者に財産上の「特別の犠牲」が生じた場合に，その損失を社会全体の負担で補填する制度である。公共の利益のために特別の犠牲を被った被害者を救済する機能と，社会全体の負担で損失を調整・分散する機能を有する。

この制度は，沿革的に財産権保障の理念を背景として，私有財産に対する補償制度として形成された（土地収用に対する補償など）。したがって，主たる保護法益は財産権であり，生命・身体・健康や，精神的苦痛といった非財産的法益の侵害に対しての補償は認められないとの理解が伝統的であったが，特定の者が公共の利益のために特別の犠牲を被っているという結果に着目し，公平の見地からの損失調整を積極的に認めようという見解も有力である（予防接種禍について⇒No.48参照）。

(2) 根拠

憲法上補償を必要とするような特別の犠牲を生じさせる規制を加える一方で，補償規定を置いていない法令は，伝統的にはこれを違憲無効とする見解が有力であった。しかし，当該法令に基づく規制をおよそ遵守させることが困難となること，すでに生じた特別の犠牲を救済できないことなどから，今日では，かかる場合には，直接憲法29条3項に基づき損失補償請求権を行使できるという見解が通説・判例である（最大判昭和43・11・27刑集22巻12号1402頁）。

損失補償の負担調整機能は憲法14条の平等原則の理念に基づくといえる。また，金銭的補償だけでは従前の生活を維持・確保できない事態や，大規模開発事業に伴う地域共同体の崩壊等を前に，もはや財産上の損失の補償にとどまらず，生活ないし生存権（憲25条）の保障を図ることができるような補償（生活権補償）が与えられることが望ましいという議論もある。

損失補償が必要となる例の一つに，土地収用がある 47-1 。土地収用法は，土地等を収用ま

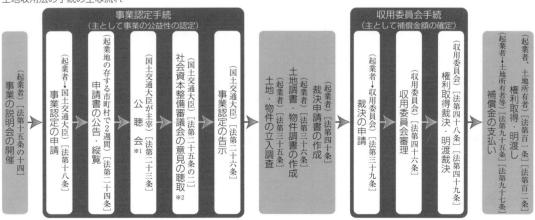

47-1 損失補償の例：土地収用法の仕組み

▶国土交通省関東地方整備局ウェブサイト（https://www.ktr.mlit.go.jp/syuto/gaiyo/gaikan/sintyoku1402/01shuuyouhou_flow_popup.html）（2020年8月閲覧）

たは使用することのできる，公益性の高い事業（収用適格事業）を列挙する（3条）。これを行う者を起業者と呼ぶが（8条），行政主体だけでなく，民間事業者のケースもある。公共事業のために土地を収用しようとする起業者は，国土交通大臣または都道府県知事に対して事業認定を申請する。事業認定は，個々の事業の公益性を判断する行政処分である（16条。認定要件は20条）。事業認定手続では，原則として，公聴会の開催や第三者機関の意見聴取を行うことが義務付けられ，手続の透明性が図られている。

事業認定が告示されると，起業地の範囲内にある土地等は，都道府県に設置された収用委員会の裁決によって収用または使用されることが確定する。裁決は「権利取得裁決」と「明渡裁決」から成り，それぞれ収用等の対象となる土地の区域，損失の補償，権利取得の時期が決められる。被収用者に対する補償義務は起業者が負う（68条）。被収用者は，裁決前に補償金を請求することも，裁決後に補償の増額等を請求することもできる（この場合は，裁決の取消しを求めるのではなく，起業者を被告として当事者訴訟〔⇨No.41〕を提起する。133条3項）。

2 補償の要否

損失補償の要件としては，広く公益目的のために財産に損失が加えられる場合であることのほか，その損失が，公平の観点に照らして「特別の犠牲」といえるのでなければならない。法律上に規定がある場合もあるが（破壊消防について⇨No.29），その判断基準としては，以下のような多様な視点を総合的に考慮する必要がある（(1)～(4)については，後者の場合のほうが補償の必要性は大きい）。

(1) 規制対象の特定性

財産権の規制の対象が，不特定多数の者に及ぶ一般的なものか，少数特定の者に及ぶ個別的なものか。

(2) 規制の程度

規制の程度が，財産権に内在する社会的制約の範囲内か，収用や収用類似行為のように財産権の剥奪や本来の効用発揮を阻害するなど，財産権の本質的内容を侵害するほどに強度なものか。最判平成17年11月1日（判時1928号25頁）は，土地利用制限について，公共事業を円滑に遂行するための都市計画制限は，一般的に当然に受忍すべきもので特別の犠牲に当たらないという（ただし，長期間にわたり制限が課せられている場合には補償の要否が問題となることを示唆する補足意見がある）。

(3) 規制の目的

公共の安全・秩序の維持，危険・災害の防止という警察規制的な消極目的か，公共事業など公共の福祉の増進といった積極目的か。もっとも，財産権の規制目的がこのいずれに該当するかは明確に区別できない場合がある（用途地域指定による建築制限など）。また，最大判昭和38年6月26日（刑集17巻5号521頁〔奈良県ため池条例事件〕）は，長年認められてきた堤とうでの耕作権を剥奪するという重大な財産権侵害事案であるにもかかわらず，ため池の破損・決壊による災害を未然に防止するという消極目的であることを重視して補償不要とした。これに対しては，従前の利用状態への配慮という視点が欠如しているという批判がある。

(4) 規制の態様

規制の態様が，当該財産権の本来の効用から見てこれに内在する制約に当たる場合か，その効用と無関係に偶然課される制約か。例えば，土地利用規制では，当該土地の場所的環境や従前の利用状況から見て，現状の利用を維持・固定するにとどまるものか，既存の利益を制限するものかという視点が重要となる（土地利用の地域性，状況拘束性への着目）。東京地判平成2年9月18日（行集41巻9号1471頁）は，国立公園特別地域内に土地を有する者が，工作物（別荘）の新築を不許可とされたので（自園20条3項），損失補償を請求した事案であるが，当該土地の置かれている状況（風致の維持保存の必要は極めて高い），建築行為に対する規制目的（風

致・景観)，建築を許可した場合の損害の程度（自然の原始性や眺望が害される），従前の用途に従った利用が不可能となるか（これまで別荘用地として利用されておらず，利用の予想も全くなかった）等の事情を考慮して，当該財産権の内在的制約の範囲内であって補償は不要とした。

(5) 被規制財産の性格

規制対象となった物自体が社会に対する危険性を有する場合は，補償の必要性は小さくなろう。最判昭和58年2月18日（民集37巻1号59頁〔ガソリンタンク事件〕）は，道路工事のため必要となった石油貯蔵タンクの移設（*47-2* 参照）に伴う費用に対する補償を不要と解したが，これは，危険防止の観点からの規制は物の所有者が受忍すべきという状態責任論に基づく。その他，行政財産の目的外使用（使用許可の撤回の場合，使用権自体の内在的制約や行政財産の有効活用との兼ね合いが考慮される）や文化財現状変更の禁止等もこれに該当しよう。

3 補償の内容

(1) 「正当な補償」

特別な犠牲に対して，憲法29条3項は「正当な補償」が必要と規定する。この「正当な補償」の意味について，完全補償説と相当補償説の考え方がある。最大判昭和28年12月23日（民集7巻13号1523頁）は相当補償説に立ち，社会通念上合理的な補償であれば必ずしも常に市場価値との完全一致を要しないとしたが，農地改革における農地の強制買収をめぐる特殊なケースであり，その射程は限定的に捉えられてきた。そして，土地収用法上の損失補償に関する最判昭和48年10月18日（民集27巻9号1210頁）は，収用の前後を通じて被収用者の財産価値を等しくならしめる補償が必要であり，金銭をもって補償する場合には，近傍類地の取得を可能ならしめる金額の補償を要するとした。現在の判例・通説は，完全補償説に立つといってよい。

補償額の算定方式については議論がある。土地については一物四価（時価，公示価格，路線価，固定資産税評価額）があり，それぞれが異なるが，権利対価補償は近傍類地の取得を可能ならしめることを目的とするのであるから，時価によって行われるべきである。

補償額算定の基準時も論点となる *47-3*。土地収用法71条所定の損失補償金額算出方法は，開発利益の帰属の適正を図る（事業認定の告示以降に生ずる開発利益を吸収することで，土地所有者のゴネ得を防止する）趣旨から，1967年に，損失を収用裁決時の価格に基づいて算定する方式（裁決時主義）から，事業認定告示時の価格を基準に物価変動に応じた修正率を乗ずる方式（事業認定告示時主義）へと改正された。もっとも，物価よりも地価の上昇率が高い場合には，補償額が近傍で代替地を取得するのに十分でなく，完全補償といえなくなるおそれがある。

この論点に関して，最判平成14年6月11日（民集56巻5号958頁）は，前掲最大判昭和28・12・23のみを正当な補償に関する先例として引用しつつも，「収用の前後を通じて被収用者の有する財産価値を等しくさせるような補償を受けられる」ことを前提に，土地収用法71条の合憲性を認めており，完全補償説の立場に立つものと解される（都市計画制限付きの土地の評価については，都市計画決定などのような制限のない土地として評価しなければ，被収用者に対し，建

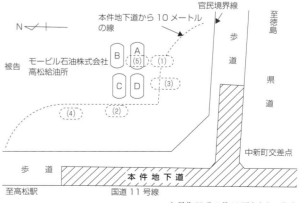

47-2　ガソリンタンク事件

国道沿いに地下横断歩道（斜線部）が新設されたのを受け，消防法の規制（位置基準）に合わせるため旧タンク(1)〜(4)を，新設タンクA〜Dへ移設した事業者に対する補償金支払いの要否が問題となった事案。

▶民集37巻1号98頁をもとに作成

47-3 土地収用法71条による補償額算定

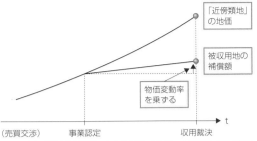

▶阿部泰隆『行政法解釈学Ⅱ』(2009年) 385頁、中原茂樹『基本行政法〔第4版〕』(2024年) 458頁を参考に作成

築制限と低い額の補償の二重の犠牲を強いることにもなることからすれば、妥当である)。

土地収用法上の損失補償の範囲・額は客観的に定まったものであり、その決定に収用委員会の裁量権は認められない(最判平成9・1・28民集51巻1号147頁)。

(2) 付随的な損失

公用収用に伴う補償は、土地建物の所有権等の財産的価値を有する権利に対する補償(権利対価補償)にとどまらない。収用は土地所有者の意思に反して行われるが、これによって家屋の移転や営業の中断等は不可避であり、付随的な損失も対象となるのでなければ完全補償とはいえない。土地収用法には、残地補償(74条)、工事費用の補償(75条。一般に「みぞかき補償」といわれる)、移転料補償(77条)、宅地造成(86条。例外である現物補償の例)のほか、通常受ける損失の補償(88条。通損補償ともいう。離作料、営業上の損失、建物の移転による賃貸料の損失等)などが規定されている。

その他、公共事業の工事および事業活動自体による、例えば騒音・振動等に起因した身体的あるいは精神的被害に関する補償については、土地収用法に規定がない上、行政実務でも否定されており(事業損失と捉えて補償の対象となるという学説もある)、国家賠償法2条に基づく損害

賠償の対象となると解されている。文化財的価値についても、土地等の市場価格の形成に影響を与えない限り、経済的評価になじまず損失補償の対象とはなりえないとする判例がある(最判昭和63・1・21判時1270号67頁〔福原輪中堤事件〕47-4)。

(3) 財産権の制限に対する補償

土地収用のような財産の剥奪ではなく、財産権の制限に対しても補償は認められうる。都市計画法上の市街化区域・市街化調整区域の制度や用途地域による土地利用の制限については、土地所有権の内在的制約として補償を否定する傾向がある。また、行為実施に行政庁の許可を必要とする一定の土地利用行為(工作物新築、土砂採取等)について、申請不許可処分が行われたときの「通常生ずべき損失」に対する補償(不許可補償)の範囲が議論となる(自然環境33条、自園64条等)。①相当因果関係説、②地価下落説(制限による地価下落の限度で補償)、③積極的実損説(実際に行った調査、測量、廃業や移転に要した費用についてのみ補償する)等がある。用途規制であれば地価の下落に反映されようが、自然公園法の不許可補償などであれば積極的実損の考え方に馴染みやすい。ケースに応じて補償の範囲を検討する必要がある。

47-4 福原輪中堤事件

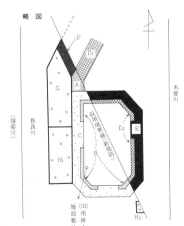

揖斐川、長良川、木曽川が伊勢湾に流れ込むこの地域は、昔からたびたび洪水に襲われる低湿地で、水害を防ぐために、江戸時代にはすでに輪のように堤防で集落や耕地を取り囲む輪中集落ができていた。最判昭和63・1・21では、長良川改修工事に際して、収用境界線で仕切られた輪中堤の一部を収用した際の補償額が問題となった。

▶判タ663号81頁をもとに作成

No. 48 国家賠償と損失補償の谷間

1 「国家補償の谷間」

(1) 問題の所在

違法な行為に起因する損害に関する国家賠償制度と，適法な行為に起因する損失（特別の犠牲）に関する損失補償制度は，その出発点を異にし，別個の制度として存在してきた。そこで，行政活動によって国民が損害を被った場合に，両制度のいずれによっても救済がなされない「国家補償の谷間」の問題が生じる。例えば，国家賠償法1条が過失責任主義をとっていることから，公務員の行為が客観的には違法であったり（人違いの逮捕など），結果的に違法な事態を発生させたり（強制予防接種による死亡事故など）した場合でも，その実施にあたった公務員に故意または過失がないと，被害者は国家賠償を求めることができない。

こうした被害の救済を図るために，特定の行政分野では，国家賠償制度とは別に，特殊な補償制度が設けられていることがあるが（予防接種法に基づく救済給付⇒**2**のほか，刑事補償法に基づく刑事補償制度等），そうした特別の立法がなければ救済はされず，特別法があっても，その補償金額が低額であるなどの場合には，いぜん「谷間」の問題は残っているといわざるをえない。

(2) 判例の展開

例えば予防接種禍をめぐっては，損害賠償説，損失補償説，結果責任説，危険責任説などの理論構成による救済が試みられてきた。下級審判決の中には，憲法29条3項に基づく損失補償の理論構成で救済を認めたものもあった **48-1**。

これに対して，最判平成3年4月19日（民集45巻4号367頁〔小樽種痘禍事件〕）は，医師の予診義務を高いレベルで要求し，予診を尽くしたことの反証がない限り禁忌者該当性を推定することで賠償責任を広く認めたので，不法行為

48-1 憲法29条3項を類推適用した判決例

東京地判昭和59・5・18（判時1118号28頁）
「憲法13条後段，25条1項の規定の趣旨に照らせば，財産上特別の犠牲が課せられた場合と生命，身体に対し特別の犠牲が課せられた場合とで，後者の方を不利に扱うことが許されるとする合理的理由は全くない。従って，生命，身体に対して特別の犠牲が課せられた場合においても，右憲法29条3項を類推適用し，かかる犠牲を強いられた者は，直接憲法29条3項に基づき，被告国に対し正当な補償を請求することができると解するのが相当である。」

による過失責任の枠組みの中で処理をする判例の立場は固まったといえる（最判平成3年は直接的には被接種者の禁忌者該当を推定するのみである。かかる者への接種行為についての過失の有無が問題となるが，最判昭和51年9月30日〔民集30巻8号816頁〕は，「禁忌すべき者の識別判断を誤って予防接種を実施した場合において，予防接種の異常な副反応により接種対象者が死亡又は罹病したときには，担当医師は接種に際し右結果を予見しえたものであるのに過誤により予見しなかったものと推定するのが相当である」と判示している）。

その後，**48-1**の控訴審である東京高判平成4年12月18日（判時1445号3頁〔東京予防接種禍事件〕）は，厚生大臣（当時）は，接種担当者が禁忌識別を誤り禁忌該当者に接種して重大な副反応事故が発生することを予見することができ，また，予診の拡充等により禁忌者を識別・除外する体制を作る等の措置を講じて被害発生を回避する可能性があったとして，過失を認定している。実際的には，公務員の個人過失というよりも，当時の厚生省という組織が予防接種に関する行政活動に関して行った決定における公務運営ないし職務執行体制全体についての過失（「組織的過失」）を問うものであった。

(3) 損失補償構成の意義

上記の諸判決によって国家賠償構成による救済が定着したということができるが、なお論争が決着したわけではない。すなわち、損失補償の法理は、公平負担、特別犠牲の観念を基礎として組み立てられたもので、適用の場面が財産権であることは必要的前提条件ではなく、むしろこの2つの観念を重視するならば、財産以上の保護価値である生命・身体に対する適法侵害についての損失補償という構成で、憲法29条3項を援用するのが素直ではないか、という有力な学説が存在する（塩野宏『行政法Ⅱ〔第6版〕』〔2019年〕408頁）。確かに、かかる法理を肯定するとしても、意図的な侵害は射程外であって、生命の剥奪等を正面から認めることになるわけではない。また、損害賠償構成であると、無過失損害賠償責任を認めるわけではないので、国等の過失を認定できず救済されえない場合は残り続けている。そうした意味で、判例法理は損害賠償構成で固まってはいるが、なお損失補償的構成を残す意義は完全には否定されていない。

2 予防接種法の仕組みと健康被害の救済

予防接種法の制定当時（1948年）は、被接種者に対して接種義務を課し、接種を怠った場合には罰金を科すこととしており、個人予防（接種した個人の発病予防や重症化防止）よりも、社会防衛的な観点の強い集団予防に傾斜していた。しかし、予防接種によって、ごく稀に死亡その他の重大な副反応が発生することは避けられない中、何ら落ち度もなく、あるいは自発的に接種を受けたわけでもない被害者にその負担を押し付けたままでは社会的に妥当でない。適切な被害者救済は、公的に予防接種を実施していく上で必要不可欠のことと解されるようになり、1976年の法改正で、特別の救済制度が設

48-2 予防接種法の概要

（2020年10月1日現在）

○対象疾病
＊A類疾病（主に集団予防、重篤な疾患の予防に重点。本人に努力義務。接種勧奨あり）
ジフテリア、百日せき、急性灰白髄炎（ポリオ）、麻しん（はしか）、風しん、日本脳炎、破傷風、結核、Hib感染症、小児の肺炎球菌感染症、ヒトパピローマウイルス感染症（子宮頸がん予防）、水痘※、B型肝炎※、ロタウイルス感染症※、痘そう（天然痘）※
＊B類疾病（主に個人予防に重点。努力義務なし。接種勧奨なし）
インフルエンザ、高齢者の肺炎球菌感染症※
※は政令事項。（なお、痘そうの定期接種は現在実施していない。）

○定期の予防接種（通常時に行う予防接種）
＊実施主体は市町村。費用は市町村負担（経済的理由がある場合を除き、実費徴収が可能。）

○臨時の予防接種
＊まん延予防上緊急の必要があるときに実施。実施主体は都道府県または市町村。
＊努力義務を課す臨時接種と、努力義務を課さない臨時接種（弱毒型インフルエンザ等を想定）がある。

▶第46回厚生科学審議会予防接種・ワクチン分科会〔2023年3月23日〕資料2（https://www.mhlw.go.jp/content/10900000/001237505.pdf）をもとに作成

48-3 予防接種健康被害救済制度の流れ

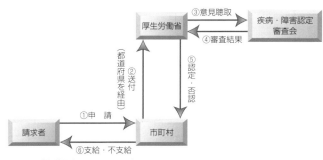

▶厚生労働省ウェブサイト（https://www.mhlw.go.jp/stf/seisakunitsuite/bunya/vaccine_kenkouhigaikyuusai.html）

48-4 定型化された否認理由

疾病・障害認定審査会の審議結果で示される否認理由は、（参考）の注記とともに、次の4類型に整理されている。

1. 予防接種と疾病等との因果関係について否定する論拠がある。
2. 疾病の程度は、通常起こりうる副反応の範囲内である。
3. 政令に定められる障害の状態に相当しない。
4. 因果関係について判断するための資料が不足しており、医学的判断が不可能である。
（参考）予防接種健康被害救済制度の審査について本審査会での認定にあたっては、個々の事例毎に、「厳密な医学的な因果関係までは必要とせず、接種後の症状が予防接種によって起こることを否定できない場合も対象」との考え方に基づき審査している。

けられることとなった（制度の概要について **48-2**〜**48-5**）。同年，罰則規定も廃止された。なお，接種義務はその後，努力義務規定に変更され（1994年改正，9条），予防接種の勧奨に関する規定も置かれた（2011年改正，8条）。いずれにしても訓示規定であって，現在では，接種を受けるか否かは本人または保護者の最終判断によるものとなっている。

3 犯罪被害給付制度

国家賠償にも損失補償にも当たらない給付制度の例として，犯罪被害給付制度 **48-6** を取り上げておこう。

いわゆる三菱重工ビル爆破事件（1974年）を契機として犯罪被害者補償制度の設立が議論され，その後，通り魔殺人事件の被害者遺族等からも制度確立の声が高まったこともあり，1980年に犯罪被害者等給付金支給法が制定された。同法は，殺人等の故意の犯罪行為により不慮の死を遂げた犯罪被害者の遺族または重傷病または障害という重大な被害を受けた犯罪被害者に対して，社会の連帯共助の精神に基づき，国が犯罪被害者等給付金を支給し，その精神的・経済的打撃の緩和を図り，再び平穏な生活を営むことができるよう支援するものであった。

その後，1995年に発生した地下鉄サリン事件等の無差別殺傷事件を契機に，支援対象の拡大や給付基礎額の引上げを中心とした法改正がなされた（2001年施行）。2004年には犯罪被害者等基本法が成立し，同法に基づく犯罪被害者等基本計画に「犯罪被害給付制度における重傷病給付金の支給範囲等の拡大」が盛り込まれたことを受け，重傷病給付金について，支給要件の緩和，支給対象期間の延長等を行う政令改正がなされるとともに，親族の間で行われた犯罪について支給制限の緩和を行う規則改正がなされ，法律の題名も「犯罪被害者等給付金の支給等による犯罪被害者等の支援に関する法律」に改められ，現在に至っている。

48-5 予防接種健康被害救済制度——給付の対象・内容等

（2024年4月改訂）

	臨時接種及び A類疾病の定期接種	B類疾病の定期接種
医療費	健康保険等による給付の額を除いた自己負担分	A類疾病の額に準ずる
医療手当	通院3日未満（月額）　36,900円 通院3日以上（月額）　38,900円 入院8日未満（月額）　36,900円 入院8日以上（月額）　38,900円 同一月入通院（月額）　38,900円	A類疾病の額に準ずる
障害児養育年金	1級（年額）　1,669,200円 2級（年額）　1,334,400円	
障害年金	1級（年額）　5,340,000円 2級（年額）　4,272,000円 3級（年額）　3,202,800円	1級（年額）　2,966,400円 2級（年額）　2,373,600円
死亡した場合の補償	死亡一時金　46,700,000円	・生計維持者でない場合 　遺族一時金　7,783,200円 ・生計維持者である場合 　遺族年金（年額）　2,594,400円 　　　　　　　（10年を限度）
葬祭料	215,000円	A類疾病の額に準ずる
介護加算	1級（年額）　854,400円 2級（年額）　569,600円	

▶厚生労働省ウェブサイト（**48-3**に同じ）をもとに作成

48-6 犯罪被害者等給付金制度の概要

犯罪被害者等給付金

遺族給付金

支給額
・犯罪被害者の収入とその生計維持関係遺族の人数に応じて算出した額（生計維持関係遺族に8歳未満の遺児がいる場合は、その年齢・人数に応じて加算）
・犯罪被害者が死亡前に療養を要した場合は、負傷または疾病から3年間における保険診療による医療費の自己負担相当額と休業損害を考慮した額の合計額を加算した額（第一順位の遺族が二人以上いるときは、その人数で除した額）

○支給を受けられる人
亡くなられた犯罪被害者の第一順位の遺族

○支給を受けられる遺族の範囲と順位
1　①配偶者（事実上婚姻関係と同様の事情にあった人を含む。）
2　犯罪被害者の収入によって生計を維持していた犯罪被害者の
　　②子　③父母　④孫　⑤祖父母　⑥兄弟姉妹
3　2に該当しない犯罪被害者の
　　⑦子　⑧父母　⑨孫　⑩祖父母　⑪兄弟姉妹

※○内数字は、支給を受けられる遺族の順位です。
※例－亡くなった犯罪被害者に①配偶者および②子がいない場合は、③父母が第一順位となります。

重傷病給付金

支給額
負傷または疾病にかかった日から3年間における保険診療による医療費の自己負担相当額
と
休業損害を考慮した額
を合算した額
【上限額：120万円】

○支給を受けられる人
犯罪行為によって、重傷病（療養の期間が1か月以上で、かつ、入院3日以上を要する負傷または疾病。PTSD等の精神疾患である場合には、療養の期間が1か月以上で、かつ、その症状の程度が3日以上労務に服することができない程度であることを要する）を負った犯罪被害者本人。

◆対象となる犯罪被害
日本国内または日本国外にある日本船舶もしくは日本航空機内において行われた人の生命または身体を害する罪に当たる行為（過失犯を除く）による死亡、重傷病または障害をいいます。

◆給付金の支給が受けられる犯罪被害者または遺族の資格
日本国籍を有する人または日本国内に住所を有する人です。
外国籍の人であっても当該被害の原因となった犯罪行為が行われた時において、日本国内に住所を有していた人については支給の対象となります。

障害給付金

支給額
犯罪被害者の収入と残った障害の程度に応じて算出した額
【最高額～最低額】
重度の障害（障害等級第1級から第3級までに該当する障害）が残った場合
3,974.4万円～1,056万円
それ以外の場合
1,269.6万円～18万円

○支給を受けられる人
障害が残った犯罪被害者本人

○「障害」とは
負傷または疾病が治ったとき（その症状が固定したときを含む）における身体上の障害で、障害等級第1級から第14級までに該当する程度のものをいい、具体的には国家公安委員会規則で定められています。

◆「仮給付金」の支給
犯人が不明であるなど、速やかに裁定を行うことができない事情があるときは、仮給付金が支給されます。

◆給付金の減額・調整
労働者災害補償保険法その他の法令の規定による給付が行われるべき場合は、それらの給付の限度において支給されません。

▶警察庁パンフレット「犯罪被害給付制度のご案内」（https://www.npa.go.jp/higaisya/kyuhu/pdf/hankyuu.pdf）をもとに作成

事項索引

*語句の内容を調べるにあたり特に重要と思われるページは**太字の*斜体*** で示している。

あ行

意見公募手続 …………………… 77, **79**, 80, 100
一部事務組合 ………………………………… 31, 117
委 任 → 権限の委任
委任命令 ……………………………………………… 95
委任立法 ………………………………………… 63, 96
違法行為の転換 …………………………………… 58
違法性
　　――の承継 ………………………………… 56
　　国家賠償法 1 条 1 項の―― ……… 187, ***188***
インカメラ審理 ………………………………… 131
訴えの利益（狭義の訴えの利益）…… 114, 161, 178, 186
営造物責任 …………………………………………… 192
ADR（行政型 ADR） …………………………… 147
公の営造物 ……………………………… 182, 184, ***192***
オンブズマン ……………………………………… 65, 148

か行

開示請求 …………………………………… 130, 137, 139
確 認 …………………………………………… 51, ***54***
確認訴訟（公法上の確認訴訟）……… 100, 170, 188
確認の利益 ………………………………………… 171, 173
加算税 ……………………………………………… 19, 124
瑕疵の治癒 ………………………………………… 57, 82
課徴金 ……………………………………… ***124***, 153, 154
下 命 ………………………………………………………… 51
仮名加工情報 …………………………………… 135, 138
仮処分（民事保全法上の仮処分）…… 157, 178
仮の義務付け …………………………………… 178, 179
仮の救済 ……………………………………… 144, ***178***
仮の差止め …………………………………… 169, 178, 179
過 料 ……………………………………… 37, 116, 122, 123
環境影響評価法 ……………………………………… 8, ***87***
勧 告 …………………………………… 91, 94, 119, 158
換 地（換地処分）……………………………… 105
機関訴訟 …………………………………… 34, 144, 177
棄 却（請求棄却）……………………………… 156
期 限 ………………………………………………………… 59
規制行政 …………………………………………… 7, 111

規制権限の不行使 …………………………… 167, ***189***
羈束行為 ……………………………………………… 51, 63
機能的瑕疵 ……………………………………………… ***195***
既判力 → 取消判決の既判力
義務付け訴訟 ……………………………… 144, ***167***, 179
　　申請型―― …………………………… 59, 131, 168, 190
　　非申請型―― …………………………………… 168
却下（訴えの却下）………………………………… 156
客観訴訟 ……………………………………… ***143***, 144, ***174***
給付行政 ……………………………………… 3, 7, 97, 110
行政活動法 → 行政作用法
行政機関 ………………………………………………… 22, ***39***
行政機関情報公開法 → 情報公開法
行政規則 ……………………………………………… 95, ***97***, 99
行政救済法 ……………………………………… 2, ***142***, 181
行政計画 ……………………………………………… 14, ***102***
行政刑罰 ……………………………………… ***122***, 123, 124
行政契約 ………………………………………… 14, 48, ***108***
行政行為 ……………………………………… 14, 48, 51, 55, 60
　　――の撤回 → 撤 回
　　――の取消し → 取消し
　　――の附款 → 附 款
　　――の無効 → 無 効
行政サービス等の拒否 ………………………… 125
行政裁量 → 裁 量
行政作用法 …………………………………………… 2, ***47***
行政事件訴訟 → 行政訴訟
行政事件訴訟法 …………… 2, 15, 48, 55, 143, 144, 163, 166
　　――3 条 2 項 …………………………… 156, 158
　　――4 条 ……………………………………………… 170
　　――9 条 1 項 ……………………………………… 158
　　――9 条 2 項 ……………………………………… 159
　　――14 条 …………………………………………… 157
　　――30 条 ……………………………………………… 65
　　――36 条 …………………………………………… 166
　　――の 2004 年改正 ……… 144, 159, 171, 178
強制執行 → 行政上の強制執行
行政指導 ……………………………………… 14, 77, ***91***, 158
　　――指針 ……………………………………… 79, 92, 100
　　――の中止等の求め ……………………………… 92
　　――の求め → 処分等の求め
　　――要綱 ……………………………………… 92, 124

行政主体	14, *22, 27*, 32, 36, 39
特別——	22, *23*
行政上の強制執行	*113*
行政上の強制徴収	*114*
行政上の秩序罰	116, *123*
行政処分　→　処　分	
行政審判	*152*
行政争訟	14, *143*, 181
行政組織法	2, *21*
行政訴訟	*11*, 14
行政代執行	15, 58, *113*
行政代執行法	113, 118
行政庁	11, 39, 48
行政調査	*127*
強制徴収　→　行政上の強制徴収	
行政手続	*77*, 81, 84, 87
行政手続条例	80
行政手続法	15, 48, *77*, 91
行政罰	14, *122*
行政不服審査会	151
行政不服審査法	2, 15, 48, *149*
行政不服申立て	14, 143, *149*
行政文書	130
行政立法	14, *95*, 99, 157
競争入札	108
供用関連瑕疵	195
許　可	45, 51, *52*
禁　止	45, 51
苦情処理	*146*
国地方係争処理委員会	35
国等の関与	24, 31, *32*, 35
警察官職務執行法	8, 121
形成的行為	51
権限の委任	22, 36, *40*
権限の代理	41
権限濫用の禁止	*19*
原告適格	*158*, 166
原処分主義	150
建築確認	57, 162, 186
——の留保	92
建築基準法	2, 8
——42条2項	157
建築協定	111
憲　法	2, 5, 172
——15条1項・2項	43
——17条	182
——29条3項	196, 200
——41条	95

——73条6号	96
——92条	27
広域連合	31, 117
公害防止協定	111
効果裁量　→　裁　量	
公権力の行使	36, 48, 156, 186
抗告訴訟	12, 94, 144, 166
法定外——	144, 166
公私協働	22, 120
公　証	51
拘束力　→　取消訴訟の拘束力	
交通反則金　→　反則金	
公定力	*55*
公　表	92, *124*
公　物	14, *45*, 192
公文書管理法	132
公務員	*43*, 162, 170, 186
——の個人責任	185
告　示	*96*, 157
国税徴収法	8, 114
国立大学法人	24
個人情報	130, 137
要配慮——	137, 138
個人情報保護	127, *135*
個人情報保護委員会	136
個人情報保護法	8, 135
個人番号・個人番号法	
→　マイナンバー・マイナンバー法	
国家行政組織法	2, 8, 15, 22, 40
国家公務員法	2, 43
——82条1項	64
国家賠償	14, 114, *181*, *182*, 200
国家賠償法	2, 15, *182*
——1条	*185*
——2条	*192*
国家補償	14, 143, *181*
——の谷間	181, *200*

さ　行

裁　決	56, 74, 150, 197
裁決主義	150, 178
再審査請求	149
再調査の請求	11, 149
裁判所法3条1項	142
裁　量	46, *63*, 68, 72
——基準	64, 97
——行為	51

効果——·····························64
　　要件——······················64, 66, 68
差止訴訟·························144, *168*, 179
私経済活動（私経済行政，私経済作用）····7, 184, 187
自己情報コントロール権·····················135
自己責任·······························185
事実行為···························48, 114
事情判決······························156
自治事務·······················31, *32*, 80
自治紛争処理委員·························35
執行機関·······························40
実効性確保························14, 153
執行停止··························169, *178*
執行罰·······················113, *116*, 122
執行不停止原則··························178
執行命令······························95
指定確認検査機関······················36, 48, 186
指定管理者·······················36, 46, 110
指定機関······························36
諮問機関·························40, 151
重大かつ明白な瑕疵······················56, 166
重大な損害······················168, 169, 178
住民監査請求···························174
住民訴訟·······················13, 20, *174*
収　　用························196, 197
　　——裁決······························170
主観訴訟··························*143*, 144
出訴期間······················55, 156, 166
受忍限度······························195
受　　理··························51, 78
条　　件······························59
情報公開··························20, *130*
情報公開・個人情報保護審査会·················131
情報公開法························8, 20, *130*
消防法··························42, 198
　　——29条····························120
条　　例·························5, *28*
　　——制定行為·····················48, 157, 164
食品衛生法·····························2, 8
　　——69条···························125
職務行為基準説··························188
職権主義······························150
職権取消し························*60*, 61
処　　分······················*48*, 149, 156
　　申請に対する——···················51, *77*
　　不利益——·················51, 77, *78*, 84, 125
処分基準··························64, 79, 100
処分性·················49, 94, 100, 105, 114, *156*

処分庁··························55, 60, 149
処分等の求め························79, 93
侵害留保······························17
信義則（信義誠実の原則）················5, *19*, 180
審査基準······················64, 77, 79, 100
審査請求······························149
申請不応答···························167
審理員·······························150
随意契約······························108
水害訴訟·····························*193*
水道法··························38, 92, 126
　　——15条1項······················93, 126
　　——17条1項·························127
正当な補償···························198
税務調査·····························128
説明責任······················*20*, 25, 130
専　　決······························41
争訟取消し····························60
争点訴訟······························170
即時強制····················14, 116, *118*, 127
訴訟要件······················156, 166, 183
損失補償·············14, 62, 181, *196*, 200
存否応答拒否··························131

た　行

代位責任······························185
代　　決······························41
第三者効　→　取消判決の第三者効
第三セクター··························38
代執行　→　行政代執行
　　簡易——····························116
　　略式——·······················116, 117
対世効　→　取消判決の第三者効
代替的作為義務·························113
滞納処分·····························114
代　　理······························51
　　権限の——　→　権限の代理
地方公共団体（地方自治体）·········22, *27*, 32, 79
地方自治························2, *27*, 31
地方自治法··························8, 27
　　——1条の2···························30
　　——236条··························3, 19
　　——244条3項·························18
地方分権························7, *30*, 32
懲戒処分······················64, 169, 178
聴　　聞··························79, *84*
直接強制·····················113, *115*, 118

通告処分	122
通常有すべき安全性	192
通達	99
通知	51
訂正請求	137, 139
適正手続の原則	5, *19*
デジタル手続法	10, 31, 80, 139
撤回	59, *61*
授益的処分の――	125
撤回権の留保	59
当事者訴訟	144, *170*, 188, 197
形式的――	170
実質的――	3, 170
特殊法人	22, 25, 26
特定秘密保護法	133
特別区	27, 28
特別の犠牲	196, 200
匿名加工情報	135, 136, 138
行政機関等――	135, 139, 140
独立行政法人	22, *23*, 26
独立行政法人等情報公開法	20, 25
都市計画	102
都市計画事業	106, 159
都市計画法	8, 102, 159, 160, 199
土地区画整理事業	105
土地収用 → 収用	
土地収用法	8, 196
――71条	198
――133条	170
特許	45, 51, *52*
届出	77, 78
取消し → 職権取消し	
取消訴訟	11, 56, 144, ***156***
――の排他的（優先的）管轄	55, 156
取消判決	12, 163
――の既判力	163, 189
――の拘束力	163
――の第三者効	12, 163

な 行

内閣	22
――人事局	44
内閣総理大臣の異議	178
内閣府	22, 40
内閣府設置法	15, 22
――4条	39
内在的制約	198, 199

入管法（出入国管理法）	8, 72
――21条	63
任意調査	127
認可	51, *53*
認可法人	22, 25
認容（請求の認容）	156

は 行

廃棄物処理法	8, 16, 168
剥権行為	51
パブリックコメント	79, 97
反射的利益	150
反則金	122
判断過程審査	66
反復禁止効	164
非代替的作為義務	113
ビッグデータ	130, 135
標準処理期間	78
標準審理期間	151
平等原則	5, *18*, 196
比例原則	5, *19*, 120, 123, 124, 188
不開示情報	130
不可争力	55
不可変更力	55
附款	*58*
不作為の違法確認訴訟	144, ***167***
負担	59
不当性	142
不当な行政行為（不当な処分）	56, 150
不服申立て → 行政不服申立て	
不服申立期間（審査請求期間）	55, 150
不服申立前置	11, 166
不服申立適格	150
弁明の機会	19, 123
――の付与	19, 79, ***86***
法規	17, 99
法規命令	17, 79, ***95***, 187
放置違反金	37, 123
法治主義	*17*
法定受託事務	31, ***32***, 80
法の一般原則（行政法の一般原則）	5, 108, 118
法の支配	*17*
法律上の争訟	***142***, 174
法律上の利益	***158***, 168
法律上保護された利益	158
法律による行政の原理	2, ***17***, 63
法律の優位	17

事項索引

207

法律の留保……………………………………17, 124
補助機関………………………………………41, 48
本　案………………………………………156, 163
　　──訴訟………………………………169, 178

ま　行

マイナンバー……………………………………140
マイナンバー法…………………………………140
民衆訴訟……………………………………144, **174**
無過失責任…………………………………184, 192
無　効………………………………**56**, 166, 170
無効等確認訴訟（無効確認訴訟）………56, 144, **166**
無名抗告訴訟　→　法定外抗告訴訟
命　令　→　法規命令
命令的行為………………………………………51

免　除……………………………………………51

や　行

薬機法（旧薬事法）……………………………8, 96
蹂越濫用型審査…………………………………65
要　綱………………………………………92, 99
用途地域…………………………………105, 199

ら　行

立証責任…………………………………………71
理由の差替え……………………………………83
理由の追完………………………………………82
理由の提示（理由付記）………………50, 77, **81**
利用停止請求………………………………137, 139

判 例 索 引

*本書内 **0-0** のマークで示している欄において判決（決定）文を引用，または要旨を紹介しているページは**太字の斜体**で示した。

大審院・最高裁判所

大判大正 5・6・1 民録 22 輯 1088 頁（徳島市立小学校遊動円棒事件）	181, 182
最大判昭和 28・12・23 民集 7 巻 13 号 1523 頁	198
最判昭和 29・2・11 民集 8 巻 2 号 419 頁	142
最大判昭和 29・7・19 民集 8 巻 7 号 1387 頁	58
最判昭和 30・4・19 民集 9 巻 5 号 534 頁	186
最大判昭和 31・7・18 民集 10 巻 7 号 890 頁	56
最判昭和 31・11・30 民集 10 巻 11 号 1502 頁	187
最大判昭和 32・12・28 刑集 11 巻 14 号 3461 頁	6
最判昭和 33・4・30 民集 12 巻 6 号 938 頁	124
最判昭和 33・7・1 民集 12 巻 11 号 1612 頁	68
最判昭和 33・9・9 民集 12 巻 13 号 1949 頁	60, 61
最判昭和 34・1・29 民集 13 巻 1 号 32 頁	42
最大判昭和 35・10・19 民集 14 巻 12 号 2633 頁	143
最判昭和 36・3・7 民集 15 巻 3 号 381 頁	56
最判昭和 36・7・14 民集 15 巻 7 号 1814 頁	57
最判昭和 38・5・31 民集 17 巻 4 号 617 頁	81
最大判昭和 38・6・26 刑集 17 巻 5 号 521 頁（奈良県ため池条例事件）	197
最判昭和 39・6・5 刑集 18 巻 5 号 189 頁	123
最判昭和 39・10・29 民集 18 巻 8 号 1809 頁（大田区ごみ焼却場設置事件） **38-3**	***156***
最大判昭和 40・4・28 民集 19 巻 3 号 721 頁（名古屋郵政局職員免職処分取消請求事件）	162
最判昭和 41・2・8 民集 20 巻 2 号 196 頁	142
最大判昭和 41・2・23 民集 20 巻 2 号 271 頁（高円寺青写真判決）	105
最大判昭和 41・2・23 民集 20 巻 2 号 320 頁	115
最大判昭和 41・10・26 刑集 20 巻 8 号 901 頁	44
最大決昭和 41・12・27 民集 20 巻 10 号 2279 頁	123
最大判昭和 43・11・27 刑集 22 巻 12 号 1402 頁	196
最判昭和 43・12・24 民集 22 巻 13 号 3147 頁	100
最判昭和 44・2・18 判時 552 号 47 頁	185
最判昭和 45・8・20 民集 24 巻 9 号 1268 頁（高知落石事件）	192
最判昭和 46・10・28 民集 25 巻 7 号 1037 頁（個人タクシー事件） **16-5**	***64***
最判昭和 47・5・30 民集 26 巻 4 号 851 頁	121
最大判昭和 47・11・22 刑集 26 巻 9 号 554 頁（川崎民商事件） **31-2**	***128***
最判昭和 47・12・5 民集 26 巻 10 号 1795 頁	82
最決昭和 48・7・10 刑集 27 巻 7 号 1025 頁（荒川民商事件）	128, 129
最判昭和 48・10・18 民集 27 巻 9 号 1210 頁	198
最判昭和 49・2・5 民集 28 巻 1 号 1 頁	62
最判昭和 50・6・26 民集 29 巻 6 号 851 頁	193
最判昭和 50・7・25 民集 29 巻 6 号 1136 頁	193
最大判昭和 50・9・10 刑集 29 巻 8 号 489 頁	29
最判昭和 50・11・28 民集 29 巻 10 号 1754 頁	183

209

最判昭和 51・9・30 民集 30 巻 8 号 816 頁	200
最判昭和 52・12・20 民集 31 巻 7 号 1101 頁（神戸税関事件） `16-7`	64, **65**
最判昭和 53・3・14 民集 32 巻 2 号 211 頁（主婦連ジュース事件） `36-2`	**150**
最判昭和 53・7・4 民集 32 巻 5 号 809 頁	192, 193
最判昭和 53・7・17 民集 32 巻 5 号 1000 頁	184
最判昭和 53・9・7 刑集 32 巻 6 号 1672 頁	127
最大判昭和 53・10・4 民集 32 巻 7 号 1223 頁（マクリーン事件） `18-1`	64, **72**
最判昭和 53・10・20 民集 32 巻 7 号 1367 頁（芦別事件）	188
最決昭和 55・9・22 刑集 34 巻 5 号 272 頁	127
最大判昭和 56・12・16 民集 35 巻 10 号 1369 頁（大阪空港訴訟） `3-3` `46-6`	**12**, **195**
最判昭和 57・1・19 民集 36 巻 1 号 19 頁（警察官ナイフ一時保管懈怠事件）	189
最判昭和 57・3・12 民集 36 巻 3 号 329 頁	188
最判昭和 57・4・1 民集 36 巻 4 号 519 頁（岡山税務署健康診断事件） `45-2`	**186**
最判昭和 57・7・15 民集 36 巻 6 号 1169 頁	122
最判昭和 58・2・18 民集 37 巻 1 号 59 頁（ガソリンタンク事件）	198
最判昭和 59・1・26 民集 38 巻 2 号 53 頁（大東水害訴訟）	193
最判昭和 59・10・26 民集 38 巻 10 号 1169 頁（仙台市建築確認取消請求事件）	162, 178
最判昭和 59・11・29 民集 38 巻 11 号 1260 頁	192
最判昭和 60・1・22 民集 39 巻 1 号 1 頁	81
最判昭和 60・7・16 民集 39 巻 5 号 989 頁（品川区マンション事件）	92, 190
最判昭和 60・11・21 民集 39 巻 7 号 1512 頁（在宅投票制度廃止違憲訴訟）	188
最判昭和 61・2・27 民集 40 巻 1 号 124 頁（パトカー追跡事件）	187
最判昭和 61・3・25 民集 40 巻 2 号 472 頁（点字ブロック事件）	193
最判昭和 62・5・19 民集 41 巻 4 号 687 頁	109
最判昭和 62・10・30 判時 1262 号 91 頁 `5-2`	**19**
最判昭和 63・1・21 判時 1270 号 67 頁（福原輪中堤事件）	199
最判昭和 63・6・17 判時 1289 号 39 頁	61
最判平成元・2・17 民集 43 巻 2 号 56 頁（新潟空港訴訟）	163
最決平成元・11・8 判時 1328 号 16 頁（武蔵野市マンション建設指導要綱事件） `23-3`	92, **93**, 110, 126
最判平成元・11・24 民集 43 巻 10 号 1169 頁（京都宅建業法不作為事件）	189
最判平成 2・2・1 民集 44 巻 2 号 369 頁（旧銃砲刀剣類登録規則事件） `24-4`	96, **98**
最判平成 2・7・20 民集 44 巻 5 号 938 頁	188
最判平成 2・12・13 民集 44 巻 9 号 1186 頁（多摩川水害訴訟）	194
最判平成 3・4・19 民集 45 巻 4 号 367 頁（小樽種痘禍事件）	200
最判平成 3・4・19 民集 45 巻 4 号 518 頁	142
最判平成 3・4・26 民集 45 巻 4 号 653 頁（水俣病認定お待たせ賃訴訟）	190
最判平成 3・7・9 民集 45 巻 6 号 1049 頁（旧監獄法施行規則事件） `24-2`	**96**, 189
最大判平成 4・7・1 民集 46 巻 5 号 437 頁（成田新法事件） `19-1`	19, **77**
最判平成 4・9・22 民集 46 巻 6 号 571 頁（もんじゅ訴訟）	167
最判平成 4・9・22 民集 46 巻 6 号 1090 頁（もんじゅ訴訟）	166
最判平成 4・10・29 民集 46 巻 7 号 1174 頁（伊方原発事件） `17-8`	68, 69, **71**
最判平成 5・2・25 民集 47 巻 2 号 643 頁（厚木基地訴訟）	195
最判平成 5・3・11 民集 47 巻 4 号 2863 頁（奈良税務署推計課税事件）	188
最判平成 5・3・16 民集 47 巻 5 号 3483 頁（家永教科書検定第 1 次訴訟） `17-1`	**68**
最判平成 5・3・30 民集 47 巻 4 号 3226 頁（テニスコート審判台事故事件）	193
最判平成 7・6・23 民集 49 巻 6 号 1600 頁（クロロキン網膜症事件）	189
最判平成 7・7・7 民集 49 巻 7 号 1870 頁（国道 43 号線訴訟） `46-7`	**195**
最判平成 8・3・8 民集 50 巻 3 号 408 頁	188

最判平成 8・3・8 民集 50 巻 3 号 469 頁（剣道実技拒否事件）	66
最判平成 9・1・28 民集 51 巻 1 号 147 頁	199
最判平成 9・8・29 民集 51 巻 7 号 2921 頁（家永教科書検定第 3 次訴訟）17-4	69, **70**
最判平成 10・7・16 判時 1652 号 52 頁（酒税法事件）16-6	64, **65**
最判平成 10・10・13 判時 1662 号 83 頁	124
最判平成 11・1・21 判時 1675 号 48 頁（非嫡出子住民票続柄記載行為国家賠償事件）	188
最判平成 11・11・19 民集 53 巻 8 号 1862 頁（逗子市住民監査請求記録公開請求事件）20-4	**83**
最判平成 11・11・25 判時 1698 号 66 頁（環状 6 号線訴訟）	159
最判平成 12・2・29 民集 54 巻 2 号 582 頁（エホバ輸血拒否・東大医科研病院事件）	184
最判平成 14・1・17 民集 56 巻 1 号 1 頁	157
最判平成 14・4・25 判自 229 号 52 頁（千代田区立小学校廃止条例事件）	158
最判平成 14・6・11 民集 56 巻 5 号 958 頁	198
最判平成 14・7・9 民集 56 巻 6 号 1134 頁（宝塚市パチンコ店規制条例事件）34-3	115, 142, **143**
最大判平成 14・9・11 民集 56 巻 7 号 1439 頁（郵便法免責規定違憲判決）44-5	**184**
最判平成 16・1・15 民集 58 巻 1 号 226 頁（不法在留外国人国民健康保険被保険者証不交付事件）	189
最判平成 16・4・27 民集 58 巻 4 号 1032 頁（筑豊じん肺訴訟）	190
最判平成 16・10・15 民集 58 巻 7 号 1802 頁（関西水俣病訴訟）	189, 190
最判平成 17・5・30 民集 59 巻 4 号 671 頁（もんじゅ訴訟〔差戻し後上告審判決〕）	167
最決平成 17・6・24 判時 1904 号 69 頁	186
最判平成 17・7・15 民集 59 巻 6 号 1661 頁	49, 94, 158
最判平成 17・9・13 民集 59 巻 7 号 1950 頁	124
最大判平成 17・9・14 民集 59 巻 7 号 2087 頁（在外国民選挙権訴訟）	171, 188
最判平成 17・10・25 判時 1920 号 32 頁	158
最判平成 17・11・1 判時 1928 号 25 頁	197
最大判平成 17・12・7 民集 59 巻 10 号 2645 頁（小田急訴訟）38-10	**159**
最判平成 18・2・7 民集 60 巻 2 号 401 頁（呉市公立学校施設使用不許可事件）16-12	46, 66, **67**
最判平成 18・3・30 民集 60 巻 3 号 948 頁（国立マンション事件）	6, 13
最判平成 18・4・20 集民 220 号 165 頁（静岡県食糧費情報公開訴訟）	188
最判平成 18・7・14 民集 60 巻 6 号 2369 頁（高根町簡易水道事業給水条例事件）	19, 158
最判平成 19・1・25 民集 61 巻 1 号 1 頁	186
最判平成 19・2・6 民集 61 巻 1 号 122 頁 5-3	**19**, 100
最判平成 19・11・1 民集 61 巻 8 号 2733 頁（在外被爆者健康管理手当事件）	188
最決平成 19・12・18 判時 1994 号 21 頁（弁護士懲戒執行停止事件）	178
最判平成 20・2・19 民集 62 巻 2 号 445 頁（メイプルソープ写真集事件）	189
最大判平成 20・6・4 民集 62 巻 6 号 1367 頁（国籍法違憲訴訟）	172, 173
最大判平成 20・9・10 民集 62 巻 8 号 2029 頁（土地区画整理事業計画事件）26-7	105, **106**
最判平成 21・7・10 判時 2058 号 53 頁	111
最判平成 21・10・15 民集 63 巻 8 号 1711 頁（サテライト大阪事件）	161
最判平成 21・10・23 民集 63 巻 8 号 1849 頁（福島県求償金事件）44-4	**183**
最判平成 21・11・26 民集 63 巻 9 号 2124 頁（横浜市保育所廃止条例事件）	49, 158, 164
最判平成 21・12・17 民集 63 巻 10 号 2631 頁	57
最判平成 23・6・7 民集 65 巻 4 号 2081 頁（札幌一級建築士免許取消処分事件）20-2	81, **82**
最判平成 24・1・16 判時 2147 号 139 頁（都教委国旗・国歌事件）16-9	20, 65, **66**
最判平成 24・2・9 民集 66 巻 2 号 183 頁（東京都教職員国旗国歌訴訟（予防訴訟））	169, 172, 173
最判平成 24・4・20 民集 66 巻 6 号 2583 頁（神戸市債権放棄議決事件）42-4	175, **176**
最判平成 25・1・11 民集 67 巻 1 号 1 頁（医薬品ネット販売事件）	96, 173
最判平成 25・4・16 判時 2188 号 42 頁	168
最判平成 26・1・28 民集 68 巻 1 号 49 頁	161

最判平成 26・7・29 民集 68 巻 6 号 620 頁 ･･ 161
最判平成 28・12・8 民集 70 巻 8 号 1833 頁（厚木基地第 4 次訴訟）････････････････････････ 12, 169
最判平成 28・12・28 民集 60 巻 8 号 2281 頁 ･･ 34
最判平成 30・10・23 判時 2416 号 3 頁 ･･ 176
最判令和元・7・22 民集 73 巻 3 号 245 頁 ･･ 172
最判令和 2・3・26 民集 74 巻 3 号 471 頁 ･･ 34, 42
最判令和 2・6・30 裁時 1747 号 1 頁（ふるさと納税事件） ･･････････････････････････････････ 35
最判令和 2・7・14 民集 74 巻 4 号 1305 頁 ･･･････････････････････････････････････ 183, 185, 186
最大判令和 2・11・25 民集 74 巻 8 号 2229 頁 ･･ 143
最判令和 3・3・2 民集 75 巻 3 号 317 頁 ･･ 58
最判令和 3・6・4 民集 75 巻 7 号 2963 頁 ･･ 60
最大判令和 4・5・25 民集 76 巻 4 号 711 頁（在外日本人国民審査権確認国家賠償請求事件）**45-6**
　･･ 171, 189, **191**
最判令和 4・6・17 民集 76 巻 5 号 955 頁 ･･ 189
最判令和 4・12・8 民集 76 巻 7 号 1519 頁 ･･ 34
最判令和 5・5・9 民集 77 巻 4 号 859 頁 ･･ 161
最決令和 5・8・24 判例集未登載 ･･ 34
最判令和 5・9・4 民集 77 巻 6 号 1219 頁 ･･ 34
最決令和 6・2・29 判例集未登載 ･･ 34

高等裁判所

東京高判昭和 48・7・13 判時 710 号 23 頁（日光太郎杉事件）**16-11** ････････････････････ 65, **67**
名古屋高判昭和 49・11・20 判時 761 号 18 頁（飛騨川バス転落事件）･･･････････････････ 192, 193
福岡高判昭和 60・3・29 訟月 31 巻 11 号 2906 頁 ･･ 19
東京高判平成 4・12・17 判時 1453 号 35 頁（多摩川水害訴訟）･･････････････････････････ 194
東京高判平成 4・12・18 判時 1445 号 3 頁（東京予防接種禍事件）･･･････････････････････ 200
東京高判平成 5・6・24 判時 1462 号 46 頁（日本坂トンネル事件）･･･････････････････････ 193
名古屋高金沢支判平成 15・1・27 判時 1818 号 3 頁（もんじゅ訴訟〔差戻し後控訴審判決〕）････ 167
東京高判平成 15・5・21 判時 1835 号 77 頁（O-157 食中毒損害賠償訴訟）**30-4** ････････ **125**
大阪高判平成 16・2・19 訟月 53 巻 2 号 541 頁 ･･ 125
大阪高決平成 19・3・1 賃社 1448 号 58 頁（住民票削除処分差止事件）･･･････････････････ 180
大阪高判平成 20・3・6 民集 63 巻 8 号 1788 頁（サテライト大阪事件）･･･････････････････ 160
福岡高判平成 23・2・7 判時 2122 号 45 頁 ･･ 168
東京高判平成 27・4・14 判例集未登載（公安テロ情報流出被害国家賠償請求事件）････ **184**
東京高判平成 27・7・30 判時 2277 号 13 頁（厚木基地第 4 次訴訟）･･･････････････････････ 169
福岡高那覇支判平成 28・9・16 訟月 63 巻 6 号 1527 頁 ････････････････････････････････････ 34
福岡高那覇支判令和元・10・23 判時 2443 号 3 頁 ･･ 34
福岡高那覇支判令和 3・12・15 民集 76 巻 7 号 1682 頁 ･･････････････････････････････････････ 34
福岡高那覇支判令和 5・3・16 訟月 69 巻 11 号 1086 頁 ･････････････････････････････････････ 34
福岡高那覇支判令和 5・3・16 訟月 69 巻 11 号 1208 頁 ･････････････････････････････････････ 34
福岡高那覇支判令和 5・12・20 訟月 70 巻 8 号 845 頁 ･･････････････････････････････････････ 34
福岡高那覇支判令和 6・9・2 判例集未登載 ･･ 34

地方裁判所

東京地判昭和 36・2・21 行集 12 巻 2 号 204 頁 ･･ 56
東京地判昭和 39・9・28 判時 385 号 12 頁 ･･ 135

東京地決昭和 42・6・9 行集 18 巻 5 = 6 号 737 頁（国会周辺デモ条件付許可処分執行停止事件）	179
東京地決昭和 42・6・10 行集 18 巻 5 = 6 号 757 頁（国会周辺デモ条件付許可処分執行停止事件）	179
東京地判昭和 44・9・26 行集 20 巻 8 = 9 号 1141 頁	179
熊本地判昭和 51・12・15 判時 835 号 3 頁	167
東京地判昭和 53・8・3 判時 899 号 48 頁（東京スモン訴訟）	189
東京地判昭和 59・5・18 判時 1118 号 28 頁（東京予防接種禍事件）**48-1**	***200***
東京地判平成 2・9・18 行集 41 巻 9 号 1471 頁	197
浦和地判平成 8・3・25 判タ 925 号 181 頁	6
東京地判平成 14・6・28 判時 1809 号 46 頁	184
東京地決平成 18・1・25 判時 1931 号 10 頁（東大和市保育園入園承諾義務付け事件）	179
東京地判平成 18・10・25 判時 1956 号 62 頁（東大和市保育園入園承諾義務付け事件）	180
大阪地決平成 19・2・20 裁判所ウェブサイト（住民票消除処分差止事件）	180
岡山地決平成 19・10・15 判時 1994 号 26 頁（岡山シンフォニーホール事件）	180
広島地決平成 20・2・29 判時 2045 号 98 頁（鞆の浦埋立架橋事件）	169
広島地判平成 21・10・1 判時 2060 号 3 頁（鞆の浦埋立架橋事件）	169
那覇地判令和 2・11・27 判タ 1501 号 136 頁	34
那覇地判令和 5・11・15 訟月 70 巻 5 号 550 頁	34

判例索引

行政法 Visual Materials〔第3版〕
Visual Materials on Administrative Law, 3rd ed.

2014 年 12 月 25 日　初　　版第 1 刷発行
2020 年 12 月 25 日　第 2 版第 1 刷発行
2025 年 2 月 25 日　第 3 版第 1 刷発行

編著者	高橋　滋
	野口貴公美
	磯部　哲
	大橋真由美
	田中良弘
著　者	織　朱實
	岡森識晃
	小舟　賢
	服部麻理子
	寺田麻佑
	周家礼奈（周　蒨）
	宮森征司
	吉岡郁美
発行者	江草貞治
発行所	株式会社　有斐閣

郵便番号　101-0051
東京都千代田区神田神保町 2-17
https://www.yuhikaku.co.jp/

装　丁　与儀勝美
印　刷　大日本法令印刷株式会社
製　本　大口製本印刷株式会社

©2025, 高橋滋, 野口貴公美, 磯部哲, 大橋真由美, 田中良弘, 織朱實, 岡森識晃, 小舟賢, 服部麻理子, 寺田麻佑, 周家礼奈, 宮森征司, 吉岡郁美. Printed in Japan
落丁・乱丁本はお取替えいたします。

★定価はカバーに表示してあります。

ISBN 978-4-641-22877-1

[JCOPY] 本書の無断複写(コピー)は，著作権法上での例外を除き，禁じられています。複写される場合は，そのつど事前に(一社)出版者著作権管理機構(電話03-5244-5088, FAX03-5244-5089, e-mail:info@jcopy.or.jp)の許諾を得てください。

本書のコピー, スキャン, デジタル化等の無断複製は著作権法上での例外を除き禁じられています。本書を代行業者等の第三者に依頼してスキャンやデジタル化することは, たとえ個人や家庭内での利用でも著作権法違反です。